我之国学观

刘云辉 著

湖南师范大学出版社

图书在版编目（CIP）数据

我之国学观 / 刘云辉著 . --长沙：湖南师范大学出版社，2018.1
ISBN 978 - 7 - 5648 - 2931 - 5

Ⅰ. ①我…　Ⅱ. ①刘…　Ⅲ. ①国学 - 研究　Ⅳ. ①Z126. 27

中国版本图书馆 CIP 数据核字（2017）第 182410 号

我之国学观

刘云辉　著

◇责任编辑：孙雪姣
◇责任校对：李　航
◇出版发行：湖南师范大学出版社
　　　　　　地址/长沙市岳麓山　邮编/410081
　　　　　　电话/0731 - 88873071　88873070　传真/0731 - 88872636
◇经销：湖南省新华书店
◇印刷：永清县晔盛亚胶印有限公司
◇开本：710mm×1000mm　1/16
◇印张：19. 75
◇字数：318 千字
◇版次：2018 年 1 月第 1 版　2024 年 8 月第 2 次印刷
◇书号：ISBN 978 - 7 - 5648 - 2931 - 5
◇定价：59. 00 元

献给读者感言

我是作者之子，教师，参与了本书修改定稿，也是本书定稿后的第一位读者，现将读后感言献给读者。

《我之国学观》可以说是一部对中国从古至今几千年来传统文化的梳理、集大成之作，作者虽非名流、权威之士，但所创之作体现出的写作水平令人刮目相看、耳目一新。更令人诧异的是作者在研究中发现，中国传统文化能为全人类文化发展提供丰富的经验、切实可行的思路和明确的发展方向，真是匪夷所思。

全书结构严谨、条理清晰、语言通俗、充满正能量，站在学术思想前沿，突出一个"新"字：新思路、新提法、新观点、新发现、新创造，而这些"新"又是紧紧围绕当前人们所十分关切的社会课题和实际议题来展开，将中国五千多年来的传统文化综合式地有条不紊、独特而真实地展现在人们面前，成为本书之特点。这一特点，为人们全面了解、正确认识中国传统文化提供了思路和方法，也为初学传统文化者提供了入门之道。

中国传统文化"博大精深"，如何将这个抽象的形容词用来具体了解和认识传统文化，作者巧妙地将纷繁复杂、毫无头绪的传统文化高度概括为"仁和"，成为传统文化之"纲"，"博大精深"蕴涵其中。正是这个"纲"使中华文化成为优秀传统文化，因为其"优秀"体现在"仁和"里。掌握了这个"纲"，在学习传统文化中就能登堂入室、势如破竹、事半功倍；在日常工作、生活的运作中就会有清晰的思路和明确的方向。

全书共九章，每章相关联，形成一个整体。书中内容广博，涉及方方面面，书末更以"国学名目列举"给人一种对传统文化一目了然的感觉。书中的"端正世界观、正确审视国学"是引领人们朝着正确方向进入传统文化之海而又能达到彼岸的指路明灯。"国学形成的背景特点"使人能清楚地看出传统文化的来龙去脉。将儒、道、法、佛四大家的学术思想作为传统文化的基本内核和支柱来阐述是其特色。书中将《周易》作为传统文化之"根"来阐述也是颇具独特、深而新之意。对于传统文化的特点以及中华民族所具有的品质，书中的阐述独出心裁。对历史上的许多经典古作也总是以独特思路解读。对于传统文化的继承发扬以及如何学习外国文化书中的观点见解发人深省。书中将中华文化与西方文化进行对比，使人能清楚地看出中国传统文化的独特性及其在人类文化中的价值与意义。中国优秀传统文化的回归、复兴关乎国家民族前途命运以及如何回归、复兴，书中的阐述也是清楚有力而又意味深长。关于人类的未来生存和文化发展书里"后语"中的"三、人类文化应往哪个方向发展"中针对目前人类的生存状况创造性提出的人类新的生存法则引人深思，如此等等。读完本书我感受甚多，回味无穷。我相信，在当今中国优秀传统文化的回归、复兴过程中，本书的积极作用将会逐渐呈现，也相信读者阅读本书后会获益良多。

本书是父亲多年心血浇灌而成，文如其人不虚，父亲的人品尽蕴书中，是一位值得敬重的人。上述献给读者感言，其目的是为了使读者快捷地初步了解本书，利于读者阅读本书。谢谢阅此感言。

刘　刚

目 录

绪 论

何谓国学？广义上概而言之，国学就是中国之学、中华民族之学、中国人之学，"学"即学问，"学问"又叫文化，这个"文化"，几千年来，中国人一代又一代地创造、发展、丰富、传承着，成为中国的传统文化，于是国学又叫传统文化。由于国学是中国之学，于是它又称为中国文化；又由于国学是中华民族之学，于是它又叫中华文化。因此，国学、中国传统文化、中国文化、中华文化实际上是一回事，没有实质区别，只是称呼不同而已。国学博大精深，包罗万象，汇通思想学术、典籍制度、百行百业、礼仪民俗。国学堪称国本之学、民族之魂、中国人性命之学、中华文化的学术基础、全面培养中国人素质的学问，是中华民族和中国人民的根基所在、尊严所在；因此，作为中国人，不可不知国学。

公元 1988 年，75 位诺贝尔奖获得者齐聚法国巴黎，在联袂"宣言"中说："人类要在 21 世纪生存下去，必须回首 2500 年前，从孔子那里寻找智慧。"这一"宣言"引起了我极大的好奇和兴趣，他们为什么要这么说呢？我想其中一定有其深刻的内涵。我在不断深入学习、研究"国学"中惊喜地发现，中国传统文化确实是伟大的文化，其伟大之处体现在它是与动物类严格区别开的真正人类文化，并为全人类文化的发展提供了丰富的经验、切实可行的思路和明确的发展方向。我为这一发现而感到欣慰，也为中华民族给全人类文化发展所做的贡献而感到自豪。

在当今全球经济不景气的大背景下，中国经济持续发展，中华民族迅速复兴和崛起，这是为什么呢？从深层次意义上来说，是一种无形的文化在引领、支配着，这种文化在人们还不了解、不清楚之前，以自己独特的方式通过人们的潜意识，不知不觉中引领着人们显现出力量。当全面了解、正确认识到了中华文化是"仁和"文化的时候，那么，人们对于中华民族能迅速复兴与崛起的原因，就会恍然大悟，从而就会逐渐从原来的盲目中走出来，从此以后，中华民族和中国人民将在"仁和"文化的引领下，逐步走向自觉，随之而来的便是中华民族的复兴和崛起，中国将会变得无与伦比地繁荣昌盛、文明强大。当世界各国和人民全面了解、清楚中国的"仁和"文化之后，他们就会知道中国的复兴和崛起是必然的，同时会清楚中国是一个最真诚、最可信赖的朋友，从而也就放心地来和中国交往，学习中国文化。

中国传统文化，指的是以中华文化为源头、中国境内各民族共同创造的、长期历史发展所积淀的文化，是我们的远祖、先民们一代又一代所创造的文化，是中国人民智慧的结晶。它曾有过辉煌的时期，然而，自十九世纪中期起，由于西方文化进入中国，特别是所谓的自由、民主、科学进入中国，受"西化"的影响，在一片打倒"孔家店"的吼声中，中国传统文化受到了严重的冲击和践踏，从此，中国传统文化便遭受磨难与坎坷。一直以来不少人认为中国传统文化是封建、落后、陈旧的，"中国传统文化90%是糟粕"，与科学格格不入，应该将它扫入历史的垃圾堆，主张"全盘西化"，而现在实际上也是这样做的，中国的教育"全盘西化"就是明证。中国传统文化中我们承认有糟粕，但"90%是糟粕"，这可不是一个小数目，占了绝大部分，成为中国传统文化的主流，这种说法足可以使我们重新评价中国历史、中华文化，果真如此的话，谁还敢说"中华民族有着优秀的文化传统"呢？我们中国人还有什么可以自豪的呢？

"全盘西化"不是一个好兆头，是一个危险的信号。西方一些国家亡我之心不死，难道不是吗？新中国成立后，它们动作不断，先是想用军事武力征服中国失败了，次是想用经济封锁征服中国又失败了，后是想在政治上孤立中国阻挡进入联合国的阴谋也没有得逞，支持"藏独""疆独""台独"，一刻也没有忘记要颠覆中华人民共和国，最后想用他们的文化来征服中国，现在看来正在起作用，"全盘西化"教育就证明了这一点，如此等等，历历在目，有目共睹。中华文化与西方文化是两种价值观、世界观和内涵完全不同的文化，中华文化的价值观是互助友爱的集体主义，而西方文化的价值观则强调个人主义，这一点在本书的"中华文化与西方文化有何区别"中讲得很清楚。"全盘西化"教育出来的学生脑子中装的全是西方文化，然后他们用西方文化的眼光、标准来看待中国传统文化，当然是格格不入，把中国传统文化说得一无是处也是不足为奇的；用西方文化来审视、评判中国文化，让中国人自己觉得中国文化不如西方文化"科学""先进"，然后由中国人自己来反对中国文化。因此，"全盘西化"把我们一代又一代的子孙教育成了中国传统文化的掘墓人，埋葬自己国家的优秀传统文化。"全盘西化"教育则是无声无息、不知不觉地"去中国化"，釜底抽薪，可怕的是中国人至今还没有意识、察觉到这一点，真是明枪易躲、暗箭难防。人们应该知道，中国传统文化是我们国家之根本、中华民族之灵魂，没有了灵魂就是一具行尸走肉，那么亡国当奴才就会不远了，不仅亡国而且还会亡种。中国人民应该永远牢记过去帝国主义毫无人性地欺凌残害中国人、给中华民族带来的深重、血淋淋灾难的历史。中国人民在中国共产党领导下翻身得解放，昂首挺胸做人了，再也不要低头哈腰看别人脸色过日子了，中国人民应该百倍珍惜今天来之不易的好日子，决不能回到过去吃二遍苦、受二次罪。因此，纠正"全盘西化"教育的错误做法势在必行、刻不容缓。

中国传统文化，经过近现代一百多年来的磨难、坎坷、昏睡，现在正在逐渐苏醒。苏醒的开始，是本世纪初，中央电视台《百家讲坛》栏目热播，无意间引发"国学热"，经由刘心武、孔庆东、于丹、阎崇年、纪连海、易中天等教授别开生面的对经典的解读，使当代大众始知"国学"是如此有趣，如此博大精深，开始注意学习中国传统文化。近十余年，"国学热潮"持续推进展开，大学成立国学院、传统文化和儒释道思想研究机构、国学讲堂，央视推出《百家讲坛》，《光明日报》开设国学版，百度搜索引擎开通"国学频道"，新浪网推出乾元国学博客圈，祭孔庙、拜黄帝陵、行成人礼之类的活动渐次兴起；国外的孔子学院，如雨后春笋遍布全球，外国人学习中华文化的兴趣越来越浓。当前国内外"国学热"的出现与中国经济的发展、国力的增强和国际地位的提高密不可分，是中华民族文化自觉、自信的一种表现。

中国有着悠久、强大的文化传统，有着自己独特的历史传统和精神特质。在世界各国政治经济文化飞速发展的今天，要想既顺应世界潮流，又能保持自身的文化特色，开创一条有中国特色的现代化道路，我们需要从传统文化中汲取养分，建设一套自己的信仰体系。中国传统文化思想有着深厚的根基和强大的生命力，对于中国文化的巨大影响是任何其他传统资源都无法相比的。传统文化热是民众寻找文化认同、自我认同的需要，儒家所注重的仁义之心、浩然之气、忧患意识、远鬼神近人事的生活态度、见利思义的价值取向等精神内容，可以在当代中国社会实现"创造性的转化"。以儒家思想为主流、为代表的传统文化有着自己比较完整的思想体系与精神架构，蕴藏着丰富的思想内容，很多内容是我们当前建设中国特色社会主义所需要的。传统文化影响着中华民族的思维方式、民族心理、审美情趣和行为习惯，我们现在所提倡的以德治国、依法治国、以人为本、和谐社会、与时俱进、执政为民、道德修养以及义利观、荣辱观、礼义廉耻观等，都来源于中国传统文化。在经济全球化、文化同化的时代，我们要建设中国特色社会主义，应该尊重传统文化，合理开发和利用中国传统文化这一宝贵资源。经济的飞速发展与道德的滑坡、诚信的缺失所产生的矛盾，引起人们对传统文化这一思想资源的重视，传播和弘扬中国优秀传统文化，有助于呼唤社会的道德良知、正义力量、健全的理想人格，提高全民族的整体道德素质。"国学热"的出现，是一个好的开端、好的势头，我们现在的任务就是要把这个好的势头引导到朝着正确的方向持续、深入、健康地发展下去。这里的"引导"，首先是要引导每个中国人正确认识、全面了解中国传统文化，只有正确认识、了解后，才能使中国传统文化真正回归到每个中国人的心中，只有这样，中国传统文化才能逐渐回归到正常的发展轨道上来。

如何了解、认识中国传统文化，是当前亟待解决的问题。这里所讲的中国传统文化，是从狭义文化而言的，即从中国社会精神生活层面来讲的，也就是现在所说的精神文明、非物质文化。要了解、认识中国传统文化，从哪里着手呢？中国传统文化博大精深，是由中华民族五千多年文化淀积而成。博大精深，一方面是对传统文化的确切而又形象的概括；另一方面，却又给人一种博大无边、精深无底的感觉。谈起传统文化，既感觉很遥远、在天边，又感觉近在咫尺，不知从何说起。传统文化到底为何物，谁也说不出一个所以然，只好用"博大精深"来形容。传统文化到底是怎么一回事，我想作一个试探，能不能对中国几千年来的传统文化有一个整体、框架式的了解和认识，从而使人们常说的"博大精深"有点边际，知道一点深浅。从哪里着手呢？中华民族从原始社会到奴隶社会到封建社会到半封建半殖民地社会，又跳过资本主义进入社会主义社会，在这漫长的历史长河中，朝代不断更替，更替中，战乱与和平、统一与分裂、分久必合、合久必分、治极必乱、盛极必衰、衰乱已极、复治复盛，好似行星轨道一般，往复循环，周而复始。中国传统文化就是在这样的环境和状态中发生、发展的，乍一看上去，一片乱纷纷，像一团乱麻毫无头绪。因此，如何把握中国传统文化之脉络，需要梳理出一个头绪，有了头绪才能全面、具体地分析研究。这个头绪怎么才能梳理出来呢？我思来想去，还是应该从传统文化纷繁复杂、千姿百态、千变万化、眼花缭乱的现象中寻找出最精华、最优秀而且又具有最根本、最核心、最关键、最重要、最基本的内容，将其抽象出来，然后按照一定的思路，有条不紊地阐发出来，熔于一炉，形成一个整体结构体系，而不能简单地用精华与糟粕说事，这是一个大体的总思路。我在不断深入学习、研究几千年来中国传统文化中，又联系到近现代一百多年来中国传统文化遭受的磨难，我的心中似乎有一个思路在逐渐形成并明晰起来，而这个思路又似乎是找到了梳理中国传统文化的头绪，这个思路大体是：一、只有端正世界观，才能正确审视国学；二、理清国学形成的背景特点；三、国学中有哪些学术思想；四、国学之"根"在哪里；五、国学有些什么特点；六、国学为中华民族培育和造就了哪些品质；七、国学是什么性质的文化；八、如何继承和发扬国学；九、如何学习外国文化。我想，如果能将这些内容有条不紊地阐发出来，那么，人们就能够对传统文化有一个整体的、框架式的了解和认识。这个思路要付诸实施，应从哪里着手呢？我觉得还是应该从中国历史上的诸子百家学说中去求索，特别是从儒、道、法、佛等学说中去求索。

复兴中国优秀传统文化，首先应当全面了解传统文化，只有全面了解后，才会有正确的认识和态度，才会知道中国传统文化是怎么一回事、其优秀体现在哪里、怎么复兴、复兴什么，才会清楚复兴中国优秀传统文化与实现中华民族伟大复兴梦之间的关系，才会明白为什么要纠正"全盘西化"教育的错误做法以及怎么纠正，如此等等。不全面了解传统文化，谈复兴传统文化只能是一句空话，一切都无从谈起。《我之国学观》适应了当前需要，为人们全面了解和正确认识传统文化提供了思路和尝试。在全面了解传统文化中，人们还应该清楚地看到中国传统"仁和"文化的突出四大作用：一能形成紧密团结的凝聚力；二能激发奋发图强的上进心；三能全面提高中国人素质，培养出德才兼备、智勇双全的人才；四是引领中华民族绵延不断，繁衍、发展的指路明灯。复兴和弘扬优秀传统文化是全体中国人民的历史使命，任重而道远，没有停歇时，古人老子的《道德经》中曰："千里之行始于足下"，今人毛泽东主席的《诗词》中说："一万年太久，只争朝夕""无限风光在险峰"，这正好可以看作是对我们的启示。

此外，有四个问题特别提示于此：一、中国优秀传统文化，其"优秀"体现在哪里；二、中华文化与西方文化有何区别；三、复兴中国优秀传统文化与实现中华民族伟大复兴梦之间有何关系；四、人类文化应往哪个方向发展。四者可以从本书最后的"后语"中查阅到。

第一章
端正世界观，正确审视国学

近代，西学挟船坚炮利强势进入中国后，中国人开始环视自我，出现了中国固有之学问的中学、国故学、国粹、国学这样的名称。但后来面对帝国主义的强大，中国人自愧不如，一方面拼命学习、引进西学，另一方面拼命贬低、抛弃国学。虽然也有一些人为保护中华文化之根本，如张之洞提出"中学为体、西学为用"，又如胡适提出"整理国故"以"再造文明""建立民族自信心"，但其声音终被时代潮流所湮没。"国学"一再被严重贬低、诋毁、践踏，以致造成了中国历史文化的大断裂，国学所付出的代价实在太大、太惨重了。新中国成立，饱受屈辱的中国人民从此站起来了，民族自信心大大加强，但没有能够及时认识到"国学"在新时代的重要性，甚至仅存的一点点国学遗产也一再成为被抛弃的对象。为什么会出现如此局面，问题出在哪里呢？我认为从根本上来讲，主要是如下两点：一是对待中国传统文化的态度不正确；二是世界观不端正，被西方的科学、民主、自由搞昏了头，辨不清东南西北，迷失了方向，从而大肆贬低、抛弃国学，对"西学"囫囵吞枣、照搬照抄。前一个问题我会在本书"国学的继承与发扬"一章中作具体阐述，现在就世界观的问题阐述如下。

自 1840 年第一次鸦片战争起，中国逐渐沦为半殖民地半封建社会，封建主义与帝国主义和官僚买办资产阶级盘根错节，像三座大山沉重地压在中国人民头上，使中国社会黑暗到了极点，至上世纪初，中国人民处在水深火热之中，透不过气来，于是 1919 年"五四"运动爆发了，要砸破黑暗，砸碎旧世界，掀起了新文化运动，以雷霆万钧之力，冲击着黑暗的旧中国，冲击着半殖民地半封建社会；与此同时，中国传统文化也受到了严重的冲击，这是可以理解的，甚至也是必要的，因为不以雷霆万钧之力，唤醒不了中国民众、激发不了他们的革命热情、调动不了他们的革命积极性。俄国十月革命一声炮响，给中国送来了马克思列宁主义，于是1921年中国共产党诞生了，从此，中国人民在中国共产党领导下，通过长期艰苦卓绝的革命斗争，终于推翻了压在中国人民头上的三座大山，取得了中国革命的胜利，建立了新中国，由新民主主义革命进入到了社会主义革命和建设。新中国成立后，本应该冷静下来，回过头去，认真、全面地审视中国传统文化，因为过去的文化运动过分地冲击了它，这个工作是完全应该做的，可是没有做，只是经常抽象地说"取其精华、去其糟粕"，"古为今用"而已，到底什么是"精华"，什么是"糟粕"，没有人去认真而具体地分析、研究。中国传统文化中有精华，有糟粕，混杂而不清，使人们脑子中的精华与糟粕处于一种混沌、模糊的状态，过去的后遗症一直至今。到底怎么来正确认识、了解中国传统文化，这是现在必须要做的功课。正确、全面地审视中国传统文化，从哪里着手呢？从过去多年来，人们对传统文化的评说、评议、评论、评价、评判的言语中，就会发现，从1919年"五四"运动以来的将近百年的时间里，有一个东西一直在主导着人们的思想认识，它就是偏颇的机械唯物论、形而上学，正是这样的世界观，导致我们一直不能正确对待中国传统文化。具体表现在，说外国好就一切都好，说中国不好就一切都不好，说外国先进就一切都先进，说中国落后就一切都落后，等等。因此，我认为要正确对待和认识中国传统文化，首先应该从端正世界观入手，因为没有正确的世界观，不纠正过去那种机械唯物论、形而上学的错误观点，就不会有对中国传统文化的正确认识，没有正确认识，怎么能分清是非、区分精华与糟粕，怎么从整体上来全面、系统地认识传统文化！

世界观是关于对整个世界的观点、概念和观念的体系。任何世界观的基本核心，是由哲学观点构成的，而哲学的基本问题，是思维和存在、意识和物质的关系问题，是世界观的主要问题。由于在物质是第一性还是意识第一性的问题上看法不同，因而就存在着两种主要的世界观，形成了两个主要的哲学阵营：唯物主义与唯心主义。唯物主义阵营在发展中大体又经历了机械唯物主义和辩证唯物主义。机械唯物主义是唯物主义哲学发展过程中的一个阶段、一种形式，它是建立在当时科学领域中力学和数学达到了较高发展水平上的唯物主义，它企图用力学定律解释一切自然现象，把自然界各种各样不同质的过程和现象（如物理、化学、生物、心理的）都看成是机械的，它认为运动不是一般的变化，而是外部作用即物体相互冲撞所引起的物体在空间的机械移动，它否认事物运动的内部源泉、质变、发展的飞跃性以及从低级到高级、从简单到复杂的发展，这样就决定了这种唯物主义的片面性和局限性。形而上学是把自然现象看成是单独的、彼此孤立不变的一种不科学的方法，也就是与从现象的发展、变化和相互联系来观察现象的辩证法直接相反的方法。形而上学方法是人类认识发展中的一个为历史条件所局限的阶段，它们所特有的观点就是自然处在静止不动、停滞不变的状态中，他们认为发展过程是简单的增长过程，是量变不会引起质变的过程，否认事物的内部矛盾，认为发展的原因是外部对立力量的冲突。后来马克思与恩格斯依据自然科学的发展，克服了旧唯物主义的机械论、形而上学的局限性，创造了与以前各种形式的唯物主义有本质区别的辩证唯物主义学说。其之所以叫作辩证唯物主义，是因为它研究自然界、人类社会和思维方法是辩证的，反形而上学的，它的哲学理论是彻底的科学唯物主义。辩证方法和哲学唯物主义相互贯通、处于不可分割的统一中，并构成一个完整的哲学世界观。同时又把辩证唯物主义的基本原理推广去认识社会现象，从而又形成了历史唯物主义。马克思的哲学理论是在总结人类优秀文化成果、概括自然科学的各种发现、概括无产阶级阶级斗争新经验的基础上发展和丰富起来的。辩证唯物主义、历史唯物主义成为马克思主义政党的世界观与共产主义的理论基础，也是马克思主义理论的重要组成部分。人类到目前为止，辩证唯物主义和历史唯物主义是当代哲学思想领域中的最高成就，也是人类认识世界、改造世界的最正确、最科学、最先进的世界观。

中国共产党自从1921年7月1日成立的那天起就是以马克思列宁主义理论作为自己思想的理论基础，并指导中国革命实践，从而取得了中国革命的胜利。中国共产党的世界观是马克思主义的哲学理论，即辩证唯物主义和历史唯物主义，为我们提供了认识世界、社会和改造世界、社会的世界观。马克思主义辩证法教导我们，正确地对待自然和社会的现象和过程，就是要从它们的联系和相互制约中去把握它们，就是要从发展和变化中去观察它们，就是不要把发展看成是简单的量的增长，而应看成是量变在一定阶段上合乎规律地转变为根本质变的过程。对于任何问题应采取分析的态度，肯定一切或否定一切都是不可取的，是错误的。

中国共产党从公元 1949 年起执政，执政以后理应对中国传统文化进行冷静而认真的学习、分析、研究、总结，可遗憾的是六十多年来，能够用辩证唯物主义、历史唯物主义的世界观去观察、分析、研究、认识世间万事万物，但对于传统文化，却未能做到历史辩证地扬弃，传统文化一连遭受重创。在中国传统文化遭受厄运的同时，1988 年有 75 位诺贝尔奖获得者齐聚巴黎，在发表的联合宣言中说：人类如果要在 21 世纪生存下去，必须回首 2500 年前，去寻找孔子的智慧。他们或许对中国传统文化并不全面了解，可是他们却看到了孔子智慧里产生的思想是人类生存所需要的，如孔子思想中的忠、孝、仁、义、礼、智、信、温、良、恭、俭、让、和为贵等都是人类生存所需要的。地球是人类生存的共同家园，在这个家园里，只有仁爱、互助、和谐、和平共处、同舟共济，人类才有生存的去路。要实现和平共处、同舟共济，必须从孔子上述的思想中去寻求。也许是中国传统文化应遭受此磨难，就像人的一生中有走"麦城"（走背）的时候一样，要经受此考验；然后，通过人们的实践与反思，转归正道（即正常发展道路）。新中国的成立，预示着中华民族将走上正道，虽然途中可能会有曲折、坎坷，但前途光明、繁荣昌盛是大势所趋，伴随其中的中国传统文化将经受住考验，回归正道，从而重新焕发出无穷的青春活力和魅力，这是谁也无法阻挡得住的趋势，只是人们现在还没有认识到这一点而已。

正确审视中国传统文化，要用马克思主义哲学中的哪些基本观点呢？我认为有如下四个观点值得特别注意。

一、具体问题具体分析的观点

这一观点是马克思主义的灵魂，也是马克思主义哲学中最基本的要求。具体问题具体分析，就需要做到一切以时间、地点、条件为转移。过去一些人指责、批判中国传统文化时总是玩弄一些概念，什么旧与新、封建与科学、落后与先进等，并用这些抽象、模糊、笼统、空泛的概念又荒唐地推论出：新的→先进→科学→西方，旧的→落后→封建→中国，用这样一种手段来蒙骗善良的中国人。上述这些概念，很能欺骗人，因此有必要在这里作一些分析。上述的概念，只有在对具体事物、具体问题的比较、分析中才有意义，才能辨别出是非。

首先分析旧与新，两者是相对而言的，从时间上说，昨天是今天的旧，而今天又是明天的旧，没有旧就不会有新，新与旧相比较而存在，新是在旧的基础上发展而来的，这是一方面。另一方面，新的不一定都是好的，旧的不一定都是不好的，例如西医不断地生产出新化学药物，却又不断淘汰，生产的 7000 多种西药中被淘汰的就有 6000 多种，而被淘汰的主要原因是药物的毒副作用，由于毒副作用，污染了人体内环境，从而产生出各种医源性、药源性疾病，成为当代医学中的难题。而中医并不需要去生产什么新药物，用的仍然是老祖宗流传下来的中草药，而这些"旧"的中草药，只要对症用药，就有效果，不管疾病有什么变化，中医就是用这些"旧"的中草药，以不变应万变。"新"与"旧"两个概念这样一分析、比较不就清楚了吗？不能说一切新的就是好的，一切旧的就是不好的。

其次分析封建与科学，这是两个不相对应的概念，没有可比性。什么是"科学"，它的本质内涵是什么，在我写作的《中医是科学医学》一书的"引言"中是这样定义的："凡是从本质上反映了事物的特点及内在的客观规律性的认识，并以这种认识而形成的思想理论，它就是科学的，并适用于一切认识领域，科研成果只是这种认识的必然结果而已。"本着对"科学"的这种理解，再来看看中国的传统文化。"科学"这个词，虽然至近代才出现在中国，但不能说在中国传统文化里就没有科学的内容。"封建"作为一种社会制度，它要比原始社会、奴隶社会都要进步，是社会发展的必然规律，也是人类社会符合科学的必然发展规律。《周易》是中华文化中的一部重要宝典，是中华民族智慧的象征。瑞士哲学家、心理学家荣格曾指出："谈到世界人类唯一的智慧宝典，首推中国的《易经》，在科学方面，我们所得出的定律常常是短命的，或被后来的事实所推翻，唯独中国的《易经》亘古常新，相距六千年之久，依然具有价值，而与最新的原子物理学相等的地方。"荣格把《易经》放在与现代科学、最新的原子物理学颇有相同的地位，足可以证明《易经》里的科学成分。《易经》产生于封建社会之前的奴隶社会，按照现在有些人的说法，《周易》是奴隶社会时期的东西，那不是更落后了吗？中国封建社会产生的四大发明（指南针、火药、造纸术、活字印刷术）是科学成果的具体表现，促进了人类文明的发展。从《易经》衍生出的《黄帝内经》是中医学的基础理论，两千多年来，一直到现在，仍然指导着中医临床，大量的临床实践所取得的确切临床效果，也验证着《黄帝内经》的科学性，使中医成为继四大发明之后的又一大发明，也是科学成果。科学会随着人类对世界的认识不断深化而不断发展，到了现代，则突出地表现在高科技方面，如原子弹、核发电、人造卫星等，只是表现形式不同而已。中国的四大发明为今天的高科技提供了原始的基础，如中国的造纸术，由于纸张的出现，才有了理论、学术、思想、语言等广泛而又成文的、系统交流的物质基础，没有"纸"能有科学传播吗？而造纸术是在封建社会中产生的。通过这样的分析，我们可以看出，把科学与封建对立起来，玩弄科学与封建这两个概念是多么无知、荒唐。

再来分析先进与落后，两者是相对而言的，这两个概念不是固定不变的。例如封建社会先进于原始社会、奴隶社会，而落后于后来的资本主义社会，而社会主义社会，又先进于资本主义社会，这是从人类社会整个历史进程而言；其次，封建社会虽落后于资本主义社会、社会主义社会，但它是两个社会发展而来的基础（物质、精神的基础），没有这个基础，资本主义社会、社会主义社会就无从谈起；再次，封建社会所创造的思想文化中，如儒家的"仁"，"人者仁也""仁者爱人"。这个"仁爱"可是不得了的，例如，2008 年在四川汶川发生的大地震，一方受灾，全国上下、四面八方，只要是中国人，心系一处，自觉捐钱、捐物、出力来支援灾区，全世界很多国家都感到羡慕、佩服。为什么会出现这种喜人局面？归根结底，是以"仁爱"为核心的中国传统文化所具有的无与伦比的凝聚力的体现，你说，这个"仁爱"应该把它称作什么？难道是属落后吗？"仁爱"作为中国人的一种道德操守，可以使国家和谐安泰，上下之间、人与人之间和睦相处、同舟共济，社会和谐发展，这种"仁爱"是何等宝贵。现代的人类如果也能以"仁爱"为道德操守，那么这个世界也不会像现在这样、只为眼前利益争得不可开交、斗得你死我活，搞得整个世界到处动荡不安。优秀与先进是两个不同的概念，先进是相对于落后而言的，其位置是不断变化的，"仁爱"作为一种道德操守，没有什么先进与落后，只要世界想和平发展，人类想和睦相处，与自然和谐发展；那么，"仁爱"这种道德操守将是永恒的，如果把它比喻为先进的话，那它永远是先进的。

从上述分析中，人们就清楚了新与旧、封建与科学、先进与落后等这样一些概念应该具体分析才有意义，不要被那些笼统、抽象、空泛概念的玩弄所蒙蔽、欺骗。用一些空泛、抽象的概念推断出：新的→先进→科学→西方，旧的→落后→封建→中国，这样做是错误的，错得离谱，这种错误的理论根源是机械唯物论、形而上学。用抽象的概念，作抽象的推论，这样的思维逻辑，只能导致错误而荒唐的结论。

中国是一个有着五千年以上历史的连续不断发展的文明古国，在漫长的历史长河中，有着许多的历史人物、历史事件、历史现象以及各种各样的学术思想、理论见解等，如何正确地评价、评说、评判它们，直接关系到对整个中国传统文化的理解和认识，也是我们首先要面对的实际问题。这当中我们应该有正确的方法，这个方法就是具体问题具体分析，一切以时间、地点、条件为转移，这是辩证唯物主义、历史唯物主义的基本方法，只有这样才能有一个正确的评价和结论。例如"百家争鸣"，为什么会在春秋战国时期出现"百家争鸣"？它有什么历史意义？就要联系到当时的时代背景、环境条件作具体的分析，才能看得清楚，作出正确的评价。"百家争鸣"争论的焦点是如何治国，于是便出现了儒家的"以德治国"，法家的

"以法治国"，道家的"无为而治"，为什么在同一个时代会出现不同的治国理念、不同的学术思想，这就要作具体的分析，才能作出正确的评价和结论。又例如对历史人物秦始皇的评价，有的人只看到他暴君的一面，却看不到他统一中国的功劳，这一功劳结束了春秋战国持续五百多年的战乱历史，又为后来的国家统一奠定了基础，是国家统一的首居功臣，功大于过。因此对历史人物要具体分析，不能简单地否定或肯定。

二、历史发展的观点

这个观点，是马克思主义哲学中的一个基本观点。世界上的万事万物都有一个发生、发展、变化的过程，这个过程又叫历程，必须经历的过程，是一个连续不断发展、变化的过程。以人为例：人的一生要经历婴幼期、儿童期、少年期、青年期、中壮年期、老年期，这是每一个人一生必然要经历的过程，不仅是年龄增长的过程，也是做人、做事不断成长、成熟的过程。孔子说："吾十有五而志于学，三十而立，四十而不惑，五十而知天命，六十而耳顺，七十而从心所欲，不逾矩。"说的是他立志于学，不断成长、成熟的人生历程。人初生于世之时处在一片混沌、蒙昧的状态中，什么都不知道，无知、不懂事，只是后来不断地学习、增知识、长见识，由无知到逐渐有知，由不懂事到逐渐懂事，由经常说错话、做错事，到后来不断地成长，以致少说错话、少做错事，逐渐成长成熟起来，这是一个成长的过程，每个人的一生都是这么过来的。中国传统文化也一样，其原理是相同的，中华文化从原始社会的远古到中古、近古、近代、现代，是一个连续、漫长的认识过程的知识积累。在这漫长的认识过程中，随着社会的发展、时代的进步，又经历了从无到有、从少到多、由低级到高级、由浅入深地发展，经过不断总结、修正，不断弃其糟粕、升其精华，使其朝着全面、逐步成长成熟的方向发展，这是一个整体、漫长历史的连续成长、发展的过程，不过这个过程是处在更复杂、更宏大、更长久的历史长河中发展、成长的。

我们以儒家的经典《周易》为例。《周易》分为"易经""易传"两部分。先有《易经》，后有《易传》，《易经》原来是用来占卜占筮预测吉凶祸福之书，后来的《易传》是用来注解、解释、发挥"易经"的。但《易传》的出现，是《易经》出现"质"的演变的转折点，《易传》解释《周易》时已经离开了预测吉凶的占筮内容而大讲哲理、伦理的内容，使《周易》成了一部哲理、伦理之书，这是后人利用《周易》六十四卦的卦象、卦辞、爻辞的形式，用社会发展、时代进步的新的内容代替了占筮的旧的内容，通过"十翼"途径实现了"质"的演变，这是社会发展的必然结果，也符合人类社会历史的发展规律。《周易》发展到今天，经历了脱胎换骨，由占卜占筮之书，发展、变化为哲理、伦理之书，然后像运动场上的接力赛一样，后代人一代又一代地接过前人的"棒"往前走，所以，现在的《周易》是历代前人集体智慧的结晶。这是《周易》一书的发展与变化的历程。

中国有五千多年的历史，在这其中，由原始社会发展到奴隶社会到封建社会到半封建半殖民地社会，又跨过资本主义发展到社会主义社会，这是中国几千年历史连续发展的整体过程，是不能割断的。人们应该知道，每一事物都有自己发生、发展、变化的连续的历史过程，我们现在的新知识、新学问、新文化都是在过去传统知识、学问、文化的基础上发展而来的，是不能割断的，就像人的一生不能割断一样。因此，那种专门断章取义、片面地从传统文化中只找问题、专挑毛病，然后抓住一点横挑鼻子竖挑眼、鸡蛋里面挑骨头的做法是错误的，因为这样做的结果不仅是否定传统文化，否定了自己，也否定了人类，否定了世界的一切，这是历史唯物主义教导我们的。因此，我们应该坚持用历史发展的思想方法来对待、学习、研究中国传统文化。

三、一分为二的观点

这一观点，是对立统一规律的通俗表达，通常用来全面看待人或事物、问题，既看到正面，也看到反面。一分为二，原为中国古语，指事物内部的可分性、矛盾性。中国古代不少思想家都提出和阐述过这个概念。《黄帝内经·太素》撰注者隋杨上善已提出："一分为二，谓天地也。"北宋邵雍在解释《易传·系辞》中的"易有太极，是生两仪"时，曾用此语"是故一分为二"（见《皇极经世·观物外篇上》）。1957年毛泽东主席在《党内团结的辩证方法》中明确指出："一分为二，这是个普遍的现象，这就是辩证法。"后又多次加以论述和应用。于是"一分为二"逐渐广为流传。唯物辩证法所说的"一分为二"是指一切事物、现象、过程都可分为两个互相对立又互相统一的部分。就整个物质世界的发展过程来讲，一分为二是普遍的，但不能机械地理解，应该看到事物可分性的内容、形式是多种多样的。正确地认识和把握一分为二，既要看到矛盾双方的对立和排斥，也要看到双方的联系和统一，以及在一定条件下的相互转化。所以从这个意义上讲，一分为二可以看作对立统一规律的通俗表达。用一分为二的观点来分析中国传统文化，我们就可以把一些问题看得很清楚，譬如，传统文化中的精华与糟粕，是两个动态的概念，随着社会的发展、时代的进步，两个概念是不断变化的，不是一成不变的。例如，传统文化中的"三纲"，即君为臣纲、父为子纲、夫为妻纲，这在当时人类初始时期，为了组成社会，使社会有秩序，必须要有规矩，于是"三纲"就成了这个规矩，可以说是当时的精华；但是，随着后来的社会发展，原来"三纲"的有些内容束缚了社会的发展，束缚了人的思想，逐步地不适应发展的需要，于是"三纲"中有一些旧的内容就成为了糟粕，必须将其中的糟粕进行质的改造，就像《周易》中的《易传》出现以后，只是利用《周易》中的卦象、卦辞、爻辞的形式，将其内容进行质的改变，弃糟粕、升精华，变通运用。当然，精华与糟粕，不是完全没有办法来辨别的，还是可以用一些理念来衡量、辨别。就"精华"来说，凡是有益于社会发展、生产力发展、人类进步、人民幸福、伦理道德进步、社会和谐发展、民族和睦友好、国家兴旺昌盛，有益于子孙后代，有益于人类与自然的和谐发展，有益于国与国之间的和平共处的这些理念，基本上都可以看作精华的内容，这些精华都是人类文化发展所需要的，也是人类要努力去共同创造的。什么是糟粕？与上述内容相反，起阻碍、损害、破坏作用的东西，就是糟粕。再用"一分为二"的观点，来分析人性，在中国传统文化中，将人性独特地分为善与恶，即孟子的"人性善"，荀子的"人性恶"，就是说每个人的人性中都具有善与恶两个方面。将人性分为善与恶具有重要的意义，无论是做人做事，还是治国安邦，为其提供了理论根据，要扬善抑恶。日常生活中，每个人应该加强道德修养，扬善抑恶，努力发扬善的一面，抑制恶的一面，为自己、为他人、为家庭、为国家创造良好的生存环境。作为治理国家的执政者，应该为扬善抑恶创造条件，褒奖行善者，抑制作恶者，从而实现国泰民安、天下太平。从上述的阐述和列举中，人们可以看出，用一分为二的方法，来学习、分析、研究中国传统文化，是一个值得重视的思想方法。

四、透过现象看本质的观点

现象和本质是对立统一的：首先，两者是相互依存的，现象是本质的现象，本质是现象的本质，也就是说，本质只能通过现象表现出来，现象只能是本质的反映，他们之间是表现和被表现的关系，任何一方离开了对方都是不能存在的，实际的存在总是现象与本质的对立统一。其次，两者是相互蕴涵的，在实际上也是相互包含的，本质寓于现象之中，这是非常明显的，因为现象是整体，本质是现象的一部分，是根本性的部分。反过来，本质也包含现象，因为现象尽管是多种多样、纷繁复杂的，但毕竟是由本质决定的，早已潜在地包含于本质之中。再次，现象与本质是可以相互转化的，本质变现象应理解为本质表现为现象。某一具体的人无疑是本质与现象的统一体，其本质也在不断地表现出来，即不断转变为现象。现象与本质的相互转化，正是感性认识与理性认识相互转化的客观基础。在我们简要了解了现象与本质的关系以后，再用这种观点来分析研究中国传统文化，许多问题也就会看得很清楚。我写这本书的一个重要方法，就是从中华民族五千多年纷繁复杂、千变万化、千姿百态、眼花缭乱的现象中，寻找出最本质的东西。在不断的深入学习研究中，我终于发现，人类文化无非是围绕着人的需要（物质、精神方面的需要）进行的，如何做人做事、治国安邦都是围绕满足人的日益增长的需要，这是一个基点（即本质），有了这个基点，自然就有了方向。在深入学习和研究中，我又发现中国传统文化的学术思想理论体系是以儒、道、法、佛四大学说为基本内核，像四根柱子一样支撑着中华文化大厦；然后，就像侦破案件一样，不断通过排查，逐步缩小侦查范围，用这种方法，从儒、道、法、佛四家思想体系中寻找出了我所认为最本质的东西，这些东西是什么呢？就是下面书中所要阐述的国学性质——"仁和"，以及体现"仁和"文化的"国学四大特点"与"中华民族四大品质"等。如果再把范围缩小，寻找出本质当中的本质，就是对于人的定位、定性。即儒家将人的位置定位于人类，将人性定性为善、恶，与动物类严格区别开。中国传统文化都是围绕着人的"需要"这个最本质的东西而展开的。对于人的定位、定性体现的不仅是人的自然属性，更是突出了人的社会属性，从而使中国传统文化成为真正的人类文化，使中国传统文化与西方文化有了本质的区别。所以说，用透过现象看本质的方法来学习、分析、研究中国传统文化，也是一个很重要的思想方法。

第二章
国学形成的背景特点

　　中国传统文化是具有悠久历史与鲜明民族特点的文化。探究传统文化，首先应该全面考察中国文化形成与发展的环境和基础。中国位于亚洲东部、太平洋西岸，西北深入亚洲内陆，是一个海陆兼备的国家。中国传统观念中的"天下"是由四海之内的诸夏和"四夷"共同构成。中国古代社会东部为农业区，西北部主要是游牧区，也由此使中国传统文化中农耕文化与游牧文化并存又相互补充；东部的农耕经济又占优势，这是中国传统文化赖以生存和发展的主要经济基础。中国古代传统农业经济占主导地位，在宏观上主要强调"以农为本"，从而形成了辉煌的农业文明。

一、国学形成的地理背景

　　地理背景，对于了解人及其文化与自然的关系，对于大致了解中华文明产生的源头和形成的过程，对于正确地分析中国辽阔疆域形成的原因和多元文化融合及实质，都是很有帮助的。

1. 人与自然的依存关系

　　人与自然存在着密切的联系，人由自然而产生，又依靠自然而生存；同时，为了生存得更好，人便要去改造自然。在改造自然的过程中，人创造了文化，并以文化观作为指导，去认识和改造自然与人自身。在人类早期历史中，人对自然界有着强烈的依赖性；随着人类的进化，人开始依靠自己的主观能动性，创造文化景观，但即使是相对独立于自然之外的人的创造，也必须服从和遵循自然规律。自然因素对于人类社会的发展和民族性格的形成，无疑有着很重要的影响，是一种生成因素，但不是唯一的因素，更不是主导因素。因此，在研究人类历史时，我们应当考虑地理因素，但不能受制于这种因素。

2. 地理的文化功能

中国有极为广袤的疆土，内部有相当开阔的腹地，黄河、长江、淮河、辽河和珠江等大河遥相呼应。从宏观的角度看，河网密布，水系相对集中，又联系着广阔的区域，为中国文化的形成、迁移和一部分社会价值观的初构，带来一些影响。中国幅员辽阔、疆域广大，得益于众多因素：易于沟通的地理条件、文化中心转移、移民和战争、各民族间相互迁徙和融合。其中各民族的相互融合，奠定了中华多元文化的基础。中华文化先后发源于五河流域，各地文化一经产生，便开始了相互渗透和融合的过程，其中黄河文化和长江文化曾经在融合中起着主导作用。周至秦汉，五河流域的文化融合告一段落，华夏共同体产生。与此同时，华夏文化又进一步与周边其他民族文化融合，共筑中华文化的主体构架。中国文化的多元化，也包括中国人超越地理上的隔绝，与亚洲邻邦及西方进行的文化交流。

二、国学形成的社会背景

了解中国古代文化产生的社会背景，用历史唯物主义的方法去分析古代的社会和政治结构及其历史影响，从而正确区分社会传统的精华和糟粕是非常重要的。这个社会背景可以从以下几个角度来看：

1. 人类初始集团的社会导向

家庭是人类诞生后遇到的第一个具有相互关系的"集团"，宗族则是这个"集团"的延伸。若以血缘关系划分中国人的群体关系史，大约可以先秦为界限，之前是以"他导性"宗族为特征的宗法宗族时代，之后是以"内导性"宗族为特征的亲情宗族时代。宗族是中国古代主要的社会群体，它必然会对中国政治、经济和人的心理产生不可忽视的影响。在政治上，宗族为"家国同构"提供了基本模式；在经济上，宗族支持了土地价值观，在客观上辅助了小农经济的长期存在；在心理上，宗族给予中国人的心理一定的归宿感，它是中国人民族情感的最初来源，宗族的存在也给中国人的道德思想的流传提供了一些帮助，成为道德伦理的一块试验基地。不管怎么说，宗族毕竟是自然经济时代的特定产物，它只与小农经济有千丝万缕的联系，而与现代经济是格格不入的。

2. 中国古代政治体制的特征

中国古代政治体制可以从秦政说起。秦政，指的是秦朝建立的政治体制（国家管理体制），这种体制就是官僚政体。秦以后的整个封建社会基本是延续秦的政体，只是有所删减增补，所以说是"两千年之政，秦政也"。与西周及其以前那种纯粹的"人治"（贵族制或领主制政体的特征）不同，秦以后的政体从形式上看，可以称为"法治"政治。但古代的"法治"与现代的"法治"有不同的内涵。后者是通过颁布宪法，从法律上保障公民的自由权利，前者则是用"法"的形式确定以君主为首的统治秩序，并用统一的法律去教育人民，告诉他们遵守这种法律是他们（也包括"君主"）的"义务"。汉代以后，中国虽然一直崇尚儒家思想，但在治国上基本采纳法家的"法治"主义，即"名儒实法"。秦汉以后，中国国家体制的"法治"主要表现在：建立官僚体制——以国家之法的形式确定统治秩序；科举制——利用考试制度选拔官员。

小农经济的生产方式、高度集权的专制政治制度，还有作为社会生活基础形态的宗法关系、血缘关系，为中国传统文化的产生和发展提供了深厚的社会政治经济基础，使之形成了世间伦常、现实政治思想、行为主要目标的主导性价值取向，成为以政治伦理文化为主体、以等级制度亦即礼制为框架的封建专制文化。

3. 中国文化经济基础的特征

经济基础是产生文化的一个主要制约要素，有什么样的经济基础就会有什么样的文化。中国的经济基础主要是农耕文化，农业生产是中国人民维持基本生存的根本保证。中国是个农业国家，所以对农业生产方式的了解和研究，是我们把握中国文化基本特征的一个重要途径。我们看一看农业生产有什么特点：

第一个特点，地域的固定性。农业生产的地域、地区、地方是固定的，我们不可能今天在这里种地明天到那里种地，不可能今天在这里打谷明天到那里打谷。祖祖辈辈在这块土地上生活，这是中国农业生产的一个基本特点。

第二个特点，代代传承性。这是由地域的固定性形成的一个特点，因为有了地域的固定才会有代代的传承。如果今天在这里，明天在那里，没办法代代相传。我们为什么要有如此的观念并把这些观念传给我们的儿子，因为中国文化有一种固定地域性，我可以把我的土地给我的儿子，这在商业社会里面就很难了。地域的固定性、代代的传承性，又使我们产生了这样的一种制度，就是以家族为本的制度，因为地域是固定的，历史上是代代相传的，所以以家族为本。家庭、家族在中国的社会当中具有十分重要的意义。在中国，我们每个人首先是家族的一分子，比如说我姓王，那就是王家的一分子，你姓李，就是李家的一分子。我们现在有一种泛家族的形象，经常把有些人说成兄弟姊妹，什么五百年前是一家，我们称呼陌生人为叔叔、伯伯等，这实际上就是中国传统文化的影响。地域的固定性、代代传承性，生成了中国社会以家族为本的制度。

第三个特点，形成了眷恋乡土的强烈情感。这是非常热爱故乡的一种强烈的乡土观念，这种对于乡土的眷恋就形成了爱国主义的基础，如果没有对故乡的眷恋，没有对乡土的热爱，爱国主义就成了无源之水。爱国主义有两个概念：一个是国土、乡土、家园；另一个是我们的政权、政府。所以中国人的爱国主义情结特别强烈，这是与我们中国传统文化当中的地域固定性和代代传承性一脉相承的。如果我们把这个特点跟资本主义文化特点进行比较，就可以知道，在资本主义社会中，对乡土的眷恋远远没有像中国人这么强烈。如果社会到了一种商业社会、一种资本主义社会或者一种贸易社会，那么对乡土的观念就比较淡薄。

第四个特点，缓慢的渐进性。就是说我们的发展是缓慢、渐进的，为什么呢？因为农业生产是缓慢渐进的，拔苗助长不行，只能一点一点地生长。有人把农耕文化和游牧文化、商业文化作了一个对比，农业文化要提高产量比较困难，如果产量提高5%、10%那就很高了，我们不可能今年亩产100斤，明年200斤，后年300斤，这几乎是不可能的事；但如果你要搞商业文化，利润可能高得多，今年赚100万，明年赚200万，后年赚300万，甚至1000万、5000万，马上就起来了。有人说游牧文化可能也比我们要好一些，他们一只羊一下子可以生下好几个小羊，它是以几何级数增长，就是说游牧文化和商业文化是以几何级数增长的，而我们农业文化、农耕文化当中的农业生产只能以算术级数增长，所以它有缓慢的渐进性。

第五个特点，周而复始性。农作物的生产是一年一年周而复始，"寒来暑往，春播夏长，秋收冬藏"，年年如此。这种周而复始性就有可能导致人在思想上的周而复始，中国人以六十年为一个甲子，就体现了周而复始的思想观念。

第六个特点，客观决定性。中国农业生产的成果、收获主要是由客观来决定的，当然我们人在其中可以起到很大的作用，但是我们很难起决定作用。因为农作物收成的好坏不仅取决于我们人的努力，还要取决于天、地，天地人三者合一才能丰收。农业生产靠天吃饭，天不是常年风调雨顺，时常以洪涝、干旱等灾害考验人类。根据文献统计，自公元前1766年至公元1937年，旱灾共1074次，平均约3年4个月便有1次；水灾共1058次，平均3年5个月1次。面对众多水灾、旱灾的情势下，人们必须崇尚实际，通力合作，齐心协力，依靠集体力量战胜水旱灾害，争取生存。因此，为了战胜水旱灾害，中国历朝历代都比较重视水利，兴修了大量的水利工程，如战国时期的都江堰、郑国渠，秦朝的秦渠、灵渠，隋朝的大运河，等等。总的来讲，各朝代都非常重视水利工程的兴修，从而使洪涝、干旱灾害逐步得到一定程度的缓解，农业生产也逐步发展，人民也基本能安稳定居。

在与水旱灾害的斗争、兴修水利工程的实践中，人们认识到必须同心协力、团结合作，依靠集体力量，才能取得胜利，个人是无能为力的，于是集体主义思想也就自然、逐渐地形成，个人必须依靠集体，才能获得生存。如果和商业社会比较就会发现，在商业社会里，个人通过努力可以成功，他可以不靠天，而靠个人努力，所以这是一个特点。

第七个特点，集中统一性。主要是指时间上的，就是我们农村的这种文化、农耕社会的基本特点，是统一、一致、单一的，缺少多样化。有一首歌说，二月里来好春光，家家户户种田忙。家家户户都种田，都种一样的田，你种小麦我也种小麦，所以这是集中统一的。基本上同一地区之内，用同样的方式种植同样的作物。这种集中统一就形成了我们比较单一的观念。如果我们和工业社会相比较，工厂里面生产的产品往往是不一样的，各有各的东西，应该说工厂产品是五花八门、多种多样的，但是农业当中的产品基本上就是一个产品。

第八个特点，生产独立性。生产是可以独立的，就是说可以个体从事的。中国社会里讲男耕女织、其乐融融，三十亩地一头牛，老婆孩子热炕头。虽然是同一生产，但是在生产形式上各自为政，是独立的，互相之间没有多少往来，这样就形成了一种自给自足的观念。

三、国学形成的特点

将上述内容归纳一下，就会发现中国传统文化形成的特点：

1. "天地者，生之本也"为农耕型文化的特点

几千年来，人们生长作息于"黄土地"，把土地当作自己的命根子，在一代代面朝黄土背朝青天的悠悠岁月中，炎黄子孙养成了一种踏实诚恳、敦厚笃实的性格。土地观念是农耕型文化的核心，因此，在我国古代每个村社都有土地庙，都要敬奉土地神，皇帝每年都要到天坛、地坛祭拜天地，象征性地躬耕，祈求风调雨顺，国泰民安。农业的春耕夏耘秋收冬藏的规

律，要求人们脚踏实地、不违农时、循序渐进，忌好高骛远、脱离实际，拔苗助长是不行的。所以中国传统文化具有实用的特色。如在科技方面，最突出的是兵、农、医、艺四大实用文化；在人文方面，重视伦常日用，而不企求来世与天国；在思维方式方面，强调"经世致用""实事求是"。农耕型文化把人际关系以及人与自然关系的和谐作为理想目标。孔子的弟子有子说："礼之用，和为贵。"孟子说："天时不如地利，地利不如人和。"《中庸》说："和也者，天下之大道也。"在民族关系上，我们的祖先历来推崇文治教化，主张"协和万邦"，形成了民族团结、国家统一的传统。小农生产的目的不是为了市场需要而是为了自给自足，为了保证这种简单再生产的顺利进行，需要的是社会秩序的稳定；因此，强调个人必须服从社会、群体的利益，否定个体的独立意识，将个人融于群体之中。中华民族，远在四五千年以前就已经转入农业社会，耕田凿井，聚族而居。农业社会靠天吃饭，必须崇尚实际、遵循天道而行，大家通力合作，才能够争取生存。在天人关系上，不强调其对立的一面，而强调其同一的一面，所谓天人合一，就是要协调人与自然的关系。群居生活、农耕生活的平实性及协和性，促使中华民族爱好和平，并且重视和合。小农生产所追求的是满足自身需要的使用价值，而不是经商赢利的交换价值；因此，自然而然地产生了"平均"思想。儒家讲"不患寡而患不均"，墨家讲"兼相爱""交相利"，都符合小农的"平均"思想。

2. "先祖者，类之本也"为血缘纽带的伦理型特点

原始人群、母系氏族、父系氏族社会都是在血缘亲族的基础上形成的。敬祖孝亲、承宗接代、绵延世泽的"孝道"，是中国传统文化中礼治秩序的核心观念。夏、商、周的宗法制度是从氏族社会的血缘关系脱胎而来的。周王自称天子，即上天的儿子，他既是政治上的共主，又是天下的大宗。其王位由嫡长子继承，嫡长子的兄弟们则受封为诸侯或卿大夫。宗法制度不仅适用于同姓贵族，也适用于周朝分封的异姓贵族。同姓贵族之间是兄弟叔伯关系，异姓贵族之间为甥舅亲戚关系。无论是同姓贵族或异姓贵族，都用血缘纽带联结起来，成为一张坚韧的巨网。孔子特别重视孝道，主要

是要运用血缘纽带来维护传统社会的礼治秩序。汉武帝时，董仲舒根据孔子"阴卑阳尊"的理论，提出了"三纲"说："君臣、父子、夫妇之义，皆取诸阴阳之道，君为阳，臣为阴；父为阳，子为阴；夫为阳，妻为阴。"阳居主导地位，阴居从属地位。因此，君臣、父子、夫妇便成了统治与服从的关系。"王道之三纲，可求于天。"这样一来，就把"君为臣纲，父为子纲，夫为妻纲"的统治与服从的关系说成是上天的安排，是神圣不可侵犯和永远不可改变的了。"三纲"是一种"身份取向"，"五常"即仁、义、礼、智、信，是用以调适在"身份取向"条件下各种人际关系的永恒道德规范。从总体上说，"三纲五常"是孔子的"君君、臣臣、父父、子子"的正名学说和"礼治"思想的发展。后人因而统称之为"纲常名教"。它实质上是中国传统社会礼治秩序的总纲。中国封建社会的人际关系被概括在两个"五伦"中：Ⅰ．天、地、君、亲、师；Ⅱ．君臣、父子、夫妻、兄弟、朋友。前者是五伦的本位，后者是五伦在人际关系上的推广。《三国演义》中的刘备、关羽、张飞是政治关系，君臣关系，为什么要桃园三结义，成为拜把兄弟？因为只有建立这样一种亲族兄弟关系，才能找到一种比他们那种政治关系更可靠的纽带。在封建时代，中国有两个最高的价值准则：一个叫忠，一个叫孝。忠是政治概念，自愿的服从和追随就叫忠；孝又叫"肖"，即效仿，子女追随服从父母就叫孝。忠孝的观念，在今天仍然存在，只是在形式上有些变化。例如，我们常用"听话"这个词，评价一个好下属，一个好孩子。"听话"是什么意思呢？当它作为一个政治价值时，无非就是"忠"；当它用来评价小孩子时，无非就是"孝"。

中国传统的政治结构，实际上也是一个拟构的亲属结构。人民的共父：皇帝；子民、小民：老百姓。皇帝和人民是父和子的关系，小民之"小"不是数量的小而是辈分，即亲族等级的小。人民的伯叔舅：王公、大臣、公、侯、伯、子、男，有趣的是，诸爵名中，除"侯爵"本义是指臣仆外，公、伯、子、男都是中国人的亲属称谓。父母官：县令（又称"老爷"，也是一个亲属称谓）。大爷、总爷：衙役。中国文化中不论是自然神还是文化神，都被认为与人有直接或间接的亲属关系。父：天（俗称天公、老天爷）。母：地（俗称地母、土地奶奶）。父：日（太阳公公、东王父）。母：

月（月母、西王母）。此外，还有雷公（公）、电母（母）、云婆（婆）、风伯（伯）、雨师（师）等。

3. "君师者，治之本也"的君师合一的内圣外王型文化特点

中国封建社会里，政治权力的最高代表是君王，伦理权威的最高代表是圣人。君师合一，就是政治与伦理合一。儒家讲的内圣外王之道是君师合一的理论体系，也就是"伦理—政治"型文化范式的基本架构。孔子的"礼"属于外部制约，"仁"属于内心的自觉。"礼"讲的是客观的社会规范，"仁"讲的是主观伦理修养。前者即所谓"礼"学，或"外王"之学；后者即所谓"仁"学，或"内圣"之学。在孔子那里，两者是浑然一体的。孟子讲的性善论、养气论、仁政论等，都是把重点摆在个人修养上，即摆在"内圣"上。《大学》则强调以个人修养为出发点，全面阐发了修齐治平的"内圣外王"之道。到了宋朝，程朱理学以"内"为本，以"外"为末，进一步发展了这种"内圣外王"路线。这样，在价值取向上，就特别重视道德的培养。它积极的一面是尊德性、重气节，鼓舞人们自觉地维护民族利益和社会正义，做到"富贵不能淫，贫贱不能移，威武不能屈"，直到"杀身成仁""舍生取义"。在这种伦理型文化哺育下的知识分子和人民大众中，曾经涌现出无数英雄人物，他们在与内外黑暗势力的搏斗中，一往无前，坚忍不拔，在国家存亡绝续的历史关头，表现出一股凛然正气。如，齐有太史简，晋有董狐笔，秦有张良椎，汉有苏武节，蜀有出师表，宋有岳飞魂，南宋有状元宰相文天祥的《正气歌》等，他们在中国传统文化中孕育出的文化气质与道德情操，永远激励着后世的仁人志士。儒学到汉代定于一尊以后，君师合一，实际上起着政教合一的作用。一方面，皇帝被称为天子，代表上帝；另一方面，皇帝又独尊儒术，礼拜孔圣。君师相依相护，有利于封建国家的安定。

以上从"农耕文化、血缘纽带、君师合一"三个方面揭示了中国传统文化的社会基础、价值取向及其特殊品质。其中，天地是农业经济之本，宗亲是血缘关系之本，"君师合一"是伦理政治之本。

4. 国学具有强大生命力的特点

英国历史学家汤因比认为，在人类历史上，出现过 26 个文明形态，但是在全世界只有中国的文化体系是长期延续发展而从未中断过的文化。这种长期延续的强大生命力，也是国学形成的一个重要特点。中国文化之所以具有强大的生命力，是因为它深深地植根于"农耕文化、血缘纽带、君师合一"之中。这种强大生命力，表现在它的同化力、融合力、延续力和凝聚力等方面。

所谓同化力，是指外域文化进入中国后，大都逐步中国化，融入中国文化而成为其一部分。在这方面，最有代表性的例子莫过于佛教文化的传入和中国化。佛教并不是中国本土文化，它开始流传于尼泊尔、印度、巴基斯坦一带，到公元一世纪两汉之际开始传入中国。经过魏晋、隋唐几百年，佛教高僧的东渡、佛教经典的翻译、中土僧人的西行求法，都没能使佛教文化完全征服中国的士大夫。佛教传播的结果，一部分变为中国式的佛教（如禅宗），一部分反而消融于宋明理学之中，成为中国文化的一部分。又如，犹太人遍布全球，而且保持他们自己的宗教信仰和思维方式；而当他们来到中国后，便湮没在中国文化的汪洋大海之中。

所谓融合力，是指中国文化并非单纯的汉民族文化或黄河流域文化，而是在汉民族文化的基础上有机地吸收中国境内各民族及不同地域的文化——如楚文化、吴文化、巴蜀文化、西域文化等，形成具有丰富内涵的中华文化。中华各民族文化，例如历史上的匈奴、鲜卑、羯、氐、羌、契丹、辽、金等民族的文化，都融汇于中国文化的血脉之中。没有这种融合，也就没有中国文化的博大精深。当然，各地域、各民族文化的融合，也包含有"同化"的意义。中国文化的同化力和融合力是在历史中形成的，因此它不是简单的偶然的文化现象，而是一种文化生命力的表现。具有如此强大的文化生命力的民族，在世界历史上都是少见的。二十世纪七十年代初期，汤因比曾与日本学者池田大作有过一次对话。他指出："就中国人来说，几千年来，比世界上任何民族都成功地把几亿民众，从政治文化上团结起来，他们显示出这种在政治、文化上统一的本领，具有无与伦比的成功经验。"

在人类历史上，多次出现过因为异族入侵而导致文化中绝的悲剧，如印度文化因雅利安人入侵而雅利安化，埃及文化因亚历山大大帝的入侵而希腊化、恺撒的占领而罗马化、阿拉伯人移入而伊斯兰化，希腊、罗马文化因日耳曼人入侵而中绝并沉睡千年。但是在中国，此类情形从未发生。唯有中国文化一种，历经数千年，延续至今而未曾中辍，表现出无与伦比的延续力。这种强健的生命延续力的成因是多方面的，东亚大陆特殊地理环境提供了相对隔绝的状态，是其缘由之一；而中原文化长期以来以明显的先进性多次"同化"以武力入主中原的北方游牧民族，反复演出"征服者被征服"的戏剧，也是一个重要原因。但在文化方面，却总是自觉不自觉地被以华夏农耕文化为代表的先进中原文化所同化，这些游牧或半农半牧民族在与先进的中原文化的接触过程中，几乎都发生了由氏族社会向封建社会的过渡或飞跃。军事征服的结果，不是被征服者的文化毁灭、中绝，而是征服者的文化皈依和文化进步。在这一过程中，中原文化又多方面地吸收了新鲜养料，如游牧人的骑射技术、边疆地区的物产和技艺等，从而增添了新的生命活力。

中国文化的强大生命力还表现在它具有历久弥坚的凝聚力，具体表现为文化心理的自我认同感和超地域、超国界的文化群体归属感。正因如此，直到今天，数以千万计浪迹天涯的华侨华裔，有的在异国他邦生儿育女，但他们的文化脐带，仍然与中华母亲血肉相连，在他们的意识中，一刻也未曾忘记自己是中华儿女、炎黄子孙。当中华民族遭受外国侵略甚至处于民族生死存亡的时刻，或是遭受巨大自然灾害的时候，中华民族炎黄子孙的那种无与伦比的凝聚力就会充分体现出来。

第三章
国学四大支柱

国学四大支柱指的是中国传统文化中的儒、道、法、佛四大家的思想体系，为什么这样说呢？可以从下面两个方面的分析研究中看清楚。

一、国学的形成、发展与演进过程

我们所说的文化是一个历史的概念，应当从两个方面来认识：首先，一切文化事象都是在一定的历史背景条件下产生、存在、变化、发展，从而具有某一时代的特色；其次，文化是在历时传承的过程中积淀并确立了自身的传统。中国传统文化与中国古代文化是从不同角度来指称的。中国古代文化是针对现代文化而言，它是对文化的时代划分；传统文化是就文化的传承而言，它强调的是文化的本源和沿着这个本源传承下来的全部文化遗产，它不局限于古代，而是迄今为止中华民族经过筛选、淘汰，不断丰富又不断增长的人文精神的总和。有人把传统文化等同于古代文化，认为讲传统即是复古，甚至认为传统与现代化是不能并存的，或认为要实现现代化必须反传统。这种认识恰恰忽略了现代化进程仍然是传统文化发展的一部分，一旦否定了传统，现代化与中国民族特点就要脱节，现代化也就成了无源之水、无本之木，与我们追求的目标是不一致的。也有人认为发扬传统就要拒绝引进和借鉴西方文化，或认为中国传统与西方文化是截然对立的，这种认识也是片面的。任何一种民族传统，在各个历史时期，都要受到其他民族文化的影响，引进和吸收其他文化一旦成为现实，也就是说，这些被吸收的外来文化一旦与自身的文化相融合，它便也成为传统文化的一部分。没有一种文化是纯而又纯的，吸收外来文化是丰富和发展本体文化的正常途径之一。

1. 中国文化起于何时

关于这一问题，目前史学家尚无定论。《周易·系辞下传》中曰："古者包牺氏之王天下也，仰则观象于天，俯则观法于地，观鸟兽之文，与地之宜，近取诸身，远取诸物，于是始作八卦，以通神明之德，以类万物之情。作结绳而为罔罟，以佃以渔，盖取诸离。包牺氏没，神农氏作；斫木为耜，揉木为耒，耒耨之利，以教天下，盖取诸益。日中为市，致天下之民，聚天下之货，交易而退，各得其所，盖取诸噬嗑。神农氏没，黄帝、尧、舜氏作。通其变，使民不倦。神而化之，使民宜之。《易》穷则变，变则通，通则久。是以自天佑之，吉无不利。黄帝、尧、舜垂衣裳而天下治，盖取诸乾坤。"这是《周易》的远古文化起源论。意思是说，远古时伏羲氏治理天下，他仰头观察天下，低头察视大地的形态，观察鸟兽身上的纹理和适宜于地上的种种事物，从近处取法人体的形象，从远处摄取万物的形象，于是才创制了八卦，用来融会贯通神明的德性，以分类比拟万物的情状。伏羲氏编结绳索制成罗网，用来猎兽捕鱼，大概这是取法了离卦的卦象吧。伏羲氏死后，神农氏继起，他砍树木做成犁头，燥弯大棒制成犁柄，将犁具除草耕耘的便利，教导天下百姓，这大概取法了益卦的卦象吧。他规定中午为集市交易时间，招致天下的人们，聚积天下的财货，互相交换贸易，然后各自散归，各人都得到了所需的物品，这大概是取法了噬嗑的卦象吧。神农氏死后，黄帝、尧、舜相继而起。他们会改变前代的文物制度，使百姓进取不懈，而且神奇地改变人们于不觉之中，使百姓应用适宜。《周易》的道理是穷极之时生变化，变化就能通达，通达就能够保持长久。他们遵循这一变通原则，所以能够"从上天获得保佑，吉祥而无所不利"。黄帝、尧、舜改进服制让人们穿着长垂的衣裳而天下大治，这大概是取法于乾坤两卦的卦象吧。司马迁作《史记》，"自黄帝始"。汉代以后，关于"三皇五帝"的传说很多。"五四"运动以后,二十世纪二十年代至三十年代,国内出现了疑古思潮,对于传说的三皇五帝一概持否定态度,认为伏羲、神农、黄帝、尧、舜都是神话人物,实际并无其人,甚至也否认了大禹治水的历史真实性。由于甲骨文的发现,商代的历史总算肯定下来了。夏代仍在怀疑之列。但是近几十年的考古发现,证明中国确有很长的历史,中华民族的历史不是缩短了,而是延长了,夏代的真实性已逐渐肯定下来。伏羲、神农、黄帝虽然是传说人物,也未必全无事实根据。伏羲指畜牧时代的代表人物,神农指农耕时代的代表人物,黄帝指发明了宫室衣裳时代的代表人物。有一段时期中国古代神话的研究者认为尧、舜本是神话人物,后来转化而为历史人物,是神的人化。但从先秦诸子的记述来看,尧、舜、禹本来是历史人物,后来《山海经》等把舜禹转化为神,无疑是人的神化。汉代纬书也曾经将孔子神化,幸而《论语》《左传》《史记》都保存了关于孔子的记载,孔子还是被还原为人。在殷周以前,中华民族(当时称为华夏族)已有长久的历史,这是应该充分肯定的。商代宗教和艺术已相当发展,保存至今的商代青铜器的精美,至今为人所赞叹。商代的甲骨文表明当时文字已很繁复。《尚书·周书·多士》记述周公说:"惟殷先人,有册有典。"这表明商代已有典籍,但都失传了。孔子说:"夏礼吾能言之,杞不足征也;殷礼吾能言之,宋不足征也。文献不足故也,足则吾能征之矣。"孔子已叹夏商之"礼"文献不足,今日更难考其详情了。甲骨文提供了商代史迹的一些证据,但仍然是不完备的。《尚书》的《洪范》篇,传本列在《周书》,《左传》记述春秋时期士大夫的对话,其中引用《洪范》中的文句,却称为《商书》。二十年代有人怀疑《洪范》是战国时期的作品,但《左传》中记述春秋时卿大夫已引用《洪范》的文句,足证在春秋时《洪范》已是公认的典籍,不是后人依托。《洪范》是中国上古时代第一篇系统的理论文章。《洪范》提出五行、五事之说:"一五行,一曰水,二曰火,三曰木,四曰金,五曰土。……二五事,一曰貌,二曰言,三曰视,四曰听,五曰思。"五行是关于自然事物的类别,五事是关于人的认识的初步分析。从上述论述中,我们可以看出,虽然不能确定中华文化具体起自何时,但是中华文化存在的久远是不容置疑的。

2. 春秋战国时期的百家争鸣

"百家争鸣"源自东汉班固著《汉书·艺文志》:"凡诸子百八十九家……皆起于王道既微,诸侯力政,时君世主,好恶殊方,是以九家之说蜂出并作,各引一端,崇其所善,以此驰说,取合诸侯。""百家争鸣"是指春秋战国时期知识分子中不同学派的涌现及各流派争芳斗艳的局面。春秋战国时期,跨越公元前770年至公元前221年这一段时间,计五百多年,正是中国社会激烈动荡的大变革时期。从东周时期开始,周朝宗室衰微,无力驾驭诸侯,诸侯之间相互攻伐,天下纷争四起,兼并战争不断,各诸侯国又先后进行变法改革,这些都是新兴地主阶级利用政权的力量来改变奴隶制的生产关系,建立新的社会秩序,从而完成封建化的过程。到战国时期,由于各国处于封建割据状态,统一的封建政权还没有形成,新兴地主阶级在各诸侯国都把主要精力用于政治、经济、军事方面的变法改革,以至于地主阶级的意识形态,在相当长的时期内落后于经济基础和上层建筑方面。由于居于统治地位的地主阶级,本身政权还不巩固,他们的思想也还没有成为封建社会的统治思想,尚未进入后来的封建大一统时期,统治者并不能够对社会思想进行强有力的钳制和约束,人们的思想与言说方面具有极大的自由。春秋中后期至战国时期的思想家们,针对社会的急剧变化,热烈争辩,著书立说,阐述各自的思想和政治主张,并四处奔走宣传之。代表各阶级、各阶层,各派政治力量的学者或思想家,都企图按照本阶级(层)或本集团的利益和要求,对宇宙、社会、万事万物做出解释,或提出主张,广收门徒,高谈阔论,著书立说,互相辩难,争雄逞强之势蔚为大观,于是便出现了一个思想领域里"百家争鸣"的局面。"百家争鸣"反映了当时社会激烈而复杂的政治斗争,主要是新兴地主阶级和没落奴隶主之间的阶级斗争。"百家争鸣"的出现是由当时的环境条件、时代背景所决定的。但"百家争鸣"时代所阐发的文化思想,奠定了整个封建时代文化的基础,不仅对中国古代文化和社会产生了极为广泛、深刻的影响,而且对近代和现代都具有深刻的意义。儒家、道家、法家思想体系,也集中在这段时期形成,两千多年来一直延续不间断,成为中国的传统文化的基本内核，使中华民族繁衍发展不息，这是人类历史上首屈一指的奇迹。

3. 中国古代诸子百家

它是对春秋战国时期各种学术派别的总称。诸子百家是按照"百家姓"的"姓"以"子"为称呼为代表的思想家，如孔子、老子、韩非子等。传统上关于百家的划分，最早源于司马迁的父亲司马谈。《论六家要旨》中，他将百家首次划分为"阴阳、儒、墨、名、法、道"六家。后来，刘歆在《七略》中，又在司马谈划分的基础上，增"纵横、杂、农、小说"等为十家。班固在《汉书·艺文志》中沿袭刘歆，并认为"诸子十家，其可观者九家而已"。后来，人们去"小说家"，将剩下的九家称为"九流"。自此，中国古代学术界都依从班固，百家就成了"九流"。今人吕思勉在《先秦学术概论》一书中再增"兵、医"，认为"故论先秦学术，实可分为阴阳、儒、墨、名、法、道、纵横、杂、农、小说、兵、医十二家也"。

周朝灭亡，促使人们更多地转向对天下兴亡的思考，打破了"庶人不议"的观念，取而代之的是"处士横议"的活跃风气。在对人、事及社会的广泛探讨中，人们不再崇信"天道"，进而在如何统一天下、治理国家、教化民众等方面形成了各种不同的学派。这些学派的创立者和代表人物被合称为"诸子百家"。最有影响的主要是儒家、墨家、道家和法家。诸子百家的学术观点反映在他们的文学作品中也随之形成了不同的学术和文学派别。诸子散文大都观点鲜明，言辞犀利，感情充沛，表达方式灵活多样，具有很强的感染力，所以诸子百家散文不仅具有重要的学术价值，同时也具有重要的文学价值。从人类文明演化历史看，曾邦哲《结构论》提出诸子百家及三教九流是早期的学科分类体系，儒家、法家、兵家、纵横家等偏向政治军事与伦理领域；墨家、道家、名家、医家和农家等偏向自然工艺与逻辑等领域；杂家、书画家等则偏向人文艺术等领域。诸子百家的许多思想给后代留下了深刻的启示，如儒家的"仁政"、"己所不欲，勿施于人"的"恕道"，孟子的古代民主思想，道家的辩证法，墨家的科学思想，法家的唯物思想，兵家的军事思想等，在今天依然闪烁光芒。即便那"诡辩"的名家，也开创了中国哲学史上的逻辑学领域。

接下来，本书将简要介绍诸子百家，儒家、道家、法家，详见本章有关部分，在此不再赘述。

墨家（代表人物：墨子。作品：《墨子》）

墨家是春秋战国时期重要学派之一，创始人为墨翟。这一学派以"兼相爱，交相利"作为学说的基础：兼，视人如己；兼爱，即爱人如己。"天下兼相爱"，就可达到"交相利"的目的。政治上主张尚贤、尚同和非攻；经济上主张强本节用；思想上提出尊天事鬼。同时，又提出"非命"的主张，强调靠自身的强力从事。墨家有严密的组织，成员多来自社会下层，相传能赴火蹈刃，以自苦励志。其徒属从事谈辩者，称"墨辩"；从事武侠者，称"墨侠"；领袖称"巨（钜）子"。纪律严明，相传"墨者之法，杀人者死，伤人者刑"（《吕氏春秋·去私》）。墨翟死后，分裂为三派，至战国后期，汇合成两支：一支注重认识论、逻辑学、数学、光学、力学等学科的研究，是谓"墨家后学"（亦称"后期墨家"）；另一支则转化为秦汉社会的游侠。

名家（代表人物：邓析、惠施、公孙龙和桓团。作品：《公孙龙子》）

名家是春秋战国时期的重要学派之一，因从事论辩名（名称、概念）、实（事实、实在）为主要学术活动而被后人称为名家。当时人则称为"辩者""察士"或"刑（形）名家"。

阴阳家（代表人物：邹衍）

阴阳家是春秋战国时期重要学派之一，因提倡阴阳五行学说，并用它解释社会、人事、万物而得名。这一学派，源于上古执掌天文历数的统治阶层，代表人物为战国时齐人邹衍。阴阳学说认为阴阳是事物本身具有的正反两种对立和转化的力量，可用以说明事物发展变化的规律。五行学说认为万物皆由木、火、土、金、水五种元素组成，其间有相生和相胜（羹）两大定律，可用以说明宇宙万物的起源和变化。邹衍综合两者，根据五行相生相胜说，把五行的属性释为"五德"，创"五德终始说"，并以之作为历代王朝兴废的规律，为新兴的大一统王朝的建立提供理论根据。《汉书·艺文志》著录此派著作二十一种，已全部散佚。成于战国后期的《礼记·月令》，有人说是阴阳家的作品。《管子》中有些篇章亦属阴阳家之作，《吕氏春秋·应同》《淮南子·齐俗训》《史记·秦始皇本纪》中保留了一些阴阳家的材料。

纵横家（创始人：鬼谷子，代表人物：苏秦、张仪。主要言论传于《战国策》）

纵横家是中国战国时以纵横捭阖之策游说诸侯，从事政治、外交活动的谋士，列为诸子百家之一。战国时南与北合为纵，西与东连为横，苏秦力主燕、赵、韩、魏、齐、楚合纵以拒秦，张仪则力破合纵，连横六国分别事秦，纵横家由此得名。他们的活动对于战国时政治、军事格局的变化有重要的影响。《战国策》对其活动有大量记载。

杂家（代表人物：吕不韦）

杂家是战国末期的综合学派。因"兼儒墨、合名法""于百家之道无不贯综"（《汉书·艺文志》）及颜师古注而得名。秦相吕不韦聚集门客编著的《吕氏春秋》，是一部典型的杂家著作集。

农家

农家是春秋战国时期重要学派之一，因注重农业生产而得名。此派出自上古管理农业生产的官吏。他们认为农业是衣食之本，应放在一切工作的首位。《孟子·滕文公上》记有许行其人，"为神农之言"，提出贤者应"与民并耕而食，饔飧而治"，表现了农家的社会政治理想。此派对农业生产技术和经验也注意记录和总结。《吕氏春秋》中的《上农》《任地》《辩土》《审时》等篇，被认为是研究先秦农家的重要资料。

小说家

先秦九流十家之一，乃采集民间传说议论，借以考察民情风俗。《汉书·艺文志》云："小说家者流，盖出于稗官。街谈巷语，道听途说者之所造也。"

兵家（代表人物有孙武、司马穰苴、孙膑、吴起、尉缭、魏无忌、白起等。今存兵家著作有《黄帝阴符经》《六韬》《三略》《孙子兵法》《司马法》《孙膑兵法》《吴子》《尉缭子》等）

重点在于指导战争，在不得不运用武力达到目的时，怎样去使用武力。创始人孙武，兵家又分为兵权谋家、兵形势家、兵阴阳家和兵技巧家四类。

各家学说虽有异同，然其中包含丰富的朴素唯物论与辩证法因素。兵家的实践活动与理论，影响当时及后世甚大，为我国古代宝贵的军事思想遗产。

医家（代表人物：扁鹊）

中国医学理论的形成，是在公元前五世纪下半叶到公元三世纪中叶，共经历了七百多年。公元前五世纪下半叶，中国开始进入从奴隶社会向封建社会过渡，到封建制度确立，这在中国历史上是一个大动荡的时期。社会制度的变革，促进了经济的发展，意识形态、科学文化领域出现了新的形势，其中也包括医学的发展。

4. 魏晋玄学

魏晋玄学是中国魏晋时期出现的一种崇尚老、庄的思潮。"玄"这一概念，最早出现于《老子》"玄之又玄，众妙之门"，扬雄也讲"玄"，他在《太玄·玄摛》说"玄者，幽摛万类，不见形者也"，王弼注《老子》时，曾提出"玄者，物之极也""玄者，冥也。默然无有也"。"玄"乃是探索万物根源、本体等层次的观念。因此，玄学即是研究幽深玄远问题的学说。魏晋时人注重《老子》《庄子》和《周易》，称之为"三玄"，而《老子》《庄子》则被视为"玄宗"。魏晋玄学的主要代表人物有何晏、王弼、阮籍、嵇康、向秀、郭象等。汉末，随着儒家经学的衰微，诸名士遭到政治暴力的摧残与压迫，一变其具体评议朝廷人物任用的当否，即所谓清议，而为抽象玄理的讨论；另一个原因就是魏初正始年间的改制运动，倡自何晏、夏侯玄。作为一种新思潮的魏晋玄学，它吸收道家精神形态，所讨论的问题，是从《周易》《老子》《庄子》三本经典而来，以老庄思想为骨架，究其宇宙人生的哲理，即"本末有无"的问题，以讲究修辞与技巧的谈说论辩方式而进行的一种学术社交活动。其发展并非要取代儒家，而是要调和儒道，使儒道兼容。魏晋玄学可分前后两期，魏末西晋时代为清谈的前期，是承袭东汉清议的风气，就一些实际问题和哲理的反复辩论，亦与当时士大夫的出处进退关系至为密切，可概括地分为正始、竹林和元康三个时期，在理论上有老或庄之偏重，但主要的仍是对于儒家名教的态度，即政治倾向的不同。正始时期玄学家中，以何晏、王弼为代表，从研究名理而发展到无名；竹林时期玄学家以阮籍、嵇康为代表，皆标榜老庄之学，以自然为宗，不愿与司马氏政权合作；元康时期玄学家以向秀、郭象为代表，重庄子，以"名教与自然合一说"为其哲学的最后归宿。东晋一朝为清谈后期，清谈只为口中或纸上的玄言，已失去政治上的实际性质，仅只作为名士身份的装饰品，并且与佛教结合，发展为儒、道、佛三位一体的趋势。

5. 隋唐佛道儒学

隋唐两朝的统一，结束了汉魏以来南北学风分立的局面，在统治者的提倡、学者的参与和民间推动下，儒、道、佛三派由并立逐渐走向融合，大大促进了学术的发展。然而，其中占主导地位的还是佛学。印度佛学于两汉之交（公元一世纪）开始传入中国，魏晋南北朝是初盛时期，隋唐则是空前繁荣时期，佛经译注层出不穷，高僧、大师、学者不断涌现，教派林立。

（1）儒道佛并立的学术格局

魏晋南北朝时，国家长期分裂，在玄学和道佛二教的不断冲击下，儒学日见衰落；至隋朝，统治者意识到儒学对维护国家统一的重要性，逐渐确立以儒为本、儒道佛并举的文化形态。唐代沿袭并完善隋代的科举制度，建立了一套完备的教育体制，促进了儒学和经学的发展。中晚唐时期，儒学主要有两派：一是以啖助、赵匡、陆质等为代表的春秋学派，他们涤荡家法，以己意解经；另一派以韩愈、李翱、柳宗元等为代表，提倡学古文习古道，重视作家的品德修养和真情实感，主张"务去陈言"和"词必己出"的独创精神，为宋代学术发展奠定基础。道教在李唐王朝的建立过程中，发挥过独特的作用，道教的经典著作，普遍受重视，且被神秘化。隋唐道教宗派，主要有上清派、楼观道、正一派、灵宝派、天师道等。道家著作众多，其编纂、注释事务，深受唐玄宗重视。隋唐佛教的空前繁荣，得益于佛经翻译。译经大多由朝廷组织，设译场，奉敕译经，且人数众多，分工精细，出现了玄奘、不空、义净三位翻译领军人。佛教学者在遍览经书的基础上，根据自己的认知水平阐述佛理，因此产生了一批佛学论著，多作为各宗各派教义的根本，如华严宗的《华严一乘教义分齐章》、天台宗的《摩诃止观》、法相宗的《成唯识论》、禅宗的《坛经》等。

（2）儒道佛的论争与融合

隋唐两朝，儒佛道三者并立，也有论争，但逐渐趋于融合。儒道佛并行，三者之间曾发生过多次争论。如唐初武德年间，太史令傅奕两次上疏请求废除佛教，认为它"损国破家，未闻益世"。法琳撰《破邪论》、李师政撰《内德论》、明概撰《决对傅奕废佛法僧事》对辩。儒道佛之间，更多的是在竞争中相互吸收与融合。隋初的大儒颜之推不排斥佛教，而是援佛入儒。唐代的王通主张吸收佛道二教之长，以补儒家之短。韩愈提出道统学说，并致力于继承自孟轲起便不传的道统。唐代儒家"道"的观念，奠定了宋代理学的思想基础。唐代儒学理论的深究，正是佛理对其造成压力的结果，是融合后的一种特殊形式。

6. 宋明理学

宋明理学亦称"道学"，指宋明时代，占主导地位的儒家哲学思想体系。宋、明儒家的哲学思想，汉儒治经重名物训诂，至宋儒则以阐释义理、兼谈性命为主，因有此称。宋明理学产生的原因：①经学的发展瓶颈促使了儒学内部的改革；②佛与道的冲击；③三教合一的思潮；④儒家宇宙论、本体论、心性论的不完善；⑤理学家们的个人努力，提出复兴理学。理学实际创始人为周敦颐、邵雍、张载、二程兄弟（程颢、程颐），至南宋朱熹而集大成，建立了一个比较完整的客观唯心主义体系，提出"理"先于天地而存在，地位至上。其为学主张"即物而穷理"。与朱熹对立的为陆九渊的主观唯心主义，提出"宇宙便是吾心"的命题。明代王守仁进一步发展陆九渊的学说，认为"心外无物""心外无理"，断言心之"灵明"为宇宙万物的根源，为学主"明体心""致良知"。此外，北宋张载提出的气一元论，与二程截然不同。明代王廷相以及清初的王夫之、颜元等，对程朱、陆王皆持反对态度，至戴震著《孟子字义疏征》，得出"理存于欲"，指出"后儒以理杀人"，则更给予了"理学"以有力的批判。宋明理学始称于南宋，朱子曾说"理学最难"，陆九渊也说"惟本朝理学，远过汉唐"。明代，理学专指宋以来形成的学术体系。理学有广义狭义之分。广义的理学就是指宋明以来形成的占主导地位的儒家哲学思想体系，包括：（1）在宋代占统治地位的以洛学为主干的道学，至南宋朱熹达顶峰的以"理"为最高范畴的思想体系；后来习惯用"理学"指称其思想体系。（2）在宋代产生而在明代中后期占主导地位的以"心"为最高范畴的思想体系，以陆九渊、王守仁为代表的"心学"。狭义的理学则专指程朱学派，代表人物为北宋周敦颐、张载、程颢、程颐、邵雍，即北宋五子；南宋：朱熹、陆九渊；明代：王阳明。就主导思潮而言，理学代表人物可概括为"程朱陆王"。按现代学术界的通常做法，可以把宋明理学体系区分为四派：气学（张载为代表）、数学（邵雍为代表）、理学（程朱为代表）、心学（陆王为代表）。宋明理学所讨论的问题随不同时期、不同流派而有所不同。

理学与唐以前儒学尊"五经"一个重要不同之处，"四书"成为其尊信的主要经典，价值体系和功夫体系都在"四书"。"五经"为粗米，"四书"为熟饭。理学的主要根据和讨论的问题都与《论语》《孟子》《大学》《中庸》紧密相关。理学讨论的主要问题大体是：理气、心性、格物、致知、主敬、主静、涵养、知行、已发未发、道心人心、天理人欲、天命之性、气质之性等。宋元明时期，是中国文化和哲学发展的又一个高峰。由于宋明时期中国哲学的主要代表形态是理学，人们习惯上多以"宋明理学"的概念来称呼这一时期的哲学。宋明理学是儒学的一种历史表态，是继魏晋把儒学玄学改造之后，对儒学的佛（佛教）、老（道教）化改造；宋明理学是对隋唐以来逐渐走向没落的儒学的一种强有力的复兴，这个复兴儒学的运动，由隋唐之际的王通发其先声，由唐代中期以后的韩愈、李翱、柳宗元诸人继其后续，而至两宋时期蔚为大观，形成一场声势浩大、波澜壮阔而又影响久远的儒学运动。在时间上，这场儒学运动持续到明清之际，影响直至当代；在空间上，这场儒学运动不限于儒学的故乡，还牵涉到受儒学影响的东亚诸国，以至于在这些国家，所谓的儒学主要就是理学（或称性理学）。宋明理学是当时中国有抱负有思想的学术群体对现实社会问题以及外来佛教和本土道教文化挑战的一种积极回应，他们在消化吸收佛道二教思想的基础上，对佛道二教展开了一种与孟子"辟杨墨"相类似的所谓"辟佛老"的文化攻势，力求解决汉末以来中国社会极为严重的信仰危机和道德危机。宋明理学反映了中国古代社会后期有思想有见识的中国人在思考和解决现实社会问题与文化问题中所生出来的哲学智慧，它深深地影响了中国古代社会后半期的社会发展和文明走势，现代的中国人仍然不得不面对由它所造成的社会及文化后果。然而也正是这个智慧成果，其成功地回应佛老而使儒学重新走上正统地位。我们研究理学哲学智慧，不仅在于了解它对回应与解决当时的社会与文化问题作了怎样的解答，更重要的还在于通过对其的分析来帮助我们思索一些诸如"什么是中华民族精神""如何正确回应外来文化""如何正确面对和处理社会成员中普遍存在的信仰危机和道德危机"等对当代至为重要的哲学问题，重新树立国人的信仰，正是理学智慧的意义所在。

总而言之，魏晋南北朝时期，佛、道盛行，儒学面临挑战；隋朝，儒学家提出"三教合归儒"，又称"三教合一"；唐朝，统治者奉行三教并行政策，儒学地位受到挑战。北宋时，儒家学者展开了复兴儒学、抨击佛道的活动；同时，他们又冲破汉唐儒学的束缚，融合了佛道思想来解释儒家义理，形成了以理为核心的新儒学体系——"理学"。理学是儒、道、佛三教合一的产物，是儒家思想汲取道家、佛家的有益内容，并注入哲学因素，囊括天人关系而形成的更为理性化、思辨化的思想体系。

7. 清代朴学

清代学术汲取晚明学术清谈心性、空疏误国的惨痛教训，以求真务实的考据之学为主导，考据、义理、辞章相结合，形成质朴实在的学风，因而清代学术被称为"朴学"或"实学"。汉代经学尤其是古文经学重训诂的实证学风在清代得到很好的继承与发扬，故清代学术又被称为"汉学"。梁启超认为：该时代的学术主潮是"厌倦主观的冥想而倾向于客观的考察"，还有一个支流是"排斥理论，提倡实践"。1644 年，清兵入关，中原大地开始了新一轮的政权更迭。清政府为了实现社会的长治久安，对汉族知识分子采取了笼络与牵制并举的政策：一方面，推行汉化政策，沿袭明制，开科取士，重用博儒，网罗天下人才，开馆修明史，校理历代典籍，编纂《四库全书》，使民族矛盾渐趋缓和，清政权逐步得到汉族知识分子的认同；

另一方面，严格控制社会舆论，禁锢自由思想，大兴文字狱，杜绝一切对统治不利的思想和言行，最大限度地限制汉族知识分子的主观思考。社会环境的变换，促使传统学术在清代发生重大转向，众多学者只能埋头整理、发掘历代流传下来的典籍，考据之风大炽，成为清代国学的主流。清代国学的形态，以经学考据为中心，考据之风渐次衍及众多学科。经学方面，又以汉学为主、宋学为次，以古文经为主、今文经为辅。顺治、康熙两朝是清代国学初兴时期，也是学术范式的创制时期，"清初三老"黄宗羲、顾炎武、王夫之等开风气之先。乾隆、嘉庆两朝，考据之学遍行，虽在不同地域和师承的基础上形成了风格各异的学术支派，但总体精神相似，形成了声势浩大、成果辉煌的"乾嘉学派"。从康熙到雍正、乾隆朝，清代朴学逐渐进入全盛时期，到乾隆、嘉庆时期各学术领域逐渐发展成熟，形成以考据为主要治学方式的学术流派，一般称为"乾嘉学派"，标志着国学的鼎盛期。总体看来，乾嘉学派在百余年间汇聚一大批饱学之士，刻苦钻研中国传统文化，治学内容以儒家经典为中心，治学方法以考据为主，学风朴实，成果丰硕，全面而系统地整理、研究、保存传统典籍，对弘扬传统文化起到了积极的作用。但是，由于受特殊的政治因素影响，乾嘉学者观察、思考问题的角度是有复古、佞古倾向的，考据、论证问题的过程和方法也有机械、烦琐之嫌，有一定的抑制新思维和脱离社会现实的弊端。嘉庆朝以后，清廷面临内忧外患，学术思想上的高压统治不得不放缓，学者们也逐渐放弃沉醉经典而不问世事的态度，乾嘉学派也就逐渐淡出历史舞台。道光朝以后，清代国学发展到了第三期，其特征为今文经学的兴起，融合外来新学，以及出土文献的研究。同时，清代后期也是国学走向衰落的时期。康有为是晚清今文经学的集大成者，所著《新学伪经考》对经书真伪提出质疑，引起学界的震动，其最大的价值在于思想解放，开启其后"疑古史学派"的先序。梁启超、谭嗣同等人将经文经学精神引入政治实践，促成了"公车上书""戊戌变法"等重大历史事件的发生，有力地推动了晚清政治变革的进程。清代是一个对前代学术进行系统整理和大总结的时代，清代多数学者在治学态度上讲究实事求是，不盲目信古、泥古，形成了一套系统的治学方法，并将这种治学方法运用到经学及其他各个学科，清代朴学得到全面发展，经学、史学的成果最为丰厚，在传统小学（文字、音韵、训诂）校勘、辑佚、辨伪、典章制度等方面，都取得了巨大成就。

在中国传统文化的形成、发展与演进过程中，特别自春秋战国起，儒、道、法、佛四大家的思想贯穿于中国两千多年历史的发展进程，并占据重要地位。儒、道、法是本土本生的思想文化体系，佛教从印度传入中国以后，儒家逐渐被认可而自成一家，并与儒、道、法的思想逐渐相融合。虽然，四大家的思想在历史的长河中时有排斥、冲突、争辩，但最终还是不断地取长补短、相互融合，成为中华文化的基本内核，成为支撑国学大厦的四大支柱。

二、国学四大支柱的基本概况和特点

儒、道、法、佛四大家思想在中国历史发展的进程中占据重要地位，并引领中华民族绵延繁衍、发展的作用和意义是巨大而又无与伦比的。下面将四大家的基本概况和特点简述如下。

1. 儒家

（1）儒家基本概况及四书五经

① 儒家基本概况

儒家是以孔子为创始人的中国春秋战国时期诸子百家中最重要的思想学派之一，是崇奉孔子学说的重要学派。儒家崇尚"礼乐""仁义"，提倡"忠恕""中庸"之道，主张"德治""仁政"，重视伦常关系。自西汉汉武帝"废黜百家，独尊儒术"以后，儒家逐渐成为我国封建社会绝大多数时间占统治地位的学派。"儒"本是古代对学者的尊称，字义是"雅""优"及"和"的意思，从"人"从"需"，指他们的思想学问能够安定人、说服人、为人所需。儒家思想，又称儒学，由于奉孔子为宗师，所以又称为孔子学说，是对中国以及远东文明发生过重大影响并持续至今的意识形态。儒家学派之前，古代社会贵族和自由民通过"师"与"儒"接受传统的六德（智、信、圣、仁、义、忠）、六行（孝、友、睦、姻、任、恤）、六艺（礼、乐、射、御、书、数）的社会化教育。从施教的内容看，中国古代的社会教育完全是基于华夏族在特定的环境中长期形成的价值观、习惯、行为规范和准则等文化要素之上而进行的。儒家学派全盘吸收这些文化要素并上升到系统的理论高度。孔子第一次打破了旧日统治阶级垄断教育的局面，变"学在官府"为"有教无类"，使传统文化教育波及整个民族，这样儒家思想就有了坚实的民族心理基础，并逐步儒化全社会。

儒家经典形成于孔子时代，但是不同时代对儒家经典的解读有很大的不同。儒家经典正典化始自孔子治六经，"治《诗》《书》《礼》《乐》《易》《春秋》六经"，即《诗经》《尚书》《仪礼》《乐经》《周易》《春秋》。其中诗书礼乐又称古之四教，为周朝贵族的教科书。

秦始皇"焚书坑儒"，据说经秦火一炬，《乐经》从此失传；东汉在此基础上加上《论语》《孝经》，共七经；唐时加上《周礼》《礼记》《春秋公羊传》《春秋穀梁传》《尔雅》，共十二经；宋时加《孟子》，然后有宋刻《十三经注疏》传世。于是十三经便是《诗经》《尚书》《仪礼》《周易》《春秋》《论语》《孝经》《周礼》《礼记》《春秋公羊传》《春秋穀梁传》《尔雅》《孟子》。十三经是儒家文化的基本著作，就传统观念而言，《易》《诗》《书》《礼》《春秋》谓之"经"，《左传》《公羊传》《穀梁传》属于《春秋》之"传"，《礼记》《孝经》《论语》《孟子》均为"记"，《尔雅》则是汉代经师的训诂之作。后来的"四书五经"："四书"是指《大学》《中庸》《论语》《孟子》；"五经"则指《周易》《尚书》《诗经》《礼记》《春秋》。

儒家主要代表人物有孔子、孟子、荀卿、董仲舒、二程（程颢、程颐两兄弟）、朱熹、陆九渊、王阳明，其分别代表了儒家发展的不同阶段。

儒家思想指的是儒家学派的思想，孔子在总结、概括和继承夏、商、周三代尊尊亲亲传统文化的基础上形成的一个完整的思想体系。司马迁在《史记·孔子世家》中说："乃因史记作春秋，上至隐公，下讫哀公十四年，十二公。据鲁，亲周，故殷，运之三代。"孔子说过，"述而不作，信而好古"是其思想本色。儒家思想基本分为"内圣"与"外王"，即个人修养与政治主张两类。

伦理学：儒家注重自身修养，其中心思想是"仁"，意谓人与人之间应注重和谐的关系；对待长辈要尊敬尊重；朋友之间要言而有信；为官者要清廉爱民；做人要有自知之明，尽分内事，"君子务本，本立而道生"；统治者要仁政爱民，"为政以德"；对待他人要博爱，"老吾老，以及人之老；幼吾幼，以及人之幼""泛爱众"；对待上司要忠诚，"君事臣以礼，臣事君以忠"；对待父母亲要孝顺，"父母在，不远游，游必有方""今之孝者，是谓能养。至于犬马，皆能有养；不敬，何以别乎？"；人要有抱负而有毅力，"士不可不弘毅，任重而道远"；尊重知识，"朝闻道，夕死可矣"；善于吸取别人的长处，"见贤思齐焉，见不贤而内自省也"。

政治学：儒家政治思想是"仁政""王道"以及"礼制"，其理想是"大同""大一统"，其政治学主要阐述君臣、官民关系。孔子的"君事臣以礼，臣事君以忠"，孟子的"民为重，社稷次之，君为轻"，荀子的"从道不从君，从义不从父，人之大行也"，是儒家政治学的代表性主张。在现实政治问题上，儒家要求统治者和被统治者都要承担义务；从理论上说，被统治者有权利反抗不正常承担义务的统治者。"仁政易行"则提倡分清"不能"与"不为"之间的区别，即"不去做"与"做不到"之间的差异。而其"无恒产，因无恒心"也体现了民本思想。

经济学：儒家重义，见利思义，重本抑末。儒家典籍《礼记》中所描述的大同社会是儒家思想大道之行的描述。儒家的人文主义思想指的是在文化命题中，突出人的文化和人的本质。中欧都曾出现过人文主义思潮，两者的区别在于：欧洲的人文主义产生于近代之初，是神权和王权较量的产物，并最终发展成西方文化的一大特征——强调独立、尊严、平等、自由，以个人权利观作为发展社会关系的基础。中国的人文主义早于欧洲两千多年出现，是儒家国家主义的基础；因此，它追求和谐与道德，以群体利益为发展社会的基础。儒家人文主义的理论主要有"人性论""社会论"和"道德观"。"人性论"谈"善"与"恶"的问题，"善"即人的社会性，是能与他人和谐相处；"恶"是人的自然性，是不能与他人和谐相处。典型的有孟子"人性本善"的"性善论"、荀子"人性本恶"的"性恶论"。"社会论"是专门研究人际矛盾、协调人际关系的理论，其中更是揭示了中国传统解决矛盾的方法。"道德观"是人的社会性的最高表现，中国古人对此有自己一套独特的见解。

儒家思想对中国、东亚、东南亚乃至全世界都产生过深远的影响。奉儒学为官学的最后一个王朝大清帝国被民国取代以后，儒家思想受到了外来新文化最大限度的冲击，不过在历经多种冲击、浩劫之后，儒家思想依然是中国社会一般民众的核心价值观。

② 儒家"四书五经"

"四书五经"是儒家思想的核心载体，也是中国传统文化的重要组成部分，更是中国历史文化古籍中的宝典，所包含的内容极其广泛、深刻，在世界文化史、思想史上具有极高的地位，因此，这里突出介绍"四书五经"。"四书五经"是"四书"和"五经"的合称。"四书"中的《中庸》是理论，《大学》是方法，《论语》与《孟子》是把理论与方法应用在生活、事业上，在待人、处事、接物上做出榜样给人们看。"四书"成为儒家经典，之后各朝皆以"四书"列为科举考试范围，因而造就"四书"独特的地位。朱熹认为"先读《大学》，以定其规模；次读《论语》，以定其根本；次读《孟子》，以观其发越；次读《中庸》，以求古人之微妙处"。因此朱熹所编定的四书次序是《大学》《论语》《孟子》《中庸》，是按照由浅入深进修的顺序排列的。朱熹著《四书章句集注》，具有划时代意义。汉唐是"五经"时代，宋后是"四书"时代。"四书"中，《论语》《孟子》分别是孔子、孟子及其弟子的言论集，《大学》《中庸》则是《礼记》中的两篇。在朱熹之前的程颢、程颐两兄弟已大力提倡这几部书了。他们认为，《大学》是孔子讲授"初学入德之门"的要籍，经孔子的弟子曾参整理成文；《中庸》是"孔门传授心法"之书，是孔子的孙子子思"笔之于书，以授孟子"的。这两部书与《论语》《孟子》一起表达了儒学的基本思想体系，是研治儒学的最重要文献。朱熹注释的"四书"，既融会了前人的学说，又有他自己的独特见解，切于世用；又由于以程颢、程颐两兄弟和朱熹为代表的"程朱理学"地位的日益上升，所以，朱熹死后，朝廷便将他所编定注释的"四书"审定为官书，从此盛行起来，到元代延祐年间（1314—1320）恢复科举考试，正式把出题范围限制在朱注"四书"之内，明、清沿袭而衍出"八股文"考试制度，题目也都是在朱注"四书"里。由于这些因素，"四书"不仅成为儒学的重要经典，而且也成了每个读书人的必读书，成了直到近代全国统一的标准的小学教科书。所以，有人把"四书"与西方的《圣经》相比，认为它是东方的"圣经"。事实上，无论就其流传的广泛，还是就其对于中国人人格心理铸造影响的深刻来看，这种比拟都是一点也不为过的。

A. 儒家"四书"

《大学》：该书是从《尚书》中抽出的一篇文章而成书。就其实质来说，它是儒家的政治哲学。《大学》对儒家理想人格的修为之道进行了从内到外的总结，全篇所阐释的是一种修己治人之道，亦即儒家思想一以贯之的内圣外王之道。朱熹将《大学》分为两部分，其中，第一部分为开头的205个字，称之为"经"，主要是孔子的言论；其他是第二部分，称为"传"，朱熹认为是曾参对"经"的解释。《大学》中将个人道德素质的修养，特别是统治者道德素质修养的高低看成是决定社会是否安定的关键因素，提出了"明明德""亲民""止于至善"的道德修养目标。所谓"大学"，朱熹解释为"大人之学"，即成人之道，或者说是成人需要的教育。儒家认为，人只有通过不断学习，努力提高自身修养，才能通晓人生之道，在社会上立足，通过道德表率来达到自新新民的目的，进而实现治国平天下的最高目标。朱熹认为《大学》提出的"明明德""亲民""止于至善"的三纲领和"格物""致知""诚意""正心""修身""齐家""治国""平天下"的八条目是实现这一最高目标的必由之路。《大学》开篇之中便讲"自天子以至于庶人，壹是皆以修身为本"，把"修身"作为其整个道德修养体系的价值目标和根本目的，并且成其为治国平天下的逻辑出发点。具体地说，《大学》明确提出了两条最基本的儒家道德修养原则，即"三纲领"说和"八条目"说，而"修身"正是《大学》"三纲八目"说的核心。《大学》之"明明德"就是修明人的天赋光明德性；"亲民"就是管理好臣民百姓，"止于至善"就是要达到至善至美的境界。这三个基本原则被认为是封建统治者一生努力的方向和奋斗目标，所以也叫"三纲领"。要达到这个目标，必须加强个人道德修养。通过对《大学》中"三纲领"的分析，人们可以看出它们之间存在着一种递进的逻辑关系，这一关系表明了道德主体从"明明德"出发，经过"亲民"的发展，最终达到"止于至善"的理想境界，这种对主体修为实践活动的规定直接引发出"内""外"两种相联系的具体修为方式。儒家同样以逻辑发展的合理结果提出了"八条目"的具体实践之道。《大学》在提出"三纲领"说之后接着又提出了"八条目"之说。

"大学之道"这一章是《大学》一书的总论，阐述的是儒学"三纲八目"的追求。首先，阐述大学之道有"三纲领"，它既是《大学》的纲领宗旨，也是儒学"垂世立教"的目标所在。"明明德"就是将人所固有的善良美好的品性彰显出来，使其发扬光大。儒家认为仁、义、礼、智、信等德行都是人生来具有的，足以应付万事。但这种德行常被物欲所遮蔽，昏暗不明，如镜子蒙上灰尘，但其本性的光明并未泯灭，所以人们应该重视内心的道德修养，使美好的德行显现并保持纯洁，这就是大学的根本原则。"亲民"则是大学之道的根本任务。朱熹认为"亲"应为"新"，就是去旧维新，"新民"就是使人民经过教化，去旧染之污，日日新又日新地振作起来，不断提高道德修养，从而达到天下太平。"止于至善"则是大学之道的根本目的，对己而言，"明德"要"止于至善"，对人"亲民"也要"止于至善"。可以说，原则、任务和目的构成了大学之道的三纲领。同时这一章，也论述了达到至善的一般方法和顺序，强调通过"知、定、静、安、虑、得"而达到"明德""至善"的境地。"八条目"一般来说，我们把"格物、致知、诚意、正心"作为道德的内在修为，而把"修身、齐家、治国、平天下"作为道德的外在修为。《大学》提出的"修身"途经主要是指"八条目"中的"格物、致知、诚意、正心"，实际上可以概括为两个步骤：正心诚意与格物致知。《大学》认为，修身的起点是格物致知，《大学》对格物致知没有作过多的解释，通过历代一些学者的注疏，人们可以看出"格物"就是指"对自然外界万物进行研究"的意思，"格物""致知"是联系紧密、层层递进的两个步骤，"格物"的逻辑结果是获得了对万事万物运行发展规律的理性认识，而这正是"致知"的内在含义。而"致知"的来源首先是个体对客观外界事物的认知，故《大学》说，"格物而后致知"。张岱说：圣贤教人如老妪教孩子数浮屠，一层层数上来，又一层层数下去。

有这层，就有那层，政（这）见得有那层，先有这层，一毫参差不得，要人把全体精神，从脚跟下做起矣。"八条目"既是为达到"三纲领"而设计的总目，也是儒学为人们所展示的人生进修阶梯，其修身为学的顺序一直为中国知识分子所遵循，产生了深远的影响。"三纲八目"可以说是一把打开儒学之门的钥匙，因为儒家学说实际上都是依托于这"三纲八目"而逐步展开的，循着这进修阶梯一步一个脚印，你就会登堂入室，领略儒学经典的奥义。"三纲八目"这一逐级递进的修身序列，时至今日，仍对我们产生着潜移默化的影响，或隐或现地影响着人们的思想和行为。因此我们在学习《大学》一书的时候，应该掌握本书中最重点的开头总论部分，即"三纲八条目"。

《论语》：该书是记载孔子及其弟子言行的一部书。它成书于春秋战国之际，是孔子的弟子及其门人记录孔子言行的一部语录体散文集，书中借记述孔子的言行来发扬孔子儒家学派的思想学说。《论语》涉及哲学、政治、经济，教育、文艺等诸多方面，内容非常丰富，是儒学最主要的经典，对中国思想文化的发展有极其深远的影响。

本书特点如下：第一，"仁"是《论语》的核心精神和境界。"仁"的理念既是《论语》的核心思想，也是儒家学说的核心思想。《论语》对"仁"这个概念作了多角度的阐释：一是"仁者人也"；二是"仁者爱人"；三是"克己复礼为仁"。人们从中可以看出孔子对"仁"的最简单表述就是只有具有"仁心"的人才是人，而这个"仁心"就是"爱人"之心，即对人尊重和有同情心。孔子认为，如果想达到"仁"的标准，就必须"克己复礼"，通过对自己言行的克制和约束以提高道德水平，从而符合礼的要求。孔子将"仁"看作道德的最高准则，也是道德的主体。孔子还提到很多其他道德名目，如忠、孝、义、信、廉等，但他认为这些都是局部性的东西，能做到某项或几项，值得肯定，但还不能算是达到"仁"。孔子把要求"仁"看作人生的根本原则。他认为，礼和乐固然能陶冶性情，加强修养，但一个人能否成为品质高尚的君子，关键还在于他能否自觉地按照"仁"的要求去进行实践活动。孔子反对"过"和"不及"，以"中庸"为至德，对人处世常采取"无可无不可"的态度；但在求仁行义问题上，他认为求仁或违仁是君子与小人的分水岭，有志之士应当为实现"仁"的崇高道德理想而奋斗。孔子把以"仁"为核心的伦理道德思想贯彻到政治领域，他希望统治者"节用以爱人，使民以时"，反对过分剥削压榨人民，而提出富民惠民的主张。他又希望统治者"为政以德"，反对一味使用严刑峻法，而要先用严格的道德标准要求自己，以身作则，通过道德感化搞好政治。

第二，"中庸之道"是《论语》中重要的理念。中国自古讲究凡事有度，在《论语·雍也》中说"中庸之为德也，甚至矣乎"，毋庸置疑，孔子很讲究"适度"原则，凡事都提倡适可而止，在《论语·先进》中所说的"过犹不及"，意即"过头"和"不及"一样都不好。在《论语·尧曰》有"允执其中"的说法，这里的"中"也是"适度"的意思。

第三，重视学习是《论语》中的一个突出特点。《论语》第一篇《学而》，专论学习，着重讲述学习的态度和方法。朱熹对此章评价极高，说它是"人道之门，积德之基"。关于学习的态度，孔子认为，追求学问首先在于爱学、乐学，这是关键。孔子曰："知之者不如好之者，好之者不如乐之者。"（《雍也》）即真正爱好它的人，为它而快乐的人才能真正学好它。孔子又强调要虚心求教，不耻下问。孔子曰："三人行，必有我师焉。择其善者而从之，其不善者而改之。"（《述而》）这说明学无常师，作为人应随时随地注意向他人学习，取人之长，补己之短。同时，孔子提倡和赞扬"敏而好学，不耻下问"的学习精神，"见贤思齐焉，见不贤而内自省也"（《里仁》）体现了孔子严谨的治学态度。关于学习的方法，孔子在和弟子的交谈中多处提及学习方法问题，最著名的莫过于"学而时习之，不亦说乎"（《学而》）"温故而知新，可以为师矣"（《为政》）与此同时，孔子还特别强调学思结合，勇于实践。他说："学而不思则罔，思而不学则殆。"（《为政》）只读书而不思考就会感到迷惘，只是空想而不读书就会精神疲殆，要把学习积累和钻研思考相结合，不能偏废。另外，孔子还非常重视精益求精，"如切如磋，如琢如磨"，反对一知半解，浅尝辄止。关于学习的内容，孔子主张学习要博、要广，不能偏颇、单一。他提出要用四种东西作为自己的学习纲要，就是"文，行，忠，信"（《述而》），即文化知识、品德修养、忠诚笃厚、坚守信约。这四项内容对于自己和别人都具有重要意义。关于学习的目的，孔子认为，学习必须有明确的目的，但重点在于"学以致用"，当然在孔子看来，学习的目的也在于对道义、真理的追求，"士志于道"，"朝闻道，夕死可矣"。（《里仁》）

第四，重视做人是《论语》又一个突出特点。怎样做人呢？其一，要重视"仁德"。这是孔子在做人问题上强调最多的问题之一。在孔子看来，仁德是做人的根本，是处于第一位的。孔子说："弟子入则孝，出则悌，谨而信，泛爱众，而亲仁。行有余力，则以学文。"（《学而》）又曰："人而不仁，如礼何？人而不仁，如乐何？"（《八佾》）这说明只有在仁德的基础上做学问、学礼乐才有意义。孔子还认为，只有仁德的人才能无私地对待别人，才能得到人们的称颂。子曰："唯仁者能好人，能恶人。"（《里仁》）"齐景公有马千驷，死之日，民无德而称焉。伯夷、叔齐饿于首阳之下，民到于今称之。"（《季氏》）这充分说明仁德的价值和力量。孔子还提出仁德的外在标准，这就是"刚、毅、木、讷近仁"（《子路》），即刚强、果敢、质朴、语言谦虚的人接近于仁德。同时他还提出实践仁德的五项标准，即"恭、宽、信、敏、惠"（《阳货》），即恭谨、宽厚、信实、勤敏、慈惠。他说，对人恭谨就不会招致侮辱，待人宽厚就会得到大家拥护，交往信实别人就会信任，做事勤敏就会取得成功，给人慈惠就能够很好地使唤民众。孔子说能实行这五种美德者，就可算是仁了。其二，做人要正直磊落。孔子认为："人之生也直，罔之生也幸而免。"（《雍也》）在孔子看来，一个人要正直，只有正直才能光明磊落。然而我们的生活中不正直的人也能生存，但那只是靠侥幸而避免了灾祸。按事物发展的逻辑推理，这种靠侥幸避免灾祸的人迟早要跌跟头。其三，做人要重视修养的全面发展。曾子曰："吾日三省吾身：为人谋而不忠乎？与朋友交而不信乎？传不习乎？"（《学而》）我每天都要再三反省自己：帮助别人办事是否尽心竭力了呢？与朋友交往是否讲信用了？老师传授的学业是否温习了呢？强调从自身出发修养品德的重要性。在此基础上，孔子强调做人还要重视全面发展。子曰："志于道，据于德，依于仁，游于艺。"（《述而》）志向在于道，根据在于德，凭借在于仁，活动在于六艺（礼、乐、射、御、书、数），只有这样才是真正地做人。那么孔子为什么强调做人要全面发展呢？这里体现了孔子对人的社会性的认识，以及个人修养的相互制约作用，他说："兴于《诗》，立于礼，成于乐。"（《泰伯》）诗歌可以振奋人的精神，礼节可以坚定人的情操，音乐可以促进人们事业的成功。所以，对于个人修养来说，全面发展显得极为重要。在个人修养方面，孔子还提出了许多有价值乃至真理性的建议，譬如求真、求善、讲究宽容和坚持正义等，对我们做人做事都具有现实的指导意义。

第五，《论语》重视礼仪的作用。齐景公向孔子问政时，孔子回答："君君、臣臣、父父、子子。"孔子一生追求"复礼"，希望恢复过去的统治秩序，其思想好像是复旧保守，但实质上是希望社会恢复秩序，有了秩序社会才有安宁稳定。在任何一个社会、组织中，秩序的重要性是不言而喻的。孔子倡导的"礼"核心是"正名"，这一点虽然饱受批评，但是现代组织中，任何职位的设置、人员的选聘及考核，都离不开"正名"。从稳定和组织的角度看，孔子的"复礼"依然有鲜活的生命力。

总之，《论语》从多种角度反映了孔子的思想特征，其内容极为丰富，重视的方面很多，体现的特点也不少，除上述内容外，还有如教育、治国等方面的特点，这里就不一一列举。

《孟子》：该书是儒家的基本著作之一，是孟子生平言论的汇编，深刻反映了孟子的思想轨迹。

本书的主要特点如下：第一，民本思想。他根据战国时期的经验，总结各国治乱兴亡的规律，提出了一个著名命题——"民为贵，社稷次之，君为轻"，认为如何对待人民，对于国家的治乱兴亡，极为重要。孟子十分重视民心的向背，通过大量历史事例反复阐述这个关乎得天下与失天下的关键问题。孟子认为君主应以爱护人民为先，为政者要保障人民权利。孟子赞同若君主无道，人民有权推翻它。

第二，仁政学说。孟子继承和发展了孔子的德治思想，将"仁"学，发展为"仁政"学说，成为其政治思想的核心。"性善论"是孟子的主要哲学思想，是孟子谈人生和谈政治的理论根据，在他的思想体系中是一个中心环节。孟子说："恻隐之心，人皆有之；羞恶之心，人皆有之；恭敬之心，人皆有之；是非之心，人皆有之。恻隐之心，仁也；羞恶之心，义也；恭敬之心，礼也；是非之心，智也。仁、义、礼、智，非由外铄我也，我固有之也。"孟子以"性善论"为人们提供了修养品德和行王道仁政的理论根据。孟子的政治论，是以仁政为内容的王道，仁政的具体内容很广泛，包括经济、政治、教育以及统一天下的途径等，其中贯穿着一条民本思想线索。这种思想是由春秋时期重民轻神的思想发展而来的。孟子说："夫仁政，必自经界始。"所谓"经界"，就是划分整理田界，实行井田制。孟子认为，"民之为道也，有恒产者有恒心，无恒产者无恒心"，只有使人民拥有"恒产"，固定在土地上，安居乐业，他们才不会去触犯刑律，为非作歹。孟子认为，人民的物质生活有了保障，统治者再兴办学校，用孝悌的道理进行教化，引导他们向善，这就可以形成一种"亲亲""长长"的良好道德风尚，即"人人亲其亲、长其长，而天下平"。孟子认为统治者实行仁政，可以得到天下人民的衷心拥护，这样便可以无敌于天下。孟子所说的仁政是建立在统治者"不忍人之心"基础上的。他说："先王有不忍人之心，斯有不忍人之政矣。""不忍人之心"是一种同情仁爱之心。孟子主张，"亲亲而仁民"，"老吾老以及人之老，幼吾幼以及人之幼"。仁政就是这种不忍人之心在政治上的体现。孟子把伦理和政治紧密结合起来，强调道德修养是搞好政治的根本。他说："天下之本在国，国之本在家，家之本在身。"

第三，伦理道德。孟子把道德规范概括为四种，即仁、义、礼、智。他认为这四者是人们与生俱来的东西，不是从客观存在着的外部世界所取得的。同时把人伦关系概括为五种，即"父子有亲，君臣有义，夫妇有别，长幼有序，朋友有信"。他认为，仁、义、礼、智四者之中，仁、义最为重要。仁、义的基础是孝、悌，是处理父子和兄弟血缘关系的基本道德规范。他认为如果每个社会成员都用仁义来处理各种人与人的关系，社会秩序的稳定和天下的统一就有了可靠保证。"仁义"是孟子道德论的核心思想，是孟子对于孔子"仁"的思想发展；特别表现在孟子以"性善论"为基础而由此产生的仁义礼智四德，其中心点是"仁"。为了说明这些道德规范的起源，孟子提出了"性善论"的思想，他认为，尽管各个社会成员之间有分工的不同，但是他们的人性却是同一的。他说："故凡同类者，举相似也，何独至于人而疑之？圣人与我同类者。"这里，孟子把统治者和被统治者摆在平等的地位，探讨他们所具有的普遍人性，这种探讨标志着人类认识的深化，对伦理思想的发展是一个巨大的推进。

《中庸》：该书是从《尚书》中抽出的一篇文章而成书，中庸是儒家思想中的一项核心主张，意涵执两用中、不偏不倚、不过亦无不及、恰到好处。"中庸"探析了人类怎样在万物的演化中实现和谐——人与己、人与人、人与社会、人与自然的和谐，也就是推行中庸的精神原则。在儒家看来，中庸之道是最高、最完美的道德，人道的正直、天道的真理都包含其中。从其中的思想来看，中庸的思想还体现了儒家的宇宙观、认识论和方法论。因此，"中庸"不仅是建立在儒家人性论基础上的一种伦理道德观，同时也是一种思想方法。

作为具有具体内容的儒家伦理道德观的"中庸"，由孔子首创，经过后来的儒家，特别是《中庸》一文的作者充实发挥而完成。本书应掌握的重点：一、对于"中"的理解。"中"字在先秦古籍中的常见字义有三：一指中间、中等、两者之间；二指适宜、合适、恰好、合乎一定的标准，用作动词，也即"圆者中规、方者中矩"的"中"；三指人心、内心，即人的内在精神世界。过去之所以有人会把"中庸"简单地理解为折中主义或调和主义，就是仅从第一种字义上来理解"中庸"的"中"。笔者认为"中庸"的"中"与上述三种含义都有关系，只有把这三方面的意思贯通理解，才能弄清"中庸"的完整含义。《中庸》一文的主要内容，在一种内与外、天与人的关系上，反复阐明儒家的中庸之道。"忠恕违道不远。"《中庸》认为"忠恕"的含义是和中庸之道差不多的。"忠"也就是要存养省察内心之"中"；"恕"则是要发而为外在道德行为的"中节"，也即用礼的要求来处理人与人之间的关系。《中庸》认为道德修养首先要从人所不见的"慎独"工夫做起，"内省不疚，无恶于志"，达到内心的"诚"。这也是说的含而未发之"中"的修养；由此出发，就能"微之显"，"暗然而日章，渐渐外化为行动中的'时中''中节'"。《中庸》又提出要以"三达德"行"五达道"。"三达德"即"智、仁、勇"三个最基本的道德萌芽，"五达道"是指"君臣""父子""夫妇""兄弟""朋友"之间五种社会道德伦常关系，也就是儒家所谓"礼"的主要内容。以"三达德"行"五达道"，同样也是说的内心道德修养与外部行为"中"与"礼"之间的关系。总的来说，所谓"中庸"，就是要以人的内在要求（人性、本心）为出发点和根本价值依据，在外部环境（包括自然的和社会的环境）中寻求"中节"，也就是使内在要求，在现有的外在环境与条件下，得到最适宜、最恰当、无过与不及的表达与实现。这也就是《中庸》所谓"致中和""合内外之道"。如果人们能在一切事情上恰到好处地这样做，则"天地位焉，万物育焉"。"中庸"强调内心之"中"与外在之"节"的准确契合，以达到"和"的大功用；而"中"的基本原则是适度、无过不及、恰到好处。追求中常之道，内外协调，保持平衡，不走极端，可以说中庸之道已成为中华民族颇具特色的一种思想方法和道德品性。中国人有一普遍的共识，即认为"物极必反"，也就是说，任何极端的主张和做法都是不可能长久的，因为到了极端，事物就要走向反面，而只有中道才是常道，才能持久。一个社会，一个国家，若能坚持中常之道，则可能有持续持久的发展与进步；若总是在两极之间跳来跳去，则民不堪其苦，国不堪其乱。然而，坚持中常之道却也不易，往往要受到来自两个极端的夹攻：左的说你太右，右的说你太左；激进的说你太保守，保守的说你太激进。因此，坚持中常之道，需要冷静清醒的头脑、稳健笃实的品格、坚忍不拔的毅力。孔子之所以说"中庸"是难能可贵的"至德""民鲜久矣"，原因恐怕也在于此。正因为如此，这样一种思维方式使中华民族形成了一种稳健笃实的民族性格。

二、《中庸》一书应掌握的要点：（一）中庸之道的理论基础是天人合一。通常人们讲天人合一主要是从哲学上讲，大都从《孟子》的"尽其心者，知其性也；知其性，则知天矣"（《尽心》）讲起，而忽略中庸之道的天人合一，更忽视了天人合一的真实含义。其真实含义是合一于至诚、至善，达到"致中和，天地位焉，万物育焉""可以与天地参矣"的境界。"与天地参"是天人合一，这才是《中庸》天人合一的真实含义。因而《中庸》始于"天命之谓性，率性之谓道，修道之谓教"而终于"'上天之载，无声无臭'至矣"。这就是圣人所要达到的最高境界，这才是真正意义上的天人合一。天人合一的"天"是善良美好的天，天人合一的"人"是像善良美好的天那样善良美好的人，天人合一就是人们自觉修养所达到像美好善良的天一样造福于人类和自然理想境界。《中庸》之道，就是"中和"之道。不过，中、和有主次。"中"是内，是本，是体；"和"是外，是末。没有"中"，便没有"和"，这是中庸之道的内容。中庸之道绝非不偏不倚的调和之道，孔子并非不讲极端，而是主张以他平他，例如宽猛相济，就是这样。推行中庸之道，其目的以实现人与己、人与人、人与社会、人与自然之间的和谐。（二）中庸之道的主要原则，有三条：一是慎独自修，二是忠恕宽容，三是至诚尽性。具体内容这里就不阐述了。

B. 儒家"五经"

"五经"出自《白虎通·五经》："五经何谓？《诗》《书》《礼》《易》《春秋》也。"

《诗经》：该书又称《诗三百》，是我国第一部诗歌总集。诞生于先秦时期，分为《风》《雅》《颂》三个部分，收录自西周初期到春秋中叶（公元前 11 世纪到公元前 6 世纪）的 305 篇诗歌。《诗经》里的诗篇，以抒情诗为主体，从多方面表现了那个时代丰富多彩的现实生活，展示了那个时期里人们的心灵世界。《诗三百》西汉时被尊为儒家经典，称《诗经》。它是中国现实主义文学的光辉起点，对中国的文学传统和民族特色的形成起了重要作用。学习、研究《诗经》应注意的几个要点：一、要注意产生《诗经》的历史社会基础。相传中国周代设有采诗之官，每年春天，摇着木铎深入民间收集民间歌谣，把能够反映人民欢乐疾苦的作品，整理后交给太师（负责音乐之官）谱曲，演唱给天子听，作为施政的参考。司马迁说："关中自汧、雍以东至河、华，膏壤沃野千里。自虞夏之贡以为上田，而公刘适豳，大王、王季在岐，文王作丰，武王治镐，故其民犹有先王之遗风，好稼穑，殖五谷，地重，重为邪。"（《史记·货殖列传》）由此可知，周代已是一个农业社会。这里所讲的虞夏之贡虽不可信，但周代的祖居之地宜于农业却是实情。这从"大雅"中的《生民》《公刘》《绵绵瓜瓞》等诗篇来看，周族确是靠着农业而兴盛发展起来的。《豳风·七月》则完整地叙述出一年之中的农事活动与当时社会的等级压迫关系。另外，在《诗经》中的《南山》《楚茨》《大田》《丰年》《良耜》以及《周书》内的《金縢》《梓材》《康诰》《洛诰》《无逸》等篇中，都有农事的记载，农业的发展促进了社会进步。周族在武王伐纣之后成为天下共主，家族宗法制度、土地、奴隶私有与贵族领主的统治成为这一历史时期的社会政治特征。宗教信仰与社会政治融为一体，这就是《诗经》中为什么会有许多祭祀性颂诗与雅诗的社会基础。宰我曾问孔子何谓鬼神，孔子回答说："气也者，神之盛也；魄也者，鬼之盛也。合鬼与神，教之至也。"并且进一步解释："明命鬼神，以为黔首则，百众以畏，万民以服。圣人以是为未足也，筑为官室，设为宗祧，以别亲疏远迩，教民返古复始，不忘其所由生也。众之服自此，故听且速也。"（《礼记·祭义篇》）以此了解《诗经》中的颂诗、雅诗，便可以得其要领。周代由文、武奠基，成、康繁盛，史称刑措不用者四十年，这时可称为周代的黄金时期；昭、穆以后，国势渐衰，后来，厉王被逐，幽王被杀，平王东迁，进入春秋时期。春秋时期王室衰微，诸侯兼并，夷狄交侵，社会处于动荡不安之中。反映周初至春秋中叶社会生活面貌的《诗经》，就整体而言，正是这五百年间中国社会生活面貌的形象反映，其中有先祖创业的颂歌，祭祀神鬼的乐章；也有贵族之间的宴饮交往，劳逸不均的怨愤；更有反映劳动、打猎以及大量恋爱、婚姻、社会习俗方面的动人篇章。文学是生活的反映，而生活又具有社会历史特征。

二、注意掌握《诗经》的思想内容。《诗经》全面展示了中国周代时期（西周、东周、春秋中期）的社会生活，真实地反映了中国奴隶制从兴盛到衰败时期的历史面貌。其中有些诗，如《大雅》中的《生民》《公刘》《绵》《皇矣》《大明》等，记载了后稷降生到武王伐纣的部分史实，是周部族起源、发展和立国的历史叙事诗。有些诗，如《魏风·硕鼠》《魏风·伐檀》等，以冷嘲热讽的笔调形象地揭示出奴隶主贪婪成性、不劳而获的寄生本性，唱出了人民反抗的呼声和对理想生活的向往，显示了奴隶制崩溃时期奴隶们的觉醒。有些诗，如《小雅·何草不黄》《豳风·东山》《唐风·鸨羽》《小雅·采薇》等写征夫思家恋土和对战争的哀怨，《王风·君子于役》《卫风·伯兮》等表现了思妇对征人的怀念。它们从不同的角度反映了西周时期不合理的兵役制度和战争徭役给人民带来的无穷痛苦和灾难。

有些诗，如《周南·芣苢》完整地刻画了妇女们采集车前子的劳动过程，《豳风·七月》记叙了奴隶一年四季的劳动生活，《小雅·无羊》反映了奴隶们的牧羊生活。还有不少诗表现了青年男女的爱情生活，如《秦风·蒹葭》表现了男和女之间如梦的追求，《郑风·溱洧》《邶风·静女》表现了男女之间戏谑的欢会，《王风·采葛》表现了男女之间痛苦的相思，《卫风·木瓜》表现了男女之间的相互馈赠，《鄘风·柏舟》《郑风·将仲子》则反映了家长的干涉和社会舆论给青年男女带来的痛苦，另如《邶风·谷风》《卫风·氓》还抒写了弃妇的哀怨，愤怒谴责男子的忘恩负义，反映了阶级社会中广大妇女的悲惨命运。《诗经》按内容《风》《雅》《颂》三部分，是依据音乐的不同而形成的。《风》大部分是黄河流域的民间乐歌，称作"十五国风"。《雅》分为《小雅》和《大雅》，是宫廷乐歌。《颂》包括《周颂》《鲁颂》和《商颂》，是宗庙用于祭祀的乐歌和舞歌。"风"的意义就是声调，它是相对于"王畿"——周王朝直接统治地区而言的。不同地区的地方音乐，多为民间的歌谣。《风》是从周南、召南、邶、鄘等十五个地区采集上来的土风歌谣，大部分是民歌。根据"十五国风"的名称及诗的内容大致可推断出诗产生于现在的陕西、山西、河南、河北、山东和湖北北部等。"雅"是"王畿"之乐，这个地区周人称之为"夏"，"雅"和"夏"古代通用。"雅"又有"正"的意思，当时把王畿之乐看作正声——典范的音乐。周代人把正声叫做雅乐，犹如清代人把昆腔叫做雅部，带有一种尊崇的意味。《颂》是宗庙祭祀的乐歌和史诗，内容多是歌颂祖先功业的。《毛诗序》说："颂者美盛德之形容，以其成功告于神明者也。"这是"颂"的含义和用途。

　　三、注意掌握《诗经》中诗歌的表现手法。其主要有"赋""比""兴"三种："赋"按朱熹《诗集传》中的说法，"赋者，敷也，敷陈其事而直言之者也"。就是说，"赋"是直铺陈述，是最基本的表现手法，如"死生契阔，与子成说。执子之手，与子皆老"，即是直接表达自己的感情。"比"，用朱熹的解释，是"以彼物比此物"，也就是比喻之意，明喻和暗喻均属此类。《诗经》中用比喻的地方很多，手法也富于变化。如《氓》用桑树从繁茂到凋落的变化来比喻爱情的盛衰；《鹤鸣》用"他山之石，可以攻玉"来比喻治国要用贤人；《硕人》连续用"荑荑"喻美人之手，"凝脂"喻美人之肤，"瓠犀"喻美人之齿；等等，这都是《诗经》中用"比"的佳例。"赋"和"比"都是一切诗歌中最基本的表现手法，而"兴"则是《诗经》乃至中国诗歌中比较独特的手法。"兴"字的本义是"起"，因此又多称为"起兴"，对于诗歌中渲染气氛、创造意境起着重要作用。

四、注意对于《诗经》的评价。孔子说："诗三百，一言以蔽之，思无邪。"它的特点是"温柔敦厚，诗教也"，即认为《诗经》使人读后有澄清心灵的功效，作为教化的工具实为最佳良策。孔子甚至说"不学诗，无以言"，显示出《诗经》对中国古代文学的深刻影响。诗的作用："小子何莫学夫诗？诗可以兴，可以观，可以群，可以怨，迩之事父，远之事君，多识鸟兽草木之名。"孟子论诗，谓"说诗者不以文害辞，不以辞害志，以意逆志，是为得之"，"颂其诗，读其书，不知其人可乎？是以论其世也"。梁启超说："现存先秦古籍，真赝杂糅，几乎无一书无问题，其真金美玉，字字可信者，《诗经》其首也。"19世纪前期法国人比奥的专论《从〈诗经〉看中国古代的风俗民情》明确说道，《诗经》是"东亚传给我们的最出色的风俗画之一，也是一部真实性无可争辩的文献"，"以古朴的风格向我们展示了上古时期的风俗习尚、社会生活和文明发展程度"。《毛诗序》书中说："诗者，志之所之也，在心为志，发言为诗，情动于中而形于言，言之不足，故嗟叹之，嗟叹之不足，故咏歌之，咏歌之不足，不知手之舞之足之蹈之也。情发于声，声成文谓之音，治世之音安以乐，其政和；乱世之音怨以怒，其政乖；亡国之音哀以思，其民困。故正得失，动天地，感鬼神，莫近于诗。"

时过境迁，今天的人们，生活环境与先秦诗人们所生活的时代，已截然不同，但先秦诗人们所发出的声音，却依然回荡在我们耳边。《诗经》的情感与我们今人是相通的。表达这些文字的本身也是优美的，正是这个原因，直到今天，我们生活中仍然有大量直接来自《诗经》的词汇，"求之不得""忧心忡忡""人言可畏""小心翼翼""无所适从""惩前毖后"等均出于颂歌，两千多年后的我们仍然使用这些生动的词汇，也充分证明了《诗经》的文字魅力。《诗经》历经千年变迁，走到了21世纪的今天，其在中国文学领域里的地位，依然不可动摇。我们现在阅读《诗经》仍然可以触摸到古人心灵的脉动，获得相应的心灵感悟，我们应该从《诗经》的智慧和文化里汲取营养。

《尚书》：又称《书经》，是我国最古老的一部史书，是中国上古时期的历史文献和部分追述史迹著作的汇编。所记之事自上古尧舜时期起，直至春秋中期结束，共记约1300年。按照时代先后顺序，它分为《虞书》《夏书》《商书》《周书》四个部分，其中大多数是直接收录原始的文献资料。书中收录了虞、夏、商、周各代的"典""谟""训""诰""誓""命"等文献。具体地说，"典"是重要史实或专题史实的记载；"谟"是记君臣谋略的；"训"是臣开导君主的话；"诰"是君主勉励臣下的文告；"誓"是君主训诫大众的誓词；"命"是君主的命令。《尚书》是研究我国原始社会末期和夏、商、周奴隶社会历史的珍贵资料。后来被奉为中国古代社会的政治哲学经典，成为历代帝王的教科书，还是贵族子弟和士大夫必遵的"大经大法"。该书要旨：其一，阐明仁君治民之道。春秋之世，圣王不作，暴君迭起，人民困于虐政，备受痛苦。为救危世，感化当世人君，史官作《书经》一书，希人主得尧、舜、禹、汤、文、武之道，使天下享尧、舜、禹、汤、文、武之治。因此，阐明仁君治民之道是《尚书》的第一要旨。其二，阐明贤臣事君之道。周室东迁之后，人臣之事君，远不如往古，乱臣杀君之事屡见不鲜。史官作《周书》，记古贤臣事君之道，以使后世取法。其三，从《尚书》中可以看出，农业大国的传统从这里是真正的开始。《禹贡》中讲的是大禹治水、定疆界、平土地、疏土壤，为中国传统农业的开拓，做了大量而必要的准备，为农业的开拓创造了条件。同时，先民们在长期从事农业生产的过程中，对于农耕活动自身的规律性也经历了从无到有、由浅入深的认识过程。这反映在包、蕃、蔼、孽、刊、稿、稽、朴、败等内容上。例如：包，通"苞"，谓草木丛生。《禹贡》篇有"厥土赤埴坟，草木渐包""厥包橘柚、锡贡""包匦菁茅"等。以上三句，第一句是草木逐渐茂盛起来了，就好像把整个山头包裹起来一样，这说明了植被的覆盖和当时人们的一种直观认识；后两句中的"包"字皆为（打成）包裹、包装起来的意思。稿：收获谷物，泛指农事。《汤誓》篇有："我后不恤我众，舍我穑事而割正夏。"农业生产有着明显的季节性，是指各种农作物和畜禽等都有各自一定的生长发育阶段。在作物生长过程中，何时播种、中耕施肥、成熟收获，均有一定的季节限度，超过季节，则生长不良，甚至减产绝收。因此，耕、种、管、收不违农时，是获得农业高产稳产优质的关键。

《礼记》：该书是中国古代一部重要的典章制度书籍，是战国至秦汉年间儒家学者解释说明经书《仪礼》的文章选集，是一部儒家思想的资料汇编。本书又叫《小戴礼记》，与《周礼》《仪礼》合称"三礼"。《礼记》的内容主要是记载和论述先秦的礼、礼制，解释仪礼，记录孔子和弟子等的问答，记述修身做人的准则。实际上，这部著作内容广博，门类杂多，涉及政治、法律、道德、哲学、历史、祭祀、文艺、日常生活、历法、地理等诸多方面，几乎包罗万象，集中体现了先秦儒家的政治、哲学和伦理思想，是研究先秦社会的重要资料。"三礼"对中国文化产生过深远的影响，各个时代的人都从中寻找思想资源。《礼记》不仅是一部描写规章制度的书，也是一部关于仁义道德的教科书。《礼记》是了解和研究儒家思想的重要史料。它的思想成就，主要集中反映在《礼运》《礼器》《学记》《大学》《中庸》《儒行》等篇，还有借孔子的答问而发挥儒家学说的篇章，如《曾子问》《哀公问》《表记》《坊记》《孔子闲居》《仲尼燕居》等。在这些篇章中，可以看到孔子后学的不同派别思想观点的留存，包括有子学派、子夏学派、曾子学派、子思学派、孟子学派、荀子学派等儒家内部的诸多派别，从中还可以看到有墨家、道家、农家、阴阳家等先秦诸子百家的思想学说渗透其间。可见，《礼记》辑成的时代是一个对儒家各派求同存异、对诸子百家加以融合吸收和改造的时代。《礼记》中的思想理论性内容深厚而丰富，它以礼乐为核心，涉及政治、伦理、哲学、美学、教育、宗教、文化等各方面的思想学说。因此，在中国古代传统思想中，是不能不研究《礼记》中所包含的思想学说的。

一、《礼记》中的礼学思想。在《礼记》中，汉儒们不仅编织出了一张从治理国家、求学问道一直到婚丧嫁娶、衣食住行等日常生活各个方面的精细周密的礼仪网络，而且还从宇宙观、人性论、历史观的哲学高度对

"礼"的起源、作用等问题进行了详细阐述。可以说,《礼记》的出现,标志着中国传统的"礼文化"已走向成熟。而"礼"的哲学理论,是《礼记》"礼学"思想的中心内容。

二、《礼记》中的政治理想:大同世界。儒家认为:"大道之行也,天下为公。选贤与能,讲信修睦。故人不独亲其亲,不独子其子。使老有所终,壮有所用,幼有所长,矜寡、孤独、废疾者,皆有所养。男有分,女有归。货,恶其弃于地也,不必藏于己;力,恶其不出于身也,不必为己。是故谋闭而不兴,盗窃乱贼而不作,故外户而不闭,是谓大同。今大道既隐,天下为家。各亲其亲,各子其子,货力为己。大人世及以为礼,城郭沟池以为固,礼义以为纪,以正君臣,以笃父子,以睦兄弟,以和夫妇,以设制度,以立田里,以贤勇知,以功为己。故谋用是作,而兵由此起。禹、汤、文、武、成王、周公由此其选也。此六君子者,未有不谨于礼者也,以著其义,以考其信,著有过,刑仁讲让,示民有常。如有不由此者,在势者去,众以为殃。是谓小康。"(《礼记·礼运》)这种小康大同的政治理想产生于中国的两千多年前,是极为可贵的历史资料。《大学》云:"生财有大道,生之者众,食之者寡;为之者疾,用之者舒,则财恒足矣。仁者以财发身,不仁者以身发财。未有上好仁,而下不好义者也。未有好义,其事不终者也,未有府库财非其财者也。"这是儒家理财的经典论述,也是古代财政经济学的宝贵遗产。

三、《礼记》的孝道思想。《礼记》之孝道思想是丰富而全面的,既论述了孝之起源、地位与作用,孝与忠、礼、政、教的关系等宏观理论问题,又有关于孝道本身的总体与个别义项和孝行的微观具体论述。据此,《礼记》在中国儒学发展史上,完成了孝道的理论创造并达到其顶峰。由《礼记》创造,而由《孝经》系统化的孝道理论问题与孝道的普遍原则借《孝经》而得以广泛传播。而《礼记》中之孝行部分则得之于如《二十四孝》《三十六孝》《弟子规》《女儿经》等诸多童蒙与家训之书而予以流传,遂长期影响中国人的家庭生活礼仪与社会交往方式,成为礼仪之邦的生活方式。因此,我们不可低估《礼记》对中国孝道的形成、发展以及对中国人传统生活方式的巨大影响。

《周易》：该书为六经之首，内容广博宏大，无所不备。它包括《易经》《易传》两部分。《易经》的部分原本是占筮之书，编于殷商之际，为上古巫史文化。《易传》的部分，是对《易经》的注解、解释与发挥。

《易传》的基本思想：（一）宇宙存在论：表现在阴爻"－－"和阳爻"－"。"一阴一阳谓之道。"宇宙存在说观点：第一，八卦产生不是人类主观思维之虚构，它来自人们"近取诸身、远取其物"，是对宇宙客观存在的认识。第二，八卦论说是宇宙生成存在的逻辑思维，是从人的生命之源，来推演宇宙及万事万物之源及其变化。男女交而生人，故宇宙亦在交合中产生，即阴阳和合而生。第三，宇宙是对立统一体。第四，八卦用对立统一解释事物的普遍性质。六十四卦来自八卦之重叠，八卦取自阴"－－"、阳"－"两个符号，此符号是对六十四卦所阐述的各种具体事物的普遍性质的抽象化。（二）"变则通"的宇宙发展论：第一，《易传》肯定事物都在发展变化中存在，"易穷则变，变则通，通则久"。第二，变化是事物吉凶的征兆，其变化原因是事物间相互交感的矛盾运动。（三）《易传》社会学说：《易传》对自然的揭示，为人类社会的管理提供了模拟的依据。在孔子看来，有一种本质无边的东西存在，那就是天（乾）一定在上，地（坤）一定在下，在上者必尊，在下者必卑。这种上下有序、尊卑有别的思想，便形成了儒家政治思想的基础。本书的重点内容介绍可看"国学之根——《周易》"一章。这里要讲的是学习《周易》应掌握的几个要点：第一，首先应该清楚中国文字形成所经历的漫长过程，这一点详见第四章。第二，《易传》的出现使《周易》内容出现了质的转变。《易传》虽然是注解、解释、发挥《易经》的，但《易传》的出现，是《易经》出现质的演变的转折点，《易传》解释《易经》时已离开了占筮"巫史"内容而大讲哲理、伦理，使《易经》从占卜占筮之书成了一部哲理、伦理之书，这是后人利用《周易》的六十四卦的卦象、卦辞、爻辞的形式，用社会发展、时代进步的新的内容代替了占筮的旧的内容，通过"十翼"途径实现了质的演变，这是社会发展的必然结果，也是符合人类社会历史发展规律。《周易》发展到今天，经历了脱胎换骨，现在的《周易》是历代前人集体智慧的结晶。第三，六十四卦由三十二个对立卦组成，其卦象的爻象和爻辞反映了自然界和社会生活中的各个方面，如天和地、"大人"和"小人"、吉和凶、得和失、益和损、泰和否、既济和未济等一系列对立统一的现象，它还承认对立事物的互相转化，如泰卦中的卦辞有"小往大来"之说，否卦中的卦辞有"大往小来"之说。这些都体现了物极则反的道理。从中可以看出中国古代辩证法思想的萌芽，因而使《周易》在中国哲学史上占有重要地位。第四，《文言》是专门阐发乾、坤两卦深奥意义的小论文，乾、坤两卦是六十四卦之总纲，所阐释的大体上是阴阳学说和儒家理论的综合。第五，《系辞》是总论易理的一篇文章，分上下两篇，主要阐述"易有太极，是生两仪，两仪生四象，四象生八卦"的宇宙生成理论和"一阴一阳谓之道"的宇宙结构学说。上述所说的是学习《周易》应掌握的要点，当然要点远不止这些，这里就不一一列举。

《春秋》：该书是儒家的经书，记载了从鲁隐公元年（公元前 722 年）到鲁哀公十四年（前 481 年）共 242 年的历史，也是中国现存最早的一部编年体史书。春秋时期，简称春秋，公元前 770 年至前 476 年，属于周朝东周时期。东周开始，周王朝走下坡路，王室衰微，大权旁落，诸侯国之间互相征伐，战争频繁。在春秋中期，小的诸侯国纷纷被吞并，强大的诸侯各国都被战争搞得十分疲惫，需要休整，于是在公元前 546 年，由 14 国参加的第二次"弭兵之会"达成协议，战火暂时得以平息，在局部地区出现了一个比较和平的时期。可是，这期间在长江流域，吴、楚、越三国之间却多次爆发霸权之争。春秋时代的中后期，随着牛耕的普及和铁制农具的应用，经济有了迅速发展，出现了私田的开发和井田制的瓦解这一深刻的社会变化。春秋时代周王的势力减弱，诸侯群雄纷争，齐桓公、宋襄公、晋文公、秦穆公、楚庄王相继称霸，史称"春秋五霸"。在当时那样的环境中，孔子修订了《春秋》，从而使春秋时期得名。孔子所作的《春秋》是一部蕴涵着作者深刻政治思想的政治学著作。孔子为何要作《春秋》，是理解《春秋》一书性质的关键。作者的目的只在于求真纪实吗？答案显然是否定的。一度以疑古者自居的胡适就曾指出："《春秋》那部书，只可当作孔门正名主义的参考书看，却不可当作一部模范的史书看。后来的史家把《春秋》当作史的模范，便大错了。为什么呢？因为历史的宗旨在于'说真话，记实事'。《春秋》的宗旨，不在记实事，只在写个人心中对实事的评判。"
徐复观先生说："可以断定孔子修《春秋》的动机、目的，不在今日所谓
'史学'，而是发挥古代良史，以史的审判代替神的审判的庄严使命。可以
说，这是史学以上的使命，所以它是经而不是史。"这些论述根据作者的动
机，正确指出了《春秋》的政治学性质，结论足以服人。《春秋》大义不同
于历史学家的思想，只是作者将政治理想赋予历史的形式而已，"《春秋》
系以先王之志，亦即是以政治的理想为归趋，但乃随史实之曲折而见，故
谓之'志而晦'""孔子因乐尧舜之道（'先王之志'），以尧舜之道为基准，
是非于二百四十二年之中，作拨乱反正的凭借"。《春秋》大义源于作者的
政治观，而历史思想来自史家对史实的思考，足见两者根本不同。实则就
《春秋》而言，历史是形式、皮毛，政治是内容、核心，以褒贬、曲笔为形
式的"春秋笔法"正是《春秋》微言大义之所系，去此则大义不存。孔子
作《春秋》而乱臣贼子惧，其缘何也？唯其惧以遗臭千古，为万世所唾骂，
受鬼神之诛耳。故是《春秋》为经，以大义所存焉。《春秋》虽然不是历史
学著作，却是可贵的史料著作，因而对于研究先秦历史、尤其对于研究儒
家学说以及孔子思想意义重大。因此，从史料学的角度利用《春秋》符合
《春秋》性质的本来，先秦诸子著作无一属于史学著作，却都是今人研究古
史所必需的史料，《春秋》的史实和大义因"三传"（《春秋左氏传》《春秋
公羊传》《春秋穀梁传》）而明，这实在是它的特点和优势所在。

（2）儒家思想特点

① 儒家思想之"仁"

儒家以"仁"为核心形成了自己的思想理论体系。《论语·里仁》二十
六章，内容以论述道德修养为主，但其中最主要的是谈论"仁"的概念，
除了本篇以外，在本书中，有关"仁"的表述屡屡可见，诸如"志士仁人，
无求生以害人，有杀身以成仁""士不可以不弘毅，任重而道远，仁以为己
任""克己复礼为仁""仁者先难而后获，可谓仁矣"。据统计，《论语》中
提到"仁"的有五十八章，"仁"字出现一百零五次。孔子对"仁"进行
了多种不同角度的阐释，"仁"可以说是孔子心目中的道德极则。从中可以
看出，"仁"是孔子思想体系中的核心概念，孔子将它作为人生道德的最高

境界。后来孟子继承和发展了孔子"仁"的学说。《孟子·离娄下》说："君子所以异于人者，以其存心也。君子以仁存心，以礼存心。仁者爱人，有礼者敬人。爱人者，人恒爱之；敬人者，人恒敬之。"其中提到了"仁者爱人"，在《论语》中也已经有了"仁者爱人"的表述，只是没有在字面上将其连接起来，如"樊迟问仁。子曰：'爱人'"。因此，仁的实质是"爱人"，是儒家思想体系的理论核心。"仁"的实质是"爱"，其实现方法是"忠恕"。"忠"者"己欲立而立人，己欲达而达人"，是从肯定方面说的；"恕"者"己所不欲，勿施于人"，是从否定方面说的。这个方法就是从自己开始，由己及人，由己推人，由内到外，及于他人。我与人不是"自我"与"他者"的关系，而是我与同我一样的人的关系，这就是所谓移情。其根本意义是对他人的尊重，对他人人格尊严的尊重。"仁者爱人"是对人的尊重和同情、关心，是"仁"的根本内容，孔子就是从人际间性论仁的。

"仁"首先是从家庭开始的，"孝弟也者，其为仁之本与！"（《论语·学而》）"孝"被认为是孔子仁学的基础，是一种亲情之仁。父母子女之间的爱，出于真情实感或天然情感，带有原始自然情感的特点，但是又超越了原始情感，是一种普遍的道德情感。只有敬爱父母，才是孝的实质。任何一个家庭成员，都是家庭关系中的一个"角色"，父亲有父亲的"角色"，儿子有儿子的"角色"，各自在自己的"角色"中尽其义务，如父如何"教"，子如何"孝"之类。透过这些"角色"，就会看到，各个成员都是靠"亲情"联系起来的，因此才有很强的亲和力和凝聚力。所谓亲情，就是"仁"在家庭关系中的表现，是一种内在情感，即发自内心的敬爱之情，但又是有所向，即指向父母的。从这个意义上说，"仁"又是在相互关系中存在的，而"孝道"则是表现这种亲情关系的形式。形式是重要的，但亲情之"仁"是本质性的。"孝"在本质上是仁的践行，由爱亲之孝推广出去，就能爱人、爱民，即由家庭开始，以待父母之心待天下之人。这里有一个普遍性与特殊性的关系问题。从方法上讲，是由孝而类推；从内容上说，则是孝由仁出。有仁心才有孝，不是有孝而后有仁。父母与他人有亲疏远近之别，这是差异性原则；但"仁"本身却是对一切人的尊重，而且不止于此。这是一种类推，"类"，实际上有两层含义。一是指人类，二是指生命。人是万物中之最贵者，孔子以仁为人，就是对人的尊重。但人又是生命之物，从生命的意义上说，人与动植物都是天之所生，对天所生之物，都要有同情和爱，这是仁的最本真的普遍含义。从人类发生学上说，"孝"是一种原始情感；但是从人类文化学上说，"孝"只是仁的最初表现。"仁"从"孝"开始，一层一层推出去，推广到人类至自然界的一切生命。儒家作为中国的主流思想，又特别注重道德，因此，中国传统道德核心价值是"仁"。而对仁德的培养又建立在对父母的孝和对兄弟友悌基础上，并把这种爱推及社会大众。因此仁爱之心向上提升，就是互爱（四海之内皆兄弟），而互爱向上提升就是互助（老吾老以及人之老，幼吾幼以及人之幼），而互爱互助向上提升，就是"天下为公"的大同世界。

孔子认为，人之所以为人，在于人有仁心，所提倡的仁学，正是从人类有共同情感，即"共情"这一前提出发的。他深信，人是有尊严的，人的尊严是建立在道德人格之上的，而道德人格是建立在"仁"这种德性基础上的，"仁"这种德性则是由情感决定的。情感是内在的，又是由自然界的生命创造而来的。"仁"通过忠、孝、义、礼、智、信、温、良、恭、俭、让、勇等形式体现出来，这些体现"仁"的形式，即"仁"的外在表现，既是中国传统美德的具体表现，又是人类美德的具体表现。"仁"到底是什么？它的真正内涵是什么？从上述论述中，我们可以看出：一、"仁"是人类伦理道德范畴，是人生道德的境界和标准；二、"仁"的实质是"爱"，爱人、爱自然界的一切生命；三、"仁"是通过人的行为美德体现出来的。通过这三者，我认为可以给"仁"的真正内涵，作这样一个界定："仁"是以爱为核心的人类各种美德的综合或总称。

综上所述，"仁"不仅是儒家思想的核心，也是儒家思想中的突出特点；"仁"不仅是中华民族的美德，也应该是全人类的美德。因此，我们应该继承和发扬这种美德，而且要永远弘扬下去。

②儒家思想之"内圣外王"

"内圣外王"是儒家学说的总概括，也是儒家思想的突出特点。"内圣外王"最早见于《庄子·天下》："是故内圣外王之道，暗而不明，郁而不发，天下之人各为其所欲焉，以自为方。""内圣外王"，简单地说，就是内以为圣，外以称王，指一个人在内具有圣人的修养境界，在外则可统御天下。"内圣"，表现的是一种人格理想；"外王"，表现的是一种政治理想。《大学》中提出的"格物、致知、诚意、正心、修身"属内圣范畴，内圣是通过修养成为圣贤的一门学问；"齐家、治国、平天下"属外王范畴，外王即是在内心修养的基础上通过社会活动推行王道，创建和谐大同社会的一门学问。"内圣外王"皆以"仁义礼智信"为根本指针。在"内圣"方面，孔子主张，"为仁由己"。一个人能不能成为品德高尚的仁人，关键在于自己；正所谓"我欲仁，斯仁至矣"。在"外王"方面，儒家以"修己"为起点，而以"治人"为终点。在孔子思想中，内圣和外王是相互统一的，内圣是基础，外王是目的，只有内心的不断修养，才能成为"仁人""君子"，才能达到内圣，也只有在内圣的基础上，才能够安邦治国，达到外王的目的。同样，内圣只有达到外王的目的才有意义，外王实现了，内圣才最终完成。比如，子曰："夫仁者，已欲立而立人，已欲达而达人。"自己立身、通达了，也不要忘记使别人也能立身、通达；也就是说，在满足自身需要的同时，也要满足他人的需要，两者都满足了，才是一个真正的"仁者"，也才能真正做到"内圣外王之道"。立己、达己是基础，立人、达人是归宿。

在孔子"内圣外王"的政治思想，体现了道德与政治的直接统一。儒家无不讲道德，也无不谈政治，认为政治只有以道德为指导，才有正确的方向；道德只有落实到政治中，才能产生普遍的影响。没有道德作指导的政治，乃是霸道或暴政、乱政，这样的政治是不得人心的，也是难以长久的。子曰："为政以德，譬如北辰，居其所而众星拱之。"政治家首先出自道德家，只有先致力于圣人之道，成为"仁人"，才可能成为天下爱戴的"圣主"。怎样才能成为道德家呢？按照孔子的思想，要做到"仁"与"礼"合，达到内圣，才能成为一个合格的统治者。在孔子思想中，政治和道德教化是不分的。孔子以下层百姓为对象，以礼乐为主要工具，辅以刑政，试图达到"名人伦"的目的，来稳定民心、稳固统治。道德与政治的统一，也就是由"内圣"到"外王"。现代儒家的主张仍然如此。从原始儒学到汉代的政治儒学，再从宋明理学到现代新儒学，两千多年里，时代在变，儒学的诠释也在变，但万变不离其宗，始终在"内圣外王"的模式里运思。

③ 儒家思想的"三纲五常"

三纲五常（纲常）是儒家伦理文化中的架构，也是儒家思想中的一个显著特点。三纲五常，来源于孔子。《论语·为政》："殷因于夏礼，所损益，可知也。"何晏集解："马融曰：'所因'，谓三纲五常也。"孔子强调以等级名分教化社会，认为为政首先要"正名"，做到"君君、臣臣、父父、子子"。这种名教（名分与教化）观念是儒家政治思想的重要组成部分，即通过上定名分来教化天下，以维护社会的伦理纲常、政治制度。"纲"的本义为提网的总绳，其比喻义为事物中占据支配和控制地位的关键成分。"三纲"的提法并非出于儒家，而是始于韩非子。《韩非子·忠孝》首次提出："臣事君，子事父，妻事夫，三者顺天下治；三者逆，则天下乱，此天下之常道也，明王贤臣而弗易也。"孔子对君臣关系的看法是"君使臣以礼，臣事君以忠"，孟子则认为"君之视臣如手足，则臣视君如腹心；君之视臣如犬马，则臣视君如国人；君之视臣如土芥，则臣视君如寇仇"。可见，孔子与孟子所言的君臣关系是相互的、双向的对等关系，而韩非子所言的君臣关系以及父子、夫妻关系则是单向的，一方对另一方具有控驭权的服从关系。韩非将君臣完全对立起来，倡扬权术的重要性，而儒家则强调亲情和仁义是维持社会关系的根本。"三纲"的正式提出者是西汉时期的董仲舒，他在《春秋繁露》中说："君臣、父子、夫妇之义，皆取自阴阳之道：君为阳、臣为阴；父为阳，子为阴；夫为阳，妻为阴。"他又言："阴者阳之合，妻者夫之合，子者父之合，臣者君之合。""合"是配合的意思，也就是被支配的一方。这也就是后来统驭中国社会思想两千余年的"王道三纲"。"三纲"是指三种人伦从属关系，即"君为臣纲，父为子纲，夫为妻纲"，要求为臣、为子、为妻的应该服从于君、父、夫，同时也要求君、父、夫为臣、子、妻做出表率。君为臣纲，君不正，臣投他国；国为民纲，国不正，民起攻之；父为子纲，父不慈，子奔他乡；子为父望，子不正，大义灭亲；夫为妻纲，夫不正，妻可改嫁；妻为夫助，妻不贤，夫则休之。因此，"三纲"反映了封建社会中君臣、父子、夫妇之间的一种特殊的伦理道德关系。但是，作为儒家的"三纲"与韩非子提出的"三纲"是有区别的，儒家的三纲关系是相互、双向的对等关系，而韩非子的三纲关系则是单向的服从关系，两者相去甚远，这一点是必须要明确的。

"五常"即仁、义、礼、智、信，是用以调整、规范君臣、父子、兄弟、夫妇、朋友等人伦关系的行为准则，是儒家伦理思想的核心内容。"五常"的定称，出于董仲舒《天人三策》："仁、义、礼、智、信五常之道，王者所当修饰也。"之所以将其称作五常之道，是因为"常"表达的是永恒不变之义。后来"五常"与"三纲"常常并称，成为传统社会的最高伦理准则。"五常"的观念比"三纲"早很多，在孔子之前就已经是社会上广为认同的德行规范，孔子继承了华夏文化的优秀传统，并将之发扬光大、泽于后世。"五常"实际上是"三纲"的具体化。董仲舒认为，五常之道则是处理君臣、父子、夫妻、上下尊卑关系的基本法则，治国者应该给予足够的重视。在他看来，人不同于其他生物的一个重要特点，在于人类具有与生俱来的五常之道。坚持五常之道，就能维持社会的稳定和人际关系的和谐。"名教"观念也始于孔子，孔子强调以等级名分教化社会，认为为政首先要"正名"，做到"君君、臣臣、父父、子子"。董仲舒倡导审察名号，教化万民。西汉武帝时，把符合统治利益的政治观念、道德规范等立为名分，定为名目，号为名节，制为功名，用它对百姓进行教化，称"以名为教"，其内容主要就是三纲五常。中国传统的启蒙教育读物《三字经》里也明确写道："三纲者，君臣义，父子亲，夫妇顺。""曰仁义，礼智信，此五常，不容紊。""五常"作为一种思想理念，有着比"三纲"更为广泛的适用范围，当今虽不再有"五常"的提法，但是仁、义、礼、智、信这些基本理念仍在相当程度上影响着中国人的思想和行为。由此亦可见，"三纲五常"作为中国人心中根深蒂固的道德标准对儒家思想的发扬起着不可磨灭的作用。

④ 儒家的仁政思想

将"仁"用于政治的仁政思想，是儒家思想中的又一个重要特点。仁政，最早是孔子提出为政以德、宽厚待民、施以恩惠、有利争取民心的政治方略，即指仁慈的统治措施。孔子在对"仁"的解释中，已有关于"仁政”的思想。孟子发挥孔子学说，明确提出“仁政”的主张。《孟子·梁惠王上》：“王如施仁政于民，省刑罚，薄税敛，深耕易耨；壮者以暇日修其孝悌忠信，入以事其父兄，出以事其长上。可使制梃以挞秦楚之坚甲利兵矣。”孟子的“仁政”学说是对孔子“仁学”思想的继承和发展，孟子从孔子的“仁学”思想出发，把它扩充发展成包括思想、政治、经济、文化等各个方面的施政纲领，就是“仁政”。“仁政”在政治上提倡“民重君轻”思想，反对兼并战争，认为战争太残酷，主张以“仁政”统一天下；在经济上，主张“民有恒产”，让农民有一定的土地使用权，要减轻赋税。“仁政”学说的理论基础是“性善论”。孟子说：“恻隐之心，人皆有之。”他认为善性是人类所独有的一种本性，也是区别人和动物的一个根本标志。孟子认为人性本善，并以孩子落井有人救助为证，认为“善”的本质分为恻隐、羞恶、辞让、是非之心，是为“四端”。“端”是起点的意思，孟子认为只要努力地把四端扩充，即道德实践，就可成就德性。然而，既然“善”早已存在心中，还有人行恶，孟子认为人之所以不善，是因为受到私欲的蒙蔽。“性善论”为仁政的实现提供了理论依据。仁政的基础是“制民之产”，让老百姓有生活上的基本保障，这是政治稳定的基石。孟子强调保护小农经济，以此来维持和改善老百姓的生计，从而奠定政权稳定的基础。其具体措施包括“正经界”，即实行“井田制”“薄税敛”，减轻人民负担等政策，以及“不违农时”“深耕易耨”等遵循生产规律的主张。战国时期，井田制已遭到彻底破坏，很多农民失去土地，孟子迫切希望解决农民的土地问题，他把土地问题看作是仁政的首要问题，“夫仁政，必自经界始”。另外，孟子继承了孔子节用爱人的思想，主张轻徭薄赋，征发徭役要不违农时，这两项是封建农业经济发展的基本要求，是仁政的重要内容。针对当时刑罚严苛的局面，孟子还提出省刑罚的主张，特别反对株连，提出“罪人不孥”，这一主张贯彻了儒家的仁爱思想，这种进步思想对中国历史和民族文化性格的形成具有重大影响。仁政的核心是政治方面的重民，就是“民为贵”的思想。孟子反对暴政，称历史上的暴君为独夫民贼，赞成“汤放桀”“武王代纣”的正义行动，“贼仁者谓之‘贼’，贼义者谓之‘残’，残贼之人，谓之‘一夫’，闻诛一夫纣矣，未闻弑君也”。他肯定人民有推翻暴君的权力，肯定解民于倒悬的正义战争，但他反对给人民带来无穷灾难的战争，指斥"春秋无义战"。对于战国时期的统治者不顾人民死活，频繁发动战争，他痛恨至极地怒骂："争地以战，杀人盈野；争城以战，杀人盈城，此所谓帅土地而食人肉，罪不容于死。"孟子将伦理秩序视作政治的理想状态和追求目标，鲜明地体现了伦理政治化和政治伦理化的特点。

⑤ 儒家思想义利观

义利观是儒家思想的一个重要观点。如何理解儒家的这一观点呢？我认为，一要搞清楚什么是"义"，二要搞清楚儒家为什么要强调重义，三要搞清楚"义利观"是什么意思。

什么是"义"呢？"义"这个字的本来含义就是适宜，"义者，所以合宜也"。作为伦理学范畴的"义"，是指一个社会里公认为适宜、应有的道德行为准则。"义"的原则往往也会以法律的形式体现出来，所以也是一定社会的法律前提。关于"义"的起源，孟子认为应出自人固有的"有所不为"的"羞恶之心"，荀子认为源于人作为社会存在的"群"与"分"的需要。两种说法虽然不同，但都说明人类社会不能没有"义"，人不能不讲"义"，完全不讲"义"的社会是难以想象的，也是无法维系的。尽管不同社会、不同时代"义"的具体内容会有所不同，但不同社会、时代的"义"也有其共性和延续性。随着人类交往日益密切频繁，人类在道德原则上也会有越来越多的共识，那些被人类普遍认为是"适宜"的道德原则，就是"天下之公义"。我们要提倡的"义"，就是"天下公义"，这个"义"就是正义。孟子讲"义"总是"仁义"连用，"义"前冠以"仁"，"义"是次属范畴；又常常"仁义礼智"并称，"义"是一系列范畴之一，也列居第二。因此，不能孤立地理解"义"，而应与其他相关的范畴联系起来进行考察，谈"义"的时候，尤其离不开"仁"。通常情况下，只是与"利"对称时才在习惯上讲"义"。在这点上它们本是合为一体的。依仁而行就是义，背仁而行就是不义。仁是义的灵魂，义是仁的表现。不论仁义有多少区别，都必须爱人利人，而不得害人损人。仁义相为表里，实难分割。司马迁《史记·孟子荀卿列传》云："太史公曰：余读《孟子》书，至梁惠王问'何以利吾国'，余尝不废书而叹也。曰：嗟乎，利诚乱之始也！夫子罕言利者，常防其原也。故曰'放于利而行，多怨'。自天子至于庶人，好利之弊何以异哉！"这一段话的意思，突出太史公读到《孟子》这一段话时，感慨功利实在是祸乱的开始！孔夫子很少说到功利的原因，就在于要经常防止祸乱的根源。因此他说：根据功利来行事，就会多惹怨恨。孔子云："君子喻于义，小人喻于利。""君子怀德……小人怀惠。"（《论语·里仁》）可见孔子思想中，义是衡量君子与小人的一个核心概念。孟子也谈到"仁，人心也；义，人路也。"（《孟子·告子上》）"子曰：'不义而富且贵，于我如浮云。'"（《论语·述而》）可见儒家有很强的重义思想。

儒家为什么要重义呢？孔子、孟子出生、生活在乱世的春秋战国时代，仔细阅读《论语》《孟子》，可以看出当时社会正处于转型期，"礼崩乐坏""世衰道微，邪说暴行有作，臣弑其君者有之，子弑其父者有之""天下之人，唯利是求"。当时的社会风气是重利轻义，见利忘义。生活在这种社会风气的环境中，作为有着极强社会责任感的思想家，在世道衰微，大部分人重利轻义、唯利是求、见利忘义之时，孔子、孟子不得不以矫枉过正的态度大讲重义，以矫治重利轻义、见利忘义的时弊。从上述论述中我们可以看出，当时孔子、孟子之所以要重义，是针对那个时代只重利而不讲义的时弊提出来的。

儒家的"义利观"是什么意思呢？我们要清楚孟子的重义，并不是泛泛地谈重义轻利，而是要求统治者重义轻利。孟子是热衷于治国平天下的思想家，先义后利、重义轻利主要是作为一种治国策略提出来的。他认为当时"天下之人，唯利是求"，执政者行仁义的力度太小，"今之为仁者，犹以一杯水救一车薪之火也"。从宏观调控的角度看，就是利益驱动的力量过大而道德制约作用太小，求利与求义，物质文明与精神文明的发展严重失衡。面对这种形势，孟子觉得必须加大道德对人们求利行为的制约力度，强调以仁义治国，才能达到国泰民安的目的。在孟子看来，与民争利，损民肥己，只是残暴地坐天下，算不上"得天下"，不配做统治者；只有轻自身之利，重百姓之利，才能"得天下"，配做民之父母。他说："得天下有道：得其民，斯得天下矣。得其民有道：得其心，斯得民矣。得其心有道：

所欲与之聚之，所恶勿施尔也。"意思是说，得天下在民，得民在心，得心在利，"利"在这里起决定性作用。孟子坚决反对君强民弱、君富民贫。他认为，除了天下百姓外，君没有利，君利即在民利之中，民利就是君利，"王如好货，与百姓同之，于王何有？"君王的唯一天职是"乐以天下，忧以天下"。统治者依仁义而行，轻自身之利，重百姓之利，不仅是得民心、得天下的根本途径，也是使黎庶仁义的可靠保证。孟子说："无恒产而有恒心者，惟士为能。若民则无恒产，因无恒心。苟无恒心，放辟邪侈，无不为已。及陷于罪，然后从而刑之，是罔民也。焉有仁人在位，罔民而可为也？是故明君制民之产，必使仰足以事父母，俯足以畜妻子，乐岁终身饱，凶年免于死亡。然后驱而之善，故民之从之也轻。"从这里可以看出，民无恒产就难以为生，为了生存而无所不为，无异于通民犯罪；反之，有了恒产，解决了生计问题，民之向善则轻而易举。非但轻而易举，又自然而然，如果使粮食像水火一样多，"而民焉有不仁者乎？"孟子向统治者表达了这样一条原理：对于民来说，是利决定义，先利后义，以义从利，有利自然有义。这不是重义轻利，而是重利轻义，颇有物质决定精神、经济基础决定上层建筑的味道。孟子把义和利联系在一起，再三告诉人们只有按照道义的原则做人行事，才能得到正当长远的利益。

⑥ 儒家关于"人"的定位、定性

将"人"定位在人类，人性定性为善恶，与动物类严格区别开，是儒家思想的又一个突出特点。

A. 将"人"定位在人类，我们先看看儒家的一些主要代表人物对"人"的定位。《中庸》中有哀公问政于孔子，孔子答曰"仁者人也"。意思是说，有"仁"的人，才称为人，没有"仁"就不能称之为人。《论语·颜渊》中，"樊迟问仁，子曰'爱人'"，意即爱护他人。《论语·学而》中说"泛爱众，而亲仁"，意即博爱众人，亲近有仁德的人。《孟子·离娄下》中说"仁者爱人"，意即仁爱的人慈爱别人。从这里看出，仁者具有爱心，爱他人之心。更有孟子由四端推断说："无恻隐之心，非人也；无羞恶之心，非人也；无辞让之心，非人也；无是非之心，非人也。"这是孟子以四端相反的方面来肯定人的位置。我们可以看出，是"人"就要有仁，没有"仁"就不能称之为人；而"仁"就应该具有"爱"心，博爱他人，没有这种爱心，就称不上"仁"。"仁"属于道德范畴，儒家奉为圭臬的一种人生道德境界。至于"仁"的真正内涵，我在有关章节中，曾作了这样一个定义："仁"是以爱为核心的人类各种美德的总称。儒家这种以"仁"为核心的道德观念，只有人类才有；也就是说，人类的这种道德观念是与动物类相区别的一个突出特点，在动物类中是不存在这种道德观念的，这是儒家从道德意识的角度，对于"人"的定位。

B. 将人性定性为善、恶：就是孟子的"性善论"与荀子的"性恶论"。孟子继承孔子"仁"的思想，并在仁的基础上，又提出了人的修养以及"仁政"学说，为了给这一学说提供理论依据，提出了"性善论"。孟子以"仁义礼智"认为人性本来就是善的，当然这种善并不是已经达到理想状态的那种"善"，而是向善之心，能够生发出仁义的那种善良的本性。因此，在性善论的范畴里，孟子认为，人具有"仁、义、礼、智"，每个人都具有善良的本性，"善"是一种与生俱来的特质，就像糖本来是甜的，每个人都应当充分认识到它，充分地顺应自己"善"的本心，做善事、行善举。与孟子相反，荀子提出了"性恶论"。《荀子·性恶》中说："人之性恶，其善者伪也……用此观之，然则人之性恶明矣，其善者伪也。"这一段话是说，人的本性是邪恶的，那些善良的行为是后天的作为。从上述中我们可以看出，孟子主张"人之初，性本善"，而荀子主张"人之初，性本恶"，"善"与"恶"虽然是对立的，但"性善论"和"性恶论"是儒家思想在同一前提下两种不同的分支观点，他们说明了人性的不同侧面，其中有一个共同点就是后天教育与成长环境的影响，所谓"性相近，习相远"。每个人都可以通过后天的学习和塑造达到自己的理想目标。由此可以看出，孟子与荀子的主张是殊途同归。这里的"善"是动物界里不存在的，这里的"恶"人与动物也是有本质区别的。动物的"恶"所表现的极端自私、野蛮、凶恶、残暴、贪婪等是动物维持自身生存必备的品质；而人类的"恶"是可以改变的，通过教化，可以使"恶人"改恶从善，变成善良的人，如"放下屠刀，立地成佛""浪子回头金不换""强盗收心做好人"就是这个意思。

儒家对"人"的定位与定性主要是从道德意识的角度与动物类作了严

格的区别，这一特点是非常重要的，当然人与动物类相区别的特点，不只这一点。我认为，还应该具有理性思维、制造使用工具的特点。这三个特点我将在本书的"国学四大特点"中作具体阐述。

儒家的特点远不止上述这些，还有如治国、教育、做人做事、学习等方面，这里就不一一列举。

2. 道家

(1) 道家基本概况

道家是以老子、庄子、列子为主要代表的春秋战国时期诸子百家中重要的思想学派。道家思想崇尚自然，有辩证法因素和无神论的倾向；同时主张清静无为，反对争斗；强调"整体论""机体论"的世界观，重视人的自由。道家思想的核心是"道"，主张"人法地，地法天，天法道，道法自然"。

道家的理论奠基于老子，他以王朝兴衰成败、百姓安危祸福为鉴，溯其源，著《道德经》，分上、下两篇，共五千言。上篇起首为"道可道，非常道；名可名，非常名"，故人称"道经"，言宇宙根本，含天地变化之机，蕴阴阳变幻之妙；下篇起首为"上德不德，是以有德；下德不失德，是以无德"，故人称为"德经"，言处世之方，含人事进退之术，蕴长生久视之道。上下两篇合称《道德经》。

书中广论"道"的形上学义、人生智慧义，提出一种有物混成且独立自存之自然宇宙起源论，也提出世界存在与运行原理是"反者道之动"的本体论思想，对于存活于其中的人类而言，其应学习的就是处世的智慧，于是老子也提出了众多的政治、社会与人生哲学观点，但重点都在保身修身而不在文明的开创，可以说他是以一套宗本于智慧之道的社会哲学与理论来应对混乱的世局。老子是我国人民熟知的一位古代伟大思想家，他所著述的《道德经》开了我国古代哲学思想的先河。其哲学思想和由他创立的道家学派，对我国两千多年来思想文化的发展，产生了深远的影响。

道家著名的经典著作是老子的《道德经》、庄子的《庄子》、列子的《列子》。庄子是老子之后道家理论最重要的开创者，道家哲学基本上也就是老庄二型而已。

道家传统学派主要有老子学派、杨朱学派、黄老学派、庄子学派、玄学派等。老子学派代表人物是老子，代表作是《道德经》；杨朱学派代表人物是杨朱，没有著作传世，《列子》中的杨朱篇只具有参考价值；庄子学派的代表人物是庄子，代表作是《庄子》；玄学派的代表人物是郭象、竹林七贤、陶渊明等人，代表作是《列子》等；黄老学派的代表人物是慎到、彭蒙、田骈等人，其代表作是一系列巨著，如《鹖冠子》《管子》《吕氏春秋》《淮南子》等，此外，王充的《论衡》也是黄老道家的名著。

西汉初年，汉文帝、景帝以道家思想治国，使人民从秦朝苛政中得以休养生息，历史称之为"文景之治"。其后，儒家学者董仲舒向汉武帝提倡"罢黜百家，独尊儒术"，汉武帝采纳，于是儒家思想便成为主流思想，并被后世帝王传承，道家从此成为非主流思想，但继续在中国古代思想的发展中扮演重要角色。魏晋玄学、宋明理学都糅合了道家思想发展而成。佛教传入中国后，也受到了道家思想影响，禅宗在诸多方面受到了庄子的启发。道家在先秦各学派中，虽然没有儒家和墨家那么多的门徒，地位也不如儒家崇高，但随着历史的发展，道家思想以其独特的宇宙、社会和人生领悟，在哲学思想上呈现出永恒的价值与生命力，对中国文化的贡献与儒家同等重要，只是在政治思想上一为裹藏，一为表显而已。道家在理论能力上的深厚度与辩证性，则为中国哲学思想中所有其他传统提供了创造力泉源。至于道家文化在中国艺术、绘画、文学、雕刻等各方面的影响，则占据重要的优势主导地位，即便说中国艺术的表现即为道家艺术的表现亦不为过。当然，道家哲学也为中国政治活动提供了活络的空间，使得中国知识分子不会因为有太强的儒家本位的政治理想而执着于官场的追逐与性命的投入，而能更轻松地发现进退之道、理解出入之间的智慧。道家从旁观察世局，认真思索宇宙的真相，使用着抽象度高且不带意识形态的执着语言，描述天道与人事变化的法则，原理性研究是他们的专长。英国近代生物化学家、科学技术史专家李约瑟在《中国的科学与文明》一书中说：中国人特性中，有很多最吸引人的地方，都来自道家的传统，中国文化就像一棵参天大树，根源于道家，中国如果没有道家，就像大树没有根一样。

我国著名的史学家吕思勉在《先秦学术概论》中说：道家之学，实为诸家之纲领。诸家皆明于一节之用，道家则总揽其全，诸家皆其用，而道家则其体。

"道家"与"道教"应区别开，虽然道教在理论上汲取了道家思想的大量因素，甚至奉老子为教主，但是二者还是不能混为一谈，也不能说道教理论就是道家思想。道教的经典有《黄庭经》《抱朴子》等。道教作为一种宗教，将道家人物神化以提高其知名度，有其神仙崇拜与信仰，有教徒与组织，有一系列的宗教仪式与活动，其主要派别的传承是大致清楚的。道家思想是学术学派，道教是宗教信仰。道家思想成形于先秦时期，直到东汉末"黄老"一词才与神仙崇拜这样的概念结合起来。部分学者认为，就本身来说，这种神仙崇拜和道家思想少有相关联成分，老子、庄子都是以相当平静的心态来对待死亡的，引起两者相关联的原因可能是在道家的文字描述对于领悟"道"并体现"道"的人物意象，道教尊老子为宗又追求长生久视、长生不死，这和老子的哲学思想是有相悖之处的，将两者完全混为一谈是认识上的误区。东汉时期以道家思想为本的王充著有无神论作品《论衡》，对汉末流行的神仙崇拜进行了全面批判，在中国思想史上获得了很高地位。因此"道家"与"道教"不是一回事，应该予以区别。

（2）道家思想特点

① 道家思想之"道"

"道"是老子哲学的专用名词和核心概念，在老子著述的《道德经》中多次出现，但在不同的地方有不同的含义，主要意思有三种：一是指形而上的实存者，即构成宇宙万物的最初本原；二是指宇宙间万物的发生、存在、发展、运动的规律；三是指存在于人类社会的准则、标准。对于这一点，《道德经》中的有关章节可以予以证明。

《道德经》第六章云："谷神不死，是谓玄牝。玄牝之门，是谓天地根，绵绵若存，用之不勤。"这一章中，老子用极为简洁的语言描述了"道"的特征：用"谷"来象征"道"的那种看似虚空的状态；又用"神"来比喻"道"生万物，绵延不绝之貌；以"谷神""玄牝"为名，来解释"道"如繁衍、脱化众生，却又不见其实体的牝，虽然产生万物，却难觅其踪影；

同时也指"道"如"玄牝之门"具有神秘且巨大的繁衍能力和母性的包容力；将"道"比喻为万物之母源，让人能切身体会到"道"的源源无穷、绵绵不断，产生了万物又推动万物运行，形象地说明"道"的作用是无穷无尽。从时间而言，"道"历久不衰，天长地久；从空间而言，它无处不在，无穷无尽，它孕育着宇宙万物而生生不息。《道德经》第四十二章中说："道生一，一生二，二生三，三生万物。万物负阴而抱阳，冲气以为和。"这里首先论述了天地万物的生成过程。老子认为天地的本原就是"道"，由"道"推衍开来，才有了"一"，有了"二"，有了"三"，进而有了万物。老子将"道"比喻为"母体"，既知其母，必生其子，所以"道"生万物，"道"是构成宇宙万物的最初本原。

《道德经》第二十五章云："有物混成，先天地生……域中有四大，而人居其一焉。人法地，地法天，天法道，道法自然。"这一章里，老子详细解释了"道"，"道"是先天地而生，是天地的母法，老子称其为"大道"。这里讲的"自然"，不是自然科学的"自然"，而是指一种最好的状态与方式。"自然"就是事物的本来面貌，它本来如此，无始无终，不生不灭，就是世上万物的本然，本来就是这个样子，一种自然状态。在"自然"中，宇宙万物包括天、地、人，都有生有灭，有始有终。"自然"是"道"效法的对象，是万物的表象，与"道"互为表里，"道"就是万物必须遵循的规律。人间的一切规律都源于天，而上天的规律则源于"道"，效法"道"的含义就是顺其自然，顺其自然不等于向自然屈服，而是要认识自然规律，按照自然规律办事，按一定的"道"（即规律）来改造自然，做到人与自然本身的和谐共生。从这里可以看出，"道"是指宇宙与万物发生、发展、运动的规律。用一句话概括，这里的"道"是讲的规律，天、地、人、万事万物各有其发生、发展、变化的规律。

《道德经》第七十七章云："天之道……损有余而补不足。人之道则不然，损不足以奉有余。孰能有余以奉天下，唯有道者。是以圣人为而不恃。"在这一章中老子将"天之道"和"人之道"同时列出，进行比较。"天之道"是真正的"道"，是柔而公平的自然法则；而"人之道"则完全违背了本应效法的"天之道"，充斥着争斗与不公。可见，所谓的"人之道"并不是真正的"道"，而恰恰与之背道而驰。所以到了庄子生活的战国时期，"人之道"变得更为不公，以至于"窃钩者诛，窃国者为诸侯"（《庄子》），这种与天道相悖的观念充斥于各个时代。故而老子推崇均衡自谦的天道思想。认为只有顺应"道"，天下才会同乐。"天之道"是说自然界的法则是妥善地调节万物之间的生存关系，使其和谐共生，而"人之道"本应效法"天之道"，但人世的法则正与之背道而驰。由于人性的贪婪，一旦占有就自然会想到要占有更多，故而富者愈富、贫者愈贫。这一现象就是老子所指出的"损不足以奉有余"，与"天之道"相悖，所以发展到一定阶段，"天之道"就会发挥它"损有余而补不足"的作用。那些因"不足"而失去生存机会的民众必然会为争取生存权利而奋起反抗，一旦反抗，就会给整个社会造成极大的损害。可见"人道"是不能背离"天道"的，故而老子指出"孰能有余以奉天下？唯有道者"。统治者只有遵照自然法则行事，做到"损有余而补不足"，天下才会太平，社会才能长治久安。例如，汉文帝曾经为了节约开支，减少百姓的负担，而取消修建露台的计划，才是符合"道"的，也只有能够这样做的人，才是真正的贤者、圣人。因此，从这里可以看出，"人之道"应该效法"天之道"，这里的"道"指的就是在人类社会中应该推行的准则、标准。

②道家思想中的"道"与"德"

"道"与"德"是老子全书中重点阐述的核心内容。"道"与"德"的关系："道"是永恒存在的，"道"的作用是通过"德"表现出来的，二者是表里关系。下面作一些节录分析证明。

《道德经》第二十一章云："孔德之容，惟道是从。道之为物，惟恍惟惚……其中有象……其中有物……其中有精；其精甚真，其中有信……"这一章主要是讲"道"与"德"之间的关系。文中的"孔德"中的"孔"是洞察、视察之意。所谓"孔德之容，惟道是从"，所论及的正是"道"与"德"的关系，即"道"要发挥作用，就必须通过"德"表现出来。从文中又看出，有象有物有精，即"道"的客观存在性，"道"是唯物主义性质的，也告诉我们，"道"具有具体形态，是万物的本原，是永恒存在的，而且是可以信赖的。它们之间的关系，认为即使德是广大和无所不包的，也不过是由"道"所衍生的,受"道"支配,"惟道是从"。

《道德经》第五十一章云:"道生之,德畜之,物形之,势成之……道之尊,德之贵,夫莫之命而常自然……是谓玄德。"从文中看出,"道"生发万物,"德"养育万物,万物呈现出纷繁复杂的形状,是外部的具体环境使其如此的。老子在本书中多次论述了"道"与"德"之间的关系,由于"道"具有"虚空"的特性,令人难以捉摸,因此这个无所不能、无处不在的"道",要与"德"来配合,从而才能具体地指导世间万物的生长、繁荣。从"道生之,德畜之"来看,"道"是生发万物的关键,而"德"的作用则在养育万物上。在老子看来,"道"和"德"是不带有主观意志的客观存在,这是比较典型的无神论观点。老子把"德"看得和"道"同样重要,两者密不可分,"道"是"德"的源头,"德"是"道"的表现形式与作用方式,两者互相依存。因此,老子在提及"道之尊"的同时,也谈到了"德之贵"。两者,对于天地万物的活动不加以干涉,任其自由发展,这就是《道德经》全书中反复提到的、并作为其核心思想的"无为"的理论。天下万物的产生、发育、繁衍甚至衰亡,完完全全是处于自然状态之下的,这就是"道"所体现出来的"德"的精神。因此我们说"道"和"德"的"尊贵"并不是自封的,而是以它们对万物产生的作用和影响为基础而自然生成的。

③ 道家思想的"无为"

"无为"是老子所使用的一个特定概念。老子的"无为",不是我们平时说的什么事都不做,而是不做那些违背人类本性、背离自然意志、束缚心灵、丑化人性的事。"无为"不是不作为,而是不妄为、不乱为、不胡为,是顺其自然、按规律办事的意思。"无为"不但是老子和道家的一个哲学观念,也是所提倡的处世态度,适用于人类生活的一切领域,如政治上他倡导的无为而治,在人生哲学和处事方法中,推崇"处无为之事,行不言之教",遵循"无为"的处事原则,处事柔和达练,一切顺应自然,不强求功名,这样才可谓是圣人的处世哲学。有些人认为老子的"无为"十分消极,其实老子提出的"无为"正是为了"无不为",实际上还是一种"有为"。懂得老子的"无为"是为了"有所为",这样我们才能真正体会老子的思想。用现代的话说，世间的万事万物都有自己发生、发展、变化的规律，这个规律，老子把它叫作"无为"，认识其中的规律，按规律办事，就是"有所为"，顺其自然，就是顺其规律，譬如，大禹治水，就是根据水向低处流的规律，从而疏通河道、沟渠以防水患；建筑河坝、水库以利灌溉。

为政之道，老子十分崇尚"无为而治"。《道德经》第十七章云："太上，不知有之；其次亲而誉之；其次畏之；其次侮之。信不足焉，有不信焉。悠兮其贵言。功成事遂，百姓皆谓我自然。"这一章，老子将统治者分为四个层次，在老子眼中，统治者只有"无为而治"才能使百姓感到自由满足，心中不存在权力的威胁；也就是说，统治者的威慑力完全被化解掉了，百姓都生活在平等自由的氛围之中，这才是真正的天下大治。老子认为最理想的政治，莫过于统治者"贵言"，从不轻易发号施令，人民和政治相安无事，甚至于人民根本不知统治者是谁，这即是老子著名的"无为而治"。上古尧帝之时，"天下太和，百姓无事，有五老人击壤于道，观者叹曰：大哉尧之德也！老人曰：'日出而作，日入而息，凿井而饮，耕田而食。帝力于我何有哉？'"这说明在唐尧的统治下，全国太平和谐，人民安居乐业，百姓虽然知道上面有君主，却几乎不知道政权有何用处。这种场景，完全是对老子的"百姓皆谓我自然"的最好图解，这种行为方式最接近于老子的"道"（无为）。

《道德经》第二十九章云："将欲取天下而为之，吾见其不得已。天下神器，不可为也，为者败之，执者失之。故物或行或随，或嘘或吹；或强或羸；或载或隳。是以圣人去甚，去奢，去泰。"这一章，老子断言强取天下的人，是"有为"（即乱为、妄为、胡为），都不会得逞，正是反证了他顺其自然的中庸态度的正确性。"去甚""去奢""去泰"是正确的，因为"甚""奢""泰"分别代表了不同的极端，极端的事物往往偏离正确的轨道很远，任其发展下去，就会走入歧途，到最后，像出轨的火车一样，酿成巨祸；因此，任何事情，都不可强求，应抱有顺其自然之心。在中庸思想上，儒家学说与老子不谋而合。中庸作为文化心理现象已成为中华民族性格的组成部分。

《道德经》第二十三章云："希言自然。故飘风不终朝，骤雨不终日。

孰为此者？天地。天地尚不能久，而况于人乎？故成事于道者，道者同于道，德者同于德，失者同于失。同于道者，道亦乐得之；同于德者，德亦乐得之；同于失者，失亦乐得之。信不足焉，有不信焉。"这一章阐述的主要观点，也正是《道德经》一书都在探讨的问题——"无为"与"有为"。"无为"是一种理性的积极的处世态度，"无为"就是要遵循自然规律，循序渐进地行事；"有为"是"无为"的对立面，是从主观出发，不顾自然规律的作为，是一种功利性、非理性的处世态度。人在社会中生存，既有物质性，又有主观意识，难免会具有"无为"与"有为"的双重标准，当然，人类社会能发展到今天，主要还是遵循自然规律行事的结果。

处世之道，老子推崇的是"处无为之事，行不言之教"。《道德经》第二章云："天下皆知美之为美，斯恶已。皆知善之为善，斯不善也。故有无相生，难易相成，长短相形，高下相倾，音声相和，前后相随，恒也。是以圣人处无为之事，行不言之教，万物作而弗始，生而弗有，为而弗恃，功成而弗居，夫唯弗居，是以不去。"这一章在洞悉了事物之间既对立又统一的关系后，又讲求以"弗始""弗有""弗恃""弗居"的行动遵循"无"的处事原则，处事柔和达练，一切顺应自然，不强求功名的处世哲学。因此圣人排除一切人为的努力而从事"无为"的事业；超越一切言语施行不言的教化；任由世间万物振兴却不加干涉，生养万物而不占为已有；培育万物却不自恃其能，功成名就也不居功自傲。正因他不居功自傲，所以他的功绩永恒不灭。因此，老子始终如一崇尚的是"无"，在他的人生哲学和处事方法中，处处看见其推崇的"无为"，于是就有了"处无为之事，行不言之教"。

《道德经》第六十七章云："天下皆谓我道大，似不肖。夫唯大，故似不肖。若肖，久矣其细也夫！我有三宝，持而保之。一曰慈，二曰俭，三曰不敢为天下先。慈故能勇；俭故能广；不敢为天下先，故能成器长……夫慈，以战则胜，以守则固。天将救之，以慈卫之。"这一章，老子以"道"赋予人类三种与生俱来的天性，即"慈""俭"和"不敢为天下先"，如果具备了"慈善"就会变得"勇"，具备了"俭"就会变得"广"，做到"不敢为天下先"则会成为"器长"。老子提出的"三宝"理论散发着人性的光辉。"道法自然"的主张已经表明了他遵从人的天性就是顺其自然的观点，处无为之事。他认为"慈""俭""不敢为天下先"是"道的本性"，当然也应该是人要具备的本性。老子提到的"三宝"中"慈"处于最显著的位置，是顺其自然的天性，所以"天将救之，以慈卫之"。为什么"天将救之"？因为大"道"是"善人之宝"。从老子的上述观点中，可以看出，"慈""俭"和"不敢为天下先"三者是密切联系的，"慈"是其中最基本的准则，是"道"的直接表现，其他两个原则均可由其推演出来。老子的"不敢为天下先"长期以来被人们误解，误认为与儒家的入世进取精神相悖，其实老子的这句话是告诫人们不要与世人逞强争先、争名夺利。老子生活的春秋时代，诸侯们为"利"逞强斗狠、争夺征战不休，正是这种时代背景，才有老子"不敢为天下先"这句话，与儒家的"敢为天下先"互为发明。

《道德经》第六十三章云："为无为，事无事，味无味。大小多少，报怨以德，图难于其易，为大于其细；天下难事必作于易，天下大事必作于细。是以圣人终不为大，故能成其大……"这一章以无为当作唯一的作为，将无事当作唯一的事，所阐发的也就是"无为而无不为"的道理。老子认为，要想有所作为，就必须采取顺应自然的态度，必须以平静的思想和行为对待生活。泰山不拒细壤，故能成其高；江海不择细流，故能就其深。所以大礼不辞小让，细节对事情的成败起着至关重要的作用。老子的"天下难事，必作于易；天下大事，必作于细"正是反映了这样的观点。"千里之堤，溃于蚁穴。"细节往往就是这样在人们的忽视中影响到全局。要想成就一番事业，必须从那些细枝末节开始，所以有"道"的圣人始终认为自己在做一些微不足道的事情。老子认为，做任何事情都是从小到大，由少到多，由易到难的，这是事物发展的普遍规律，也是人们日常生活的行为准则。持"无为"的态度，顺应自然的发展规律，即使遇到了值得抱怨的事，用美好的德行来感化它，不轻易给予承诺，在一开始就尽量把事情想得困难些，这样往往能得到一个完满的结局。而圣人之所以圣，就是因为他们把这些问题看得透彻，把世界看得异常伟大，就这样他们通常把自己看得甚是渺小，并不把自己当作圣人，从而达到了"无为而无不为"的境界。

④ 道家的唯物辩证法思想

唯物辩证法是老子思想中的精髓，在《道德经》全书中，唯物辩证法思想是贯穿始终的，老子认为世间万事万物的产生和发展各循其"道"，这个"道"指的就是万事万物发生、发展、变化的法则、规律。也就是说，万事万物都遵循着各自的法则、规律发生、发展、变化的。道家思想的核心是"道"，并将"道"比喻为"母体"，有其母，必生其子，因此，道家认为"道"，是宇宙的本原；又认为"道"是宇宙中一切运动的法则，从而以"道"解释宇宙万物的产生、发展、变化，认为"道生一，一生二，二生三，三生万物"，"道"为客观自然规律，又具有"独立不改，周行而不殆"的永恒意义。《道德经》中包含大量朴素的唯物辩证法观点，如认为一切事物均具有正反两面，"反者道之动"，并能由对立而转化，"正复为奇，善复为妖""祸兮福之所倚，福兮祸之所伏"；又认为世间事物均为"有"与"无"之统一，"有无相生"，而"无"为基础，"天下万物生于有，有生于无""天之道，损有余而补不足，人之道则不然，损不足以奉有余""民不畏死，奈何以死惧之？"其学说对中国哲学发展具有深刻的影响，下面从《道德经》中的有关章节作一些节录以证。

《道德经》第二十二章云："曲则全，枉则直，洼则盈，敝则新，少则得，多则惑。是以圣人抱一为天下式。不自见故明，不自是故彰，不自伐故有功，不自矜故长。夫唯不争，故天下莫能与之争。古之所谓曲则全者，岂虚言哉！诚全而归之。"在本章中，老子用曲与全、枉与直、洼与盈、敝与新、少与得、多与惑来阐述"道"顺其自然的理论，详细阐述了"全""曲"等的关系。老子认为，所有的事物都是在对立矛盾中产生并发展的。人们若想了解一个事物，就必须从矛盾的两面去看待事物，看到正面，就要想到负面，分析正面，也必须注意负面，从而更加全面、深刻地去看问题；唯有如此，人们才能完全把握事物的状态，不会"一叶障目，不见泰山"，才可以更加理性地处理问题。本章所论述的关键在于"不争"。老子论述了"争"与"不争"的关系。他说："夫唯莫争，故天下莫能与之争。"其实"争"必会带来对立，而对立的双方又常常是相互依赖、相反相成的，从这种意义上来说，"争"正是给了对方更加强大的机会，也就是说，"争"常常是一种成全。而所谓"不争"，更常常是强者才会选择的态度，试想，可以选择"不争"以消除"争"的，不是强者又是谁呢？我们东方自古就有以退为进的哲学，在《道德经》中，老子将这种哲学透彻地阐述出来。在本章中，老子言道自减的人生态度，即要谦和不争、要清静无为，则正是自减，方是达到自加目的的手段，换言之，自减就是最大的自加，自加就是最大的自减。因此，老子认为"不争"符合"道"的本质，炫耀、贪婪、争强好胜之人正因为违反了"道"，所以注定要失败。普通人看问题很片面，或者看不到深层内容，或者看不到相反的另一面。圣人能够遵守和运用"道"全面而深刻地认识事物的本质，因为物极必反，所以"曲则全"。老子的核心政治思想是"无为"，"不争"就属于无为的一个方面。在本章中，老子劝告人们要抱着谦和的态度，这样事物可能会向着更加有利于自己的方向发展。本章中的曲则全、枉则直、洼则盈等这正反映了事物都存在着对立统一的两个方面，也正体现了老子的辩证法思想。

《道德经》第三十六章云："将欲歙之，必固张之；将欲弱之，必固强之；将欲废之，必固兴之；将欲夺之，必固与之。是谓微明，柔弱胜刚强。鱼不可脱于渊。国之利器不可以示人。"本章前八句是老子对于事物发展的具体分析，贯穿了"物极必反"的辩证法思想。歙和张、弱和强、废和兴、夺与予是四对矛盾的对立统一体，这些看似对立的关系，其实又存在着密切的因果关系。老子选择柔弱的一面，他认为在柔弱与刚强的对立中，柔弱的事物能够驾驭刚强的事物，认为柔弱的东西极富柔韧性，生命力旺盛，所以能够长久；而刚强的东西反而极易折断，不能长久。治国者应该顺应自然之道，不可利用利器、强权来威吓人民，否则便要自招祸患，国破身亡。事物对立统一的两个方面，在一定条件下可以互相转化，因此，无论是做人还是治国，老子都主张"知强守弱"，永远使自己处于一个低调和弱势的位置，这样就能伸缩自如，为自己赢得更大的发展空间。

《道德经》第四十一章云："上士闻道，勤而行之；中士闻道，若存若亡；下士闻道，大笑之，不笑不足以为道。故建言有之：明道若昧，进道若退，夷道若纇，上德若谷，大白若辱，广德若不足，建德若偷，质真若渝。大方无隅，大器晚成，大音希声，大象无形，道隐无名。夫唯道，善贷且成。"本章重点描述"道"。在《道德经》中，老子反复强调"道"是世界的本原，但是老子又说如果能够被明确表述出来的就不是那个"道"。在《道德经》中，老子对"道"极尽能事地间接描述，觉得只可意会，不可言传。在这一章中，老子依据"悟性"来划分对"道"反应的几个等级，即所谓的上士、中士、下士。所谓上士就是指悟性高的人，所谓中士是指悟性一般的人，所谓下士是指悟性低的人。"道"先天地而生，无为而无不为，是没有高低贵贱之分的。高高在上的统治者未必能够完全理解"道"的内涵，平常的市井平民也未必不能领悟"道"的真谛。所以在老子的思想体系里，人没有地位高低之分，只有悟性的高低之分。本章通过明和昧、进和退、白和辱等几组有对立统一关系的概念来界定"道"，并且还提出了辩证法的矛盾转化思想，那就是一种事物到达了极致以后会向相反的方向转化，所以才会说"大白若辱""大方无隅""大器晚成"等。

《道德经》第五十八章云："其政闷闷，其民淳淳；其政察察，其民缺缺。祸兮福之所倚，福兮祸之所伏。孰知其极？其无正。正复为奇，善复为妖，人之迷，其日固久。是以圣人方而不割，廉而不刿，直而不肆，光而不耀。"国家的政治不严苛，人民就会淳朴忠厚；国家的政治严酷黑暗，人民就会狡诈抱怨。本章提出了一个被历代学者反复引用的辩证法命题："祸兮福之所倚，福兮祸之所伏"，这句话充分体现了老子的辩证法思想和他对人生的思考，灾祸中蕴藏着生机，完美中蕴藏着缺陷。这样的道理直到今天对我们仍然有非常深刻的警示意义。在老子看来，矛盾的产生源于对立双方彼此之间的争夺，一旦矛盾积累到一定程度，那么势必会引起两者之间的冲突；而为了避免矛盾的激化，人们就应当及时地对自己的行为进行反思，尽快消除潜在的危险。而圣人就应当时时刻刻保持住自己行为的"和谐"性。由此可以看出，在老子眼中，"圣人"依"天道"而行，是可以把握并运用自然规律的；而常人（世俗之人）则由于受到现实的影响而不能认识到"物极必反"的道理，这样就决定了他终将走向失败。人们陷于现实世界的名缰利锁之中，往往不能自拔，感官因此而被蒙蔽，只有摆脱这种束缚，才能清楚地反观自身的行为。老子之所以能够清楚地认识到这一点，跟他所守持的"无为"之道大有关系，或许我们从老子身上，可以找到认识世界的方法，那就是老子的辩证法思想。

⑤ 道家的生死观

对于人的生死，道家有其独特的观点。中国哲学乃至中国学术所主要探讨或关注的重心问题，是关于人生的问题，即中国哲学并不像西方哲学那样着重探讨有关宇宙客体的问题，而是更多地关怀和思考生命存在以及与此息息相关的诸如生命的本原、本质、结构、过程、发展、价值、意义以及修养和境界等问题。儒、道、法、佛哲学无不如此，而道家哲学则尤其如此。本节着重阐述道家对生死问题的观点。道家生死观的基本观念是"生死气化，顺应自然"。照道家看来，生和死无非都是一种自然现象。老、庄的生死观念极具色彩，对于今人对待生死问题不乏启示意义。

A. 老子的生死自然观。一方面，老子对于生即生命的产生及其生长、生存是立足于宇宙的广阔视野来观察的。在他看来，宇宙是一个大生命体，宇宙万物有其母体，这就是"道"，"道"赋予万物以生命的潜能，万物生命的开始便是万物之生，所以，老子不仅考察了人之生，更考察了万物之生以及万物的母"道"之生的问题。关于人之生，首先，他认为人之生与物之生一样，也有一个由弱小到强大的渐变过程。他说："人之生也柔弱，其死也坚强，草木之生也柔脆，其死也枯槁。"（《道德经》第七十六章）老子由对人及草木之生的这种观察而得出一种生的原则，这就是"柔弱者生之徒"（第七十六章），即柔弱的东西是属于新生、有生机活力、能继续存在的一类，这是以辩证的发展眼光观察生命现象后得出的结论。其次，老子强调对人之生要像对万物之生那样顺其自然，既不自残其生，也不自益其生。另一方面，对于死亦即生命的终结，老子首先认为有一种超越于死的存在，这就是"道"，所谓谷神不死（第六章），万物的总根源是永远不会枯竭死亡的。"道"的永恒性表现为周而复始。同时，老子认为，除"道"而外，宇宙万物包括人都是有生必有死，这是一个自然过程，只要万物和人按照"道"的规律生存，内含着"道"这一生命根据，就能保持其生命的存在和持续，如果万物和人违反了"道"的规律，其生命轨迹与"道"相分离，就会失去"道"作为其生命存在的根据而死亡。老子对生命起点"生"的关注、对生命终点"死"的考察以及对生死矛盾关系的辩证思考，形成了对生命过程较为完整的理念。这一理念既重视生，也重视死，对生死关系的认识和思考尤为深刻，极富思辨性。这一生死观的出现标志着道家生命过程观的初步形成，它规定了道家生命过程观的基本格调，确定了道家生命过程观的价值取向。战国秦汉道家对这一理论予以充实和发展，使道家生命过程观不断趋于丰富和系统。

B. 庄子的生死随顺观。先秦诸子中，庄子的生死观内容最丰富，特色最鲜明。综观庄子的生死观，其总体特征是力图透过生死的现象之异而揭示其本质之同，力图超越一般人乐生恶死的生死情怀，在庄子高扬"生"的价值之后，转而深究"死"的价值，并通过对死亡价值的挖掘而使人生死通达、释然，从而启示人们以一种随顺的态度对待生死问题。具体地说，庄子的生死随顺观有以下两个要点：一是生死物化。庄子同老子一样立足于宇宙看人生，将人的生命现象看作宇宙自然中的一种物质现象，生命现象中的生死之变也仅仅被视作一种物质之变。在他看来，生命形态从生到死或从死到生，都不过是物质形态的转化而已，这就像活人的形体有健全者、也有残疾者一样，生死之异与形体之异一样，在本质上都只是物质形态之异。《天道》中说："其生也天行，其死也物化。"生死变化的主体好像是生命体本身，但就其本质来说，却是"道"在化，是"气"在化。"道"一化而为人之生，再化而为人之死，气聚而为人之生，气散而为人之死。二是生死命定。庄子认为，生死作为一种物化现象，究竟什么时候化而为生、化而为死，生与死之间的距离有多长，生死大限是多少，这一切都不是人所能决定的，而是有一种客观必然性在起作用，《达生》所谓"生之来不能却，其去不能止"，生死的出现具有必然性，是不可抗拒的，这就是"命"。《大宗师》中说："死生，命也。其有夜旦之常，天也。人之有所不得与，皆物之情也。"就是说，生命的死亡与出生这样的事是由"命"决定的，这里的"命"是指客观必然的自然规律，就像黑夜与白天往复变化的常规是由天决定的一样。有些事是人所不能参与的，这是物理的常情。在庄子那里，"命"是一种非人力所能干预的客观必然性，它起作用的范围相当广泛，人在社会生活中的贫富穷达之际遇，在个体生命中的生死存亡之大限，都是由它决定的。不仅如此，庄子还进一步提升了死亡的价值，认为死亡不仅仅是一种安息，它还因为对种种人生负累、束缚和压力的解除而使人获得安乐。《至乐》提出了与世俗的快乐观不同的"至乐观"。庄子所理解的"至乐"其中之一便是死亡。他在此篇讲了一个寓言故事，视生为负累，视死为安乐，在这里，死亡并不等于生命的消失，而是对人生负累的解除，死亡因此而具有了生命的价值，并且死亡的价值还被庄子认为超过了生存的价值，这的确是一种别具特色的生死观。儒家也赋予死亡以价值，并认为在特定情况下，死的价值甚至超过了生的价值，当生命与仁义道德不能两全时，当牺牲生命可以保全仁义道德时，死的价值便超过了生的价值，故儒家主张"杀身以成仁""舍生而取义"，这是从道德层面肯定死亡的价值。与此不同，庄子则从生命本身的意义上肯定死亡的价值，认为死亡可以解除人生的负累和重压，使人获得自由，优哉游哉地在另一种状态下存在。生命体在生存状态下得不到的东西，在死亡状态中都可以得到，这就是死亡的意义和价值。如果说儒家从道德层面赋予死亡的价值只有少数志士仁人才能实现的话；那么庄子从生命本身的意义上赋予死亡的价值，则是任何一个普通人都可以实现。庄子认为，既然生死是人生中不可避免的事，既然生必然要转化为死，死也要转化为生，既然生有生的意义，死也有死的价值，那么人们对生死的态度就应该是坦然面对它，安然地顺从它。在庄子看来，生是时机，死是顺化，人只有能够坦然地随顺生死之化，才算是真正领悟了生命的真谛。

3. 法家

（1）法家的基本概况

法家是先秦诸子中对"法"最为重视的一派，因主张"依法治国"的"法治"而闻名，而且提出了一整套理论和方法，为后来建立中央集权的秦朝制定各项政策提供了有效的理论依据。

法家对于法律的起源、本质、作用以及法律同社会经济、时代要求、国家政权、伦理道德、风俗习惯、自然环境以及人口、人性的关系等基本问题都做了探讨，而且卓有成效，在法理学方面做出了贡献。

法家主要代表人物：思想先驱可追溯到春秋时的子产，实际创始者是战国前期的李悝（约公元前 455 年至前 395 年）、商鞅、慎到、申不害等，战国末期的韩非子是法家思想的集大成者，创立了比较完整的法治理论。

在先秦诸子中，针对当时的社会问题，儒家提倡仁爱；墨家主张兼爱；而道家则认为，仁爱和兼爱都不能救世，唯一的方法就是"无为"。三家激烈争论，但他们都主张回到过去找去路；此时，主张面对未来的法家横空出世。人们应该知道"法"作为一种社会现象不是从来就有的，是人类社会发展到一定历史阶段才出现的，"法"作为人类阶级社会的调节器有其不可替代的重要作用；因此，法家是先秦各学派中最后出现的一派，他们认为，每个时代的变化都有其不得不变化的原因，因此只能现实地对待当今世界。

西周社会的运转，依靠的是两项权利原则：礼和刑。"礼"针对贵族，"刑"针对普通百姓。在西周社会"礼"里，各种社会关系主要依靠个人接触和个人关系来维持。天子、诸侯都生活在社会金字塔的顶尖，与普通百姓没有直接关系；而与百姓打交道的人，则是一些下级诸侯和小贵族。诸侯国之间的交往称为"礼"，而贵族依靠"刑"迫使庶民服从。到了东周时期，社会各阶层原有的僵硬界限逐渐被打破，大国之间侵略、兼并征战不断，"春秋无义战"，各国领导人都想在弱肉强食的残酷竞争中保存自己的国家，强大国家军事、政治、经济实力，强化国家统治，就需要中央集权。面对这样的形势，儒家、道家、墨家等各派都力图解决君王的各种问题，可是都过于理想化，不切合当时的实际。各国君王爱听的不是怎样谋求民众的安居乐业，而是如何解决当前严峻的"国际形势"。就这样，一班"方术之士"登上了历史舞台，他们为统治者所需要的统治方略提供理论依据，这样就构成了法家的思想主张。

韩非子之前，法家分三派，一派以慎到为首，主张在政治与治国方术中，强调"势"，即权力与威势最为重要；一派以申不害为首，强调"术"，政治权术；一派以商鞅为首，强调"法"，法律与规章制度。韩非子认为"不可一无，皆帝王之具也"。明君如天，执法公正，这是"法"；君王驾驭人时，神出鬼没，令人无法捉摸，这是"术"；君王拥有威严，令出如山，这是"势"。韩非子集秦晋法家思想之大成，将"法""术""势"三者融合为一，又吸收道家思想，将法治理论系统化。他主张加强君主集权，剪除私门势力，"以法为教"，厉行赏罚，奖励耕战。在历史观方面，他提出"不期修古，不法常可""事异则备变"的观点，把历史的发展分为上古之世、中古之世、近古之世和当今之世。在哲学上，用唯物主义观点改造老子关于"道"的学说，指出"道者，万物之所然也，万理之所稽也。理者，成物之文也"，认为"道"是万物发展的总规律；"理"是个别事物的特殊规律，强调人必须遵循客观规律进行活动。在认识论方面，他提出"参验"的方法，以"功用"的实际效果检验人的言行，认为"无参验而必之者，愚也；弗能必而据之者，诬也"。这种把"参验"作为判别知识真伪的思想，对中国古代唯物主义认识论的发展具有重要意义。

法家思想的理论基础由以下两方面组成：一、人性论。法家以荀子的"性恶论"为依据，认为人都是利己的，一切之行动都从自身利益出发，趋利避害。利己性植根于人性之中，上至国君士大夫，下至庶民百姓，没人可以例外。完成了这种假设之后，道德作为治国的主要手段的思想就被摒弃了，自律被否定了；那么，能维持社会秩序的主要手段只能是"法"，因为，法律强调他律。"凡治天下，必同人情。人情者，有好恶，故赏罚可用；赏罚可用，则禁令可立而治道具矣。"韩非子认为，由于人的利己性，那么国家就应该顺应这种人性，用法律来调整人性，改变人性中的原始利益结构，使人们理性地去控制自己的行为，从而使社会有序。更重要的是，法律的权威也会从这种理性的尊崇中被树立起来。法家将人性与富国强兵结合起来，以法律为核心，使人们自觉地耕、战、告奸，凡耕种有劳，作战有功，揭发犯罪的，都能封赏晋爵。无论个人出身，只要守法、努力，就能得到自己所渴望的财富和地位，而这个过程中，国家也会强大起来，并发生质的改变。二、历史发展观。即法家认为人类历史是永恒向前进步的，法律也要随时势的变化而改变。法家认为人类社会历史发展经历了四个阶段，即上世、中世、下世、今世。"上世"是民知其母而不知其父的母系社会，人们虽贪图私利，但亲爱亲人，道德规范能起到约束人性的作用；"中世"是父系社会，大约是尧舜禹时代，人们自私自利的本性开始有突破约束的趋势，出现了抢夺、争执的现象，但尧舜禹等圣人推行道德、以身作则、尊重贤达、喜爱仁善的人治手段还能使社会秩序维持稳定；"下世"是夏商周时代，私有、君主出现，公天下变成了家天下，国家依靠暴力来维持秩序，但是道德依然为君主所标榜，只是在私欲和暴力之下，道德是脆弱的。"今世"也就是战国时代，各国忙于兼并，民众有技巧而奸诈，出现了天下大争、私有制，用道德和人治来维护社会秩序是不可能了，需要一种新的方法，于是就有了各国的变法和法治。商鞅在秦国变法时，就对守旧派"法古无过，循礼无邪"的观点进行了批驳；后来韩非子提出"不期修古，不法常可""世异则事异，事异则备变"的观点。历史发展观为法家提供了变法的历史依据。同时，他们所提倡的不法古人、因势变法观点又包含了深刻的辩证法思想，在社会历史的研究上打破了静止的形而上学思想的束缚。

（2）法家思想特点

① 法家思想的"以法治国"

"以法治国"是法家思想学说的核心。法家认为，要实行法治，首先就要制定明确合理的法律，在制定法律的时候要考虑到法律的功利性，适合时宜、统一稳定、适合人之常情、易知易行、简明周详，还要厚赏重罚，重刑少赏；其次要严格依法办事，也就是要严格执法，在执法的过程中，要坚持这样的原则：加强法制教育，法律面前人人平等。

治国要有法度，这是韩非子的政治主张。《韩非子·有度第六》曰："国无常强，无常弱。奉法者强，则国强；奉法者弱，则国弱……今皆亡国者，其群臣官吏皆务所以乱而不务所以治也。其国乱弱矣，又皆释国法而私其外，则是负薪而救火也，乱弱甚矣。"在这一章中，韩非不仅说明了"法度"的必要性，而且还列举了楚庄王、齐桓公、燕昭襄王、魏安厘王以法治国，这些国家就可以强大、称霸的事例；但是，当这些国王死之后，法度混乱，丢掉了国法，群臣在国法规定之外营私舞弊，不去做使国家安定太平的事，于是这些国家混乱衰弱了。

有法必依，违法必究，这是韩非子对执法的态度。《韩非子·有度第六》曰："法，所以凌过游外私也；严刑，所以遂令惩下也……故以法治国，举措而已矣。法不可阿贵，绳不挠曲。法之所加，智者弗能辞，勇者弗敢争。刑过不避大臣，赏善不遗匹夫。故矫上之失，诘下之邪，治乱决缪，绌羡齐非，一民之轨，莫如法。属官威民，退淫殆，止诈伪，莫如刑。刑重，则不敢以贵易贱；法审，则上尊而不侵。上尊而不侵，则主强而守要，故先王贵之而传之。人主释法用私，则上下不别矣。"从这一章中可以看出，有了法律，就要执行；有了违法的行为，就要贯彻法令，依法打击，惩罚邪恶行为。刑罚不回避大臣，奖赏不遗漏百姓，一视同仁。只有这样，法律才能成为纠正君主的过失、追究臣下的邪恶、治理混乱、解决纠纷、贬退贪慕、辩明是非、整治错误、统一民众的行为规范。

②法家用人之道

韩非子对君主使用臣子提出了应该遵循的一些基本原则。《韩非子·用人第二十七》曰："闻古之善用人者，必循天顺人而明赏罚。循天，则用力寡而功立；顺人，则刑罚省而令行；明赏罚，则伯夷、盗跖不乱。如此，则黑白分矣。治国之臣，效功于国以履位，见能于官以受职，尽力于权衡以任事，人臣皆宜其能，胜其官，轻其任，而莫怀余力于心，莫负兼官之责于君。故内无伏怨之乱，外无马服之患。明君使事不相干，故莫讼；使士不兼官，故技长；使人不同功，故莫争。争讼止，技长立，则强弱不觳力，冰炭不合形。天下莫得相伤，治之至也。"可以看出，韩非子在用人原则上主要有四条：一是"循天顺人"，就是要遵循客观规律，不能不顾客观条件的限制而苛求臣下，而是要顺应世道常情，最终实现"用力寡而功立""刑罚省而令行""上下之恩结矣"。二是要"守法术""明赏罚"，若是"使中主守法术""则万不失矣""明赏罚""则黑白分矣"。总之，只有一切依法办事，才能使"下得循法而治"。三是授予官职时要根据臣下的才能和功绩。明君任用臣子应该是"效功于国以履位，见能于官以授职，尽力于权衡以任事"。由于这种臣子都经过实际的考验，所以都能胜任自己的职务，因而"内无伏怨之乱，外无马服之患"。四是要专职专任，不要兼官兼事，使群臣之力不会因为"争讼"而互相抵消，而各项工作会因为"技长"而顺利进行，这样整个官僚机构才能发挥出最高的办事效率，而这也是韩非子在用人问题上的理想境界。如果以上几个方面君主都能够做到，那就能高枕无忧，而国家也会治理得很好了，这就是韩非子精心研究用人术的出发点和目的。

③ 法家的哲学思想

韩非子的哲学思想源自老子"道"的思想，根据自身对《老子》的理解，借用老子的观点作为其法治思想的理论根据，既有继承又有发展，并提出了"道"与"理"这一对哲学概念，而且进一步指出了道与理的关系。在此基础上，韩非子强调"顺其自然"，按自然规律办事，还强调世间事物都是不断变化的，而法律、法治也应该随着时代的变化而变化。这样一来，韩非子就有了法治的哲学思想基础。下面作一些节录以证。

《韩非子·主道第五》曰："道者，万物之始，是非之纪也。是以明君守始以知万物之源。治纪以知善败之端。故虚静以待令，令名自命也，令事自定也。虚则知实之情，静则知动者正。有言者自为名，有事者自为形；形名参同，君乃无事焉，归之其情。故曰：君无见其所欲，君见其所欲，臣自将雕琢；君无见其意，君见其意，臣将自表异。故曰：去好去恶，臣乃见素；去旧去智，臣乃自备。故有智而不以虑，使万物知其处；有行而不以贤，观臣下之所因；有勇而不以怒，使群臣尽其武。是故去智而有明，去贤而有功，去勇而有强。群臣守职，百官有常；因能而使之，是谓习常。故曰：寂乎其无位而处，漻乎莫得其所。明君无为于上，群臣竦惧乎下。明君之道，使智者尽其虑，而君因以断事，故君不穷于智；贤者勅其才，君因而任之，故君不穷于能；有功则君有其贤，有过则臣任其罪，故君不穷于名。是故不贤而为贤者师，不智而为智者正。臣有其劳，臣有其成功，此之谓贤主之经也。"韩非子把老子哲学思想中最为核心的"道"加以引申，发展成为法家的政治思想原则和法治主张的哲学基础。

《韩非子·扬权第八》中曰："天有大命，人有大命。夫香美脆味，厚酒肥肉，甘口而疾形；曼理皓齿，说精而捐精。故去甚去泰，身乃无害。权不欲见，素无为也。事在四方，要在中央。圣人执要，四方来效。虚而待之，彼自以之。四海既藏，道阴见阳。左右既立，开门而当。勿变勿易，与二俱行。行之不已，是谓履理也。"这一章表明，世间万事万物都有自己的规律，人们应该采用"无为"的态度，顺其自然，"去甚去泰"，按事物的规律办事。

《韩非子·解老第二十》曰："道者，万物之所然也，万理之所稽也。理者成物之文也；道者，万物之所以成也。故曰：道，理之者也。物有理，不可以相薄；物有理不可以相薄，故理之为物之制。万物各异理，而道尽稽万物之理，故不得不化；不得不化，故无常操；无常操，是以死生气禀焉，万智斟酌焉，万事废兴也。"文中指的"道"是讲的总规律，或叫总法则，是万物得以形成的普遍法则；所讲的"理"是讲的具体事物的具体法则，是构成具体事物的具体法则，而这种具体法则就成为事物的支配者。万物各有不同的具体法则，这种法则，随着不同具体法则的变化而变化；而"道"与各种事物的法则都相当，它也不能不随着不同的具体法则的变化而变化，所以"道"没有永恒不变的原则。为此，韩非子在文中又列举：生与死、兴盛与衰败、四季气节变化等，以此佐以证明。韩非子在文中又说："夫缘道理以从事者，无不能成。无不能成者，大能成天子之势尊，而小易得卿、相、将军之赏禄。夫弃道理而妄举动者，虽上有天子、诸侯之势尊，而天下有猗顿、陶朱、卜祝之富，犹失其民人而亡其财资也。众人之轻弃道理而易妄举动者，不知其祸福之深大而道阔远若是也，故谕人曰：'孰知其极？'"在这一段内容中，韩非子提出了"道"与"理"这一对哲学概念，并且又进一步阐述了"道"与"理"的关系，又指出了遵循事物的规律办事，事情就能成功，抛弃事物的规律而轻举妄动是要引来灾祸的，通过是否遵循事物的规律，又引申出了灾祸与幸福互相转化的规律。

韩非子借用老子哲学思想中最为核心的"道"加以引申，并发展成为法家的政治思想原则。韩非子从"道"是产生天地万物的总根源这一观点加以阐发，认为"道"是判定万物是非的准则，这一准则在政治生活中的反映，就是顺应自然之道而立的反映社会现实要求的常规法纪，而这也正是韩非子的法治主张的哲学基础。同时，他反对保守的复古思想，主张锐意改革，认为历史是向前发展的，一切的法律和制度都要随历史的发展而发展，既不能复古倒退，也不能因循守旧，赞成商鞅"不法古，不循今"的主张，又进一步发展了商鞅的主张，提出"时移而治不易者乱"；并且以历史的发展观为理论基础，又提出了"世异则事异，事异则备变"的观点，认为不同的时代应该有不同的治国方法，法律应该随着时代的变化而变化，并且强调当代的治国方法应该是以法为教，以吏为师，这样才能实现"无事则国富，有事则兵强"的强大国家；又提出了自己的法治主张，在实行法治的时候，强调一切依法办事的原则，并且主张用权势、财富和权术来辅助法的实施。

④ 法家学说是帝王之学

韩非子继承先期法家代表人物的思想学说，将法治、术治、势治三者融为一体，又吸收道家、儒家、墨家、名家等学派的一些思想，加以融会贯通，再加上他独特的见解，从而形成了一个完整的法家思想理论体系。这一体系的形成，为一个崭新时代的到来做了思想理论准备。这个崭新时代的特点是中国进入君主专制的集权主义的封建大帝国之路。秦朝嬴政则是这个崭新理论的第一个实践者，并且就在韩非子死后二十年的时候，便实现了他的愿望。韩非子的思想非常实用，它符合当时我国封建社会的统治需要，也确实顺应了那个时代的历史潮流，加快了崭新时代的到来。这个崭新的时代，从公元前的 221 年秦朝建立帝国、统一中国开始，到公元1911 年的清朝最后一个皇帝溥仪退位，经历了两千多年，在这期间，君主一直奉行着韩非子的统治术。君主（或叫帝王、皇帝）是封建帝国的核心、灵魂人物，从表面上看，黎民、百姓离他（她）很遥远，所谓天高皇帝远，但实际上却息息相关。因为君主系国家强与弱、安与危、兴与衰、存与亡、乱与治、统一与分裂于一身，国家强大，则人民就能安居乐业，国破则家亡，国乱争战频繁，人民就要流离失所等。普天之下，莫非王土，君主主宰一切，由此看来，如何做好君主，治理好国家，就显得特别重要。而要做好君主，治理好国家，是一门很深的学问，韩非子的法家思想就是这样一门学问。下面将《韩非子》一书中有关这方面的内容作一些简要概括性的节录以证。

《韩非子·有度第六》中的"有度"，讲的是有法度，文章专门论述了治国要有法度的政治主张，系统地阐述了韩非子的法治思想。韩非从总结历史经验教训中认识到国家有法即君主有术的重要性：以法治国，对内可以巩固君主的统治地位，对外可以提升国家的国际地位。文中还阐明了韩非子的法治思想的主要内容：君主推行法治，首先在于"使法择人""依法量功"，既不"以誉进能""以党举官"，也"不自举"；其次就在于以法制臣，"使其群臣不游意于法之外，不为惠于法之内，动无非法"。实行法治最终是为了君主，这就是韩非子的法治思想的实质。

《韩非子·扬权第八》中的"扬权"，就是弘扬君权。文中韩非子将老子学说的"君不同于群臣"与"道不同于万物"作类比，从而将形而上的道家学说改造成为宣扬权术的政治学说，以人间的君王代替万物之母的大道，把道家的清虚无为思想转换成了政治斗争中的权术。他认为君主就应该和"道"一样，以独一无二自居，高居于群臣和百姓之上。这是韩非子加强君主中央集权的思想，也是建立中国历史上第一个统一的中央集权专制主义封建国家的理论基础。同时韩非子进一步指出，君主要保持尊贵的地位，就必须掌握刑名之术，控制赏罚大权，但并不是独揽一切大权、独断专行，而"事在四方，要在中央"，只有四方忙碌，各尽职责，中央集权才能巩固。

《韩非子·八奸第九》中的"八奸"是指奸臣对君主的权力进行巧取豪夺的阴谋手段，包括同床、在旁、父兄、养殃、民萌、流行、威强、四方八种，体现了韩非子对官场斗争的敏锐洞察力和高度概括力。针对上述"八奸"，韩非子又分别提出了具体的防范措施，最后劝君主要以量能授官、称功赋禄的办法，从根本上杜绝奸臣奸术的发生。

《韩非子·十过第十》中的"十过"就是君主常犯的十种过失，如"行小忠""顾小利""作恶""贪婪""沉醉歌女"等十种君主常犯的过失。这十种过错是韩非子从历史教训中总结出来以作为君主的借鉴。文章开头先大致罗列出这十种过失及其后果以引起君主的注意，然后分别展开，每一段主要用一个历史故事具体说明这种过失的危害性，借以警戒后世的统治者，避免重蹈亡国的覆辙。

《韩非子·亡征第十五》中的"亡征"指的是国家灭亡的征兆。文章首先列举了四十七种亡国的征兆。这些征兆并不是韩非子对政治现实的简单罗列，而是从政治、经济、军事、文化乃至君主的爱好及其家庭等方面进行了广泛而又深入的考察后，对各种政治教训作出的理论概括，所以具有非常普遍的理论意义，不但反映了春秋战国时期的政治状况，而且也有助于我们对历代封建王朝崩溃原因的分析。本篇是我国古代政治理论中的瑰宝，它在详尽地指出了亡国的内在根源以后，又强调了亡国的外部条件，由此可以看出，韩非子的思想中包含着非常合理的辩证法思想。从本篇最后的"万乘之主，有能服术行法以为亡征之君风雨者，其兼天下不难矣！"中，我们可以看出此篇的目的，实际上是希望大国之君在消除本国"亡征"的同时，依靠法术来成就帝王大业。

《韩非子》一书的思想，其出发点都是为了中央集权的君主专制，因此可以说韩非子的思想是帝王之学。虽然是帝王之学，但作为一种学术思想的《韩非子》，我们如何评价它的历史地位和理论价值，还是要看它对历史和现实的作用及影响而定。从中国古代各种学术思想的实际政治效应而言，还没有超过《韩非子》的，韩非子能顺应历史潮流，继承和发挥前人的思想，总结历史的经验教训，形成了一个完整的思想理论体系，真是智慧超群，其历史功绩是不可磨灭的。中国古代以至中世纪前期（至唐宋）的文明为什么能够持续发展，走在世界的前列，同古埃及、古巴比伦等古代文明比较一下便可看出，关键在于有强大的中央集权政权，维护国家统一和民族安全，防止因周边落后民族入侵而陷于分裂、动乱以致灭亡，并且以国家的力量，扩大民间经验，使之转化为社会生产力。在中世纪前期，强大的中央政权起着保护小生产的作用，兴修水利，巩固边防，发展交通，观测天文，建立统一的历法、行政、货币等制度，这些都不是个人所能为的，只能由国家政权实施；矿冶、造船、丝绸工艺、精美瓷器，大规模的建设以及火药、印刷术的推广等都是集中人力资源进行的。中央集权和相对稳定的国家统一，使古代的中华文化得以持续发展，在中世纪前期领先于世界，尤其是领先于"黑暗时期"的欧洲 1000 余年，尽管所创造的物质、精神财富，大部分被封建统治阶级所占有甚至浪费于奢侈，但毕竟促进了生产的发展，维护了国家的统一。我们现代人应当如何看待韩非子的思想呢？我认为应该采取实事求是、一分为二的态度，不能简单地否定、肯定。在韩非子的思想中，我们应该吸取有教益的东西，诸如以法治国、依法办事、有法必依、违法必究、秉公执法、王子犯法与庶民同罪的法律面前人人平等的思想；遵循自然事物规律、按规律办事；用人之长，发挥人的特长，提高办事效率；赏罚分明、不乱纲纪、顺应民心等；另外如君主的"十过"、国家灭亡的四十七种"征兆"等对于执政者来说，也是很有借鉴意义的。不可取的东西，诸如片面强调人性趋利自私恶性的一面，否认人性利国利他善性的一面；片面强调法治赏罚惩恶的一面，否认贤人推行仁义施行仁政的一面等，我们则应该摈弃。总之，我们应该用具体问题具体分析的思想方法，领悟其中的精神，变通理解、联系实际、变通应用，这才是我们现代人智慧的体现。现代是由古代发展而来，没有古代就没有现代。人类的历史就是一个认识不断深化的过程，是在实践中不断检验认识的历史过程。

4. 佛学

（1）佛学基本概况

佛学就是我们平时所说的佛教。佛教发源于距今约 2500 多年前的古印度。创始人是释迦牟尼，这个名号是印度梵语音译过来的，释迦是仁慈的意思，牟尼是寂默、清静的意思。公历纪元前后，佛教开始由印度传入中国，经过长期的传播发展，逐步为中华文化所接纳，并融合在中华文化中；与此同时，它也形成了具有中华民族特色的中国佛教，成为中国传统文化中的一大家。由于传入的时间、途径、地区和民族文化、社会历史背景的不同，中国佛教形成三大系，即汉传佛教（汉语系）、藏传佛教（藏语系）和云南地区上座部佛教（巴利语系）。

佛法本是一味的，由于接受者的程度、根性的高下不一以及生成时代与生活环境的差异，对于佛法的看法，也就因人而有不同。佛经中说，佛一圆音演说法，众生随类各得解，就是指的这一层意思。佛教传入中国后，起初没有区分大、小乘经典，立宗立派也没有区别；到了隋唐时代，随着佛教义学蓬勃发展，促成了大乘各宗派的建立，有十三宗及八宗之说。所谓十三宗，如毗昙宗、成实宗、律宗、三论宗、涅槃宗、地论宗、禅宗、华严宗等。八大宗派，如智顗创立的天台宗；法藏创立的华严宗；吉藏创立的三论宗；玄奘和窥基创立的法相宗；由禅宗六祖慧能发扬光大的禅宗等。这些宗派创立后，随着隋唐中国对外交通的发展，不久即传播海外。汉传佛教宗派中，唯独禅宗、天台宗与华严宗，是由中国独立发展出的三个本土佛教宗派。其中又以禅宗最具独特的性格。禅宗，又称宗门，始于菩提达摩，盛于六祖慧能，中晚唐之后成为汉传佛教的主流，也是汉传佛教最主要的象征之一。禅宗所依经典，先是《楞伽经》，后为《金刚经》，慧能所作《六祖坛经》是其代表之作。《六祖坛经》里主张应舍离文字、直指心性、见性成佛。他认为"于自性中，万法皆见；一切法自在性，名为清静法身"。所有的般若智慧，皆自性而生，不从外入，如果识别自性，"一闻言下大悟，顿见真如"。他提出了"无所住而生其心"，用来涵盖定慧等微旨，"无所住"指"定"，"生其心"即"慧"。禅宗的一切思想，皆从此义引申扩充而来。

我们要懂得佛教，首先，要清楚两个最基本的概念：一、什么是佛法，先要搞清楚什么是"佛"，"佛"这个字，是从印度梵文音译过来的，它是智慧、觉悟的意思，当年为什么不用"智""觉"两个字来翻译，而采用"佛陀"这个译音呢？因为佛陀的含意，是无限的深广，智、觉二字不能够全部概括，因此，就采用音译，然后再加以注解。"佛"这个字，有体、有用。从它的本体上说是"智慧"，从它的作用上来讲是"觉悟"。"智"又分三种：第一，"一切智"，用现代哲学的名词来讲，就是正确地了解宇宙的本体，这样的智慧，在佛法里称为"一切智"。第二，"道种智"，"种"是指种种繁多的现象，宇宙之间的现象，种类无量无边，这许许多多的现象，怎么产生的？从哪里来的？现象过程如何？后来结果如何？能够正确明了宇宙中这些万象的智慧，就叫作"道种智"。第三，"一切种智"，就是对于宇宙人生的真相，究竟圆满的明了，没有一丝毫的迷惑，也没有一丝毫的误差，这样的智慧，叫作"一切种智"。具备这三种智慧，由这个智慧起作用就是大觉。这里的"觉"也有三类：第一，是自己觉悟，又叫自觉。第二，是能够帮助别人觉悟，这叫觉他。第三，是圆满的觉悟，是究竟圆满的觉悟，"究竟圆满"同宗教里面赞美"全知全能"的主——上帝一样，在佛教称之为"佛陀"。"佛"告诉我们，这样圆满的智慧德能，"觉"就是它的德能、作用，一切众生本来具足。另外，搞清楚什么是"法"，在佛教里，"法"是宇宙中万事万物的代名词，这个"万"不是数字，而是形容极多——无量的无量，是大智大觉的对象。所以，"佛法"这两个字连起来，就是无尽的智慧、觉悟，觉了宇宙人生一切万事万法。中国人常讲"佛法无边"，确实是无量无边的。所觉的对象没有边际，能觉的智慧也没有边际。然而，这无量无边的智觉，却是每个人所具有的本能。"佛陀"教导我们"诸恶莫作，众善奉行，自净其意"，而要实现这一目标，就要用自己的智慧去认清世间万事万物从而离苦得乐；因此，"佛法"是佛陀所教导的法，是断除烦恼、灭尽诸苦的方法。

二、什么是佛教："佛教"是佛陀的教育，是佛陀对九法界众生至善圆满的教育。教育内涵包括了无尽无边的事理，比现代大学里面的课程内容还要多。时间上，它讲过去、现在、未来；空间上，它从我们眼前的生活一直推演到无尽的世界。它是智慧、觉悟宇宙人生的教育。中国孔子的教育，是讲一世（一生）从生到死的教育。佛法是三世的教育，即前世、今世、来世。佛教是教学、教育。A. 可从佛教的师生之称来看，在日常生活中，只有教学才有师生之称呼。我们称释迦牟尼佛为根本的老师（本师），就是表示这个教育是他老人家创始的。我们自称为"弟子"，弟子在中国古时候是学生的自称。通过这样的称呼，就知道了我们跟佛的关系是师生关系，我们与菩萨是同学关系——菩萨是佛早期的学生，我们是佛现在的学生，我们与菩萨是前后期同学，菩萨是我们的学长。B. 从佛教道场的组织（中国佛教寺院）来看，寺院佛教教学与佛教艺术相结合的一个教育机构，就像现在的学校与博物馆结合在一起，这种形式，就是现代所讲的艺术教学。现代人处处讲艺术，而佛教在两千多年前就进行艺术教学了。从寺院的组织也能看出它与现代的学校大致相同。"住持"相当于学校校长，是主持教学政策的人，课程是他制定的，老师也是他聘请的，这是他的职责。住持下面有三位帮助他的人，佛家称为纲领执事，分掌三个部门：掌管教务的称"首座"；掌管训导的称"维那"；掌管总务的称"监院"。名称虽然与学校不相同，但实际上他们管的事务跟现代学校里面的教务、训导、总务没有两样，可知寺院机构的组织确实是一所学校，且是一所完整的学校。我们从佛教的起源，一直到中国佛教的建立，可见它的确是一个教学的体系。

(2) 佛教特征

① 佛是人而不是神：遍看全世界各个宗教，除了佛教之外，没有一个宗教的教主不是以超人的"神"格自居的。这个"神"能够呼风唤雨、点石成金；他主宰着人类的吉凶祸福，操纵着万物的生死荣辱，人类只有匍匐在他的面前，赞美与讴歌，把一切成功与荣耀归于万能的神，信仰他的才能上天堂，反对他的只有堕入地狱，绝无抗辩申诉的余地。而佛教的教主——释迦牟尼，他来到人间的第一句话就说："天上天下，唯我独尊。"这里的"我"字，并不是单指释迦牟尼本人，而是指的全体人类的每一个人。这句话的正确解释应该是：人在宇宙中是顶天立地的，每一个人都是自己的主宰，决定着自己的命运，而不必听命于任何人或任何超乎人的神。释迦牟尼将他的觉悟、成就及造诣，完全归功于人自己的努力与才智。释迦牟尼认为，一个人的吉凶祸福、成败荣辱，决定于自己的行为之善恶和努力与否。没有一个人可以提拔我上天堂，也没有一个人可以把我推入地狱。赞美与讴歌不能离苦得乐，只有脚踏实地去修心养性，才能使自己的人格净化、升华，使自己享受到心安理得的快乐。

② 佛是真平等者：释迦牟尼时代的印度，社会分成婆罗门、贵族、平民、奴隶四大阶级，而贵为太子的释迦牟尼眼见社会阶级的不合理，毅然树起平等的旗帜，主张废除阶级对立，倡言众生平等。历史上所有的革命，都是卑贱低下的阶级要求"提高"地位与显贵高上的阶级平等，绝对没有像释迦牟尼一样的，愿意"降低"他的太子身份与平民、奴隶平等的。由于他这种大公无私、不可为而为的作风，所以我们说他是真平等者。佛教主张"无缘大慈"与"同体大悲"，又把平等的意义推上更进一步的境界。"无缘大慈"，即佛教主张不但对跟自己有关系的人要慈爱，如自己的父母、亲戚、朋友等；同时对跟自己没有亲戚、朋友关系的人也要慈爱，如跟我从不交往或素不相识的人，也一样地关怀爱护。"无缘大慈"用儒家的话来说就是"泛爱众""老吾老以及人之老；幼吾幼以及人之幼"。"同体大悲"就是一种人饥己饥、人溺己溺的精神，把宇宙间一切众生看成人我一体，休戚与共、骨肉相连。儒家所说的"四海之内皆兄弟"正可表现"同体大

悲"的胸襟。而地藏王菩萨的"我不入地狱，谁入地狱?"的悲愿深心，更是"同体大悲"的极致。最能表现佛教"真平等"精神的，就是佛教平等的观念，并不局限于万物之灵的人，佛教反对"人类以外的一切动物都是被创造来给人饱享口腹"的论调。一切动物临死时的悲鸣哀号，真是惨不忍睹、恸不忍闻，连孟子都要慨言"闻其声不忍食其肉"。佛教更进一步地肯定，这些被自诩为万物之灵的人类所滥捕乱杀的动物，无不具有佛性——一种来日可以成佛的潜能，纵使人与其他动物之间，在形体上、智慧上有所不同，但在求生存的权利上，在佛性上却是平等的。就像一个穷凶极恶或是愚蠢无知的人，他亦具有"人性"一样，我们要以"人道"来对待他、教育他、感化他。古人说，"天有好生之德""万物与我并生"都是一种视万物为一体的平等思想，只是没有佛教说得如此透彻罢了。

③佛不是生而知之者：释迦牟尼是一个平平凡凡的人，他在二十九岁那年舍弃了即将继承的王位，出家学道，寻求解脱人生苦恼的方法。六年后，也就是三十五岁的时候，他在尼连禅河旁的菩提树下证得了正觉，正确而透彻地觉悟了宇宙人生的根本道理。他同我们一样都是平凡的人，他能够借修行而悟道，所有千千万万的人类也都可以群起仿效，依照他所垂示的教法修行而证果。他只是人类无数的先知先觉之一，而我们是后知后觉者。佛与我们的不同，不是在人格、地位上的不同，只是在一个"觉"字的不同罢了。

④佛教不承认有顽劣不可教化的人：依照其他宗教的说法，他们的教主或万能的主，在百般威迫利诱之后，或苦口婆心、谆谆教诲之余，如果仍然不知幡然悔悟，投靠到神的旗帜下，忏悔、承认自己是个迷途的罪人，那么一旦最后的审判到来，一律打入十八层地狱，永不超生。佛教认为人性是善良的，"放下屠刀，立地成佛"。佛教更认为真正的"犯人"不是罪恶，而是无知，一切罪恶都是由于无知（佛教叫"无明"）。因此苦口婆心、日夜不停地开导、启发众生，就变成佛的责任了。佛关怀众生，"如母忆子"，不但不忍心众生身受地狱之苦，而且广发"地狱未空，誓不成佛；众生度尽，方证菩提"的誓愿。（菩提是"觉悟"或"正道"的意思，证菩提就是得道或成佛之意。）这是何等的慈心! 何等的悲愿! 这才是真博爱、

真怜愍。

⑤ 佛不是独一无二的，人人皆可成佛：佛与众生，只是在于觉悟时间的先后而已。韩愈说："闻道有先后。"正可拿来做辅助说明。"佛"只是对一个觉悟者的通称而已。就像我们称能够"传道、授业、解惑"的人为"教师"一样，教师不止一位，人人可以做教师，处处可以有教师。同样的道理，佛不是单指释迦牟尼一个人，人人可以成佛，处处可以有佛，就像安明居士在《论佛》中精辟地点到：佛为自然，自然为佛。人在佛中，自然成佛。机智地辩证出了佛就是自然，而自然就是万万千千，包括花草树木，人鬼禽兽，纵然是魔，只要放下屠刀，也可成佛。而人若想成佛则须自然，万万不可急于求成，要心如止水，要破除贪、嗔、痴三毒。只有这样就会自然而然、顺理成章立地成佛。这一点也是佛教同他教根本不同的地方，其他的宗教只能承认他们"独一无二"的神，而尽力地攻讦、否定他教的神，称他教的神为"假神"。同时在他们的教义下，人类无论如何努力奋斗，永远不能与神并驾齐驱，同处于平等的境地（永远是主仆关系）。因为神是造物者，而人只不过是神所造的"物"之一而已。

⑥ 佛教不承认有创造万物的神：依照某些宗教的说法，宇宙万物是由万能的主所创造的，他们的证据是《旧约》中的"创世纪"。其实稍为懂点思想的人，马上就可以会想到"神"也是人类思想的产物，人类凭借自己的观念和形象造神。而人类创造"神"的目的之一是为了解释"宇宙人生的起源"，佛家称它为"第一因"，但"神"本身从何而来？教徒们不但不肯去追究，而且十分肯定地说："神是万能的，他是自然存在的。"亲爱的朋友呀！如果神能够"自己存在"，换句话说他不用被别人创造，就可以自己存在，那么"神创造宇宙人生"的观念又有什么意义呢？因为同理，宇宙人生也可以自然存在了。这里我们不妨列举一个数学式子来说明这个问题，虽然不十分恰当，但多少可以帮助大家了解：假设宇宙人生的起源为 X，求 X = ？教徒的解答是这样的，他们不必引用定理或已知的假设，直接就写了答案：X = 神，然而神是从那儿来的呢？请看下列的式子：X = 神 = Y，稍有数学观念的人都知道，Y 也是一个未知数，换句话说这个问题照样没有得到解答。佛教根本否定"神创造万物"的假设，根本就不承认宇宙有第一

个"开始"。所谓一件事的"开始"只是前一件事的"结束"而已。在一连串的因果关系中，一件事物的消逝就构成另一件事物生起的条件。张澄基博士在他所著的《什么是佛法?》一书中，对这个问题曾经做过如下的解释:"开始这个观念，是因人类"有限"的心理（所产生的），不能涵括万千的因果关系。比如说我们去看第三场的电影《乱世佳人》，从七点"开始"演到十点"结束"，但是我们再仔细想一想，第三场电影的"开始"，其实就是第二场的"结束"，而第三场的"结束"，不就是第四场的"开始"吗? 所以说"开始"这个概念，只是对某一特定事物而言才有意义；对整个错综复杂、因果相续的宇宙而言，就没有意义了。时间是流动不息的，谁能从中找出停止不动、所谓"现在"的一点来? 然后说这一点就是"开始"呢? 宇宙是无始的，也是无终的，人们殚精竭虑去追求"宇宙的第一因"，将是枉然、徒劳无功的。当你千辛万苦寻求到"第一因"时，你势必发觉在它之前还有一个"因"，如此循环不息，周而复始，你永远寻求不出一个固定不变的"第一因"来。佛教反对宇宙万物是由神所创造的观点，而认为万物都是"因缘聚合"而成的。比如我们眼前的一座山，它是土石之积；湖泊是凹地积水而成；再看教室里的桌椅，则是木匠用木头做成的。如果把土石散开则不复成"山"；把湖泊的水抽干则成凹地，哪来"湖泊"的影子? 再把木板一片片地拆散，请问"桌椅"在哪? 这些有形体可见的东西，佛教简称它们叫"色"，因为它们只是"因缘暂时的聚合"而已，并不是真实不变的，所以我们说它们是"空"的——没有永存不变的实体。这就是佛经上"色即是空"的简单道理。这里"色即是空"，这"空"字并不是"空空如也"的"空"，也不是"一无所有"的"空"，而是一种含着"妙有"的"真空"。譬如说，眼前有一杯水，把水持续加热后就变成水蒸气了，再也看不见水的影子。但这并不是说水真的就消失成"空"了，当水蒸气遇冷的时候，又会还原成"水"了。现代的化学，知道水是氢氧的化合物，换句话说"水"不过是氢和氧暂时的化合"物"而已。水经过电解以后，又会变成氢气和氧气了。依此类推宇宙万事万物，没有一件不是因缘暂时聚合生成的，没有一样是永恒不变的。

　　⑦ 佛法是因材施教因地制宜的：佛对众生说法，都是针对不同的根机，

随着时空的不同而设教。佛因为教化的对象不同，就有不同的解释，对于智慧高的人，佛就告诉他能够直指人心、明心见性、当下即悟的道理；对于智慧稍低的人，佛就告诉他循序渐进、按部就班地去修行。对于热衷名利的人，佛就告诉他"名利皆空"的道理；而对于消极悲观，认为人生毫无意义，生命全是虚无空幻的人，佛就告诉他"人生是难得的，生命是宝贵的，人可以借努力以获取幸福和快乐"来鼓舞他的勇气和信心。同样的道理，由于时空的不同，佛就有不同的比喻和说明，例如：北京的人问佛说："武汉如何去法？"佛的答案是"南下"；至于回答广州的人则说"北上"。依此类推，因为众生所处地方不同，所以佛的回答也就不一样了。佛法有三藏十二部，八万四千个法门（法门就是修行的方法）。这些修行的方法都是为适应众生的根器，为对治众生的烦恼而创设的。如果没有众生也就不需要有佛法了。佛法如"药"，众生没有烦恼的"病"，"药"就不需要了。佛法传世逾二千五百余年，能适应不同的时代，不同的众生，这就是他能够因材施教、因地制宜所致，而这种教育方法，正是佛教的特色之一。

⑧佛法是入世的：佛教讲的道理，虽然最终的目的是"出世"的，但它和"入世"的精神并不抵触。（所谓"出世"并不是脱离、逃避世间，而是改造这个世间，重建这个世界。）佛经上讲："佛法在世间，不离世间觉，离世求菩提，恰如觅兔角"，就是说明修行要在人间，觉悟也要在人间，每一个有心向道的人，他不可能厌弃这个世界、逃避这世界上的人类，而"独善其身"地修成正果。因为一个人要想成佛，他除了具备聪明智慧之外，还要有广大的誓愿悲心去普度众生。要以这两种"悲"和"智"交互运用，相辅相成，做到彻底、圆满的境地才能成佛。所以佛教是以出世的精神来做入世的事业，从修行一直到成佛，既没有"入世"，也没有"出世"，因为一直是在这个世间进行的。佛经上虽然有所谓"西方极乐世界""东方琉璃世界"等净土，劝人念佛往生彼国，但稍微了解佛法真谛的人都知道，这是诸佛菩萨为了度化众生的一种权宜方便，佛教最后的目的是在于"化人间为庄严净土，变地狱为极乐世界"，这才是佛教的真正宗旨，并不是要人逃避这个世界而躲到西方净土去享福。

⑨佛教没有排他性：世界上大部分的宗教，都只承认他们自己所信的

宗教教义才是唯一的"真理",而排斥他教教理为"邪说"。而佛教认为一切宗教,只有教义深浅的区分,很少有好坏邪正的差别。任何一种能够存在世上千年以上的宗教,一定对世道人心有着或多或少裨益的,否则这个宗教早就被人类的"智慧"所唾弃,同时也被时间的浪涛所冲失了。问题只是在于某些宗教只能给人以短暂、少数的快乐;而有些宗教则能予人以永恒、多数的幸福,而佛教正是属于为数不多的后者之一。在佛法传世的近二千五百年中,佛教一直与其他宗教和平共处,历史上为了传教而与其他宗教发生流血冲突的事,在佛教历史上从来没有过。印度阿育王遵照释迦牟尼的宽大慈悲、兼容并蓄的遗教,有一段至今原文尚存、被雕刻在岩石上的诰文:"不可只尊重自己的宗教而菲薄他人的宗教。应如理尊重他教。这样做,不但能帮助自己宗教的成长,而且也对别的宗教尽了义务。反过来做,则不但替自己的宗教掘了坟墓,也伤害了别的宗教……因此,讲和谐才是最好的。大家都应该谛听,而且心甘情愿地谛听其他宗教的教义。"从这一段文字看来,这种宽容和诚意,正是佛教文化中最珍贵的遗产之一。"真理"在佛教看来是没有国界的,它不需任何宗教的"商标",它也不属于任何一个宗教,或属于任何时代中的任何一个人。所以佛所说的真理,不是他一个人独有的,因为佛只不过是一个"真理的发现者"而已,就像牛顿所发现的"地心吸引力",并不是牛顿专有的一样。因此佛教认为一切合理的、具有永恒不变的道理都是"佛法"。"你要爱你的仇敌",这句话虽然出自丁圣经,但佛教毫无疑问地承认它是具有美德的真理(与佛教的"无缘大慈""同体大悲"相通)。佛法像浩瀚的江海,它能容纳地球上的一切大小河川,所以佛经上说,"一切法皆是佛法"。

⑩ 佛教是民主和自由的:在其他宗教里,教主所说的话就是不可抗拒的"命令",就是不容怀疑的"真理"。谁要是不服从或稍微表示怀疑,那么必遭天谴神罚。在其他宗教的经典里明白地记载着:人类的始祖因为违背了上帝的命令,而永远地被赶出了伊甸园;而且他们的子孙——也就是千千万万的人类,包括以前、现在和未来的,也因此跟着受苦了。依其他宗教的解释,这叫作"原罪"的遗传。不过,我们只听说过某些疾病会遗传,没有听说过"罪"也会遗传的。除了古代专制野蛮时代,一人犯罪,

全族会遭受株连，以致被斩尽杀绝，现在任何一个进步的文明国家，父亲犯罪，父亲坐牢，跟妻子儿女扯不上半点关系。而佛教就是这样主张：佛教认为一人做事，一人承当，父亲杀人，儿子是下不了地狱的（儿子也不能代替父亲受罪）。在佛教经典里，绝对找不到佛会发怒的记载，更不会有这种残酷、无情的处罚方式。在佛四十九年的教化中，弟子们所看到他们的导师，总是和颜悦色、慈悲安详的，他对好人如此，对坏人也是如此。佛对自己所说的道理，绝不强迫弟子们接受，他鼓励他们怀疑发问，一直到他八十岁在婆罗双树间即将临终时，仍然谆谆地教诲，一再地垂询弟子们还有没有疑问，佛说，"大疑才有大悟，小疑只有小悟，不疑就永远不悟"。佛在最后的遗教时说："我没有想过你们弟子是我的，众生是我的……我不过是你们当中的一个，常常和你们大家在一起……我从不压迫别人，也不会要人来服从我。"这是多么慈祥、感人的遗教。佛教这种准许以及鼓励教徒对教主本身所说的道理，自由怀疑发问，进而深入探讨的精神，那是举世无双的。真理是不容许强迫别人接受的，勉强人们去接受他所不了解的，或他所不喜爱的，那是政治而不是宗教。真理只有在民主、自由的前提下，反复地思辨，才能更加地显出它的精神和价值。在全世界的宗教中，只有佛教的教主与经典是允许被怀疑、讨论和追究的。

目前这个世界上，佛教至少有四种不同的形式同时出现在世间，所以把我们搞迷糊了。目前佛教的四种形式是：第一，"传统的佛教"，就是"佛陀教育"，释迦牟尼原本就是这个样子，但是传统的佛教教育现在很少见了。其他的佛教，多少也都是变了质的。第二，是"宗教的佛教"，佛教本来不是宗教，现在变成宗教了。今天我们听人家说佛教是宗教，也没有办法否认？为什么呢？现在摆在外面的形式确确实实是宗教，不像从前的寺院丛林，每天上课八小时，现在哪个寺院上八个小时的课？古时候中国寺院每天上课八小时、修行八小时。修行有两种形式：一种是坐禅，一种是念佛，所以修行人每天用功十六小时，解行相应。上课是听讲、研究讨论，是理论上的；然后修清静心，修觉、正、净。每天有十六个小时在用功，妄念当然少了，所以成就很快。现在我们所见到的佛教道场只是每天供供佛，修一点福报而已，佛教确实变成宗教了。第三，是"佛学"。佛教变成学术，哲学化了。现在有些大学开"佛经哲学"这一门课，把佛的教法当作哲学研究。为什么把佛教当作哲学来研究也错了呢？我们想想，佛教教育是一个完整的大学，所有的科系统统都包括了，现在只认定它是哲学部门，把它缩成这么一点点，所以这也错了。欧阳先生讲得很好，佛教不是哲学。也不是宗教，佛法就是佛法，佛法是为一切众生所必需的。为什么？它真正能帮助我们解决所有的问题，从现前的生活问题，到将来的生死大事，没有一样解决不了的。可见佛教的教学内涵非常精深广大，看作学术也是变质。第四，是"邪门歪道的佛教"，这是最近三四十年才出现的，那非常之不幸。我们应该知道，宗教的佛教是劝善的，劝人做一个好人；学术的佛教追求真理、研究知识，对社会没有什么伤害。若是变成邪教，变成歪道，利用人性的弱点，拿着佛法作招牌、欺骗众生、伤害众生、扰乱社会、危害大众的财产安全，那是变质变得太离谱了。这些邪门歪道的一些言词、行为，很能吸引人、诱惑人，正因为如此，很能欺骗人，使人吃亏上当、后悔莫及。

（3）佛家思想特点

① 佛教的纲领与真谛

A. 佛教的纲领

佛教的纲领是什么呢？《法句经》中说："诸恶莫作，众善奉行，自净其意，是诸佛教。"从这里清楚地看出佛教纲领就是劝人行善不作恶。"诸恶莫作"是指包括身、口、意在内的三业恶行全部都不应该做，要使身心没有过非，从而可以不落入世间的生死轮回。"众善奉行"是指诸恶之外，凡有所作，皆是善事，以此广度一切众生，成就一切功德。"自净其意"是指要经常自我反思，净除一切妄念，使身、口、意都清静。佛教这一纲领的体现，我们可以从许多佛教经典中证得。如《坛经》中说："思量一切恶事，即生恶行；思量一切善事，即生善行。"从这里可以知道，一切善恶的因果无不是从自性当中生起的。众生如果执着于外境，被外物所遮蔽，就会覆盖自性，万法因此而不明。这就需要去除痴迷、虚妄，清净自身内外，在自性中生出万法，就能够见性通达、没有滞碍、自见本性，故能消除恶念、保持善念。相传地狱和天堂在很多方面都是一样的，不一样的只是那里的人如何对待自己和他人，而这却成了地狱和天堂最本质的区别。地狱的人想得最多的是如何从别人那里得到更多，而天堂的人却是在不经意的时候就帮助了别人。善恶就是在一念之间，有善念就会有善行，有恶念就会有恶行；所以要在念起之前，将恶念扼杀。总之，行善弃恶，就是自性，自性就是清静心、佛心、菩提心。人的自性就是一切善法之本，一切善法的共同点都是发扬人的自性中的"善"。守着自己的善心，行菩萨道，这是最善之法。由此可见，"诸恶莫作，众善奉行，自净其意"是佛教的总纲领、总原则、宗旨，也是佛教最突出的特点。

B. 佛教的真谛

真谛就是真理的意思。佛教的真谛是什么呢？其实佛教中的三法印、十二缘起、三藏十二部、四圣谛等，都是佛教的真谛。在佛教里，四圣谛是佛陀所证悟并且揭示于世人的真理，亦即是根本佛法。根据佛陀的教示，人生宇宙的实相，不外乎苦、集、灭、道四种道理而已，四圣谛是佛教的根本思想，一切三藏十二部，莫不由此开展出来，即使如华严等大乘经论，虽然弘扬大乘思想，但是仍特别设有"四谛品"，四圣谛实在是大小二乘共学、应学的基本法门。佛陀成道以后，第一次在波罗奈斯的鹿野苑讲说佛法，而其讲法的内容就是"四圣谛"，此即佛教史上有名的初转法轮。四圣谛的"谛"，就是真理，包含有审察、真实不虚的意思。四谛，即四个真实不虚的道理，分为苦谛、集谛、灭谛、道谛，是佛教的中心思想，主要是关于人生为何充满苦恼以及怎样才能摆脱苦恼。苦谛，是四谛的基础和根本，佛教认为，人生充满了各种各样的痛苦和苦恼，一般把这些苦恼分为八苦，即生苦、老苦、病苦、死苦、求不得苦、怨憎会苦、爱别离苦、五阴炽盛苦。其中生、老、病、死是人因为生命的自然规律而遭受的痛苦；怨憎会苦是指和自己怨恨的人、物，或环境、景遇的不得已相会的苦；爱别离苦是指和自己相爱的一切人或事物离别的痛苦；求不得苦是指得不到想得到的东西的痛苦；五阴是指色、受、想、行、识，五阴炽盛苦，即指一切身心之苦。集谛，亦名习谛，主要揭示人生诸种苦恼产生的根源。佛教认为，一切痛苦都来源于人类的贪爱，贪嗔痴是万恶之源，正是由于有贪爱的欲望，并且无知（痴、无明）于人生的道理，才会产生各种苦恼，不仅在生前痛苦挣扎，死后还将轮回于"六道"之中。灭谛，亦名尽谛，说明怎样才能息灭烦恼业因，使自己了脱生死轮回，达到涅槃境界。道谛，是讲灭除诸种痛苦，达到涅槃境界的具体方法和途径，也可以说是佛教的修行方法，道谛的方法总体上可概括为戒、定、慧三学。因此"苦谛"说明人生所具有的苦，"集谛"说明人生之苦所产生的原因，"灭谛"则为佛教追求的最高精神境界，要达到灭谛，就必须学习"道谛"的修行方法。从中可以看出，四圣谛则是佛教的根本思想，也是佛教的一个重要特点。

② 佛教的戒定慧

"戒定慧"出自《楞严经》卷六："摄心为戒，因戒生定，因定发慧，是则名为三无漏学。"意思是说，摄住自己的心，即是戒，因为戒产生定，最后因为定而得到般若智慧，这就是三种无漏的修学。释迦牟尼在佛经中把"摄心为戒，因戒生定，因定发慧"的原则称为"三无漏学"，认为它是无缺陷的、圆满的学佛方向和方法。所谓摄心为戒，就是要掌握自己的心不犯恶业、奉行善业，这是每个学佛者必须尊持的戒律。有了戒律，就可以生出禅定，好像浑水澄清而能生定，进而产生智慧，净极光通达，通达就是开悟有智慧，这叫作三无漏学。三无漏学，佛教术语，指戒、定、慧三学。佛教认为，世间的其他宗教与学问，都是有所缺陷、苦乐夹杂的，虽然看似有益处，但是随着因缘变迁，就会转变成烦恼，所以称呼这些学问为"有漏"之学。"无漏"，意指没有缺陷，可以为人们带来益处、止息烦恼。而三无漏学，即是达到解脱烦恼，得到漏尽通的三种修行方式。从这里就清楚了佛教的戒、定、慧，它不仅涵盖了佛法的全部内容，而且又是修行者学佛修行的方向和修持佛法、往证涅槃的途径，也是佛教的突出特点。因此，学佛修行者，必须深刻领悟戒、定、慧其中的含义和精神。

③ 学佛修行的特点

这里讲的学佛修行的特点，不是讲一些形式的东西，如礼仪、组织、机构、寺院等，而是着重讲内在实质的内容，即学佛修行要抓住"心"这个方寸之地，这个"心"是佛心，一切的学佛修行都要围绕这个"佛心"，使其通达到"涅槃"的境界。

佛教是佛陀思想的体现，它指导我们认识人生，教导我们如何把握自己，充实人生；教给我们人与人之间如何相处，在社会与家庭生活中如何能够和谐美满；教我们待人接物、持身处世、造命增福、修身养性等，使人们知道断除迷惘烦恼，转迷成悟，离苦得乐以及自性回归净土，证人涅槃；它教导我们把形而上的道体与形而下的物相合而为一，明心见性，达一真法界，以至过上快乐、清静、安详、自在的人生；教导我们学习佛、菩萨的慈悲为怀精神，以善良、慈悲回报社会，以利他为正法指归，以此来实现人生的价值。

A. 自性平等，众生是佛

世人本身所具足的智慧、德行、能力、福报与诸佛是一样平等的。每个人都有佛性，都可以成佛。其之所以不能成佛、成就般若智慧，是因为迷失了自性，堕落到六道当中。因此，在学佛修行之中，一定要对佛法有一个正确的认识和了解。《坛经》中说："佛性若常，更说什么善恶诸法，乃至穷劫，无有一人发菩提心者。故吾说无常正是佛说真常之道也。"这里慧能大师说的佛性是常，是对一切执着无常的人说的。假如你说佛性是常的话，那还有什么善恶诸法可说呢？大师认为佛性超越了常与无常，常是佛性的一种作用，无常也是佛性的一种作用，众生执着于任何一边都是错误的。佛性有常，是从本性本体恒久不变的意义而言的；佛性无常，是从世人最终成佛的数量而言的，也就是说，对众生而言，从现象上说的。所以，要以有常的佛心，应对无常的世事，这样就不会有世事无常的感叹了。对无常的觉醒，就是智慧的开端，是通往菩提智慧心成佛的道路。这一节，总的来讲，就是要使人认识到，每个人都具有佛性，即清静之心，此心是没有贪欲、烦恼、杂念之心。每个人所具有的智慧、德行与佛是一样平等的，认识到了这一点，就清楚了每个人都可以学佛修行。

B. 识得本心，净心自悟

每一个人都具有一个能够觉知万事万物的佛心。能觉的心是人们本来就具有的，所谓天真自然佛，人人本具之。释迦牟尼佛在菩提树下觉悟成道，第一句就说："奇哉，一切众生皆有如来智慧德相，但以妄想执着而不能证得。"可知世俗众生与佛的差别是多了一点烦恼，人的心性本来是清静的，只是受了外在烦恼的污染才使心性不洁净的，关键还是自性的觉悟。

世人因为无明、妄想看不清自己的本性，所以要精进修行、净心除垢，以期证得般若智慧。《坛经》中说："无上菩提，须得言下识自本心，见自本性。不生不灭，于一切时中，念念自见。万法无滞，一真一切真，万境自如如，如如之心，即是真实。"这里告诉人们，体验佛法中的无上智慧，必须当下能体察认识到自己的本心，体验到自身中所具足的佛性。该佛性不生不灭，时刻在观念中体现出来，体现出万事万物没有滞碍。佛性真则一切真，世间的一切景象都是佛性的展现。能够体会到这种真如之心者，就能够辨别虚假、妄想，即可体识佛性的真实。从这里可以悟出，万事万物都是佛性、佛法的真实体现，众生迷时把佛性当成心识，众生悟时把心识转为佛性。佛性、佛法实际上是不生不灭的，从无始以来到现在的"一切时"中间，只要刹那之间顿悟就行。一切万有事理都不是滞碍的，如果无一切妄心，当下即得解脱。看来，认识自己是一件非常困难的事，很多人只看到自己消极的一面，这并不是说认识到自己的缺陷不好，而是应该做到更加全面地认识自己，这样才能发挥出自我本性中佛性智慧的一面。因此，要学佛修行，关键还是自性的觉悟。每个众生都具有能够觉知万事万物的心性，这个能觉的心性就叫作佛，能觉的心也是我们本来就具有的。所以，自性是要靠自己的觉悟，悟到了，就能知道要想成佛，不是从外求，而是必须从内修，清除贪欲、妄念、私心杂念，以求得自心自性清静，就能一步一步地接近佛，成为佛。

C. 明心见性，佛法自在

修习佛法可以让人们在世俗世界中远离一切迷惘，可以发现佛法的真实存在，明心见性，达到清静无恙的境界。当你真诚执着于善，佛就越清晰明了；如果执迷不悟而向恶，那么佛就越模糊不清；在思想和行为中直接或间接能有利他人的刹那，就是佛。修行佛法义理，就可以摆脱自我的生活，不被虚妄的自我所迷惑、执着、贪恋。人们如果有佛学的素质和修养，就可以走出自我、开阔胸怀，视众生都是我的兄弟姐妹，宇宙世间都是我的道场，那是一个无限宽广的人生。《四十二章经》中说："夫为道者，譬如持炬火入冥室中，其冥即灭而明犹在。学道见谛，愚痴都灭，得无不见？"这是告诉人们，修行佛道的人，好比拿着火炬走入黑暗的屋室，一进入屋室，里面的黑暗就消失了，而火炬的光明仍然存在。学习佛道见到真理的人，愚蠢痴迷的念头就被消灭了，还有什么看不见的呢？世人不要害怕无明烦恼破不了，因为无明烦恼没有本体自性，就像到了黑暗的房子，如果点燃一盏灯，黑暗在当时就能被破除了。就怕众生的智慧不现前，只要智慧一现前，那些无明烦恼就能统统断除掉，因为它本来没有本体，没有自性。学习佛道，能见到真谛，即是智慧现前，无明破除了，众生真心的光明就能常存不灭。有很多人将命运迷信地归结为上天的安排，在身体生病或遭到挫折的时候，不是积极寻医问药，而是愚昧地供奉所谓的神仙，误人误己，这些都是没有智慧和科学的结果。因此智慧是驱走无知的明媚阳光，科学是破除迷信的有力武器。佛无处不在，只要人们有虔诚之心，佛就在你身边，心中有佛，必存善念，虔诚一心，就能得到感应，看到谁都觉得是佛。佛认为众生皆有佛性，每个人本有自性清静之地，所以想学佛的每个人都有基础，不用刻意去要求，只是由于人的悟性略有不同罢了。一个人有了觉悟，那么他就具备智慧。有智慧的人能把心态调整好，不管外面的环境如何改变，心念也不会随着外面的环境而变化；缺乏智慧的人心念往往会跟着外界的改变而心神不定，定不住自己的信念。从这里可以清楚地看出，要想学佛修行，首先就应明心见性，认识心，认识性，心是主导一切的，一切善恶出于心，如要行善摒恶，就要从"心"求，行善摒恶即是佛性。

D. 果位证得，自在人生

佛告诉人们每个人都具备善良之心，即佛性，成佛就是认识这个善良的佛性，把善良的佛性产生的慈爱平等之心传递给每一个众生。佛陀教导人们要成为和佛一样拥有般若智慧的人，必须靠自性智慧引导，通过努力学习不断自我净化，以智慧净水洗净妄想非念；以般若火炬照亮内心世界；以慈悲双手抚平自己的清静本心；以般若智慧圆满自在人生。这样就一定能在佛法中获得无穷的美妙体验。《坛经》中说："口念心不行，如幻如化，如露如电。口念心行，则心口相应。本性是佛，离性无别佛。"这里告诉人们，若只是口头念佛，心里却不依经真心去实践，则是虚幻而已，就像露水和闪电一样瞬间消逝；若是口中念佛，心里也笃行佛法，才是口念心行。

六祖大师主张见性成佛，自己本性本来就是佛，但是这条成佛之路却要靠自己真心实践来完成。如果只是口里念着佛号，认为诵读千万遍佛经便可成佛，但内心却没有遵照佛法真心修行，那么终究只是虚幻不实的，根本无助于得道成佛。因此，笃实修行是成佛的唯一途径，在口头、心念以及一切行为表现上，都要笃行佛法，这样才能成就无上般若智慧。同时了悟自性是成佛的唯一根据，千万不可离开自性而去盲目向外求驰。做任何事情都要全身心投入，这样才会有比较理想的效果。而要做到全身心地投入到一件事情之中，就不应该只考虑这件事的目的和结果，更应该想到这件事背后的意义，而这个意义正是自己想要得到的。所以做事情要讲究用心，心到之处，就能有所悟，有所悟之后，就能见性。无论做什么事，都不能执着于方法，而要做到时移法变、因势利导，而不能刻舟求剑、墨守成规。从这里看出，通过学佛可以了悟佛性、明心见性。了悟修行重在用真心来处理世间的一切事情。

E. 仁慈为善，自我独慎

学佛要真信实践，一定要心心念佛，奉行十善（不杀生、不偷盗、不邪淫、不妄语、不两舌、不绮语、不恶口、不贪、不嗔、不痴）、修习六度（布施、持戒、忍辱、精进、禅定、智慧）。真正学佛的人是不贪图享乐的，人们想，释迦牟尼抛弃太子不做，无数金银财宝不要，他舍图钱财权势吗？学佛就是学佛的思想、行为，自然也就不会贪财图势了。佛陀教导人们，想要成为和佛陀一样伟大的人，必须靠自性智慧引导，通过努力学习，不断地自我净化。学佛修行，不是一蹴而就的，两三天就可圆满的。每个人都像是一颗有棱有角的石头，必须不断去磨去滚，才能圆满一切。学佛修行，就要仁慈为善，自我独慎，这是学佛修行的落脚点，也是最根本之点。《无量寿经》中说："独作诸善，不为众恶，身独度脱，获其福德，可得长寿泥洹之道。"这是告诉人们，只做各种善事，不做各种恶事，身体得以超度解脱，获得福德，可以得到长寿涅槃之道。人们应该知道，学佛要从"诸恶莫作，众善奉行"做起，在行为思想上尽量把恶念去除，尽可能地去做善事，帮助他人。人们常说"六根清净"，在生活中心性清静，那么人的意念就自然而然地清静明了。只有心行意念内外都清静无染，人的内心才能安心坦然，自由自在。众生都在造恶，而我却不做；世人都不肯做善事，而我却能去做，不但恶的事不做，恶的念头也不生起。众生若造恶行则会前往三恶道，沦落于生死轮回而不得解脱。世人学佛就是要觉悟，不做恶事、恶行，看到别人做错了，以善巧方便提醒、忠告他，给他做个增上缘，助其回头是岸。所以善事一定要去做，而且要认真努力地去做，不怕阻挠、耻笑，要知道善行、善事对社会大众有大利益。佛不度众生，自己度自己，佛只是把事实真相为众生说明，世人明了之后，可以证得涅槃境界。善良的人不会因为善事小而不去做，也不会择人而行善事，而是顺应自己的心意，将帮助别人作为自己的责任，随时随地行善，自己也会在无形之中收获善果。要知道，人生的诸多烦恼大都是由欲念而生，有了欲念，也就有了诸多牵挂，心中牵挂而无法释怀，自然就生出烦恼。所以想要消除烦恼，就应当脱离欲望。然而脱离欲望又谈何容易，尤其是在当今这个竞争激烈、物欲横流的社会，欲望几乎主宰着一切，所以身处其中，就要保持内心的安然与清静，在求取的同时也要懂得付出。当能够做到与世无争的时候，一切烦恼自然就会消除了。慈悲为怀的人从不考虑自己的利益得失，总会得到众人的认可与爱戴。有时候绞尽脑汁都得不到的东西，常常因为自己不知不觉的一个善举而得到。将自己融入到慈悲之中，便可得到一颗慈悲之心，拥有了慈悲之心，就会行慈悲之事。所谓慈悲心就是用宽容、大度之心去对待身边的人。人与人之间具有很多差异，所以凡事要尊重别人的个性，不应仅拿自己的标准去评价别人、衡量一切。凡事要忍让，用真诚的心来发现他人的长处，容纳他人的不足，尊重他人的存在价值，彼此和睦相处，求同存异。总起来说，就是要以一颗仁慈之心，不断地行善，做善事，经常不断地独自反思，清静自心，这是佛教导我们的一个学佛修行的根本大法。

这一章对国学的四大家，即儒家、道家、法家、佛学作了简扼的历史回顾以及大体的基本概况和特点的简介与分析、总结。从中人们可以看出，这四大家的思想体系是构成中国传统文化的基本内核，是支撑整个中国传统文化大厦的四大支柱，缺一不可，这是学习和了解中国传统文化首先要明确和掌握的。

第四章

国学之根——《周易》

　　谈到中国传统文化，不得不首提《周易》，因为它是源远流长、丰厚华美的中华文化的源头，是中华文化的精神支柱、根基所在，经数千年古圣先贤们一代又一代的精研阐述，易经文化今天已经成为内涵丰富、精思善辩，蕴含内容广大悉备，无所不包，既有天道规律、地道法则，又有人道准则等在内的大文化系统，成为群经之首、中华文化之源头，具有极为重要的地位和意义，深刻影响中国从官方到民间的思维方式、道德心理和风俗习惯。《周易》是一部从古至今不断发展、丰富，去糟粕、升精华，体现了中国人集体智慧结晶的经典，是闪耀着光辉的文化瑰宝。然而面对这样的瑰宝，我们不少人，不但不识宝，反而总是去贬低、诋毁、践踏它，一提到《周易》这些人很快就把它与算命、抽签、巫术等封建、落后的东西连在一起。正因为如此，作者认为应该首先对《周易》有一个正确认识和全面了解，只有正确地认识、了解了这部经典，才能正确认识和了解整个中国传统文化。本书将从以下两个方面认识、了解《周易》。

一、从《周易》的形成、发展、演变与进化中来认识、了解《周易》

　　讲《周易》之前，先应清楚中国文字所经历的一个漫长产生、形成、发展、演变过程，这一历程大体上可以简要概括为：没有文字→实物记事

（结绳、结珠、刻记等）→图画文字→象形文字（从传说仓颉造字成功，历经甲骨文、大篆、小篆、隶书、楷书诸般字体演变，终于形成了我们现在的汉字）。文字是人类传达感情、表达思想、记录语言、记事记物的符号。从上述论述中，我们可以看出，《周易》是以图画文字的形式开始的，是处在象形文字之前的阶段，是文字的起点，象形文字同事物的形状非常相似，有公认的固定形状和读音、含义，是真正的文字。甲骨文是中国已发现的古代文字中时代最早、体系较为完整的文字，是殷商时代刻在龟甲兽骨上的文字。文字的出现，是人类进入文明时代的标志。中国从奴隶社会（大约从夏朝开始）起，便有了文字记载的历史。《周易》属于图画文字阶段，较之没有文字、实物记事是进步了，也方便多了，但较之象形文字又困难多了。象形文字能够比较清楚、明确地表达人的意愿，而图画文字却很难做到这一点，也正是这个特点，图画文字意义含蓄，所以可以让人们自由解释，为满足各式各样的疑问提供了空间，《周易》中的《易传》可以为证。从这里我们就可以看出，《周易》的图画文字便成了中国文字的源头。

　　《周易》分为《易经》《易传》两大部分。先有《易经》，尔后才有《易传》，《易传》是注解、解释、发挥《易经》的。所谓"经"，就是说它来历久远，是古代传下来的经典。据现代学者考证，这部分的确很古老，因为第一，它的文字很古奥，和甲骨卜辞很相似，如卜辞有"贞我旅吉"，《周易》爻辞也有"旅，贞吉"，卜辞有"其弗克""贞其克乎"，爻辞里也有"乘其墉，弗克攻，吉"；第二，它的占筮很原始，判断的都是上古先民关心的事，没有系统化哲理，只有吉凶的预测；第三，很多古代史书都提到或引用过它，像《左传》襄公九年引用过随卦的卦辞，昭公十二年引用过坤卦的爻辞，可见它至少比成书于战国初期的《左传》要早。现在随着考古资料的不断发现和发展，很多专家都相信，《周易》的"经"大约形成于殷周之际，也就是公元前十一世纪前后。

　　《易经》到底成书于何时，具体作于何人，由于时间久远，迄今亦无定论。但《史记》载"文王拘而演周易"，故古人多依司马迁之说而认同《易经》乃周文王所著。夏商周上古时期是中国社会的早期，由于生产力发展程度的制约以及当时人们的认知能力的低下，因而先民对许多自然现象

（如日月、山川、风雨、雷电等）和人类本身生理、病理（如梦幻、疾病、生死等）现象，都感到十分困惑和难以理解。由于知识和智力水平的限制，人类早期原始思维明显地带有想象性思维的特点，他们遵循着远古社会遗留下来的鬼神信仰之类的原始宗教意识，认为在种种纷繁的人事、自然现象背后都有相应的神灵在主宰和运作，只要借助某种仪式，采取相应的方法和手段，就有可能按照自己的意愿，或遵循自己所期望的方向去制约乃至控制外界事物及他人，而采取的手段和方法，在当时的环境条件下只能是巫术；因而这一时期，巫教盛行，神秘主义的空气如迷雾般笼罩着整个社会。特别是殷商时代，原始宗教的鬼神信仰十分浓厚，殷人信奉至高无上的天帝和各种鬼神，即所谓"殷人尊神，率民以事神"，遇事都要由巫师通过卜筮、祭祀，向天神和上帝请求指示和乞求福佑。而作为专管祈祷、祭祀的巫，代表统治阶级（奴隶主）的利益行事，把幻想中的神人格化，通过占卜吉凶祭祀等活动影响国家大事。他们能代表鬼神发言、歌舞，还能医治疾病，有的参与朝政，指导国家政事、策划国王的行动，在总体上形成一种特殊的政治力量，并在社会上有着极其显要的地位，培养出拥有较高知识的人物"巫"与"史"。巫、史都能代表鬼神发言，指导国家政治和国王行动。"巫"偏重鬼神，"史"偏重人事。"巫"能歌舞音乐与医治疾病，代鬼神发言退敌筮法。"史"能记人事、观天象与熟悉旧典，代鬼神发言主要用卜（龟）法。国王事无大小，都得请鬼神指导，也就是必须得到巫史指导才能行动。《易经》形成于这种社会时代背景下，不可能去另搞一套，只能适应这个时代记载，于是《周易》就成了一本占卜之书，书里有卦象、卦辞、爻辞，卦爻辞只有吉凶的预测，没有什么哲理、伦理。要占验祸福吉凶，得到卦象只是第一步，最要紧的是解释这些卦象的含义，所以《周易》的基本内容除了六十四卦卦象之外，最要紧的是附在六十四卦每卦之后的"卦辞"和"爻辞"。"卦辞"是解释每一卦总的含义。上古人关心的事情和现代人有所不同，他们最关心的事大概一是军事之事，哪一天启征，仗打起来是赢是输，从哪个方向进军合适等；二是行旅之事，出门吉不吉利，往哪个方向走安全等；三是祭祀之事，祭祀某个鬼神有没有用，选择什么日子，献上什么祭品等；四是婚姻之事，与某氏族的人通婚好不好，什么日子是好日子等。所以我们看《周易》里的卦辞，大多数都是解释这几类事情的吉凶。卦辞语言比较古奥，而且预言未来总是不能太直截了当，所以卦辞都很难懂，也很玄妙。比如"乾卦"是"元亨利贞"，据古人解释说："元，始也；亨，通也；利，和也，贞，正也。"大意当然是极好，但为什么极好，就得琢磨了。又比如说"渐卦"是"女归吉，利贞"，大意是说女子嫁人，很吉利。但是如果别人问的不是嫁娶之事，那么筮者就要根据这些意思采取类推联想的方式加以解释了。我们常常在寺庙里看到求签的场面，签文上也许只有一句模棱两可的话，但签书上却针对这一句话有各式各样的回答，有"功名""生意""婚姻""求子""谋事""官司""失物""出行""疾病""家运"等。《周易》卦辞也是一样，卦辞虽然简单，往往只有寥寥几句，但因为它文字古奥、意义含蓄，所以可以让人自由解释，满足各式各样的疑问。爻辞是分别解释每一爻的含义，每一卦六爻，从下往上数，阳爻叫"九"，阴爻叫"六"，比如"复卦"就是"初九""六二""六三""六四""六五""上六"。每一爻有当位、不当位的分别，阳爻应当在一、三、五"单位"，阴爻应当在二、四、六"偶位"，合则当位，不合则不当位。如渐卦，最下面的"初六"不当位，"六二"当位，"九三"当位，"六四"当位，"九五"当位，"上九"又不当位。筮者可以从当位、不当位的秩序、情形及变化中判断种种结果，爻辞就是从下而上一一解释每一爻的含义。比如益卦，总的卦辞是"利有攸往，利涉大川"，就好比黄历里的"黄道吉日，利于出行"一样是好兆头，但具体到每一爻又有种种分别。它第一爻是"初九"，阳爻，当位，爻辞就说"初九，利用为大作，元吉，无咎"，大意是说，初九这一爻，象征兴建各种大房屋等建筑会获得成功，不会遭到挫折。而它的第二爻是"六二"，阴爻，也当位，爻辞就说"六二，或益之，十朋之龟，弗克违，永贞吉，王用享于帝，吉"，大意是说，六二这一爻，表示阴柔居中很合适，因此有自外而来进献价值十朋龟甲者，依它决策一定不会错，这是一个吉利的兆头，如果王祭祀天帝，也是大吉。以下爻辞一一解释。据统计，《周易》六十四卦三百八十四爻的爻辞中说吉的有一百二十一爻，说凶的五十二爻，说无咎的八十五爻，看来还是说好话的多，这和后来寺庙里的签文以及看相、测字先生口中大多是好听的话语倒是一样的。从上述内容可以看出，当时的《周易》只是占筮吉凶预测的记载，无论是国家大事，还是民间生活小事，都只是用来预测吉凶的记载，不含哲理、伦理等观念和思想。

东周至西汉前期，我国社会经历着奴隶制崩溃到封建制度确立的变革。由于铁器广泛应用于生产领域、牛耕的广泛推广以及水利兴修和手工商业的发展等因素，社会生产力大大提高，在促进社会变革的同时，也促进了此期科学文化的发展。在意识形态领域中出现了一系列崭新的观点，从各个不同的角度冲击和动摇着天命神学的提防和统治。这一时期经过改造的阴阳学说和五行学说也发展成否定天命、鬼神的朴素唯物主义思想。如在对待生命、疾病和死亡等问题上，唯物论者和神权唯心论的巫术迥然不同，前者力图按照自然界的物质本性去解释自然和生命现象。郑国的国相子产认为晋平公患病"亦出于饮食哀乐之事也，山川星辰之神，又何为焉！"齐国大夫晏婴指出齐景公之病乃"纵欲厌私"所致，祈祷是无用的。管仲也说："死生命也，苟能病失也。君不任其命、守其本，而恃常之巫，彼将以此无不为也。"这表明随着社会生产力的发展和自然科学的进步，特别是人们药物学知识的不断积累和医疗知识的日益丰富以及医学思想的进步，医药的治疗效果越来越明显地超过了巫医的迷信活动，从而使以药物为主的治疗方法逐渐形成，取代了以往以巫祝治病为主的医疗地位。同时随着社会分工的进一步扩大，各行各业从巫术中分离出来，在当时社会上出现了一些行医济世的专职医生，这是一个社会发展的大趋势。在这一段时间中，谈到中国传统文化，不得不首先提到一位为中国传统文化做出特别贡献的历史人物——孔丘，即孔子。孔子生于公元前551年，终于公元前479年，春秋末期鲁国人（今山东曲阜）。孔子先世系宋国贵族，后迁于鲁。孔子出生时家境已经衰落，但他早年在母亲有意识的引导下，坚持不懈地勤奋自学，人又十分聪明，多才多艺，知识渊博，对传统的礼、乐、射、御、书、数六艺十分熟悉，以致后来成为中国古代最有学问的人。春秋时代二百四十二年间，社会动荡不安，内乱不止，战事不休。据统计，在此期间，有三十六位君主被杀，五十二个诸侯国被灭，大小战事四百八十多起，先后出现五个霸主，称春秋五霸。春秋时期各国的兼并与斗争，促进了各国、各地区社会经济的发展，也加速了不同族属间的接触与融合。孔子生长在这种动荡混乱的春秋时代末期，对于乱臣贼子的不守秩序十分厌恶，对于暴君污吏的横征暴敛更是深恶痛绝。在这种大环境下，孔子将自己的道德伦理认知与聪明才智相结合，成为儒家学派的创始人，中国古代最著名的政治家、思想家和教育家。至于孔子在"易学"中起到了什么作用，《汉书·艺文志》中提出了"人更三圣"说，认为伏羲氏画八卦；周文王演为六十四卦，作卦辞和爻辞；孔子作传以解经，这只是一个大概。孔子作传以解经，是说的《周易》的第二大部分《易传》，《易传》是解释《易经》的，《易传》包括《彖辞》《象辞》《文言》《系辞》《说卦》《序卦》《杂卦》七种，叫《易传》，由于《彖辞》《象辞》随"经"分上下两部分，于是也分为上、下篇，《系辞》也分上、下篇，所以一共是十篇，后将其称为"十翼"。相传"十翼"是孔子所作，但现在大多数学者都不再肯定这种说法，比较接近事实的解释是：它们大体成书于战国时代，也就是说《易传》成书于孔子以后的时代。《易传》虽然是注解、解释、发挥《易经》的，但《易传》的出现，是《易经》出现"质"的演变的转折点，《易传》解释《周易》时已经离开了占筮而大讲哲理、伦理道德，使《周易》成了一部哲理、伦理之书，这是后人利用《周易》六十四卦的卦象、卦辞、爻辞的形式，用时代进步的新内容代替了占筮的旧内容，通过"十翼"实现了"质"的演变。这是社会发展、时代进步的必然结果，也是符合人类社会历史的发展规律。关于《周易》出现质变的这一点，过去，人们并没有清楚地察觉和发现，因此对《周易》的说法，总是各种各样；现在我们明白了《易经》通过《易传》"十翼"由原来的一本只用来占卜占筮预测吉凶之书，而转变成为后来的哲理、伦理之书，《易传》只是借用了《易经》六十四卦的卦象、卦辞、爻辞的形式，来阐释宇宙观念、伦理道德、人生哲理等思想理念，而阐释的思想理念，也随着社会的发展、时代的进步，不断以新的内容去充实、丰富，使其更符合时代的要求，因此《周易》发展到今天，经历了由原始制卦内容的记载逐渐脱胎换骨，由记载占卜占筮之书，变成为记载哲理、伦理之书，是后代人一代又一代随着时代的进步努力的结果，因此，现在的《周易》是历代前人集体智慧的结晶。根据上述《周易》形成、发展、演变的历程，我们不妨尝试以《易传》出现为界点，将《周易》分为前期与后期，前期的《周易》是上古时代占卜占筮的"巫史文化"时期的记载，是与当时的社会生产力低下、人们认知能力水平制约相关的。后期的《周易》是随着社会生产力的发展，时代的进步，而进入了"理性文化"时期的记载。从《易传》通过"十翼"对《易经》的注解、解释来看，根本不讲占卜、占筮预测吉凶那一套，而是大讲哲理、伦理道德等思想理念，而且在讲的思想理念中，大部分体现了以孔子创建的儒家的伦理道德内容，正因为如此，所以后人认为《易传》为孔子所作。《易经》与《易传》的成书，一般认为，《易经》编于殷周之际，成书年代古老，从其文字的古奥、生僻程度看，至少比春秋要早，《易经》六十四卦体例完整和谐不可分离，文字风格前后一致，当属一气呵成，而非几个时代的断续之作，只是其中的卦画，传说是古代伏羲氏当年，借由对大自然种种景象的观察，采用阴"— —"、阳"—"两个符号，将比较熟悉、与生活有密切关系的八种景象，以八卦来表示，伏羲画卦，目的是为了造字，借用占卜的符号，来推行识字教育。与《易经》相比，《易传》的文字则明显要好懂得多，同时《易传》的不同篇目，甚至同一篇目中不同章节运用文字的风格及内容观点也明显多变，可能不是一时一人所作。比如，《易传》中的《文言》是专门阐发乾、坤两卦深奥意义的小论文，从文章中，我们可以大体上看出阴阳学说和儒家伦理道德的综合，因此，可以说《文言》问世的时间不会太早。另外，到了汉朝汉武帝时，倡导"罢黜百家，独尊儒术"，以后各朝代也不易而尊之，因此儒家的思想理念在《易传》的"十翼"中重点地体现了出来。如《系辞》中的"子曰"是指孔子所说，不过说的话不是孔子的原话，而是孔门后学根据孔子的思想写成的。我们可以引用《系辞（上传）》中的一段内容来加以说明。子曰："《易》其至矣乎。夫《易》，圣人所以崇德而广业也。知崇礼卑。崇效天，卑法地。天地设位而《易》行乎其中矣。成性存存，道义之门。"意思是，孔子说：《周易》的道理已经达到至善至美了！《周易》是圣人用来崇高其道德，扩大其事业的。智慧贵在崇高，礼节贵在谦卑，崇高要效法天，谦卑得效法地，天地上下的位置既经设定，《周易》的道理就可以通行了。成就崇高广大的美德天性，不停地蕴存涵养，就是进入道义的门户。宋代是中国人理性思维较深刻的时代，为了给人们提供一个可以解释一切的理论框架与思维模式，当时的思想家们，又来解释《周易》，根据《周易》设计了一个包括解释宇宙、社会、人类一切问题的起源、结构图式，用它来充当观念的基石，于是就产生了著名的《太极图说》，丰富了"易学"，也丰富了中国的思想。太极即宇宙，用"〇"这么一个圆圈代表。《周易·系辞上》说："易有太极，是生两仪，两仪生四象，四象生八卦。"这里的"太极"是万物的本原，太极在仪象之先又在仪象之内，所以用一个圆圈代表太极。太极生两仪，两仪生四象，四象生八卦，八卦又衍生为六十四卦，表示天地万物变化无穷，生生不息，这就成为中国传统的宇宙推演模式。太极为宇宙初始的先天形态，太极变而产生天地阴阳两仪（衍生出一阴爻"‑‑"和一阳爻"—"），两仪变而产生象征四时的老阳、老阴、少阳、少阴四象（是阴爻和阳爻互相叠加而得出的），四象再分别与阴爻与阳爻叠加，就得到乾、坎、艮、震、巽、离、坤、兑八卦，分别代表天、水、山、雷、风、火、地、泽八类事物。八卦是由阴爻"‑‑"与阳爻"—"相重而组成的卦，既叫单卦，又叫三画卦。由上下两个三画卦（即八卦）相重而衍生构成六十四卦。六十四卦是代表更多的事物及人事变化。于是，这样一来，《周易》就成为一个系统的理论体系，用以代表中国人对于宇宙的总看法，来解释人们所需要解释的一切，包括政治、经济、军事、伦理等问题，用以支持人们面对世界时的自信心，因此，它很快渗入到人们的心理层面，成为中国人体验世界、解释世界的思维模式或框架。到了近代和现代，思想家们用指导学习《周易》的方法，在书中用"题解""解说"的形式，不仅能帮助人们更全面、更深入地领会、理解《周易》，而且又使《周易》丰富、充实了近代、现代的思想理念。这样一来，《周易》便成为中华文化从古至今的一个大文化系统，像一棵参天大树的"主干"，贯穿在整个中华文化中，由强劲的主干根系从土壤中不断地吸收养料，从而使整棵大树枝繁叶茂，呈现出一派欣欣向荣、生机勃勃的景象。

我们回顾中华文化发展的整个历程，从没有文字，到伏羲画八卦，到周文王演为六十四卦，作卦辞和爻辞，又到孔子作传以解经，再到太极图说，至近代现代，已经历了大约五千年，其中的伏羲、周文王、孔子是否真指其人，这都不重要，重要的是《周易》（通常是指包括《易经》与《易传》两部分的合称）是实实在在地存在于我国传统文化历史的长河中，见证着中国传统文化从发生、发展到演变及进化的历史，也可以说《周易》的发生、发展与演变和进化的历史是中国传统文化发生发展、内容不断更新、充实、丰富的历史过程的缩影，是中华文化集体智慧传承的结晶，是升发精华、摒弃糟粕的历史发展过程的见证。

二、从《周易》在中国传统文化中的意义来认识、了解《周易》

它在中国传统文化中的意义如果细分起来，可以是多方面的，如政治、经济、军事、哲学、伦理等方面，但是，我想从另外的角度来分析其意义，主要从以下五个方面来认识与了解。

第一，《周易》培育造就了中华民族精神和意志品质。这一点可以从《周易》的"乾卦""坤卦"中清楚地看出，下面从两卦中作一些节录以证。

"乾卦"节录分析：

乾，元、亨、利、贞。其意是，乾卦，象征天，具有万物创造的伟大天圆，亨通顺利地成长，祥和有益前进，贞正坚固。解说：乾，原是人用来表示观测日影的工具，这里用作卦名。乾卦的六爻，是纯阳之体，具有一切刚健雄强、光明正大纯阳的秉性和功德，其中，元、亨、利、贞四种伟大的品性，唯有乾阳才完全具备。"元"通"原"，原生、创始之意，是说乾阳具有创始万物的功能。"亨"即亨通，宽广雄浑、奔放，志在千里、不可阻遏，所以能亨通。"利"指有利，乾阳可以惠泽天下万物。"贞"指周正坚固，它遵循天道，不偏不倚，永恒不变，可以天长地久。元亨利贞在本卦里取象如天，"乾"就象征着天。世界上能做到元亨利贞的事物是不多的，太阳是其中之一，元亨利贞也适用于那些人格如高山一样巍峨，给人类以巨大造福的极少伟人，他们也会像太阳一样光辉永远。《彖》曰：大哉乾"元"，万物资始，乃统天，云行雨施，品物流形。大明终始，六位时成，时乘六龙以御天。乾道变化，各正性命。保合大和，乃"利贞"。首出庶物，万国咸宁。意思是，《彖传》说：博大、象征万物创始的乾卦，万物依靠它而开始生长，它是统帅万物之本源。它使云朵飘行翻动，使雨水施洒降落，各种事物各具形态而不断发展。明亮的太阳周而复始，乾卦各爻按不同的时位组成，犹如六条龙接连驾驭天地之间。天地自然变化形成万物的规律，万物各自运蓄精神，保持太和元气。如此则祥和有益，顺利贞固。天道创造万物，天下邦国和美昌顺。解说：《彖》辞一般用来解释卦辞或卦象，通常以"彖曰"两字开头，意思就是《彖传》说。"大哉乾元"首先赞美乾天创造万物的功能，具有造物的伟大，这里也表现出《易经》关于世界创造说的强烈的唯物主义色彩。万物要借乾天资助才能生长，乾即是天的主宰。"云行雨施，品物流形"表明乾天的亨通广大，进一步说明乾天是通过云行雨施分布元气和能量来造物的。"品物"即各类物体，"流形"即形成。体现出元亨一体且相承的关系。乾卦六爻都是阳爻、刚爻，阳爻代表白昼，所以说乾卦"大明始终"，六爻从潜到亢的时运、时势不同，所以说"六位时成"。"时乘六龙以御天"就是宇宙总的运行模式。天道变化的规律，在于万物各正性命，各自得到并坚守自己的本性和位置，保和元气（古人认为元气聚则生成，散则死亡），达到极其和谐、圆融、生机盎然的"大合"境界，就是利贞。"首出庶物，万国咸宁"表明元亨利贞对社会的意义，意为天（首）创造出众多（庶）物体，万国得到安宁。这段《彖》最后提出了对中华民族影响极为深远的"和谐"思想。《象》曰：天行，健。君子以自强不息。"潜龙勿用"，阳在下也。"见龙在田"，德施普也。"终日乾乾"，反复道也。"或跃在渊"，进"无咎"也。"飞龙在天"，"大人"造也。"亢龙有悔"，盈不可久也。用九，天德不可为首也。意思是，《象传》说：乾卦如天道运行，刚强劲健，君子亦应如此，坚强振作，不断努力，"龙潜入在水中，暂不宜有所作为"，所以初九之象，阳气刚刚萌生，自然居位低下。"龙出现在田间"，此象说明德业昭著，大德之人经潜藏休养，必会将大德普济于世。"整天勤勤恳恳"，表明唯恐行道，而有偏差。"潜藏深谷，或跃腾上进"，表明龙处在进取而无损害的时机。"龙高飞于天"，说明怀德之人可一举创就大业。"龙高亢至极，终会有所悔恨"，表明物极必反。用九，说明天之宏德也并非永居首位。解说：象辞分大象、小象。大象一般用来解释卦象、卦辞，小象用来解释爻辞，都冠以"象曰"。象辞说：天的本性就是刚健不息，永恒运动，天道就是乾健。"天行健，君子以自强不息"既是中华民族先祖对世界的认识，也是中华民族精神的写照，正因为自强不息，中华民族在世界上才能够百折不毁，生生不息。

从以上乾卦的节录及解说中，可以清楚地看出，"乾"的精神：刚强勇毅，一往直前，是中华民族的生命之源、文化之本，放眼宇宙、万事万物都在生命的长河中演化生息，这是一种推动宇宙、转动地球、化生万物、演进人类、繁衍中华的伟大力量。这种力量究竟从何而来，又会否穷尽呢？易家用一个"乾"字对它作了高度概括，那就是《象传》中的"天行健，君子以自强不息"。如果说，世间万物都靠着这"天行健，自强不息"的生命原动力，得以繁衍生息、万代不穷的话，那也正是易家倡导的每个正人君子、有为之士的最基本的内在力量——孜孜不倦的原动力、自强不息的上进心、日新其德的完美志。由于乾卦在《易经》全书中的总纲作用，是所有六十四卦各爻在演变时都要遵循的普遍规律，故此易家用了《彖》《象》《文言》诸"翼"篇幅，从不同的侧面对它的深刻含义一再阐发。乾之德，也就是前之德、先之德，亦即敢为天下先之德，并且这种德在后来的儒家建功立业的学说中得到了发扬，反映出中华先民在从事开天辟地的伟大而艰难的事业中，义无反顾、勇往直前的精神和意志品质。这里的"敢为天下先之德"与老子的"不敢为天下先"是不矛盾的，是互为发明的，这一点已在有关章节中提到过了。

"坤卦"节录分析：

坤，元亨利牝马之贞。君子有攸往。先迷后得。主利。西南得朋。东北丧朋。安贞吉。意思是，坤卦象征地，具有伟大的、元始亨通的德性，像雌马一样守持正固是最有利的。君子有所往求，如果遇事争先居首则会迷失方向，如果跟随其后，就会找到主人，因而获得利益。往西南方可以获得可观收获，往东北方将受到损失。卜问是否平安，结果是吉祥。解说：坤也具有元亨利贞的品性，但利贞是牝马之贞，而不是像乾不受限制地利贞天下万物。后面将讲到坤元与乾元不同，其他还有少数几个卦也具有元亨利贞的品性，但限制性更强，从这个角度讲只有乾阳具备完全的元亨利贞的品性。牝马是母马，在动物里马代表着乾，因为马刚强奔放。牛代表着坤，因为牛温顺任劳，但为什么这里坤卦不用牛而用母马来象征呢？这是因为牛的温顺没有原则性、方向性，而母马只对牡马（种公马）温顺效忠，有原则性。象征君子有所行动（攸往），也必然要有方向，坤在方位上代表西南方，所以向西南方向行动就有利，得朋是相合的意思。东北是阳的方位，就丧朋不利。得、安贞是针对坤的顺从守正的本性而言。《象》曰：至哉坤"元"，万物资生，乃顺承天。坤厚载物，德合无疆。含宏光大，品物咸"亨"。"牝马"地类，行地无疆，柔顺"利贞"。"君子"攸行，"先迷"失道，"后"顺"得"常。"西南得朋"，乃与类行。"东北丧朋"，乃终有庆。"安贞"之"吉"，应地无疆。意思是，《象传》说：广阔无垠的大地啊，是生成万物的根源！万物都靠它成长，它柔顺地秉承天道的法则。大地深厚且载育着万物，它的功德广阔无穷。它含藏了弘德、光明、远大的功能，使万物都顺利地成长。雌马属地上走兽，具有在大地上无限奔驰的能力，它的性情柔顺、祥和，有利于守持正道，君子应当效法这种品德而行动，如果遇事争先居首就会迷失方向，如果跟随在人后顺随大势就能找到常规。往西南方向可以得到利益，是因为同类同行；往东北方向将有所损失，尽管如此，但最终结果仍然有吉庆。安顺并且守持正固的行动将会是吉祥的，因为应和了大地广阔无垠的柔顺之德。解说：坤元与乾元不同，乾元是创始，而坤元是生成，坤的"亨"是指坤深厚广大，能承载万物，而乾的"亨"是"云行雨施"化生万物。就如植物生长可以做到无土栽培，减弱坤地的作用，但阳光雨露属于天的作用是不能取代的。坤地要与乾天相合，阴要顺从阳，所以说"乃顺承天""德合无疆"，无疆指坤的母性般无边的宽容博大的精神，这种广大又是默默的不张扬，但又充满光辉的"含弘光大"。《象》曰：地势，坤。君子以厚德载物。意思是，坤代表着地，代表着静，地的形势就是坤，坤的德性就是大地的品格——厚德载物。《文言》曰：坤至柔而动也刚，至静而德方，后得主而有常。含万物而化光；坤道其顺乎，承天而时行。意思是，《文言》说：大地的德性是极为柔顺的，但变动时则显示出刚强；虽然极为安静，但柔美的品德却传布四方。尽管是后一步，来主持万物生长，却自有一定的规律，能包容万物并使其生长光大。大地的法则是多么柔顺啊！它秉承天的意志而顺时运行。解说：坤性如水。孙子说"夫兵象水"，因为水至柔其动也刚。老子说"上善若水"，因为水善利万物而不争。这与"含万物而化光"一样都属于坤柔的美德。坤如大地，静而方正，忠贞不渝，这是坤阴顺天的美德。从以上坤卦的节录及解说中，可以清楚地看出，坤德是中华民族的又一基本美德——厚德载物，其重要性绝不亚于乾德，甚至可以说是乾德得以实现的最基本条件。坤德为何如此重要？从宇宙演化、万物化生的全息观来看，任何事物的发生发展都是相辅相成的，有阴有阳、有正有反、有动有静、有主有次、有生有亡、有长有消、有亏有盈等的对立统一，从而使这个世界得以存在、万物得以生息。

从以上对乾、坤两卦的节录及解说中，就看到，乾是天，乾德如天高；坤是地，坤德似地厚。乾德性豪壮，坤德品坚贞；乾德山难撼，坤德可海涵。"乾"的精神，刚强勇毅，自强不息，一往直前，敢为天下先；"坤"的品德，厚德载物，柔顺天的意志，默默奉献从不张扬。这种"乾"（阳）的精神、"坤"（阴）的品质，几千年来，深刻地影响着中华民族，从而形成了"天行健，君子以自强不息"和"地势坤，君子以厚德载物"的意志品质。

第二，《周易》教给我们治国经验。这一点可以从六十四卦中的不少卦中得到证明。下面就作一些卦的分析以证。

大壮卦："大壮"是指刚大而强盛，刚健而有行动，所以说强盛。大壮时期是正道大行于世，形势向好的一面演变的时期，这种时候，易家的主张，尤重壮德，即适当壮大武力，遵循正道，亦即后来儒家发展为"非礼勿视、非礼勿听、非礼勿言、非礼勿动"的礼德。中国为文明古国、礼仪之邦，礼的道德化和规范化，是中国步入文明社会的必由之路。如果人幼不学礼，大不知礼，那他不是无知文盲，就是不开发的野蛮人，归根结底，所谓礼，亦即文明规范，是人类社会进化的产物和象征。无规矩，不成方圆，无礼仪则不成文明世界。易家早在人类思壮好强、崇尚武力的古代，就提出了修壮德，即武德礼德，促进精神文明的远见，这是中华民族关于两个文明不可偏废的最早阐发。这一卦告诉我们，即使壮大了，也要坚守正道，要有礼仪，不能横行霸道、恣意妄为，两个文明建设一起抓，不能偏废。这为后人提供了一条治国经验。

贲卦："贲"为古"斑"字；"贲"字上"卉"是花卉，下"贝"是蚌螺，亦是花纹灿烂。这里的"贲"是修饰、文饰的意思。因此，贲卦象征文饰。天上日月星辰刚柔交错形成的景象是天的文饰；文章灿明止于礼仪，这是人类的文明。上观天之文饰，可察看四时的交替变化；下观人类文明，可以教化庶民促使天下昌明。从易家排列的卦序看，"噬嗑"表示事物的啮合状态，而这一啮合须讲究一定形式，所以接着噬嗑卦的是贲卦。"噬嗑"卦是以刑罚治理，而"贲"是以文化礼仪的方式治理，一以法，一以文化礼仪；也就是说，除了法治以外，还要文明教化，以德服人，文治武功并举。

噬嗑：噬嗑象征咬合，噬嗑卦离日在上，象征明镜高悬；震雷在下，是威严施法行狱。上卦离为罗网，下卦震为动，以示天网恢恢，疏而不漏，故利用狱。古人把"噬嗑"当作咬住要案大案不放、明刑断狱、铁面无私的"噬嗑"——依法办事的"法德"象征。从卦序看，可以观看而后才会有所契合，所以接着观卦的是噬嗑卦。从噬嗑一卦"以法治国"的法制宗旨出发，《易经》通过六爻爻辞，进一步阐述了易家以法治国、修养噬德、以法教民、知法守法的法制治国思想。

蛊卦："蛊"原指器皿中的虫子，后引申为蛊惑、疫病等。蛊卦旨在破旧立新，中兴基业，要冲破阻滞，所以利涉大川。卦中讲，山下有风，山风有阻不行，湿气闷热，就产生了蛊。君子应该从这一现象中得到启示，天下无事，安平日久，久闭生蛊，积弊丛生，需要大力整治，变化维新，积极振奋人民，培育良好品德，抵制各种乱人心智的蛊惑。这一卦启示我们，在安平日久、积弊丛生的时代，需要大力整治，重新焕发活力。这是治国中的又一经验，很值得执政者们借鉴。

师卦：象征军队，是阐述军队、战争之事的一卦。"师"是部属众多的意思，"丈人"是指资历、威望、能力、功绩很高、能服众的大人。《孙子兵法》首篇就强调统帅的重要性，要求符合"智、信、仁、勇、严"的标准。师卦开篇与《孙子兵法》开篇所见略同。师卦概括了两条具有普遍哲理意义的军事原则，这就是一要师出有名，为正义而战，兴正义之师；二要精选良将，用人得当。用孙子的话来说，两者均是衡量战争全局的谋略中，最重要的五事之一，即所谓"道"与"将"。所谓"道"，就是"令民与上同意也，故可以之死，可以之生，而不畏危"；所谓"将"，就是"将者，智信仁勇严也"。也就是说，出师讨敌，一是要符合道义，兴正义之师，如保家卫国、伐叛讨逆等，这样才能上下同心、共存共亡、生死不惧、勇往直前、夺得胜利；二是要选用多谋能战、守信诚实、仁慈爱兵、勇敢果断、严格治军的将领。这一卦，讲的是治国中治军的两条经验，这对现代来说，也是很有借鉴意义的。

临卦：象征监临，临卦取象富于想象，人来到大湖边，烟波浩渺，气象万千，临者玉树临风，心旷神怡，陶冶了情操。君子有感于斯，浮想联翩，悟到要教化百姓，宽容谨慎，让无限江山与生民得以永续。这一卦，《易经》总结了丰富的天文、地理、人文知识，在万物到了"阳临阴消"的阳气增长时期，伟大人物居于正位的大好形势下，没有被胜利冲昏头脑，而是预见了在阳气盛极而衰的八月之后，又将逐渐消退的不利局面，告诫人们在眼前"元亨利贞"的大好形势下，警惕"妖雾又重来"的可能。这表明了易家临德思想的远见卓识，这是治国中的又一经验。

革卦：象征变革，从本卦看，其对"革"的定义是相当成熟和谨慎的。一是在革之前要认真谋划，取信于民。所谓"已日乃孚"，就是要在长期筹备策划并取得民众信任和支持后，选准最佳时机，万不能草率行事。二是在变革之时要手段稳健，文明和悦，正当适宜，少走弯路，尽力避免不必要的牺牲和破坏，以免日后悲痛悔恨，这种按部就班、文明进步的"革"正是今人倡导的稳健文明的"改革"，这也正是易家所说的"革德"。本卦的这种革故鼎新是易家教给我们的又一治国经验。

《易经》教给我们的治国经验很多，由于篇幅关系，这里再简要地提示两组卦，即泰卦与否卦、既济卦与未济卦，它们值得人们认真思考。泰卦与否卦是相对立的一组卦，泰卦表示天地相交、万物相通、世道昌盛；否卦表示天地不交、万物不通、世道衰微。泰极否来，否极泰来，是《易经》的重要哲学思想，其意为事物发展到一定程度后，最终将必然发生向对立方向的质的变化。因为易家认为，事物不可能永远和泰畅达，所以接着"泰"的是表示阻滞不通的否卦。但从易家为君子谋、不为小人谋的出发点看，其所否定的只能是反面的东西；因此可以推出，易家的否之德，即否德，绝不是对德本身的否定，而是对非德的否定，是否非立正之德。根据易家的这种思想，人们要想维持世道昌盛、和泰的局面，就要经常不断地培养否德，否掉那些破坏昌盛、和泰局面的因素，从而使昌盛、和泰的局面持续下去。既济卦与未济卦也是相对立的一组卦，"既济"表示成功、完成、停止的意思，是事物发展的偶然完成的短暂阶段，而"未济"表示未成功、未完成、未停止，是事物发展的必然的缺陷的长久阶段。易家出于对宇宙生生不息、永无止境的运动发展和生命规律的清醒认识，不迷信绝对的完美和终极的真理，认为任何伟大事业胜利之后，都仍将面临新的挑战，从来就没有大功告成而一无可为的时候，永远将每一个胜利和成功当作新的起点。上述的两组卦，对于要想巩固政权、维持成功的事业来说，都是必须深刻认识、认真对待的治国经验。《易经》教给我们的治国经验，除上述节录和论述的卦之外，还有如蒙卦、同人卦、解卦、萃卦、升卦、鼎卦、丰卦、节卦等，这里就不一一列举。总之，《易经》教给了我们丰富、宝贵的治国经验，我们应该认真总结与消化，古为今用。

第三，《周易》教给我们做人知识。《周易》教给我们以"德"为根本的做人知识和道理，突出"德"这一点可以从《周易》中得到证实。

《周易》六十四卦中的每一卦有六爻，分为三才：初一、二两爻为地道，以刚柔为主；三、四两爻为人道，以仁义为主；五、上两爻为天道，以阴阳为主。天道与地道分不开，人道也离不开天道和地道，天道与地道之"参天地之化育"的责任在于人，所以天、人、地的整体和谐与协调十分重要。我们放眼世界，只有人可以与天地合一。人道能承接天德，天道因人道而显现，所以人能弘道。但是人力毕竟十分有限，而天道无穷，我们所能做的，不过是发挥仁义之心，以感应天地与他人。在物质方面，我们不可能照顾到每一个人，而精神方面，却是可以推己及人，既久且远；换句话说，我们在许多方面，都无法与天地相通，只有在道德精神方面，随时可以和万物相合。

《周易》一方面以人为本，一方面以德为本，因此《周易》是一门以人为本、人以德为本的学问。《周易》的坤卦《文言》中说："积善之家必有余庆，积不善之家必有余殃。"意思是说多做好事、积累善行的人家，一定有很多的喜庆；常做坏事、积累恶行的人家，一定会有不少的灾祸并殃及子孙。这句话可以看作《周易》最高的道德指导原则，这当中的变数，主要在于品德修养的善或不善。《周易·系辞上传》中说："一阴一阳谓之道。继之者善也。"意思是说，一阴一阳的相生相灭的矛盾变化就叫作"道"，继承天的这一法则的就是"善"。中国人自古以来，普遍具有高度的上进心，也就是向上心。"上"和"善"近音，我们可以说成善进心或向善心。人人都有向善的善进心，这个"善"是讲的善德，而这种"善德"只有通过品德的修养才会出现。人类在食、色两种本能之外，还有向善的仁义，使其和一般动物得以区分。

《周易》对道德的重视，从《系辞下传》的一段对九个卦的论述中可以看得很清楚。文中说履卦是建立德业的基础，谦卦是施行德行的把柄，复卦是道德的根本，恒卦是巩固道德的前提，损卦是修美道德的途径，益卦是增益宽大道德的方法，困卦是检验道德的准绳，井卦是居守道德的处所，巽卦是展示道德的制宜。《周易》对道德的重视，是值得我们深思的，如果我们细细琢磨，一定会获益匪浅。

《周易》中突出四种德行，即《周易》第一卦乾卦中提出的"元、亨、利、贞"。卦中又以《文言》作了专门的阐发，并作为君子的四种德行，贯穿整个《周易》，成为全书的主干和中心思想，可见它们在《易经》一书中的地位和意义。君子的行为，是以完善品德修养为目的的，而且在日常言行中都可以体现出来。"元"是善心的开端，以善良之心修善、积善、行善，善生"仁"，于是善又代表、体现着仁德。"仁"是孔子思想中的核心，代表着一切美德，是美德的最高境界。"仁"是处理人与人之间关系的最基本准则。人与人相处如果能够做到推己及人，自然就会有和谐的人际关系，而人际关系一旦趋于和谐，家庭就会和睦，国家就能安宁，所以"仁"既是治国的根本原则，又是做人之本。

第四，《周易》教给我们做人做事的智慧。《周易》是一部哲理、伦理之书，是中国人智慧的结晶，而哲理、伦理又为中国人做人做事提供了无穷的大用、妙用之智慧基础。下面从《周易》中的一些卦予以分析证明。

《周易》中的豫卦，豫者，有预之意，即预见、预备等之意。古人总结出的"凡事预则立、不预则废"，是一种智慧的表现。事先做好洞察，做好预备，防患未然，遇事就可以胸有成竹、顺时而动、从容应付。另外，卦中说的天地循时运转、日月周转不出错、四季循环没有偏差，也是告诉人们世上万事万物的运动变化都是有规律可循的，顺其自然按规律办事是豫卦教给我们的一种智慧。

《周易》的睽卦，象征乖离。睽，原意是目不相视，引申有违背、乖异、背离的意思。此卦上为火下为泽，火性上炎水性下浸两者愈去愈远，互相违背，因此象征乖离。然而既有睽又有同，这是自然界和社会中的普遍现象，天地不同但生育万物之事相同。男女因为不同所以能交感而心志相同。各种生成事因类同，万物都是因为有差异，却又无不和合而同。故睽在广大时空中太重要了，君子与人相处讲究同中有异，异中有同，也就是求同存异。此卦的"睽"德就是求同存异的品德，因此，睽卦教给我们"求同存异"的思想方法和工作方法，这不仅是一种品德的体现，也是一种智慧的表现。

《周易》的六十四卦，每一卦都能使我们感悟出深刻的做人做事的智慧。例如乾卦告诉我们要自强不息，人生在不同年龄阶段有不同的自强不息的任务，而这些任务既是承前启后、相互衔接、密不可分的，又是不能超越的。人生的路虽然是曲折的，但我们还是必须按部就班地一步一个脚印地从第一步走起，这是人生的规律。又如需卦，从卦象看，云雨积于天上，等待降雨，"需"则是等待之意，我们可以从中感悟出，等待时机、伺机而动、守正待时，人们之所以等待，因为时机还未成熟，在等待中积蓄、坚固信念、做好准备，时机一旦成熟，乘势而上，使事业成功，因此等待是一种智慧。又如随卦，象征随从之意，我们从中可以感悟出，随机应变、开阔视野、灵活变通、随遇而安、顺水行舟、择善而从，从而学会相互沟通，相互促进，不断拓宽视野。又如夬卦，象征决断，有当机立断、胜券在握、处事果断、排除阻隔之意，从中我们可以感悟出，看准了的事，行动要果断，要雷厉风行，不可慢吞吞、犹豫不决贻误时机，有史以来，成大事者在处理事情时都会当机立断，该出手时就出手，拿得起放得下，干净利落。又如艮卦，从《象》中的"时止则止，时行则行"来看，有当行则行，当止则止，做事有分寸、适可而止之意，从中我们可以感悟出，在一切工作中，我们的决策都应该既尊重客观规律，又充分发挥主观能动性，将原则性和灵活性高度统一起来，这样才能创造性地开展工作，当止则止，知进不知止，绝非明智睿达之举。又如渐卦，象征渐进，《象》曰：渐之进也。渐渐地前进、渐次而进之意，如旭日东升、高楼地起之象，从中我们可以感悟出，在人生的道路上，无论做人做事，只要能够循序渐进、坚持不懈、日积月累地做下去，终究会从低洼的平地攀登上理想的高峰。又如困卦，象征困顿，它告诉我们当你穷困之时，要想没有灾难，要想通达，必须做到冷静面对，虽然身陷穷困，仍然自得其乐，不心浮气躁、心急火燎，坚持自己的理想，卧薪尝胆，坚守中正的原则，在困难面前要勇于面对。如此等等，这里就不一一列举。从上述的列举中，可以看出，《周易》的易理中蕴含着无穷的智慧，只要你认真感悟，智慧便从心生。

第五，《周易》教给我们思维方式。《周易》内容分两部分，前半部即《乾》至《离》共三十卦，主说天道；后半部自《咸》至《未济》三十四卦，主说人伦。这样一来，《周易》就为我们提供了认识世界、人类社会、人生、宇宙万事万物的世界观、认识论、方法论的哲学思想，也就是说为我们提供了思维的方式。《周易》以最简单的阴爻、阳爻两个符号来概括和演绎自然宇宙、人类社会、世间万事万物，充分体现了事物矛盾对立统一的哲学思想。《周易》为我们提供的思维方式，我认为主要是两条，一是整体思维，二是变易思维。现将两者分述如下。

（1）整体思维

这个思维我们可以首先从《周易》中的太极之说来理解和体会。

《易传·系辞上》曰："是故《易》有太极，是生两仪，两仪生四象，四象生八卦。"意思是说，《周易》创作之先有太极，太极变而产生天地阴阳两仪，两仪变化而产生象征四季的老阳、老阴、少阳、少阴四象，四象变化而生乾、坤、震、巽、坎、离、艮、兑八卦。这里的"太极"是指万物的本原、宇宙。太极在仪象之先又在仪象之内，所以用一个圆圈"〇"代表太极。从中可以看出，这里的"太极"讲的既是无边无际的宇宙，又是万物的本原。宇宙是由万物组成，万物中大到星球，小至蝼蚁。宇宙是一个大生命体，万物中的每一个物是小生命体，大生命体是由小生命体组成，没有小生命体，无所谓大生命体；反过来也是一样，小生命体离不开大生命体，离开了大生命体就无法生存与存在。小生命体之间又是互相联系、互相影响的。由此可以看出，大生命体与小生命体以及小生命体之间是相互密切关联的，从而形成一个整体，这个"整体"成了"太极"的核心内容，这样的"整体"观念是形成整体思维的基础。

"太极"这个词是中国古代的哲学术语，最早出现在《易传·系辞上》中，意为衍生万物的本原。后来的太极图是以黑白两个鱼形纹组成的圆形图案，它形象化地表达了阴阳轮转、相辅相成的万物生成变化根源的哲理。太极图形展现了一种互相转化、对立统一的形式美、和谐美。

太极图的含义：①太极图中的"S"线将太极图清晰地分为两个关联部分，表明任何事物的内部都是有结构的。②太极图的两个部分用不同颜色（黑、白）相区别，分为阴和阳，以"S"相隔，表明这两个部分是相互对立、不容混淆的。③太极图的两个独立块面各有一个对方的小点，即阴块中有阳小点，阳块中有阴小点，表明同一事物结构中的独立部分与对方有不容混淆的包含关系。也就是说，虽然阳中含阴，阴中含阳，但是不论是块还是点，都是绝对独立的，没有混淆界线。④太极图是圆形图，一是表示运动和结构有规则，二是表示运动以旋转为基本形式，三是表示运动是流畅圆润的。⑤太极图是对称图，整个结构均衡对称，表明一个稳定的结构其内部能量是均衡的，独立的双方都有均衡的能量和平等的结构地位。

⑥内部绝对对称的圆图也表明，太极的运动是无摆动、无震动的旋转运动。⑦太极图的阴块和阳块都有大头和小尾的形状，表明事物运动是有方向性的，可以显示太极图的正旋与反旋的旋转方向。⑧太极图阴块和阳块的大头与小尾，是表示阴块与阳块在旋转中有强弱变化，大头为强，小尾为弱，在大头处有对方的小点，同时与对方的小尾衔接，这就显示了太极内部两种能量的变化由小到大，又由大到小互变的变易性，呈现出物极必反的状态，这就是易理产生的根源。综上所述，太极图有七大含义：结构、规则、玄机、均衡、圆融、变易和方向。

为了使人们了解、领会太极图，宋代周敦颐为其《太极图》写了一篇说明，称为《太极图说》。该文认为，"太极"是宇宙的本原，人和万物都是由阴阳二气和水火木金土五行相互作用构成的。五行统一于阴阳，阴阳统一于太极。文章突出人的价值和作用，主张"惟人也，得其秀而最灵"。在人群中，又特别突出圣人的价值和作用，认为"圣人定之以中正仁义而主静，立人极焉"。参照周敦颐的《太极图说》人们能看到，太极图是由两个平衡对立的阴阳鱼组成的，阴阳互化而万物出。太极图与道家的"物极必反"理论相对应，也就是说道家认为：事物达到一定程度就会向相反的方向发展，乐极生悲就是这个道理。只有阴阳的平衡才能构成和谐的"道"。道家把太极阴阳理论整个运用到了其思想体系中。《道德经》云："道生一，一生二，二生三，三生万物……"可见，道家认为万物是由阴阳构成的，而阴阳又构成了"道"。儒家同样认为阴阳是一个平衡的整体，太极图中阴阳各自参半，如天平一样平衡，任何一方多或少都将破坏平衡。所以我们就必须要保证阴阳的和谐、平衡，这与儒家提倡的"中庸"理论相吻合。道家的发展与中国传统文化有着不可分割的血缘性，提倡"中庸"的儒家思想统治了我国几千年；无论怎么讲，太极一图对我国的影响是很深远的。从上述对"太极"的论述中，我们可以清楚地看出，"太极"讲的就是整体的理念，这个整体理念是用一个圆圈"〇"表示，这个"〇"表示的是无边无际的宇宙以及宇宙中存在的千姿百态和千变万化的万物，而宇宙与万物以及万物之间有着千丝万缕的联系，从而成为一个互相联系的整体。

　　整体思维还可以从《序卦》中得到理解和体会。《序卦》是论述六十四卦卦序的一篇论文，它把六十四卦用简洁的语言串联在一起，从第一卦乾卦到第六十四卦未济卦，组成一个从天地万物之始到万物不可穷尽这样一个运动流转的序列，重点是说明卦与卦之间的关系，在这些关系中，总是隐蕴着天地阴阳、前因后果、相辅相成、相反相成等循行的道理。通过说明卦与卦之间的关系，我们看到万事万物是紧密相连的一个整体，整体观念就体现在万事万物紧密相连之中。六十四卦结束于未济卦，"未济"意味着重新开始，是新的循环。虽然文中有一些牵强附会的地方，但我们可以从中得到启示，《周易》的六十四卦，卦与卦之间总是互相关联的，就是因为这些关联，构成为一个整体。由此我想，古代先人创立六十四卦时，卦象不是随便、任意、无目的地排列，而是有序、有关联排列的。正因为这样，从古人创卦始，历代后人贤者，仍然利用其中的卦象、卦辞和爻辞的形式而不断地用社会发展、时代进步的新内容去替代旧的内容，来丰富、充实、完善其内容，每一卦的内容都是六十四卦整体内容中的一部分；因此，人们在学习某一卦时，应该把这一卦的内容放到六十四卦的整体中去领悟、体会，这样才能得到全面而真正的理解。

　　整体思维还可以从《说卦》中得到理解和体会：《说卦》主要是论述八个基本卦的象征，其中有三点是很重要的。首先，《说卦》不仅把乾、坤、震、巽、坎、离、艮、兑八卦和天、地、雷、风、水、火、山、泽八种事物相联系，还和季节、方位、人体、亲族、色彩以及很多事物挂钩，这不仅使得《周易》有了更广泛、更丰富的象征和涵盖意蕴，而且使中国古代形成了宇宙、社会、人类共出一源、互相感应、彼此相关的观念。其次，《说卦》解释了为什么一卦要六爻，而不是五爻、七爻或九爻。因为天、地、人是宇宙最基本的"三才"，天分阴阳，地有刚柔，人具仁义，所以又是"二"，三乘二所以是六，这当然是臆说。这种观念来源很早，并且一直笼罩着古代中国的思想世界。再次，《说卦》还说明了六爻顺序为什么从下往上数而不是习惯地自上往下数，它说"数往者顺，知来者逆"，就是说要考究过去，你可以顺着数，但《易》是要预测未来，所以要"逆计数"。顺数则数字无穷无尽，逆数则数到零即有了结果，有结果才能叫"预测"，所以古文里"预料"也叫"逆料","逆"就是迎的意思，过去是迎不来的，未来是可以等待迎接的，所以要逆数。

从上述对太极之说以及《序卦》和《说卦》的论述中，人们就能清楚地看出，整体观念以及由此而形成的整体思维就体现在其中。

下面还可以从《周易》中随便列举几个卦来看看整体思维的运用。例如：乾卦与坤卦、剥卦与复卦相关联的二组卦。

乾卦与坤卦：乾天为纯阳之体，坤地为纯阴之体，一阳一阴、一刚一柔、一上一下、一主角一配角，正是天地的这种相反相成性质，是世界得以存在，是千姿百态和千变万化的万物得以生生不息的原动力。

剥卦与复卦：剥卦象征剥落，"剥"本是果木凋谢之义，引申为事物衰落衰退。本卦虽然是象征衰落，但并不甘于被小人剥蚀，而是要积极奋起，反其道而用之，培养一种去伪存真、剥上益下、剥外实内、剥阴壮阳、脱胎换骨的剥德境界。所以下一卦便是"复卦"。复卦象征复归，纵观"剥卦"与"复卦"两个卦，由于"复卦"是紧接着"剥卦"而来的。"复"是自然界的常见现象，如日月东升西落、植物生老壮死、动物冬眠春醒、四季更替寒往暑来等现象一样，呈现出一种周而复始的规律性运动。不仅是自然规律，也是社会规律，不可逆转。由此可见，剥落衰退之后，又必然会出现复兴之状，这是自然界、社会循环往复、周而复始的必然规律。这也是一种整体观念的体现。只有用这种整体观念的理念去观察、研究，才会发现自然界、人类社会以及存在于宇宙中的万事万物中的客观规律和法则。

综上所述，人们就能看出，宇宙是一个大整体，天地万物都是这个大整体中的分体（或叫小整体），大整体是由分体组成，整体离开了分体，就不复存在，分体离开整体，就无法生存与存在。譬如，人类的产生与生存是以宇宙和万物为基础的，人类离开这个基础，一切都无从谈起。人类是由多少亿年进化而来的，离开了宇宙及万物这个物质基础，能谈得上进化吗？能生存吗？又例如，人离开了空气，恐怕连一刻钟都不能生存。在中国传统文化中，"天人合一"就是讲的整体。生存在宇宙中的万物之间，互相联系在一起，谁也离不开谁，只有和谐相处，都才有生存的可能。为什么说宇宙中的每一物是小整体呢？譬如人，有五脏六腑，只有当脏腑和谐相处，各自发挥正常功能，人体才能处在一种整体和谐的健康状态，这里的"人"就是一个小整体。因此，整体就应该包括大整体和小整体，大整体与小整体以及小整体之间都是互相紧密关联的，用这样的理念观察、研究、分析自然界、人类社会、万事万物，这个理念叫作整体观念，用这样的整体观念来进行思维，就是整体思维。

（2）变易思维

《周易》中的"易"，实际上是讲的"变"，即变化。《周易》认为，世界万事万物都是发展变化的。变化就是变易，"变易"是《易经》研究的主要内容，《易经》的六十四卦、三百八十四爻、"彖传""象传""文言"等，核心思想是讲述事物的发展、变化。不变是相对的，变化是绝对的，任何事物都是发展变化的。有"易"就有"不易"，"易"是讲变易，讲变化；"不易"是讲的恒常不变，这个恒常不变讲的是事物内在的规律或法则。"易"和"不易"两者结合起来就是事物的发展、变化是按照自己内在的客观规律或法则发展、变化的。正如《诗经》所说"日就月将"或"如月之恒，如日之升"，日月的运行表现出一种非人为的自然，其位置、形状却又在时时变化，这是变易；然而总是东方出、西方落这是"不易"，又叫恒常不变。

《周易》的变易思想，贯穿于全书，是全书的核心内容，既表现在各卦的关联之中，又表现在每个卦中的发展、变化中，再表现在每一卦的六爻变化中。对于每个卦的发展、变化以及各卦的关联中的变易，在上述"整体思维"中作了一些列举分析，这里就不介绍了。下面着重从每一卦中六爻的变化上作一些列举分析。

在每卦六爻变化列举分析之前，先应该简要了解一下每卦六爻的组成概况。爻画：阴爻、阳爻是组成六十四卦的基本符号，阳爻用"—"表示，象阳、象天、象君、象父、象大人、象男人、象奇数、象阳性、象刚、象健、象动等；阴爻用"--"表示，象阴、象地、象民、象母、象小人、象女人、象偶数、象静、象轻、象柔、象亡之物等。为了区别阴阳属性，阳爻用"九"，阴爻用"六"。爻位：每一卦六爻，从下往上数，依次叫初、

二、三、四、五、上。阳爻叫"九"，阴爻叫"六"。比如复卦就是：初九、六二、六三、六四、六五、上六。八经卦：就是八卦，是由三个阳爻或三个阴爻，或一个阳爻与两个阴爻，或一个阴爻与两个阳爻组成一个单卦，就是所说的八卦，即乾、坎、艮、震、巽、离、坤、兑卦。再由八卦互相重合，组成六十四卦。六画卦：指由上下两个八卦相重而衍生构成的，由于每卦都有六爻，所以叫六画卦。内卦：六画卦的下三爻所组成的三画卦，称为"内卦"，也叫"下卦"。外卦：六画卦的上三爻所组成的三画卦，称为"外卦"，也叫"上卦"。得中：即一个六爻卦的上下卦中间那一爻的位置叫做"中位"。如果你占到的爻位恰好落在一卦的"中位"上，这就叫"得中"。当位与不当位：卦中每一爻有当位、不当位的分别，阳爻应当在一、三、五"单位"，阴爻应当在二、四、六"偶位"，合则当位，不合便不当位。如渐卦，最下面的"初六"不当位，"六二"当位，"九三"当位，"六四"当位，"九五"当位，"上九"又不当位。筮者可以从当位、不当位的次序、情形及变化中判断各种结果。爻辞：就是从下而上一一解释每一爻的含义。比如益卦，总的卦辞是"利有攸往，利涉大川"，就好比黄历里的"黄道吉日，出行"一样是好的兆头，但具体到每一爻，又有种种分别。它第一爻是"初九"，阳爻，当位，爻辞就说，"初九，利用为大作，元吉，无咎"，大意是说，初九这一爻，象征兴建各种大房屋等建筑必然获得成功，不会遭到挫折。另外，六画卦的排列：六画分天、人、地三分，上二爻（即五、上爻）表示天道，中间的三、四爻表示人道，下两爻（即初爻、二爻）为地道。在我们简略地了解了每卦"六爻"的组成概况后，下面就以"乾"卦的"六爻"变化为例作一些列举分析。

"乾"卦的六爻变化：

六爻都为阳爻，因此乾卦为纯阳之卦，，本卦以龙为喻，龙为阳为君，君者为有德有才的君主也。因此乾卦是讲君主一生的成长过程。初九爻：龙君处在年幼阶段"潜龙也"。九二爻：龙君出现在田野中，地平线上，勤恳虚心学习。九三爻：进入人的中途，需进德修业。九四爻：进入上卦的场所，如同登上一个新境界，需继续前进。九五爻：龙君到达"九五之尊"的荣耀地位，大权在握，纵横四海，可以任意施展自己平生的才华抱负。

上九爻：到达顶点，成为"亢龙"，不能往上飞了，应该休息了，如果继续往上走，超过极限只能后悔莫及。

从以上对乾卦"六爻"的分析中，我们就能看出，虽然卦中的"六爻"所讲的内容不同，但所述的发展、变化、互相联系的原理是相通的。万物中每一事物的发展与变化，内因是主因，是决定性因素，而外因是万物发展、变化的外在条件，没有内因，万物就不会存在，没有外在条件，万物就无法生存与存在。万物之间的互相联系、互相影响就是讲的外在条件。从这里可以悟出，内因与外因密切关联，形成一个整体，看到内因，必须想到外因，这是整体观念的运用，也就是一个整体思维的方式。宇宙中万物的"变易"，是按照自己的规律或法则进行的，表现在发生、发展、运动、变化、兴衰、生死、循环往复等形式上，而这些"变易"的形式是在宇宙这个整体中进行的，万物的"变易"离不开宇宙这个整体，而整体又是处在"变易"中的，用这种"变易"的观念来观察、研究、分析宇宙及万物，就是变易思维。

用整体思维和变易思维来观察、研究、分析自然界、人类社会、人生、世间的万事万物，是《周易》教给我们的思维方式。

综上所述，我们回顾中华民族上下五千年的历史，《周易》在我国传统文化中的作用和意义是显而易见的。这里作一个简要的总结归纳：一、《周易》用图画的形式，作为"造字"的开端，并用它起到文字的作用，记事、记物、记感知。二、《周易》不是一人之作，而是一部贯穿中华民族上下五千年历史发展、进化、演变的集体智慧之作。随着社会生产力的发展，以及伴之而来的社会发展、时代进步，《周易》不断被充实、丰富，而其中又通过《易传》生发精华，摒弃糟粕，由原来古代的占卜占筮吉凶祸福的"巫史文化"脱胎换骨成哲理、伦理的"理性文化"。三、《周易》的内容广博宏大、无所不备，经数千年来古圣先贤们的精研阐述，易经文化成为今天内涵丰富、精思善辩，包含东方哲学、政治学、经济学、法学、军事学、伦理学等学科精髓以及修身齐家治国平天下、做人做事、思维等在内的大文化系统。由此可见，《周易》作为中国传统文化之根是名副其实的。

今天，我们学习《周易》，不应该只学习《周易》的外表，更重要的是通过学习体悟、掌握《周易》中"易理"的精髓，将其作为新时代的引领思想。《周易》告诉我们，世界万事万物时时刻刻在变化。每个时代一定会有适合的思想和精神，学者们为了寻找适合当代的思想一定会殚精竭虑。现代社会是一个日新月异的社会，过去的任何一个社会都不像今天这么"善变"：社会每月、每天甚至每一秒钟都在变化，要为这样多变的社会找到一个适合的思想，以变化为主旨的《周易》一定能给我们很多启发。学习《周易》，我们就能够能动地而不是被动地对待激变的社会，把过去作为一个教训，不盲目追随时代的潮流，也不盲目追求支配主义。《周易·系辞上》中说"安土敦乎仁，故能爱"，意思是说，安于所处的环境，而敦厚仁道，故能博爱天下。我们只会爱适合自己的文化、适合自己土地的思想。从这个意义上来说，既然人类不能离开地球、不能离开土壤而生存，那么全世界的人类就都应该把天地当作父母一样来敬爱和保护，因为敬爱和保护天地，就是爱护和保护人类自己。

第五章
国学四大特点

中华文化与其他国家文化相比较，具有自己的特点。那么，中华文化具有哪些特点呢？我认为主要有以下四个方面的特点。

一、"以人为本"的文化内涵

这个特点可以从以下几个方面进行分析和阐述。

1. 关于人的定位

"以人为本"，这里首先要对"人"有一个精确的定位，人类作为自然界生物中的一类，应该突显出人类自身的特点，与万物类，特别与动物类有严格的区别。关于这一点，我在"儒家的特点"一节中从道德意识层面，对于"人"的定位，与动物类作了严格的区别。当然，人与动物的区别，不光是在道德意识方面，我认为还应该包括理性思维、制造使用工具的方面，这是人类与动物类相区别的最本质的特点。

在具体阐述以上三个特点之前，我想还是先简要了解一下"人的属性"。人类是整个自然界发展、运动中的一个组成部分，人类中的每个个体是人类社会中一份子，也具有一些共同的社会属性。"人的属性"具有自然属性的人作为集体活动中的个体，又作为社会的一员而活动时所表现出的特性。"人的属性"虽具有多样性，如有欲望、有理性、会思考、有规矩、造工具、有语言、能劳动等，但总的来说，可以概括分为两大类：自然属性和社会属性，人既有自然属性又具有社会属性。所谓自然属性是指人的肉体存在及其特性；所谓社会属性是指在实践活动的基础上人与人之间发生的各种关系。自然属性是人存在的基础，但人之所以为人，不在于人的自然性，而在于人的社会性。人的自然属性的表现：（1）人是自然界的一部分，人的生存离不开自然界。（2）人要受自然规律的支配，人不能违背自然规律。（3）人有类似动物的自然欲求，如食欲、性欲、求生欲。从以上三方面表现可以看出，人作为自然界的产物，是自然界的一部分，人的自然肌体要服从生物发展规律，所以人具有自然属性。人的自然属性是人类得以生存和延续的前提条件，这表明了人和动物的联系与共同性，但不能说明人和动物的根本区别，它不能把人和动物类区别开，因而人的自然属性不是人的本质属性（本质属性不仅是该类事物的共性，而且是区别于他事物的特性）。人的社会属性的主要表现：（1）人是社会的产物。（2）人的生产活动具有社会性。（3）人的生活具有社会性。人的自然属性与社会属性的区别与联系：（1）两者区别：① 层次不同。自然属性是人的较低层次的属性；社会属性是人特有的属性，是人的较高层次属性。② 产生的条件不同。人的自然属性是自然界的产物，是人的生理遗传因素带来的；人的社会性是人类社会的产物，是人在社会活动中形成的。因此，不能把人的自然属性等同于人的社会属性。（2）两者联系：① 两者统一于人之中。人的自然属性和社会属性，都是客观存在的。② 人的自然属性是人的社会属性赖以生存的基础，没有自然属性，就没有人的社会属性。人的社会性制约着人的自然性，人的自然性受人的意识指导，具有很强的社会色彩。社会性是人的本质属性：（1）社会性揭示了人区别于其他动物的特殊本质，社会性是人类特有的属性。如人的语言、思维、制造使用工具、生产、分配、交换、消费和政治、经济、法律、道德关系等，都是人类特有的属性。（2）人的社会性制约着人的自然性，自然性中渗透着社会性，受社会性的制约。一般而言，人的社会属性包括多个方面的特性，其中有些特性是符合人类整体发展要求的特性，有些是阻碍人类整体发展的特性。我们所说的人的社会性就是：人的社会属性是符合人类整体运行发展要求的基本特性。人的社会性主要包括这样一些特性，如利他性、服从性、依赖性以及更加高级的自觉性等。人的社会属性中也有一些是阻碍人类整体发展的反社会特性，反社会性的属性一般是把人的自然属性发挥到对社会发展不利的地步时表现出的特性，如利己损害他人、损害社会；自我保护发挥到残害其他生物，甚至其他人；等等。所以人的社会属性包括了社会性和反社会性两个方面的特性。社会属性是在自然属性的基础上形成的，离开人的自然属性，人也就不成为其人了，更谈不上其社会属性。其实，从总体上来看，无论处于什么社会阶层的人都具有一些共同的特性，例如利他性、服从性、依赖性以及更加高级的自觉性等。人的社会性往往与人的自然属性是矛盾、相斥的，但也是相容的。人是自然界中最复杂、最高级的生物，所以具体某个社会属性往往不能简单地归于社会性或反社会性的，而可能需要根据具体的历史环境、表现情况等多个因素来划分。如民族性对一个民族或一个国家是社会性的特性，但是狭隘的民族性却是反社会性的。历代以来，任何一个社会和国家对其社会成员的社会性都会提出很具体的要求，如中国古代封建社会信奉"君君臣臣，父父子子"的秩序；西方资本主义信奉"自由、平等"的规则；现在我们国家实施的《公民道德建设实施纲要》提出"社会主义道德建设要坚持以为人民服务为核心，以集体主义为原则，以爱祖国、爱人民、爱劳动、爱科学、爱社会主义为基本要求，以社会公德、职业道德、家庭美德为着力点"。这些都对人的社会性提出了具体的规则和要求。所以人的社会性（符合人类整体发展要求的基本社会属性）是社会正常运行与持续发展的需要，无论是奴隶社会、封建社会、资本主义社会还是社会主义社会都一样，只不过不同的社会中具体的社会性标准不同。而且，无论是哪种社会都会采取一系列措施来保证和培养社会成员的社会性。当然，在一些动物群中也会表现出类似社会性集体行为，如狼群有头狼，其他的狼有服从头狼的行为，有对狼群的依赖性。然而，这些特性与人的社会性相比是较低级的，如人可以服从上级指派的领导者，可以有广泛的利他性等这些比较高级的社会性。人是自然界中唯一（或许是"最"）会思考自己的社会性，并且会主动地改善自身社会性的生物。而在人类发展的现阶段，人的社会性多半是后天形成的，是通过在人与人的交往中形成的，其中在人类社会中的宗教、道德、教育和国家组织是对人的社会性的形成具有决定性作用的几个方面。从人类发展的历史来看，人类以有组织的集体和社会进行活动的时间仅仅只有 1 万~2 万年，比起从人类产生进化的整个时间是非常短的，而人类文明社会采取主动的措施来保证和培养社会成员的社会性的时间更是短得多，至多只有几千年时间。所以，人的社会性比起人的那些由自然属性而引发的反社会性要脆弱得多。人的社会性在现阶段还需要很多的外部条件，比如宗教信仰（往往是强制性的）、伦理道德教育、国家机器的约束等方面的外部条件来保证和培养。随着人类社会的发展，对人的社会性要求越来越高，如何才能使得人类后天得到的社会属性适应社会的发展？这需要研究人的社会性的生成、发展的历史，发挥人主动改善社会性的能力。从上述论述中可以看出，人类的本质属性，是指人类区别于其他一切生物类包括动物类在内的根本区别，在于人的社会属性。

在简要了解了人的属性之后，再来阐述人与动物类相区别的三个特点，就容易多了。现将三个方面的特点分别阐述如下。

（1）人类具有理性思维的特点

理性思维，是人类思维的高级形式，是人们认识、把握客观事物本质和规律的能动活动。理性思维能力是人区别于动物类的各种能力之母。

在中国传统文化的经典中，虽然没有理性思维这个词语，但丰富的理性思维内容却蕴藏在中国传统文化的各种经典中。《大学》开篇就说"大学之道，在明明德，在亲民，在止于至善。知止而后有定，定而后能静，静而后能安，安而后能虑，虑而后能得。物有本末，事有终始，知所先后，则近道矣。古之欲明明德于天下者，先治其国；欲治其国者，先齐其家；欲齐其家者，先修其身；欲修其身者，先正其心；欲正其心者，先诚其意；欲诚其意者，先致其知；致知在格物，格物而后知至，知至而后意诚，意诚而后心正，心正而后身修，身修而后家齐，家齐而后国治，国治而后天下平。自天子以至于庶人，壹是皆以修身为本。其本乱而末治者否矣。其所厚者薄，而其所薄者厚，未知有也！"从这一节录中，我们可以看出，古代先人的这种有序的推论，讲得入情入理，如此高的理性思维水平，使我们这些现代子孙都感到敬佩、骄傲和自豪。同时也从中看出，人有认识事物的能力，而任何事物都是可以被认识的，这是理性思维的体现。

理性思维，又叫理性认识思维，而理性认识思维是在感性认识思维的基础上提升而来的。这是认识上的两个层次，由低级层次提升到高级层次。《周易》是哲理、伦理之书，为我们提供了认识自然界、人类社会、人生、世间万事万物的世界观，以形象的感性认识为主，用类比法来认识事物，并在此基础上，将其提升到理性认识的高度。书中所体现出的整体思维、变易思维的方式，是理性认识思维的具体表现。这种思维方式，深深地渗入到中国人的心中，深刻地影响着中华民族和中国人的思维，正是这样的思维，使中国人有了认识世界、人类社会、万事万物的一把钥匙，用这把钥匙，就能够探索、研究、发现并揭示出各种事物的本质和规律，把握了事物的本质和客观规律，就能够按照事物的规律操作、办事。老子"道"的"无为"思想，就是不要乱为、妄为、胡为，而是要顺其自然，按事物客观规律办事。自然界中各种动物的生存是依靠自然界提供的原始的自然物质资料来维持生存，而人类由于认知水平，可以由感性认识提升到理性认识的高度，并通过这种认知能力，认识、把握事物发生、发展、变化的规律，从而复制（生产）出人类生存所需要的各种物质资料。如为了解决食物的需要，种植出稻谷、小麦、玉米等谷物；为了穿戴，种植生产出棉花、麻类、蚕丝等。要生产出稻谷，就要认识和掌握水稻生长的规律和特点，人们在生产实践中，不断地观察、探索、研究，终于认识和掌握到了这些规律和特点，从而不断地生产（复制）出人类所需要的稻谷，这是理性思维的结果，而动物，即使是高级动物，到目前为止也是无法做到这一点的。

人的生存和发展的生理能力与动物相比较都不是最优的，相对于狮、虎之类的猛兽，人是脆弱的；相对于马、鹿、野牛等善奔跑的食草动物，人依旧是脆弱的，但最后是人类成为这个世界上力量最强大者，为什么？就是因为人类具有超出动物的理性，人类不是具有单纯动物本性的动物，而是具有理性的人类，正是人的这种理性，使人有能力自觉地克制自己的动物本性（自然属性），去追求自己因理性而预知到的长远或更大的利益，如一个农夫不会因为饥饿而将整个家庭或社会用于种植的稻种吃光。由此可以证明，人之所以是人，不是因为他身上存在着的动物本性，而是因为他具有克制其中的动物本性的理性。

综上所述，我们就清楚了理性思维是区分人与动物的根本特点，这个特点，又衍生出了另外两个特点：道德意识和制造使用工具。

（2）人类具有道德意识的特点

人类的道德意识是从人类的理性思维中衍生出来的。没有规矩不成方圆，道德就是规范人类行为的规矩。有了规矩，人类才能组成社会，社会才会有秩序，有了秩序，人类才能和平共处，这是理性思维的表现。

道德的功能，归纳起来，主要有五个方面：一是认识功能——道德是引导人们追求至善的良师。它教导人们认识自己对家庭、他人、社会、国家应负的责任和应尽的义务，教导人们正确地认识社会道德生活的规律和原则，从而正确地选择自己的行为和生活道路。二是调节功能——道德是社会矛盾的调节器。人生活在社会中总要和自己的同类发生这样那样的关系，因此，不可避免地要发生各种矛盾，这就需要通过社会舆论、风俗习惯、内心信念等特有形式，以自己的善恶标准去调节社会上人们的行为，指导和纠正人们的行为，使人与人之间、个人与社会之间的关系臻于完善与和谐。三是教育功能——道德是催人奋进的引路人。它培养人们良好的道德意识、道德品质和道德行为，树立正确的义务、荣誉、正义和幸福等观念，使受教育者成为道德纯洁、理想高尚的人。四是评价功能——道德是公正的法官。道德评价是一种巨大的社会力量和人们内在的意志力量。道德是人以评价来把握现实的一种方式，它通过把周围社会现象判断为"善"与"恶"而实现。五是平衡功能——道德不仅调节人与人之间的关系，而且平衡人与自然之间的关系。它要求人们端正对自然的态度，调节自身的行为。环境道德是当代社会公德之一，它教育人们应当以造福于而非贻祸于子孙后代的高度责任感，从社会的全局利益和长远利益出发，开发自然资源、发展社会生产、维持生态平衡、积极治理和防治对自然环境的人为性破坏、平衡人与自然之间的正常关系。

中国的传统道德突出地表现在儒家思想的道德中，包括仁、义、礼、智、信、忠、孝、廉、耻、勇、温良、恭敬、谦让等。在中国古代西周文化的重要内涵的"礼乐文明"中，"德"是核心，并把"德"归纳为"勤朴古健、果义敢为、居安思危、善始善终"。"仁义礼智信，忠孝廉耻勇"是中国最基本的伦理道德规范，也是我们中华民族几千年来不败而立于世的根本。

中国传统美德主要有孝敬父母、尊师重道、团结友爱、立志勤学、自强不息、谦虚礼貌、诚实守信、严己宽人、人贵有耻、见义勇为、整洁健身、求索创新、勤劳节俭、见利思义、敬业尽责、清正廉洁、爱国爱民、大公无私、天下为公等。

综上所述，这种道德意识，在动物界是根本不可能发生和存在的。因此，人类的道德意识是人与动物相区别的标志性特点。

（3）人类具有制造使用工具的特点

工具有生产工具与生活用具之别，这里主要是讲生产工具。生产工具是生产力的三大要素（生产者、生产工具、劳动对象）之一。生产力是人类创造物质财富的能力，是维持人类生存的延续和提高生存质量的能力。在生产力中，生产者起主导作用，生产工具则是衡量生产力发展水平高低的标志。生产工具是由人制造的，并用它来生产物质财富。人类生产物质财富的能力，取决于生产工具的进步与否。生产力的发展与提高，主要是生产工具进步的缘故。生产工具的发展历史，在我国古代，大体经历了几个大的发展阶段。

石器时代：是生产工具的非金属时代。根据考古发现，在我国已经发现了距今两百万年前后的最为古老的生产工具。最初的生产工具，可以说是最简单打制的石器以及用树枝木棒砍削而成的最简单的生产工具，如石锤，这是两百万年前的刮削器。生产工具总体上说，属于单体生产工具时期，也就是说，它是握在手里直接使用的，而且制造工艺非常简单。经过一百多万年的发展，到了大约距今五万年前后开始，弓箭为代表的复合工具登上了人类历史舞台。弓箭的发明标志着复合工具的出现，即先制作生产工具的各个部件，然后再组装在一起，这是生产工具发展史上的第一次大飞跃，从而使生产工具的发展，进入到了石器时代的复合工具时期。距今一万年前后，人类历史上发生了第一次大变革，生产工具进入到了石器的磨制时期。从考古学上来说叫新石器革命，从历史上来说叫氏族公社革命，人类历史就进入了新石器时代，磨制石器是伴随着定居人工住居的建造和原始农耕的出现而产生的。在磨制石器时期，生产工具达到了非金属生产工具时代的最高峰，它表现在磨制技术不仅应用于石器的制作，而且应用于骨器等的制作，穿孔技术、榫卯技术逐渐发达，以镶嵌、捆绑、榫卯、套合这种工艺制作的各种复合工具成为生产工具的主流，生产工具中除了大量的石器之外，还有用骨头、蚌壳做的生产工具，也有用木头做的生产工具。生产工具的种类增多，开始出现专门化的趋势，譬如用于砍伐树木的斧、锛、凿，用于耕种的铲、锄，用于收割的镰刀铚刀，用于狩猎的鱼镖、石球，还有用于纺织的纺轮、针、锥，用于粮食加工的石磨盘、石磨棒、杵、臼等。另外考古发现表明，六七千年前的河姆渡已经发现了桨的遗物，木桨的遗物表明，当时已经有了船，当然这种船应该属于独木舟。

青铜器时代：我国青铜生产工具的出现，目前最早可以上溯到五千年前后，但是青铜生产工具在实际生活中，得到一定的应用，是四千年前后开始的。二里头文化中发现的各种青铜生产工具包括了木器加工的斧、锛、凿，用于渔猎的鱼钩，还有箭头、各种刀具等，年代是距今三千九百年到三千六百年前后，说明青铜生产工具在实际社会生产中已经有了一定程度的应用。青铜生产工具的发展是从距今三千六百年前后，才进入一个比较快的发展时期，也就是商代。在生产工具本身结构、形态上所发生的变化，主要表现在两个方面，一方面是形态发生了比较大的改变，由原来没有銎，装柄的时候是捆绑的状态，到现在出现了竖銎，生产工具的安装技术应该说是大大地前进了。另一方面就是种类的增加，自青铜生产工具产生以后，在非金属生产工具的基础上，其种类大大地增加了，而且效率大大提高了。青铜时代生产工具除了本身形态的改变、结构的改变之外，作为一个时代来讲，生产工具还有一个重大的发明，那就是马车的发明和牛耕的出现。考古发现年代最早的马车是商代的，尽管当时马车主要用于战争或者供贵族乘用，但是车作为一种陆路的交通工具，登上了人类历史舞台，标志着生产工具的一次大的飞跃；也就是说，在我国马车作为生产工具的历史，可以追溯到三千三百年前的商代中期。同时牛耕出现了，就是用牛拉犁这种技术出现了。我们现在一般认为牛耕出现于春秋时期，但不管怎么样，作为青铜时代来说，就生产工具的发展来说，牛耕、马车的出现标志着人类开始了牲畜动力使用，也就是说人类的生产劳动，不仅仅借助于劳动本身，而且开始了畜力的使用。

铁器时代：经过青铜时代以后，生产工具的发展进入了它第三个大的发展阶段，即铁器时代，或者说叫古典机具时代。在我国，铁器的出现可以追溯到三千三百年前的商代中期，比如说在河北藁城、北京都发现了三千三百年前后的铁刃铜钺，但不是人工冶铁，根据考古发现，我国最早的人工冶铁制品，出现在两千九百年前后的西周晚期。两千五百年前后，也就是春秋战国之际，已经有了斧、锛、凿各种铁器刀具，社会历史进入到铁器时代。一般认为春秋战国之际是铁器时代的开始，铁器的使用是古代生产工具发展史上的最后一次大的飞跃。战国时期，冶铁业获得迅速发展，铁制生产工具在各个生产领域迅速普及开来，到战国末期，初步完成了铁制生产工具取代各种非金属生产工具以及青铜生产工具的历史进程。我们现在考古发现的战国铁制生产工具有砍伐工具，如斧、锛、锯、凿、刀等，手工工具有削刀、锥、钳、砧等，农具有犁、镢、锸、锄、耙、镰、铚等。到了秦汉时期，铁制生产工具走向了全面成熟。铁制生产工具的成熟，一方面是类型的多样化，另一方面是器具形态的变革，譬如说从战国时期开始，竖銎结构逐渐改变为横銎结构，这是在生产工具结构方面一个很重大的变化。而且考古发现证明，在秦汉时期，锯已经用于金属的切割，因此我们可以说秦汉时期是我国以铁制生产工具为代表的我国古代生产工具体系的形成时期。

蒸汽机时代：起于19世纪初，以蒸汽为动力的蒸汽机是将蒸汽的能量转换为机械功的往复式动力机械，蒸汽机的发展在20世纪初达到了顶峰。它具有恒扭矩、可变速、可逆转、运行可靠、制造和维修方便等优点，因此曾被广泛用于工厂、机车和船舶等各个领域中。这个时代的基本特征是机器大生产代替手工劳动，工厂取代手工工场。

电气时代：继蒸汽机时代之后只有 100 多年，人类便进入电气时代。以电流为动力，在蒸汽机的基础上，更进了一步，广泛应用于生产和生活的各个领域。从上述论述中可以看出，人类制造使用工具，特别是生产工具，从时间上来说，生产工具的进步是间隔越来越缩短，改进、创新也是越来越快。如前所述，距今两百万年前后的石器时代→距今五千年前后的青铜器时代→距今三千三百年前后的铁器时代→19 世纪初的蒸汽机时代→继蒸汽机时代之后 100 多年又快速地进入到了电气时代。

以上是人类制造使用生产工具的大体过程。在这个过程中，由于生产工具的不断改进，社会生产力不断发展，特别是到了蒸汽机时代以后，更是快速地发展，人类创造物质财富的能力也越来越强，人类生存能力也不断地增强，生存质量不断改善。人类制造使用工具，是人类理性思维在智力上的表现，这种智力到目前为止只有人类才具有。在动物界，虽然也有使用石头、树枝等的动作，那只是一种原始的本能动作，就目前来说，任何动物，即使是高级动物也不能像人类这样去制造工具，并使用制造的工具来提高劳动生产率、提高物质资料的生产，从而保证生存及生活质量的不断提高。因此，人类制造使用工具是与动物类相区别的又一标志性特点。

上述理性思维、道德意识、制造使用工具的三个特点是什么关系呢？总的来说，道德意识、制造使用工具是从理性思维中衍生出来的，是理性思维的产物，因此，理性思维是基础。但是，理性思维虽然是基础，却又不能代替道德意识、制造使用工具的作用，三者是一个不可分割的整体，缺一不可。道德意识是核心、为主导，理性思维不能离开道德意识与规范，离开了人类的道德规范，理性思维就有可能走到岔路、邪路上去。譬如，现在世界上，科技的发展，是理性思维的表现，但如果科技的发展离开了道德规范，就会使得人类处在重重的生存危机中，甚至走向毁灭。如果再出现像希特勒、东条英机那样的战争狂人，不受道德规范约束，把核武器到处乱丢、乱打，人类不就完了嘛！所以说，理性思维不能离开道德规范的主导和制约。制造使用工具是标志，就是说，通过这个标志能够看出生产力发展水平高低、人类生存状况和生存质量高低的变化。

将"人"定位在人类，与动物类严格区别开，既是儒家思想中的一个突出特点，也是中华文化与西方文化相区别的根本标志。

2. "以人为本"的概念

在清楚了人定位在人类并与动物类严格区别以后，接着的就是要对"以人为本"中的"人"与"本"的概念有一个明确理解。首先，理解"人"的概念。"人"在哲学上，常常和两个东西相对，一个是神，一个是物，人是相对于神和物而言的。因此，提出以人为本，要么是相对于以神为本，要么是相对于以物为本。大致说来，宗教是上帝神学，上帝是"神"，创造世界、人类、万物，因此，是"以神为本"。西方早期的人本思想，主要是相对于神本思想，主张用人性反对神性，用人权反对神权，强调把人的价值放在首位，但是这里的人性、人权则掩盖着见物不见人的真实面貌，其实质是一种"以物为本"的思想。中国历史上的人本思想，主要是强调人贵于物，"天地万物，唯人为贵"，这可以看作相对于"物本"思想的。其次，还要理解"以人为本"中的"本"的概念。"本"在哲学上可以有两种理解，一种是世界的"本原"，一种是事物的"本质"。以人为本的"本"，不是"本原"的本，而是"本质"的本，它与"末"相对。以人为本，是哲学价值论概念，不是哲学本原论概念。提出以人为本，不是要回答什么是世界的本原，人、神、物之间，谁产生谁，谁是第一性、谁是第二性的问题，而是要回答在我们生活的这个世界上，什么最重要、最根本、最值得我们关注。以人为本，就是说，与神、物相比，人最重要、最根本，不能本末倒置、舍本逐末。我们所熟悉的"百年大计，教育为本；教育大计，教师为本"，"学校教育，学生为本"，制定国策"以人为本"，国策要人性化等，都是从"本质"这个意义上理解和使用"本"这个概念的。

3. "以人为本"的起源

最早明确提出"以人为本"的是春秋时期齐国名相管仲。管仲是辅佐齐桓公一匡天下的杰出政治家、思想家。在西汉刘向编成、汇辑管仲众多思想观点的《管子》一书《霸言》中，记述了管仲对齐桓公陈述霸王之业的言论。其中有一段是这样说的："夫霸王之所始也，以人为本。本理则国固，本乱则国危。"意为霸王的事业之所以有良好的开端，是以人民为根本，这个"本"理顺了国家才能巩固，这个"本"搞乱了国家势必危亡。管仲所说的"以人为本"，就是以人民为本。在我国古文献中，"人"与"民"两字经常连用，合成为一个词组。例如古老的诗集《诗经·大雅·抑》说道"质尔人民，谨尔侯度，用戒不虞"，意为劝诫大臣们要自警自律，要善于治理你的人民，谨慎你的法度，防止发生意外事故。人民在古汉语中意为平民百姓。管仲的"以人为本"，与《诗经》中的"质尔人民"，和《书经》中的"民惟邦本，本固邦宁"，与孟子强调的"民为贵，君为轻"等都可以视为"以人为本"之意。在我国古文献中，除了管仲明确提出"以人为本"之外，大多是讲"民惟邦本""民为贵""民者，君之本也""闻之于政也，民无不为本也。国以为本，君以为本，吏以为本""国以民为本"等。虽然，"人"与"民"稍有区别，人含民，"民"相对"国""官"而言，但我认为，没有必要去刻意区分，因为"以人为本"与"以民为本"两者没有实质的区别。总之，管仲提出的"以人为本"应该视为中国传统文化的基本精神。今天中国共产党的宗旨"为人民服务"可以看作"以人为本""民惟邦本"的延续，一脉相承，只是内涵有所更新、丰富而已。

4."以人为本"的具体内涵

其基本含义简要说就是：它是一种对人在人类社会历史发展中的主体作用与地位肯定；是一种价值取向，强调尊重人、解放人、依靠人和为了人；是一种思维方式，在分析和解决一切问题时，以人为本位，以人为中心，既以人为出发点，又以人的问题为归宿，既要坚持历史的尺度，又要坚持人的尺度。中国传统文化有一个显著的特点，就是以人为本，以人为中心。对于这个特点的基本含义，我们有必要进一步从哲学上深入挖掘其中的具体内涵。"以人为本"中的"本"是相对"末"而言的，有"本"才有"末"，因此"以人为本"可以说是一个关系概念，人主要处在四层基本关系中：人与自然、人与社会、人与人、人与组织的关系。我们可以从这四个层面的关系中具体解读以人为本的完整内涵。

第一，人和自然的关系。《周易·系辞上》中曰："《易》有太极，是生两仪，两仪生四象，四象生八卦。"《周易》中的六十四卦的每一个卦的六爻中，上两爻为天，中两爻为人，下两爻为地，即天、人、地的"三才"整体关系。又如老子的"人法地，地法天，天法道，道法自然"的思想等，也蕴含着人与自然之间的密切关系，即人和自然处在一种"天人合一"的和谐状态中。以人为本要不断提高人的生存、生活质量，不断增强可持续发展能力，就必须保持人类赖以生存的自然生态环境具有良性的循环能力。对同时代的人来讲，当代中国发展的目的在于提高人的生活质量，提高人们的物质文化生活水平，使人在优美的环境中工作和生活。虽然由于客观条件及文化的差异，各地区的人在发展目标的追求上不尽相同，但一些基本要求还是共同的，如优美的生态环境、心情舒畅的工作、健康的身心、享有有效的人权民主平等、具有受教育的机会等。只有在上述要求得到满足的情况下，人们才算达到了较高的生活质量；对人的代与代之间来讲，应保护生态环境具有良性的循环能力，主要包括（1）提高公众的环保意识，这要求我们加强对环境保护的宣传教育，不断提高公众参与环境决策的能力与质量，促进人与自然环境与经济的协调发展。（2）建立以人为本的可持续生活方式，正如有的学者所说的，要建立有效的能源和资源消费模式，要认识到我们观念上的误区及其根源，改进旧的传统观念和消费模式，特别是要拥有一种将人类与自然界融合的视野，确立一种新的生态环境观念，落实到行动上，就要通过绿色消费行动，使消费者有意识地选择对环境保护有益的商品，来引导企业提供这样的商品等。

第二，人和社会的关系。《周易》在"家人卦"中曰："家人。女正位乎内，男正位乎外。男女正，天地之大义也。家人有严君焉，父母之谓也。父父、子子、兄兄、弟弟、夫夫、妇妇，而家道正。正家而天下定矣。"在这里，古人把国家、社会看成是一个家庭的扩大，并把个人、家庭、国家、天下联系起来，是中国一个值得重视的文化传统。《论语·学而》说："子曰：道千乘之国，敬事而信，节用而爱人，使民以时。"这是告诉人们，以人为本就是在考虑问题时，要方方面面考虑到人的因素。以人为本不仅要使社会发展成果惠及全体人民，不断促进人的全面发展，而且又要积极为劳动者提供能充分发挥其聪明才智的社会环境。人是一切活动的最终目的，因此，"以人为本"就是要把人作为社会历史发展的目的，使社会发展成果惠及全体人民。在物质财富匮乏的年代，注重物质财富的积累是必然、合理的。然而，当人们的生存问题基本解决而人的发展问题凸显出来之后，如果"只见物不见人"，不去解决人的发展问题，就会付出沉重代价。这就需要从"以物为本"的发展逐步走向"以人为本"的发展，为人的聪明才智和创新能力的充分发挥提供基础。在当代中国，提出以人为本是相对以物为本而言的，是对过去只追求经济增长这种见物不见人的发展方式的超越。人又是一切活动的手段，因而，以人为本又要求我们的发展必须依靠人，要求人在享受社会发展成果的同时首先要创造成果，人要凭其能力为社会多做贡献。为此，就必须为劳动者创造能力的发挥提供良好的社会环境。在这个意义上，我们又反对不劳而获和坐享其成。

第三，人和人的关系。《周易》"同人卦"中说："同人。柔得位得中而应乎乾，曰：同人。同人曰：'同人于野。亨。利涉大川。'乾行也。文明以健。中正而应，'君子'正也。唯君子为能通天下之志。"这一卦是讲的是人与人的和谐关系，沟通天下人的意志，使之成为志同道合的人。通天下之志就是同心同德之意，只有大家同心同德了，人与人之间的和谐就能实现。《论语》中有："颜渊问仁，子曰：'克己复礼为仁。一日克己复礼，天下归仁焉。为仁由己，而由人乎哉？'""仲弓问仁，子曰：'出门如见大宾，使民如承大祭。己所不欲，勿施于人。在邦无怨，在家无怨'。"从经典的论述中，我们可以看出，在人与人的关系中，要遵循正道，要有仁德，以人为本；在处理人与人之间的关系上，要强调仁德公正，不断实现人们之间的和谐发展。从全社会角度讲，既要尊重贫困群体的基本需求、合法权益和独立人格；也要尊重精英群体的能力和贡献，为他们进一步创业提供良好的人际环境。以人为本蕴涵的社会公正原则，在当前特别要求尊重贫困群体的基本需求、合法权益和独立人格。由此，它要求公正合理地解决社会上存在的贫困群体和精英群体之间的贫富差距问题，更要尊重他们的人权，增强他们的发展能力，为其提供平等发展的机会和条件。在社会主义市场经济发展过程中，如果大多数人在社会转型中丧失利益且得不到有效帮助，改革不仅难以继续下去，而且不利于社会和谐。一个社会和谐不和谐，很大程度上取决于贫困群体的生存状态，取决于精英群体对待贫困群体的态度；所以，贫困群体更应受到关注。以人为本，就是要让贫困群体分享社会发展的成果；以人为本蕴涵的社会公正原则，也要求尊重社会精英群体的独创个性、创新能力和业绩贡献。这里的精英群体，主要指靠德能、业绩在经济社会中取得重要地位的群体。社会精英群体是社会进步的重要力量，是社会发展的火车头，对社会发展起着重要作用；所以，坚持以人为本，也应该尊重精英群体的创新能力和业绩贡献，应为他们进一步创业提供良好的人际环境，使他们各尽其能、各得其所。一个社会是否具有活力，很大程度上取决于如何对待社会精英人才的创新能力与贡献。

　　第四，人和组织的关系。《周易》"泰卦"中说："'泰，小往大来吉亨'则是天地交而万物通也；上下交而其志同也。内阳而外阴，内健而外顺，内君子而外小人。君子道长，小人道消也。""泰卦"中又说："天地交，泰。后以财成天地之道，辅相天地之宜，以左右民。"这一卦告诉人们，要实现亨通太平，只有使天地阴阳交合，万物生养畅通，君臣上下交相沟通，志同道合。《论语·为政》曰："季康子问：'使民敬、忠以劝，如之何？'子曰：'临之以庄，则敬；孝慈，则忠；举善而教不能，则劝。'"我们可以看出，上下交相沟通，上级关心下级，下级敬重上级，就能志同道合，和谐相处，各得其所。以人为本，在人和组织的关系上，就现今来说，要努力做到使人各得其所，各级组织就要注重解放人、开发人，为人的发展提供平等的机会与舞台、政策与规则、管理与服务。针对组织对人的过度控制，以人为本体现为对人的解放和开发。如果仅把人看作成本，就容易把劳动者当作物，而不是当作人，就会漠视人的基本需求、合法权益和独立人格，就容易降低劳动者的工资，不注重人力资本投资。如果把人当作组织的主体与目的，那就意味着要注重对人的解放和开发，为每个人的潜能和能力发挥提供相对的服务，使人各尽其能。这里着重强调尊重人的能力问题，一般来讲，人们不仅要求能够过上健康长寿的生活，而且还要求能够充分接受教育，能够具有足够的社会交往和参与社会生活的空间，能够实现自我。人的发展特征，意味着要注重人的能力的充分发展和运用，并把人的能力作为基本价值。当人凭其能力为社会做出了贡献，他就必然要求社会给予应有的回报，这种回报是对人的能力和贡献的尊重与肯定，同样是以人为本的体现。因此，社会组织应尽力为每个人能各尽其能、各得其所创造条件，对每个人的能力和贡献给予应有的尊重。

综上所述，我们就可以看出中国传统文化具有以下特点：一是将人定位于人类，并以理性思维、道德意识、制造使用工具凸显出人类的特点，又用此三个特点与动物类严格区别开；二是将人与神、物区别开，突出贵在重人，以人为中心，既以人为出发点，又以人的问题为归宿，一切围绕人、为了人，这就是中国的"以人为本"的基本含义。中国这种"以人为本"的文化既突出了人类的特点，又突出了人类的需要；因此，我们的国学是真正的人类文化。

二、"以民为本"的德治与法治相结合的治国理念

治国以民为本，德治与法治相结合的治国理念是中国传统文化中的又一个显著特点。国是由人组成的，因此，治国的学问，实际上就是管理人的学问。国家管理人民什么呢？管理人民的生产、生活，使国强民富，人民生活有保障，生命财产有安全，社会安宁和谐，人民安居乐业。要实现这样的目标，从哪里着手呢？既然治国是管理人的学问，当然也就必须围绕着"人"来着手。具体又怎么做呢？我想应该考虑以下几点。

1. 回顾古代治国理念的"百家争鸣"

春秋战国时期先秦诸子，百家争鸣，争论的焦点就是如何"治国与做人"。那个时期，天下大乱，国家制度、政治制度、文化制度、社会制度都面临着重大转型。如何治国与做人，成为当时最重要的社会课题。儒家主张伦理治国，也就是礼治、德治，以礼治国，原则就是"礼不下庶人，刑不上大夫"。对贵族用礼，包括衣服、鞋子、说话、走路，都有详细的规

范。平民戴头巾，贵族戴帽子，这些都是礼，用"礼"治理国家，就是"礼治"。但是春秋时"礼崩乐坏"，没人遵守礼了。所以说，礼治是行不通了，因此，孔子提出"仁"为核心的思想，"为政以德"的治国方略。到了孟子时代，孟子继承孔子倡导的"仁"的思想，提出了"人性善"，实行仁政的治国理念，也就是突出德治思想。墨家主张人治，就是国家应该让最圣明的人进行管理。最圣明的当天子，次之当诸侯，以下就是大夫、贫民等，这就是我们现在说的精英政治。道家主张无为而治，就是要顺其自然，让事物按照自身的必然性自由发展，使其处于符合"道"的自然状态，不对它横加干涉，不以有为影响事物的自然进程。法家主张法治，提倡以法治国。集法家大成者韩非认为"人性本恶"，并以此作为法治的根据，提倡"一断于法"的法治思想。法家的法治，总结起来，其治国方针就是"两面三刀"，两面是奖与惩，三刀是势（权势）、术（手段）、法（制度）。

从上述论述中，我们可以看出，儒家提倡德政、礼治和人治，强调道德教化；道家提倡顺其自然，"无为而治"；法家提倡"一断于法"，实行法治。上述三家的治国理念，经过秦、西汉的治国实践从正反两个方面证明：在动荡年代，军阀割据，难以用儒家路线实现全国大一统，而法家路线却能收到这样的效果；在动荡结束之初，人口凋敝，生产破坏，应该实行道家无为政治，休养生息，以恢复和发展生产；当国家稳定，走上正常运行轨道之后，不能再实行严刑峻法的暴力统治，而以儒家路线为宜。三者之间表现出了互补和互相融合的趋势。到了汉武帝时期，以儒家路线为基础，以法家路线为辅助，兼采道家的合理思想，奠定了中国封建社会统治思想的基本格局。从此以后，以儒家伦理道德为中心、以法家的法治为辅助、以道家无为而治相配合的治国模式基本上符合中国古代的国情，成为历代统治阶级奉行不变的治国圭臬。

2. 德治与法治

我国自古以来，在治理国家的思路上主要有两条基本路线——德治与法治。主张"人性本善"为理论根据、以道德教化为治理国家的基本原则、德主刑辅的路线是为德治；主张"人性本恶"为理论根据、以刑罚法治为治理国家的基本原则、在刑法基础上使用道德教化的路线是为法治。关于德治与法治，先圣孔子讲过一段著名的话，"道之以政，齐之以刑，民免而无耻。道之以德，齐之以礼，有耻且格。"（《论语·为政》）意思是说，用政令来治理百姓，用刑法来整顿他们，老百姓只求能免于犯罪受惩罚，却没有廉耻之心；用道德引导百姓，用礼制教化他们，百姓不仅会有羞耻之心，而且有归服之心。孔子这一段将德治与法治对比的话高度地概括了两种治国理念的作用与效果，值得我们借鉴。治国在安民，得众在治心，得民心者得天下。人类世界的普遍安定与繁荣，在于充分调动与发挥本质上属于人的善性的道德自觉，一个人性与道德充分觉醒的精神性的根基，是一个真正意义上的人的时代与社会得以存在与进步决定性的基础与本质。

（1）德治

什么是德治？"德"是讲的伦理道德，"治"讲的是用道德规范进行治理的方法或手段。中国古代的"德治"，是指以礼乐教化来提高人民的道德素质，将遵守社会秩序及其行为规范变为自觉，从而达到国泰民安的目的，其中心思想便是对人民施行道德教化，令其心悦诚服，而不是靠严刑峻法来迫使人民畏惧。"德治"是儒家的政治伦理思想，其要义是用道德教化来规范人们的言行，从而达到治理天下的目的。孔子继承周公的"以德配天""敬德保民"思想，提出了关于"德治"的理论；孟子则进一步提出以"民为贵"为核心的仁政学说。德治思想对中国历史发展和伦理学说产生了巨大的影响，其要点如下。

第一，为政以德。古人认为，"德者得也"，指的是依于"道"的善行必然会有好的作用和结果。孔子说："为政以德，譬如北辰，居其所，而众星共之。"这是形象而深刻地指出了"德"对于为政者治理天下的重要性。为政者有德，是因为内心有"道"，表现在行为上就是高风亮节。有了这样的高风亮节，就有了号召力、凝聚力，好像天上的北斗星，满天的星座都会跟着它的方向转动。孔子反对苛政严刑，他认为，"不教而杀谓之虐，不戒视成谓之暴"，还认为"道之以德，齐之以礼，有耻且格"，用道德来引导，用礼义来规范和教化，民众就会有廉耻之心，自觉纠正自己的过错，不做不道德的事，从而达到人心归服的目的。现在，我们制定了许多法律，也惩治了不少贪官，这无疑是必要的。但是，为什么腐败问题仍有蔓延之势呢？一个重要原因就是，缺乏具体、深入、有效的思想道德教育，导致一些人精神空虚、价值观错位，这恰恰印证了孔子之言。事实上，法律所规定的只是强制人们遵守的道德底线而已，理想、信念、道德教育才是引导人们明善恶、辨美丑、知荣辱，具有奋发向上的精神境界和兼济天下的人生追求，从而在全社会形成弘扬正气的巨大力量。

第二，爱民惠民。《论语》在《为政》中，集中记述孔子关于"孝"的言论，体现了儒家以孝治天下的思想。孔子思想的核心是"仁"，"仁"表现在对待父母上，就是"孝"。有人问孔子什么是孝，他回答的主要之点是"敬"和"无违"，也就是要敬爱父母，不要违背他们的意愿。中华文化的孝道精神，就是由孝敬父母扩展为大孝于天下，敬爱天下所有的人，不违背人心。我们共产党人是人民的公仆，以公仆之心对待人民，就要继承和发扬这种孝道精神。如果我们的各级领导干部都能以孝子之心去从政，始终对群众抱以恭敬和"无违"的态度，把人民满意作为最高标准，为官一任，造福一方，我们的党风、政风就一定会进一步好转。强调"惠民"是孔子德治思想的又一重要内容。他在评论郑国的名相子产时，指出具有四点可称为"君子之道"："其行己也恭，其事上也敬，其养民也惠，其使民也义。"后两点就是指为政者所实行的政策，要能够给民众以实惠；在役使民众时，应符合道义、合情合理，使人们乐意接受。孔子在回答怎样从政的问题时，提出了"尊五美、屏四恶"的原则，其中第一个要遵从的美德，就是"惠而不费"，他对此的解释是"因民之所利而利之"。用我们今天的话来说，就是要关注民生，解决好人民群众最关心、最直接、最现实的利益问题。孟子继承发展孔子的思想，提出仁政学说，要求统治者以德服人，让老百姓安居乐业。他在两千多年以前提出的"民贵君轻"的民本思想，对于我们今天坚持以人为本的执政理念，仍然具有极为宝贵的价值。

第三，取信于民。孔子认为，为政者一定要言而有信。他说："人而无信，不知其可也。"为政者做事、制定政策，要有长远的眼光和目标，如果只顾眼前，朝令夕改，就会失信于人，使人"不知其可"，无所适从。怎样才能得到民众的尊敬和信服呢？孔子回答这一问题的要点在于：一是要善于识人用人。为政之道，唯在得人，而得人须先识人。孔子识人的原则是"视其所以，观其所由，察其所安"，就是要看他的志向和目的是什么？来历和动机是什么？平常做人是否安分守己？鲁哀公问孔子怎样做才能使民众服从自己，孔子针对当时的弊政指出"举直错诸枉，则民服。举枉错诸直，则民不服"。用什么样的人，不用什么样的人，是一个重大的政治问题。孔子明确地告诉那些执政者，只有提拔正直无私、光明磊落的人，让那些狂妄而心术不正的人靠边站，民众才会信服。如果把狂妄而心术不正的人提拔起来，把正直的好人打击下去，民众必然不服。二是要多做实事，少说空话。《论语》多处讲到了"君子"的含义，从为政的角度看，孔子认为，"先行其言，而后从之"，才可以算得上君子。就是说，要把实际行动摆在前面，真正做到了再说，不要只是吹牛、喊口号、说空话，就是不见行动。三是要真诚待人，体恤下属。鲁国权臣季康子问孔子如何教导民众做到"敬"和"忠"，孔子告诉他，空泛的说教是没有用的，"临之以庄，则敬"，在部下和民众面前，要有发自内心的庄严和真诚，这样，他们自然就会尊敬你；"孝慈，则忠"，用孝敬父母、慈爱儿女那样的真情实感对待部下和民众，他们自然就会尽忠于你；"举善而教不能，则劝"，对于躬行善道之人，要诚恳地给予奖励和倡导，对于做不到的，也不嫌弃，而要教导、感化他。

第四，勤学敏思。为政要有真才实学，这既是为政者个人的修养问题，又是对于社会的责任问题。怎样才能获得真正的知识和本领呢？孔子认为，在知识面前，要抱老实态度，"知之为知之，不知为不知，是知也"。要"多闻""多见""慎言""慎行"，对于不懂的地方要取保留态度，不懂不要装懂；要勤学多问，把学习和思考结合起来。"学而不思则罔，思而不学则殆。"孔子认为，为政者尤其要懂得"温故而知新"的道理，明白世事变化的规律。他说："殷因于夏礼，所损益可知也。周因于殷礼，所损益可知也。其或继周者，虽百世可知也。"这段话是孔子在回答未来是否可知这个问题时讲的，所谓"因"，是指对历史的沿袭继承；所谓"损"，是指历史在变化过程中的减损；所谓"益"，是指历史在变化过程中的增益。孔子告诉人们，历史是变化的，殷商的制度是由夏制演化而来的，因此，它在演化过程中的减损和增益是可以知道的。西周的制度是由殷制演化而来的，因此，它在演化过程中的减损和增益也是可以知道的。这个"因"与"革"、"承先"与"启后"、"继往"与"开来"的关系，就是历史发展的普遍规律。用这个规律推知未来，虽然其中的具体事件不可能知道，但是，未来也是以过去为根据"因""革"变化而来的，这一点"虽百世可知也"。重视学习和掌握事物发展的规律，就能勤学多知，知识积累多了，思想就敏锐，不仅可以提高个人修养，而且还可以把应办的事情办好。"德治"是孔孟儒学大力提倡的政治主张，后来儒家把这种德治思想进行了发挥与弘扬，对传统政治影响巨大，"以德为主，以刑为辅"便成为历代王朝政教奉行的一条基本原则。

（2）*法治*

"法治"中的"法"指的是治理国家的方法，是以法律为手段的治国方法。"法治"一词很早就出现在古书中。《晏子春秋晏·谏上九》："昔者先君桓公之地狭于今，修法治，广政教，以霸诸侯。"《淮南子·氾论训》："知法治所由生，则应时而变；不知法治之源，虽循古终乱。"法治是先秦时期法家的政治哲学思想，强调法律制度在国家治理中的权威地位。法家提倡的"法治"与儒家的"德治"是相对而不同的治国理念。

要真正理解"法治"，还得从现实意义上清楚两个概念，第一，什么是法治，从字面意义上说，法治就是"法律治国"，是由法律而非"人"来治理国家，法之治区别于人之治。让法律成为国家最高权威的手段，是指在某一社会中，任何人都必须遵守法律，包括制定者和执行者本身。政府（特别是行政机关）的行为必须是法律许可的，而这些法律本身是经过某一特定程序产生的，法律是社会最高的规则，没有任何人或机构可以于凌驾于法律之上。法律怎么能治国？法律是由"人"制定的，也是由"人"来执行的，所以，世界上还有另一个概念，叫作（由人来）"依法治国"，即政府依照现有的法律来治理国家。听起来，"依法治国"似乎不如"法律治国"，其实两者没什么不一样。如果政府官员能严格依法治国，也就是法律治国了。我们所说的法治必须具备两个条件，就是亚里士多德提出的两点：一是有优良的法律，二是优良之法得到民众普遍遵守。良法是实现法治的基础，是实现法治的先决条件，而人们对法律的普遍服从是良法的价值体现，是良法制定的根本目的，两者是良性互动的。良法会促进人们去服从它，而人们在服从良法的同时，又会不断地完善它。要实现法治，这两个条件缺一不可。所谓良法，即以保障公民权利为内在动因，以实现一定时期一定社会的良性秩序为目的而制定的法，它在授予国家机关权力的同时，一并对其权力作出严格的限制，达到权力与责任的对等。良好的法律自然会使民众信仰、亲近、爱护、捍卫它，使民众有归属感，民众自会知道法律是为维护自己利益而立的，从而自觉遵守之，执法者也因责任约束，不敢对民众懈怠而违之。而恶法，或者说非良法，它体现不了民众的利益和执法者的责任，只能让民众如躲瘟疫般躲着它或故意破坏它，最终只能祸国殃民。法治包含两个部分，即形式意义的法治和实质意义的法治，是两者的统一体。形式意义的法治，强调"依法治国""依法办事"的治国方式、制度及其运行机制；实质意义的法治，强调"法律至上""法律主治""制约权力""保障权利"的价值、原则和精神。形式意义的法治应当体现法治的价值、原则和精神，实质意义的法治也必须通过法律的形式化制度和运行机制予以实现，两者均不可或缺。

第二，法治与法制。这是两个既有区别也有联系的概念，不容混淆。两者的主要区别在于：①法制是法律制度的简称，属于制度的范畴，是一种实际存在的东西；而法治是法律统治的简称，是一种治国原则和方法，是相对于人治而言的，是对法制这种实际存在东西的完善和改造。②法制的基本要求是各项工作都法律化、制度化，并做到有法可依、有法必依、执法必严、违法必究；而法治的基本要求是严格依法办事，法律在各种社会调整措施中具有至上性、权威性和强制性，不是当权者的任性。③实行法制的主要标志，是一个国家从立法、执法、司法、守法到法律监督等方面，都有比较完备的法律和制度；而实行法治的主要标志，是一个国家的任何机关、团体和个人，包括国家最高领导人在内，都严格遵守法律和依法办事。两者的联系在于：法制是法治的基础和前提条件，要实行法治，必须具有完备的法制；法治是法制的立足点和归宿，法制的发展前途必然是最终实现法治。简单来说，两者联系在于：实行法治需要有完备的法律制度。两者区别在于：法制相对于政治制度、经济制度，法治则相对于人治；法制内涵是指法律及相关制度，法治内涵则相对于人治的治国理论、原则和方法。

法家集大成者韩非子的"法治"虽然并不是现代意义上的法治，但是他以法律作为治国手段的理论体系，对于完善我们国家现行的法治治理的各个细节，最终建立真正的法治国家还是有很大借鉴价值的。韩非子强调"以法为本"，这与法治强调的法律的社会普遍适用和主治功能是一致的，在法律与最高统治者的关系上，他甚至要求君王带头守法，他一再批评君主不依照法令行事的弊端，斥其为亡国之政。韩非子的法治思想是建立在他老师荀子"人性恶"基础上的，韩非子认为"人人皆挟自为心"，"夫安利者就之，危害者去之，此人情也"。这一点在社会生活的各个层面都有体现。如君臣关系，"臣尽死力以与君市，君垂爵禄以与臣市"；有如医患关系，"医善吮人之伤，含人之血，非骨肉之亲也，利所加也"；甚至连父子之间也被韩非子解释为一种利害关系，"父母之与子也，产男则相贺，产女则杀之"，之所以同为人子，却一贺一杀，是因为"虑其后便，计之长利也"。对于这种邪恶的自为心，荀子认为应该通过后天的教育加以改造，所谓"化性起伪（人为）"。但是韩非子却认为这样的人性无法改造——因为它产生于人类维持生存的本能和需要，"人无羽毛，不衣则不犯寒……以肠胃为根本，不食则不能活，是以不免于欲利之心"——也无需改造，反而应该顺应、利用人性的自私和好利恶害，用赏罚的手段对人加以驱策、治理，"人情者有好恶者，故赏罚可用，赏罚可用则禁令可行立，而治道具矣"，具体的方法是，"设民所欲以求其功，故为爵禄以劝之；设民所恶者以禁其奸，故为刑罚以威之"。也就是说，对于君王想实现的，诱以重赏，这样人们自然会竭力效忠；对于君王想禁止的，威以重罚，这样人们自然会老老实实，行不逾矩，而这就是韩非子所谓法治的精髓所在。正是基于对人性的厘定，韩非子突出了法治的必然性和必要性。《韩非子》一书，共五十五篇，绝大部分为韩非子自著，其中许多篇目都论及了他的"法治"思想。主张法治是法家的共同之处，韩非子的突出特征在于他在总结前人理论和实践的基础上，提出了自己较为系统的法治思想，深入论述了"以法为治"法、术、势相结合"等法治原则。

法家的法治思想的终极目的是富国强兵，这与当时的社会形势密切相关。所谓法治就是以法为治，"法"本身的定义与特质可以说在相当程度上决定了法治的具体运作方式和结果。什么是法？韩非子认为，"法者，宪令著于官府，刑罚必于民心，赏存乎慎法，而罚加乎奸令者也，此臣之所师也"，"法者，编著之图籍，设之于官府，而布之百姓者也"，与中国"百家争鸣"时期的所有政治思想一样，韩非子关于法的定义只是一些法特征的列举，并没有按照"属＋种差"这种标准的概念定义方法概括出法的本质属性，我们可以知道这个是法，那个是法，但反过来，法是什么？根据韩非子的定义，我们无从得知。严格地说，韩非子关于"法"的解说根本就算不上是一种定义，但这并不是说这些论断都是毫无价值的，至少我们可以从中直接了解到韩非子心目中法的一些基本特征：首先，"法"应当具有公开性。这指的就是韩非子强调的法必须"布之于百姓"，他要求普遍宣传国家的法令，做到家喻户晓，使得"境内卑贱莫不闻知"。其次，"法"应当具有确定性，所谓法的确定性就是指法的内容应该是明确清晰的，而不是模棱两可，让人琢磨不透的微妙之言。它应该像规矩、悬衡、尺寸一样能为人们提供行为的准确方式。法的确定性是法区别于其他规范，如仁义、巧智的最大不同。再次，"法"应当具有公益性，法不能只是为了一人一己之私而制定的，它应该体现统治阶级的整体利益。"夫立法者所以废私也。"他坚决反对"释法任私"。他认为，统治者"能去私曲就公法者"，就能使人民安乐。国家治理"去私行行公法者"，能使国家强盛，称雄天下。再者，"法"应当具有平等性，法的规定应当不分贵贱等级，对待任何人应当一视同仁，所谓"法不阿贵，绳不挠曲。法之所加，智者弗能辩，勇者弗敢争"。最后，"法"应当具有国家强制力，这就是说，任何法律行为都必将导致一定的法律后果，合法行为将得到国家的奖励，"有功者必赏"，而违法行为将得到国家的制裁，"有罪者必诛"，这样，人们才会在一定的压力下遵守法律，而法律所想达到的目的才能因此实现。应该说，只有这样的法律符合法治的要求，才能够为法治的施行提供良好的规范基础。综上所述，法治的功能决定了法治的目的，而要实现法治的目的就必须运用法治的功能。韩非子的法治之所以具有很强的现实可行性，就在于他所说的"法"的功能与目的，与当时的统治者的需求和理想、与当时的政治斗争局势相互之间能够很好地契合。

（3）*德治与法治的关系*

"德治"是儒家治国安邦推行的仁政，"法治"是法家治国安邦推行的刑政。人性具有善、恶两个方面，国家管理就要针对人的本性来进行管理。一般来说，"善"是具有建设意义的，而"恶"是具有破坏意义的。虽然儒、法两家各侧重一个方面，但都抓住了人的本性中善与恶的本质；所以，在长期的历史实际中，都体现了各自的作用。既然人的本性中有善有恶，管理人自然就应该"扬善抑恶"，发扬"善"的一方面，抑制"恶"的一方面，而要实现"扬善抑恶"最好的办法就是儒家与法家联合起来，融合为一体。由此，可以看出，德治与法治的关系就像鸟的两翼翅膀，缺一不可，是互相补充的关系。德治与法治关系中的内涵主要是道德与法律之间的关系，因此有必要将道德与法律两者的关系作一些重点阐述。

第一，中国古代道德与法律关系之考察。"德"，在西周时是一个融道德、政治、信仰、策略为一体的综合概念。它要求统治者敬天孝亲、对己严格、与人为善，只有在不得已时才使用刑罚，而使用刑罚时必须慎重。儒家对"德"加以继承和发展，一方面突出了"德"的政治意义，主要包括宽惠使民和实行仁政，认为"德"是治理国家、取得民心的主要方法；另一方面抬高了"德"的地位，认为"德"高于君权与法律，是行政、司法的指导方针，即主张"德主刑辅"。儒家的这种德治是以"礼"作为根本内容的。"礼，履也，所以事神致福。""礼"的起源与宗教、祭祀、宗法有关，它体现了社会中的宗法身份等级，同时作为身份社会的古代中国也促成了"礼"的繁衍，两者互为支架。但礼的范围很难界定，包罗万象，无所不在，既可以是个人生活的基本信仰，又可以是治理家、国的根本纲领；既是对他人做道德评判和法律裁断的最后依据，又是社会所有制中所包含的基本精神；它一方面细腻地对人的行为做出准则式规定，另一方面又对社会的方方面面进行理论上的抽象。再论及"法"，"法，刑也，平之如水；法，所以触不直者去之，从去"。"平之如水"，有公平、正义之义。因此要正确理解礼与法的关系，就必须将其放入中国古代这片土壤中，以中国传统的视角来审视。道德的法律化主要侧重于立法过程，指的是立法者将一定的道德理念和道德规范或道德规则借助于立法程序，以法律的、国家意志的形式表现出来并使之规范化、制度化。A. 周公制礼，引礼入法。周公制礼就是对夏殷之礼进行整理补充、厘定，使礼的规范进一步系统化，礼的原则趋于法律化。"礼，经国家，定社稷，序民人，利后嗣者也。""道德仁义，非礼不成；教训正俗，非礼不备；分争辩讼，非礼不决；君臣上下，父子兄弟，非礼不定；宦学事师，非礼不亲；班朝治军，涖官行法，非礼威严不行。""夫礼，天之经也，地之义也，民之行也。"周礼所确定的基本原则是"亲亲""尊尊"。两者的一致性，表现了族权与王权的统一。"事无礼则不成，国无礼则不宁。"礼与刑在性质上是相通的，在适用上是互补的，违礼即是违法，违法即是违礼，出礼入刑。但是礼与刑的适用对象各有侧重，正所谓"礼不下庶人，刑不上大夫"。B. 独尊儒术，德主刑辅，汉儒董仲舒以天人感应说为德主刑辅的哲学基础，以阴阳五行相辅相成之理，来论证德主刑辅符合天道运行的规律。"天道之大者在阴阳。阳为德，阴为刑；刑主杀而德主生，是故阳常居大夏，而以生育养长为事；阴常居大冬，而积于空虚不用之处，以此见天之任德而不任刑也……王者承天意以从事，故任德教而不任刑。刑者不可任以治世，犹阴之不可任以成岁也。为政而任刑，不顺于天，故先王莫之肯也"，"圣人多其爱而少其严，厚其德而减其刑"，即"德主刑辅"。汉朝道德的法律化一方面表现为把符合儒家原则的通过法律表现出来，另一方面表现为董仲舒的春秋决狱，即在司法中引经决狱。董仲舒对春秋决狱的解释是："春秋之听狱也，必本其事而原其志：志邪者不待成，首恶者罪特重，本直者其论轻。"由此可见，"春秋决狱"的要旨是：必须根据案件事实，追究行为人的动机，动机邪恶者即使犯罪未遂也不免刑责，首恶者从重惩治，主观无恶念者从轻处理。此决狱固然是要解决法律使用过程中的问题，但如果从一个更大的层面上看，就是他同时在重建古代法的伦理结构，举"春秋决狱"两个案例分析便可知。案例一：甲有子乙以乞丙，乙后长大，而丙所成育。甲因酒色谓乙曰：汝是吾子。甲以乙本是其子，不胜其忿，自告县官。仲舒断之曰：甲生乙，不能长育，以乞丙，于义已绝矣。虽杖甲，不应坐。这个案例是说，甲把儿子乙送给了别人，儿子长大后，甲对他说：你是我儿子。结果乙一气之下打了甲二十棍。按照法律，打父亲要处死刑。但董仲舒认为甲生了儿子不亲自抚养，父子关系已经断绝，所以乙不应被处死刑。案例二：甲夫乙将船，会海风盛，船没溺流死亡，不得葬。四月，甲母丙即嫁甲，欲皆何论？或曰：甲夫死未葬，法无许嫁，以私为人妻，当弃市。议曰：臣愚以为，《春秋》之义，言夫人归于齐，言夫死无男，有更嫁之道也。妇人无专制擅恣之行，听从为顺，嫁之者归也，甲又尊者所嫁，无淫行之心，非私为人妻也。明于决事，皆无罪名，不当坐。这个案例是说，有个女子的丈夫坐船时不幸淹死海中，无法找到尸体安葬。四个月后，父母将这个女子改嫁。按照法律，丈夫没有埋葬前，女子不能改嫁，否则处死。董仲舒认为女子改嫁不是淫荡，也不是为了私利，所以应免罪。通过春秋决狱中的案例可看出，它在亲亲、尊尊等总的原则上与汉律是相同而且互补的，也就是说经义与律令绝不可能水火不容。所以，我们完全可以说汉朝法律即使体现了完全意义上的法家思想，但内中也有许多基本合乎儒家信条的内容。这表明了儒、法两种思想实际所具有的共同文化背景，也表明了他们在早期法律实践中的融会贯通。

第二，道德与法律的关系。

A. 道德与法律的含义。这里所讲的道德是指人们行为应遵循的原则和标准。道德的定义可以概括为：道德是一定社会、一定阶级向人们提出的处理人与人、人与社会之间各种关系的一种特殊行为规范，道德总是扬善抑恶，凭借善与恶、正义与非正义、公正与偏私、诚实与虚伪等观念来把握现实世界的"实践精神"，是人的自律规范。法律是国家按照统治阶级的利益和意志制定或认可，并由国家强制力保证其实施的行为规范总和。法律的目的在于维护有利于统治阶级的社会关系和社会秩序，是统治阶级实现其统治的一项重要工具。所以，法律是阶级社会特有的社会现象，它随着阶级、阶级斗争的产生、发展而产生和发展，并将随着阶级、阶级斗争的消亡而自行消亡。从侧重法的角度，我们可以将法律定义为：在主观方面，法是国家意志和统治阶级意志的体现；在客观方面，法的内容由一定的社会物质生活条件所决定。前者体现了法的国家意志和统治阶级意志，后者体现了法的物质制约性，法就是这两个方面的矛盾统一体，是人的他律规范。

B. 道德与法律的区别。道德与法律是两种不同的行为规范，它们的产生原因、调整对象、调整范围、表现形式、调整机制、评价标准等方面各有不同。第一，法律与道德产生的条件与消亡各不相同。根据马克思主义关于国家与法的学说，国家是阶级矛盾不可调和的产物。因此，法律的产生是以国家的形成为前提条件，法律是国家制定或认可的、以国家强制力为后盾的行为规范，没有国家就没有法律，国家的性质决定了法律的性质；而道德则不以国家的产生为前提，早在原始社会就已经有了道德的存在，在一种社会形态之内通常只可能存在一种同一性质的法律，却可能存在几种不同性质的道德。如在社会主义国家产生以前，少数先进人物与革命导师就已经具备了社会主义的道德理念和道德品质。法律既然随着国家的产生而产生，也必然随着国家的消亡而消亡，在法律消亡之后，道德依然存在。第二，法律与道德调整的对象与范围有所不同。在现代国家，法律调整的对象仅限于人们的外在行为，单纯的思想或动机不是法律所调整的对象（但在法官判断一种行为是否要受到法律制裁以及该行为如何受到法律的制裁时，行为人的心理动机也是法官考虑的一个因素）。在古代社会曾经存在过"腹诽""莫须有"等以思想定罪的荒谬案件，这种情形与现代国家的法治原则是格格不入的。而道德所调整的不仅仅是人们的外在行为，它还规范人们的心理动机。即使在调整人们外在行为的问题上，道德所调整的范围也比法律要广泛。例如，婚姻关系是法律与道德所共同调整的对象，但是爱情关系、友谊关系通常只受道德的调整而不受法律的调整。第三，法律与道德的表现形式与调整机制各不相同。许多道德规范表现为一种抽象的原则与信念，违反道德规范的后果是行为人要受到社会舆论的谴责，以及行为人自身的自责、内疚、忏悔。而法律是以国家强制力为后盾的行为规范，在现代国家，法律规范则必须规定明确、具体的行为模式与行为后果，违反法律规范的后果，是由相应的国家机关追究行为人的法律责任。第四，法律与道德的评价标准各不相同。道德评价具有"扬善惩恶"的特点，其评价对象包括了"善行"与"恶行"；而法律评价所针对的主要是违法犯罪行为。在通常情况下，违反法律的行为必定违反道德，而违反道德行为未必都违反法律，道德评价的标准比法律的评价标准更高。

C. 道德与法律的联系。它们都属于上层建筑，都是为一定的经济基础服务的。它们是两种重要的社会调控手段，自人类进入文明社会以来，任何社会在建立与维持秩序时，都不能不同时借助于这两种手段，只不过有所偏重罢了。两者是相辅相成、相互促进、相互推动的。其关系具体表现在：第一，法律是传播道德的有效手段。道德一般可分为两类：第一类是社会有序化要求的道德，即社会要维系下去所必不可少的"最低限度的道德"，如不得用暴力伤害他人、不得用欺诈手段谋取利益、不得危害公共安全等；第二类包括那些有助于提高生活质量、增进人与人之间紧密关系的原则，如博爱、无私等。其中，第一类道德通常上升为法律，通过制裁或奖励的方法得以推行；而第二类道德是较高要求的道德，一般不宜转化为法律，否则就会混淆法律与道德，结果是"法将不法，德将不德"。法律的实施，本身就是一个惩恶扬善的过程，不但有助于人们法律意识的形成，还有助于人们道德的培养。因为法律作为一种国家评价，对于提倡什么、反对什么，有一个统一的标准，而法律所包含的评价标准与大多数公民最基本的道德信念是一致或接近的，故法的实施对社会道德的形成和普及起了重大作用。第二，道德是法律的评价标准和推动力量，是法律的有益补充。法律应包含最低限度的道德，没有道德基础的法律，是一种"恶法"，是无法获得人们的尊重和自觉遵守的；道德对法的实施有保障作用，"徒善不足以为政，徒法不足以自行"，执法者职业道德的提高，守法者法律意识、道德观念的加强，都对法的实施起着积极的作用；道德对法有补充作用，有些不宜由法律调整的，或本应由法律调整但因立法的滞后而"无法可依"的，道德调整就起了补充作用。第三，道德和法律在某些情况下会相互转化，一些道德，随社会的发展，逐渐凸现出来，被认为对社会是非常重要的并有被经常违反的危险，立法者就有可能将之纳入法律的范畴；反之，某些过去曾被视为不道德的因而需用法律加以禁止的行为，则有可能退出法律领域而转为道德调整。第四，运用法律传播道德。道德对社会的发展至关重要，它是考察一个社会文明程度的重要指标。那么，如何来提高道德素质呢？我认为应该深刻领会法与道德的矛盾关系，采取"自相矛盾"的方法，用一方制约另一方，以达到双方平衡发展的最终目的。①法的肯定：在尊老爱幼、恋爱关系、诚实信用、见义勇为等不适宜运用法来调整的社会关系中，我们虽然不能为这些社会关系规定具体的法律规则，但是我们可以为它们规定具体的行为后果。譬如，规定见义勇为的行为，应当给予适当奖励，以鼓励这种行为，间接肯定该种道德现象的正确性。②法的否定：就是要运用法来规定否定性法律后果，对违反道德的行为予以制裁，避免具体规定行为规范的复杂性。对一个事物反面的否定，就是对其对立面的肯定。否定性后果让人们知道，哪些行为是非道德的，从而深刻领会真正的道德，并且它也符合事物发展的全过程，即"肯定—否定—否定之否定"。"否定之否定"往往比"肯定"更深刻。从上述论述中，我们可以看出，道德是以人为中心、以人的言行建立于社会、生活、工作、学习环境之中的，它不同于法律，但它和法律都是规范人们行为的准则，它们具有内在的联系和功能互补的基础。法律是依靠国家强制力量来保证执行的行为规范，是一套硬的方法措施，是人类精神的"他律"。而道德则是依靠社会舆论、生活习惯、传统伦理，特别是人们的内心信念来驱使和维持的一套软的行为规范，是人类精神的"自律"。因此，法律的"他律"与道德的"自律"，以及它们这种表现为"硬"与"软"的手段，都是互相渗透、互相补充、互相维护、相辅相成的。道德每时每刻在起作用，可法律很少介入人们的日常生活，也可以说法律在迫不得已的情况下才挺身而出。道德是鼓励人们向上向善的积极力量，而法律是对侵犯别人利益行为的消极制裁。道德管人的心，法律管人的行。道德催人向上，法律防人向下。道德的下线，正是法律的上线，构成一条德与法的"地平线"，其上是道德的天空，其下是法律的地域。道德与法律是此消彼长的反比关系。道德与法律又有一个共同之点，他们的终极目标，就是使法律消亡，回归道德的天空。就现今而言，法律与道德犹如车之两轮、鸟之双翼不可分离，道德是法律的基础和有力助手，法律是道德的后盾和坚强保证。没有道德的支撑，人类社会可能会出现许多令人不快而又无可奈何的事。人类的法律发展史告诉我们，从法律的产生到法治的实现就是一个道德法律化和法律道德化交互演进的过程。道德法律化强调人类的道德理念铸化为法律，即善法之形成过程；法律道德化强调法律内化为人们的品质、道德。中国古代礼法结合、德主刑辅的思想为我们今天采用德、法并治之治国模式提供了一种可行性的历史考证。

道德是全人类的问题，当今世界需要热切关注和反思。如今市场经济繁荣与发展，更需要道德的支撑、法律的维护，从而形成自由选择、自愿交换的社会秩序。只有这样，社会秩序才能建立在公平、正义的基础上，否则那就是一个私欲横流、损人利己、尔虞我诈、利欲熏心的无序环境。从某种程度上说，仁义道德在整个社会中显得尤为重要和突出，试想，如果一个社会思想道德沦丧、人与人关系紧张、人与社会自然环境关系恶化、暴力与罪恶充斥着人们的生活，这能发展和改善生活的质与量吗？现代世界出现了伦理道德的真空，具体表现在物质追求代替了精神追求。现实社会的稳定，人们生活的安康，除了最低限度的法治管理外，更离不开道德的作用，道德可以调整人与一切利益关系。现在，人还不是生活在随心所欲的社会环境中，对利益的追求必须接受道德的制约和调节。在利益关系问题上，当利益与道德发生矛盾时，个人要承担一定的道德义务，服从人类、国家、社会利益，做到个人利益与国家集体利益的有机统一：在获取利益的方式和手段上，贯彻见利思义、公正合法的原则等，以此来获得利益，道德便给予肯定和支持；对以坑蒙拐骗、巧取豪夺、贪赃枉法、弄虚作假等手段获得利益的，道德就要加以强烈的谴责。

现在人们时常意识到，生活在一个了不起的时代，无论是对于个体或是全人类来说，或好或坏，或善或恶，具有重大意义的事件总在不断发生。当我们追溯这些事件的根源时，多数情况下会联系到科学的进步，尤其是进入 20 世纪以来，以物理学为中心的自然科学的迅速进步。当今，人类面临的危机主要以核武器的出现及其高性能化为直接原因，但我们可以进一步将危机产生的原因归结到 20 世纪前半叶原子物理学突飞猛进的发展。就连现代人的生活方式和职业方面的变化，也都不得不归结为科学在各个领域的发展与进步。总之，由于现代科学为人类提供了种种新的可能性，而使得这个时代成为了不起的时代。但在这些可能性中，一些将人类引向幸福与繁荣，一些则将人类引向恐怖与毁灭。究竟选择哪种可能性？这一问题与其说是科学本身的问题，倒不如说是生活在科学发达的现代社会里全体人类所面临的共同问题。人类进入二十一世纪，面临着许多重大难题，如何化解这些难题，这是人类必须认真共同面对的问题。

二十一世纪人类面临哪些重大难题呢？新的世纪人类濒临毁灭的边缘，已经不再是危言耸听，而是如何有效因应的问题。目前人类面临的重大难题，至少有以下十项：①自古以来，创造发明是人类进步的动力，而现代加上一层强有力的保护，称为智慧财产权，导致财富集中，同时也造成严重的生态危机。倘若主导者敌视和平，用来制造大量的杀人武器，使地球成为火药桶；倘若有一天出现一个没有人性的人引爆火药桶，人类岂不是将同归于尽？②全球化首先出现在经济领域，导致发展中国家不得不让出部分主权，接受发达国家的贸易条款，以换取资金和技术，这种残酷的经济战争，引起激烈的反抗，造成十分明显的本土化与全球化的冲突，实在很难化解。③不正常的经济发展，导致全球各地贫富差距愈来愈悬殊，M型社会的造成，应该视为人类的耻辱，却不幸被少数人视为理所当然，而大肆渲染，势必造成社会的不安，并且促使教育企业化，重利不讲义。④世界要和平，国家要发展，是新时代共同的要求，但是和平与发展，却很难取得平衡。恐怖主义的阴影，令人愈反愈恐，不寒而栗，对正常发展构成莫大的阻碍，连世界奥林匹克运动会都难以和平进行，遑论其他。⑤宗教自由导致邪教林立，而正教不敌邪教，也是不争的事实。因为正教守规矩，邪教则经常不择手段，然而，没有宗教和平，便不可能有世界和平。如何促进各宗教的和平共处、互相尊重，也是非常棘手的难题。⑥地球资源被浪费、自然生态被破坏、弱势族群被欺压、社会正义被漠视，都已经是十分明显的事实。⑦现有的普世价值，大多由西方主导，造成今天的危机重重，迫使大家不得不重新加以检讨，亟思有所突破，做出合理的调整，这又可能引起文化战争，在各种人类文明的艰难险阻中，添增很多意想不到的麻烦，令人忧心不已。⑧大众媒体发达，直接进入家庭，使得父母难以妥善教育子女。传播界又以收视率为评核标准，造成叫好不叫座，因而劣品驱逐良品，对儿童的身心带来很多负面影响。学校教育，也是问题重重。⑨人类本有个别差异，大家可做不一样的人，可现代教育采取一致的内容，趋向共同的标准，把本不一样的人，教成几乎一样的"平均人"，不合乎人的个性要求，对人类社会的多元配合，造成十分严重的障碍。⑩计算机使人类读、写能力大幅度降低。电子游戏使人不知不觉以有限的体力和无限的电力拼搏，也以宝贵的时间和廉价的在线人物对抗，相当于活人与死人作战，实在是残酷的愚昧举动，却愈来愈烈，如此等等。

人类面对上述难题怎么办呢？这些难题表面上看起来，似乎十分广泛，牵涉到很多层面，但从深层次看，再合起来看，不难找出真正的根源是"科技"。科技发展，一方面为人类社会带来进步繁荣；另一方面，也衍生出许多非常严重的问题。科学技术的进步，本来是人类进步的动力，而现在却变成了"成也科技，败也科技"的局面。人类曾经相信科学所产生的一切问题，都能够由于科学进步而获得解决，然而现代面对许多冲击人类伦理、道德、信仰、习惯的压力，才明白原来科学也相当无奈与无力。现代科学技术的进步，变成极少数人为了私利而累积财富、掠夺自然资源、破坏生态环境、制造杀人武器威胁人类安全等的手段，从而造成上述种种难题。从这里可以看出，关键是"科技"掌握在什么人手里，"人"具有什么样的观念，便会产生什么样的行为态度，而具有什么样的行为态度，就会产生什么样的效果。

当今世界经济与安全全球一体化是二十一世纪全人类要面对的最重要的课题，也是人类是毁灭还是生生不息的关键。如何促使全球不同区域、种族、信仰、生活方式、意识形态和平共处，形成世界性的利益共同体，应该是全人类最为关注的重大课题。那么，现在有没有办法来化解当代的难题，挽救人类目前所处的危难困境呢？当然有，因为人类具有理性思维能力，今天科学的发展，是人类理性思维的表现，现在是我们应该用理性思维来解决目前所面临的各种难题的时候了。怎么解决呢？我认为，人类应该沿着拯救当今世界中人性丧失的方向寻找解决问题的途径和方法。我确信，现代人具有这种理性的智慧。本书"引言"中提出过人类具有显著的三个特点，即理性思维、道德意识、制造使用工具，这三个特点是人类的三大优势，人类应该充分地发挥自身的优势。那么，理性智慧体现在哪里呢？应该体现在"道德主导科技，公正法律保障"的方式，这个方式可以说是一条正确有效的途径。过去的历史教训就是只讲物质利益，为"我的利益"不择手段争得不可开交、斗得你死我活，就是不讲道义、脱离道德、见利不义、唯利是图。现在的关键是要把人的道德良知唤回来，要使全人类都清楚地知道只有道德良知真正回来的那一天，才是人类得到拯救的时候。由此看来，以仁义道德主导科技，并以公正法律予以保障，则科学技术的进步成果就能真正为人类服务，带来繁荣、幸福、安宁以及长久生存的环境和条件，其他的社会问题也就能迎刃而解，人类也就能因此步入正常的生存轨道。

综上所述，可以看出，中国传统文化中，在治国理念上，其特点是以民为本，紧紧地围绕着人的本性"善"与"恶"而展开，以道德的"自律"扬善抑恶，以法律的"他律"抑恶护善。以儒家的德治为主的扬善抑恶和以法家的法治为辅的抑恶护善相结合的治国安邦的方略，成为了中国德主刑辅的传统治国模式，这个模式为我们今天的治国安邦提供了极为宝贵的经验。

三、"以德为本"的做人做事的方式

这里的"德"是讲的儒家的道德，是以仁义为核心的道德观念和规范。人走的"道"，有正道、邪道，而区别正道、邪道是以"德"为标准的，而"德"是以善、恶为标准来区分的，而善、恶是人的本性中对立统一的两个方面。"扬善抑恶"既是治国安邦又是做人做事的核心思想。因此，做人、做事以德为本是中国传统文化中的又一个突出特点。做人、做事两件事中，做人是最难的，它对人的成长和成功起着决定性作用。做人是一种修养，其价值是在做事中不断实现的。做事是做人的延续和体现，没有做出事来，做人就只是一句空话。做人是一种境界，需要技巧；做事是一种技巧，需要境界。当做人和做事相互交融时，则做人中渗入了技巧，做事时透出了境界，这就是做人与做事的关系。如何做人做事没有统一的标准，在这里就只好作一些代表性的列举。

1. 做什么样的人

做人是一门"以德为本"的学问，是每个人一生的必修课。如何做人、做什么样的人，下面作五种具有代表性的列举。

（1）做一个有爱心的人

中国是一个讲究"仁爱"的民族。儒家的"仁者，爱人""泛爱众""老吾老，以及人之老；幼吾幼，以及人之幼""四海之内皆兄弟"等，其中都蕴涵着"爱"之意，而且这些思想都是中国传统文化中的独特之处，其核心内容，就是"爱心"，这种"爱心"由爱自己的亲人，推广到爱他人、爱人民、爱国家、爱人类、爱惜宇宙中的一切生命。这是孔子"仁者爱人""泛爱众"的真实含义。"爱心"是从人的言行中体现出来的，给人一个微笑是爱心；他人在困难的时候，给予鼓励是爱心；扶贫帮困、见义勇为、尊老爱幼、保家卫国、维护世界和平，如此等等，都是爱心的体现。爱心既体现在不经意的细微之处，又体现在宏博之域。不仅体现在物质方面，也体现在精神方面。这种爱心是心里的自然流露，不是刻意做作。新中国成立以后，出现了很多献出爱心的模范人物，如雷锋是奉献爱心的道德楷模，焦裕禄、孔繁森是干部热爱群众的楷模，欧阳海、刘英俊是舍己爱民的楷模，钱学森是爱国主义为国奉献的楷模，任长霞是怜爱百姓惩罚邪恶的楷模。这些楷模，一方面是我国传统仁义道德的延续和发扬，另一方面是马列主义、毛泽东思想培育的结果，而根底则源于"仁义"之中的爱心。下面重点讲一下"爱心"中的爱国主义。

中华民族在几千年的历史发展中，形成了深厚的爱国主义思想。列宁曾经指出："爱国主义就是千百年来固定下来的对自己祖国的一种深厚的感情。"这种对祖国深厚的情感，不仅表现在人们对自己祖国的大好河山、历史文化和人民群众的热爱之中，而且突出地表现为民族的自尊心和自信心，表现在为了争取祖国的独立和富强而英勇奋斗、忘我工作的献身精神。爱国主义不仅具有强烈的历史穿透力，而且具有神奇的时代感召力。它同为国奉献、对国尽责紧紧地联系在一起。它所涵盖的内容首先是一种精神支柱和价值信仰，其次是一种基本的道德评价尺度和标准。它是一种对于自己生长的国土和民族所怀有的深切的依恋之情，这种感情在历史的长河中，经过千百年的凝聚、无数次的激发，最终被整个民族的社会心理所认同，升华为爱国意识，因而它又是一种道德力量，对国家、民族的生存和发展具有不可估量的作用。我国历史上曾涌现出许多著名的爱国者和民族英雄，如不畏强暴的晏婴，英勇抗击匈奴的卫青、霍去病，精忠报国的岳飞，收复台湾的郑成功等，他们的爱国献身精神至今仍具有巨大的精神感召力。特别在近现代历史上，当中国遭到帝国主义列强的疯狂侵略，处于亡国灭种的危急时刻，中华儿女的爱国主义精神更是愈加激发而不可动摇，显示出它的战斗锋芒和精神力量。从孙中山、黄兴、邹容、秋瑾等资产阶级革命家到李大钊、毛泽东、周恩来、朱德等无产阶级革命家，都继承了中华民族"以天下为己任"的爱国主义优良传统，将振兴中华的责任置于肩上。近代以来的中国历史证明，中国共产党在爱国事业方面做出的伟大成就，超过了中国历史上任何政治集团在这方面曾达到的高度。以爱国主义为核心的团结统一、爱好和平、勤劳勇敢、艰苦奋斗、奋发图强、自强不息、厚德载物的伟大民族精神，是我们民族赖以生存和发展的精神支柱。所谓民族精神，一般地说，是指一个民族群体意识和行为所表现出来的精神风貌或精神特征。以爱国主义为核心的民族精神和以改革创新为核心的时代精神是一脉相承的，这种精神是中华民族得以生生不息、薪火相传的精神血脉，是维护祖国团结统一、鼓舞人们奋发进取的精神旗帜，也是中国人民在未来的岁月里继往开来、走向繁荣富强、构建和谐社会、振兴中华的精神纽带。其对于中华民族的凝聚、激励作用越来越突出，已深深熔铸在民族的生命力、创造力和凝聚力之中。每个中国人的前途命运、生死存亡都与国家民族的前途命运紧密联系在一起；因此，在做一个有爱心人的时候，首先要爱自己的祖国。过去，我们总是把祖国比喻为"母亲"，爱祖国就像敬爱自己的母亲一样，正因为如此，文中就突出讲了爱国主义这一点。

爱心的行为无论是细微的，还是博大的；无论是物质的，还是精神的，它们都是爱心的传递，只有当这份爱心在社会中传递，这个社会才会变得美好；在人类中传递，这个世界才会变得美好。

（2）做一个有修养的人

中国是一个讲究修身养性、崇尚道德的民族。修养，是一个人为人的正确态度、综合能力与素质的体现，有修养是做人的崇高追求。从本质上说，人的修养是一种强大的心灵力量，是另一种形式的智慧。孔子说："吾十有五而志于学……七十而从心所欲，不逾矩。"这是孔子学习修养的过程。在儒家看来，人生的理想轨迹是"修身齐家治国平天下"，修身排在第一位。作为一个人，如何立足于社会，立于不败之地，就是修养的任务。只有培养了良好的修养，才能将人做好，把事做好。修养从哪里着手呢？应该从内修、外修两个方面入手。内修严以律己，外修宽以待人，这是通俗的表达。

《论语》曰："不学礼，无以立。"《礼器》曰："忠信，礼之本也；义理，礼之文也。无本不立，无文不行。""礼"是一个人为人处世的根本、标准。在儒家"礼"的思想中，礼与仁是紧密相关联的。依礼而行是仁的根本要求，礼以仁为基础，以仁来维护。仁是内在的，礼是外在的，两者紧密结合为一体。做人以礼为先，以文质彬彬来体现。文质彬彬是何意？"质"是指人的内在本质，"文"是指文化素养。"质胜文则野"是指人没有文化，就会表现粗野、落后；"文胜质则史"，是指文化发达却失去了本来的内在仁德本质。"彬彬"的意思是不浮华、不粗野，原形容人的言行举止既文雅又朴实，后来又形容人文雅有礼貌，表里如一，所以"文质彬彬"，既要有文化素养，又不要迷失了仁德本性，质朴与文采是同样重要的。从上述论述中可以看出，"礼"是以仁德为内容的外在表现。用一句话概括，内在质朴的仁德与外在文雅礼貌表现的统一或一致，就是我所说的循礼做人、文质彬彬的基本含义；而要达到这样的境界，是要通过长期的努力，不断修养才能逐渐实现的。

中国是一个礼仪之邦，天下足礼仪兴。现在，我们虽说不上是天下足（天下富足），但物质生活大大改善是事实，与之相适应的应该是礼仪兴；但在当今现实生活中，孔子说的"文胜质则史"的现象随时可见，在男女老少交往中，时常可见说话不知轻重羞耻，不分男女长幼，粗言恶语随口而出，等等，凡此种种，不是和我们现在生活在其中的、已经大大改善了的物质生活环境很不相称吗？现在全世界都在谈论中国的崛起，主要是指经济建设方面的，而在国民礼仪道德素质方面，我们不仅没有崛起，甚至还在倒退消失。这是抛弃中国传统文化、实行"全盘西化"教育、只教做事不教做人产生的后果。须知作为一个大国的国民，在言行举止上，无论对内对外，都应该体现出文质彬彬的素质，这既是文明礼貌的要求，也是民族自信心的表现。一定形式的礼，无论对于社会还是对于个人，都是必不可少的。对社会而言，"礼"是这个社会道德文明程度的直观表征；对个人而言，"礼"则是其道德素质和教养程度的外在标志。我们今天仍然可以借助"礼"的形式，赋予新的内容，创造出当今时代所需要的新的礼仪文化，使我们这个号称礼仪之邦的古国放射出现代礼仪文明的光彩。

"做一个有修养的人"这一部分，虽然只列举了循礼做人、文质彬彬这个内容，内容中也只是大概的论及，但我们从中可以体悟出修养的重要性，以及如何进行修养，举一反三，闻一知十，做一个真正有修养的人。

（3）做一个有志向的人

儒家提倡积极入世，教人如何做正人君子，也教人要有志向。《周易》中的"豫卦"是讲的"凡事预则立，不预则废"，实际上也是讲志向。《论语·公冶长》中有一节孔子与弟子关于志向的对话："颜渊、子路侍，子曰：'盍各言尔志？'子路曰：'愿车马、衣轻裘与朋友共，蔽之而无憾。'颜渊曰：'愿无伐善、无施劳。子路曰：'愿闻子之志。'子曰：'老者安之，朋友信之，少者怀之。'"在这一章中，孔子讲自己的志向时，似乎答非所问，实际上却提出了一个几乎是完人的评判要求和标准。"老者安之"，直接与"孝道"和"仁道"相关联。老者不安，应是孝道出了问题，孝道有问题，涉及仁道。"朋友信之"，直接与"诚信之道"和"交换之道"相关联；朋友不信，交换的有效性就有问题。"朋友"关系，是孔子提出的三项关系中最近于社会关系的人伦。"少者怀之"，与孔学的教育理想有关。少年人得到关爱，社会便有淳穆之风，孔学教育就能得到赓续；所以，这三个志向，孔子不是随意说出来的，而是深思熟虑的结果。《孟子·尽心上》有一节问答："王子垫问曰：'士何事？'孟子曰：'尚志。'曰：'何谓尚志?'曰:'仁义而已矣。'"这里孟子强调,士应当使自己保持高尚的志向。从上述论述中可以看出,孔子、孟子对立志的重视,志向要立在"仁义"的境界上;同时,又强调立志献身于真理,要能"安贫乐道",把精神、理想的追求看得比物质追求更重要。诸葛亮说:"志当存高远。"崇高的理想可以激发人的才智,激励人们奋发向上。

明确了志向,人生就有了目标,如何制定成功的目标呢? 需要参考以下几个因素。因素一:适应国家民族社会的需要。任何人的成功,都是顺应历史潮流,按照时代方向努力奋斗的结果。因素二:发挥最佳才能。每个人具有多种才能,这些才能可分为最佳、较佳、一般才能。成才者,通常是最佳才能或较佳才能与目标一致发展的结果。因素三:发挥性格优势。一般说来,开朗、活跃、温和的性格比较适合当演员和从事社交活动;多疑好问、深沉、严谨、求实的性格比较适宜治学、搞研究;勇敢、敏锐、果断、顽强的性格比较适于当军事家或领导人。立志成才者应当权衡自己的性格,发挥性格优势,扬长避短,方可成功。因素四:随缘兴趣。人往往既有广泛的兴趣,又有一个比较稳定、持久的中心兴趣。中心兴趣能使人获得渊博的知识,发展某个方面的特殊才能,使活动、工作富有创造性,往往人们的成果多集中在中心兴趣的延伸线上,这几乎已成为一条规律。

希望与理想是永不止息的追求,蕴藏着无穷的能量,揣着理想与希望做人,能激发生命的潜能和创造力,从而焕发出生机与活力,锲而不舍地寻觅和追求。做人没有志向、没有目标,就像一艘轮船没有舵手,只能随波逐流,无法掌握,最终搁浅在绝望、失败、消沉的沙滩上。因此,做人一定要有自己的志向,要做个有志向的人。

(4) 做一个有诚信的人

中华民族有着悠久的诚实守信的优良传统,儒家更是把诚信作为道德的基础,作为每个人道德的基本要求。诚信,古代圣贤有许多阐述。《周易》的"中孚卦"中的"孚"是象征心中诚信,因此,此卦讲的是修德守信。《论语·为政》中孔子说:"人而无信,不知其可也。大车无輗,小车无軏,其何以行之哉?"意思是说,如果一个人不讲信用,说话不算数,这个人就不可能做成什么事情,更不可能在社会上立身处事。《孟子·离娄上》中说："诚身有道，不明乎善，不诚其身矣……是故诚者，天之道矣；思诚者，人之道也。至诚而不动者未之有也；不诚，未有能动者也。"孟子说的是两个字，一个"善"，一个"诚"。持心要"善"，立身要"诚"，这样才能做好每一件事。总之，古代圣贤哲人把真诚守信作为一项崇高的美德加以颂扬。

诚信不仅具有教育功能、激励功能和评价功能，而且具有约束功能、规范功能和调节功能。具体而言，第一，就个人而言，诚信是高尚的人格力量、是立身之本，"诚"不仅是德、善的基础和根本，也是一切事业得以成功的保证。"信"是一个人形象和声誉的标志，也是人所应该具备的最起码的道德品质。第二，就企业而言，诚信是宝贵的无形资产，是塑造企业形象和赢得企业信誉的基石，是竞争中克敌制胜的重要砝码，是现代企业的命根子。诚信不仅产生效益和物化的社会财富，而且产生和谐和精神化的社会财富。第三，就国家而言，诚信是良好的国际形象，国家政府的立国之本。国家的主体、主权属于人民，诚信是领导者治理国家的基本准则，诚信构成国德，支配国运，没有诚信的国德就不会拥有长久而向上的国运。上述三者，企业、国家是由人来掌管、领导的，因此归根到底，就是要求每个人都要做有诚信的人。

（5）做一个正直的人

正直是中华民族的一种美德。《论语·雍也》中孔子说："人之生也直，罔之生也幸而免。"意思是说，一个人生存是由于正直，不正直的人可以生存那是侥幸免于祸患。

《尚书·洪范》中载："无反无侧，王道正直。""三德：一曰正直，二曰刚克，三曰柔克。"孔颖达疏："一曰正直，言能正人之曲使直。"《后汉书·党锢传序》中曰："自是正直废放，邪枉炽结。"《蔡沉集传》中曰："正直，不偏邪也。"《韩诗外传》卷七中曰："正直者顺道而行，顺理而言，公平无私，不为安肆志，不为危激行。"苏轼《海市》诗中曰："自言正直动山鬼，岂知造物哀龙钟。"因此，自古至今，正直的品质受到人们的崇尚，正直的人受到人们的赞扬。

如何做一个正直的人呢？这要在实践中不断地磨炼、修身养性，特别注意两点：一、明心见性，正直自有。佛家修行，首先就是要明心见性，认识心，认识性。心是主导一切的，一切善恶出于心，如要行善摒恶，就要从"心"求，行善摒恶即是佛性，佛法就自然在。正直是人性中本有的，每个人都如此，蕴藏在人的心中，只是要我们去认识它，去发扬它。二、端正品行，身体力行。当认识到了正直是人的本性中自有的，如何去发扬它，就要注意品德的修养，培养出心底无私天地宽、表里如一襟怀广的品行。无论做什么事，都要"对得起天地良心"，于人于己问心无愧。正直使人具有坚持原则、正义的勇气和力量，这一点包括有能力去坚持你认为是正确的东西，在需要的时候义无反顾，敢于挺身而出，并能公开反对你确认是错误的东西。当国家、集体或他人的利益受到损害时，就要像海瑞那样，敢于说"不"。正直的人越多，光明就会越多，晦暗就会越少；正义越多，邪恶就会越少。但愿我们每一个人都能够从自我做起，成为一个正直的人，以促进社会的和谐、进步和美好。

做什么样的人，上面列举了五种，当然还有许多，这里就不一一列举。从上述五种人来看，都是"以德为本"的。上述的五种人，不是分开独立的，而是每个人身上都蕴藏着的五种品质，只要去认真修养、陶冶都能体现出来。五种品质之所以要分开来说，是为了更明晰每种品质的具体内容、要求和意义。

附：君子与小人

《论语》中，经常提到君子与小人，这两种人到底是什么含义，有什么区别，这里有必要作一个大概的叙述与分析。在《论语》中有关君子与小人的章节很多，到底什么是君子，什么是小人，在反复阅读《论语》的论述中，我总想找到这两者的定义，可是就是没有头绪，后来另辟蹊径去查阅一些其他方面的资料（包括网上资料），从资料中发现，历史上，君子与小人既是相反的两个概念，又可以是谦称，君子与小人又不能截然分开，你中有我，我中有你，虽然如此，我还是想给君子一个一般的定义，以示区别，最后以朱熹"为善者为君子，为恶者为小人"为依据，将君子视为褒义，小人视为贬义。在这个前提下，我思来想去，作这样一个界定：一般来说，君子是德才兼备走正道的人，小人有才缺德走邪道的人，小人的"才"不用在正道上，专用在谋私利上。有了这么一个定义后，再来看君子与小人，就方便多了。

《论语》中有关君子和小人的章节很多，试着抄录、分析如下。

一、关于君子

从三个方面总结抄录、分析如下：

（一）从作用上

子路问君子，子曰："修己以敬。"曰："如斯而已乎？"曰："修己以安人。"曰："如斯而已乎？"曰："修己以安百姓。修己以安百姓，尧、舜其犹病诸！"从《论语·宪问》这一章的对话中，我们可以看出，君子的作用分三个层次：首先是修养自己，其次在行为上表现出来，是使周围的人安乐，最后是使天下安乐。其实第三层次是一种理想状态，尧舜也难做到。

（二）从为人处世的态度上

君子务本，本立而道生。孝弟也者，其为仁之本与！（《论语·学而》）其意是，君子为人处世要抓住根本。如孝顺父母、尊敬兄长，仁爱的根本就有了。君子专心致力于根本的事务，则治国做人的原则也就有了。

子曰："君子不重则不威，学则不固。主忠信。无友不如己者。过，则勿惮改。"（《论语·学而》）这一节是讲，君子行事应当自信自重，以忠和信为主，有错则改，对朋友要忠诚。

君子食无求饱，居无求安，敏于事而慎于言，就有道而正焉，可谓好学也已。（《论语·学而》）这一章是孔子谈君子好学的几点要求，而这里的好学，主要指的是行为、道德修养，而不光指一般的书本、书斋苦读。

子贡问君子。子曰："先行其言而后从之。"（《论语·为政》）怎样才是一个君子？孔子回答是，先实践你所说的，然后再说出来。言行一致，诚实守信是君子为人之本，先做后说，可以取信于人。

子曰："君子欲讷于言而敏于行。"（《论语·里仁》）其意是，君子说话要谨慎小心，做事则要勤奋敏捷。讷于言，是孔子再三告诫人们，说话要谨慎，信守诺言。敏于行，就是要身体力行，切实去做。

君子无所争，必也射乎！揖让而升，下而饮，其争也君子。（《论语·

八佾》）这一章讲的是君子之争重在礼，以礼化争，其争亦不失为君子之争。君子胸怀坦荡，天下为公，不为私利而争，但有所争必为公利，这就是天下为公的思想。

在为人处世的态度上，《论语》中还有多处论及，这里就不一一列举。

（三）从君子的特点来分析

"鸟之将死，其鸣也哀；人之将死，其言也善。君子所贵乎道者三：动容貌，斯远暴慢矣；正颜色，斯尽信矣；出辞气，斯远鄙倍矣。"（《论语·泰伯》）这一章讲的是曾子为学，注重内省，谨于外而完其内。其认为礼义之始，在于"动容貌""正颜色""出辞气"，皆是修身之要、为政之本。这里曾子强调了保持好的仪容和言行举止的重要性，这在今天依然是我们衡量一个人素质高低的重要方面。

子曰："君子道者三，我无能焉：仁者不忧，知者不惑，勇者不惧。"子贡曰："夫子自道也。"（《论语·宪问》）这一章是孔子对君子行为的一个总结和归纳，即君子应当做到仁、智、勇三项。仁者行事求有利于他人，问心无愧，所以不会忧愁。智者能够把握事物的本质，做出准确的决定和判断，所以不会疑惑。勇者以大义为本，符合大义的事，不畏艰难险阻，一定要做到，所以不会恐惧。孔子认为真正的君子为人处世办事之道，离不开这三者。

子曰："侍于君子有三愆：言未及之而言谓之躁，言及之而不言谓之隐，未见颜色而言谓之瞽。"（《论语·季氏》）孔子这里所说的君子指长官、前辈等地位比自己高的人。从现在的情况看这"三愆"，也适用于朋友、同事之间的交流。孔子在这里所说的语言谈话的艺术都是以"己身正"为前提的，绝不能断章取义，更不要误认为是孔子教人奉承阿谀，看人脸色说话。

子曰："君子有三戒：少之时，血气未定，戒之在色；及其壮也，血气方刚，戒之在斗；及其老也，血气既衰，戒之在得。"（《论语·季氏》）本章是孔子对人一生中的不同阶段需要注意的问题而给出的忠告，对现代人们依然适用。少年处在发育期，身体器官尚未完全成熟，此时不戒色欲，易使身体发育不完全，造成永久的伤害；青年人争强好胜，容易冲动，好勇斗狠会给自己和他人造成伤害，所以要戒除争斗之心；老年人体力精力都开始衰弱，此时如果贪心不足，无论是贪图财富还是贪图地位，不服老，不但身体吃不消，事情也办不好，所以要戒贪。

上述章节从君子的作用、为人处世的态度以及君子的特点三个方面，阐发了与君子相关的观点；这样，我们基本上就可以了解孔子及儒家对于君子含义的理解。

二、关于小人

小人，在《论语》中只是从与君子对比的角度谈了很多小人的特点，下面将《论语》中有关这方面的内容摘录分析如下：

子曰："君子周而不比，小人比而不周。"（《论语·为政》）孔子告诉我们，君子是用道义团结人，而不是结党营私；而小人是相互勾结，而不是团结。一个真君子不张扬自己，他让所有的人都感受到照应；但是小人是什么呢？是比，就像"比"这个象形字一样，是两个相似的"匕"放在一起。"周"就是一个圆圈，中心与边等距离。"比"就是完全一样。君子对别人一视同仁，而不要求别人和自己完全相同。小人要求别人与自己完全一样，并以此标准和别人拉帮结派，结党营私。

子曰："君子喻于义，小人喻于利。"（《论语·里仁》）这一章是孔子首先提出义与利的分别，并把追求"义"还是追求"利"作为划分君子和小人的标准。这里的"义"就是仁义，行"义"还是行"利"是孔子评判君子与小人的重要标准，他认为一个真诚的君子应以"义"为原则，依照礼的要求去实行它，用谦虚的语言去表述它，以诚实的态度去完成它，这才是仁义君子。而那种"群居终日，言不及义"之人，则不足以称君子。但孔子并不完全否定"利"，他曾说过："因民之所利而利之，斯不亦惠而不费乎？"他还赞美管仲"九合诸侯，一匡天下"，使老百姓得到好处。孔子反对的只是追求个人的不义之利，要求君子"见利思义"。

子曰："君子坦荡荡，小人长戚戚。"（《论语·述而》）这话是自古以来为人们所熟知的一句名言，坦荡荡是说君子的心境平坦广大。长戚戚，郑康成注为多忧惧，确切地说明了小人之心。这一章讲述孔子辨别君子和小人两种相反的心理。孔子认为，君子光明磊落，无执无求，所以心胸宽广坦荡；小人患得患失，忙于算计，却每每庸人自扰，怀疑他人算计自己，所以经常陷入忧惧之中，心绪不宁。

子曰："君子成人之美，不成人之恶；小人反是。"（《论语·颜渊》）本章讲的这句话，体现了儒家一贯"己所不欲，勿施于人"的君子精神。帮助他人不能一味地视个人的关系如何，而是要看所做的事情是好还是坏。是好事就帮助他人成就，是坏事决不去促成，这是君子的态度。而小人则相反，看到别人做成好事就嫉妒，别人干了坏事就幸灾乐祸。

子曰："君子和而不同，小人同而不和。"（《论语·子路》）这一章孔子告诉我们，君子和谐而不结党，小人结党而不和谐。"和而不同"是儒家思想的重要组成部分。君子能够与他周围的人保持融洽的关系，处处谦让，可是却不会人云亦云，有自己独立的思想观点，与众不同，不会与人结党营私。而小人事事拉帮结派，总是去算计别人，处处计较，处处争执。君子讲求和谐而不必完全相同，小人只求完全一致，而不讲求和谐。这道理其实简单，看看那些能长久保持朋友关系的人们之间，必有不同之处，而且能相互理解。而要求相互之间完全一致的人们，早晚闹不和，连夫妻之间都是如此。

子曰："君子求诸己，小人求诸人。"（《论语·卫灵公》）此章与孔子所说"躬自厚而薄责于人"，是同样的意思，君子凡事对自己严格要求，即是求诸己；小人与此相反。这一章，一方面是说君子凡事都靠自己的努力，不依靠他人；另一方面，也是说明了对于失败和挫折应当从自身找原因，而不应当找客观原因，埋怨他人。

子曰："君子怀德，小人怀土；君子怀刑，小人怀惠。"（《论语·里仁》）本章再次提到君子与小人这两个不同类型的人格形态，认为君子有高尚的道德，他们胸怀远大，视野开阔，考虑的是国家和社会的事情，而小人则只知道思恋乡土，喜欢安于现状，考虑的只有个人和家庭的生计。君子怀刑，小人怀惠。君子并不是不求利，君子也求利，但不逐利，不会被利所左右，这也是君子与小人之间的区别之一。

从以上所有这些摘录描述中大致可以看出，《论语》中所说的君子和小人，主要是从有德和无德的角度说的，基本上确如朱熹所言，"为善者为君子，为恶者为小人"。

《论语》是孔子和他的学生们的言论集，这部书的作用和孔子大教育家、思想家的身份相符合，是培养、造就具有良好道德修养、具有理想人格的君子、能治国安邦平天下的志士仁人的；因此搞清楚何谓君子、何谓小人就显得很有必要。在此基础上，孔子认为君子应该担负起治国安邦之重任，对内可以妥善处理各种政务；对外能够应对四方，不辱君命。所以，孔子又认为，君子应当博学多识，具有多方面才干，方可通观、领导全局，成为合格的领导者，这种思想在今天仍有重要的借鉴意义。

2. 如何做事

做事先做人，人做得怎么样，要从做事中体现出来。做人以德为本，在做事中也要体现出德。下面从五个方面阐述如何做事。

（1）做事要有责任感

做任何事情的背后都有一种责任在支配着做事的人。责任是对人生义务的勇敢担当，对自己所负使命的忠诚和信守。俗话说：天下兴亡，匹夫有责。这里的"天下"是指国家，为什么要这么说呢？因为一个人的生死存亡、利益荣辱等都与国家密切联系在一起。国破家亡，家破人亡，国家、民族、家与人又是紧密联系在一起的，从这里可以悟出，每个人对自己的国家、民族的兴亡都有自己的一份责任，同时对自己所处的集体、单位、企业、团队、家庭等都负有责任，以及对自己的信仰、事业等的责任。因此，每一个人无论做一件什么事都应该明确自己所承担的责任，同时也要认识到，一个充满责任感的人，一个勇于承担责任的人，会因为这份责任与承担而让生命变得更有价值、更有力量。《论语·子路》中："樊迟问仁，子曰：'居处恭，执事敬，与人忠。虽之夷狄，不可弃也。'"这一章中把"执事敬"作为了仁者之道的一个重要方面，做事要敬业，要认真严肃谨慎，按照道德要求做事，这是体现"以德为本"做事的基本原则，也是要求一个人做事责任感的基础。有了仁道为基础，那么这个责任感就有了灵魂，人就不会只想到自己，不会只是为自己的名与利、权与势而奋不顾身、争名逐利，而会想到方方面面的责任，不至于迷失方向。《道德经》第四十四章中曰："名与身孰亲？身与货孰多？得与亡孰病？是故甚爱必大费，多藏必厚亡。知足不辱，知止不殆，可以长久。"这一章里，老子以名、货和人的自身价值对比，就是要人自重、自爱，对待名利要适可而止，这样才可以避免遇到危难。俗话说，名利是个无情物，有了名利，就会产生欲望，欲望膨胀，丧失理智，巧取豪夺者有之，杀人越货者有之，等等。一个人要摆脱功名利禄的束缚，对世间红尘要看得透彻一点，看得真切一些。不追求名利，不等于不建功立业，看破红尘，是为了再入红尘。摆脱功名利禄的束缚，是为了消除杂念，纯洁内心以成就更大的事业。只有超然物外的人，才可能对自己的事业以及社会奉献出真才实学，才可能对他人奉献出自己真诚的爱心。常言道，"心底无私天地宽"，一个摆脱了功名利禄束缚、无私心杂念的人，在人生的旅途中没有什么不可解除的烦恼。一个为名利欲望而奋不顾身的人，能有对国家、社会、他人的责任感吗？《论语·宪问》中的"不在其位，不谋其政"是被人们广为传说的一句名言，是孔子对弟子们为官从政的忠告。他教导弟子，不在应当负责这件事情的位置上，就不要筹划这件事情。孔子不是主张事不关己，高高挂起，而是认为为官者应当各负其责、各司其职、脚踏实地做好本职分内的事情，这也是孔子"正名"思想的体现。只有在这个位置上，有了一些实际工作经验之后，才能够明确了解这个职务的责任，做出合理准确的处置。"不在其位，不谋其政"，实际上包含了两个方面的处世原则：其一，不要随便议论、批评自己本职工作以外的事情；其二，不要越俎代庖，超越自己的职责、身份去染指他人的事情，但有的事情还得灵活运用孔子的这句训诫，如危难时刻的见义勇为，如果你当时恰好在现场，那么你等于在其位，你就要用适当的方式谋其政了——或者报警，或者挺身而出，或者保护好证据，而不能仅仅当个旁观者。

在这个世界上，每一个人都扮演着不同的"角色"，每一种角色又都承担着不同的责任，从某种意义上说，对角色饰演的最大成功就是对责任的完成。正视责任，使我们在困难的时候能够坚持，在成功的时候保持冷静，在绝望时绝不放弃，因为努力和坚持不仅仅为了自己，还有别人。责任，就是履行义务，履行由于社会角色的定位而产生的各种外加义务：对亲人负责，就是履行你作为家庭成员对至亲人的责任；对社会负责，就是履行你作为公民对社会的责任；对国家负责，就是履行你作为公民对国家的责任。工作的底线是尽职尽责，努力培养自己勇于负责的精神，你将成为工作与生活中的主人，以主人翁的心态去对待工作，自然就能做得更好。

综上所述，可以看出，做事要有责任感，不仅是每一个人做事必须具备的一种基本品质，也是维持自己生存必须履行的义务，同时也是用责任感把事情做好的智慧表现。

（2）按照事物规律办事

做事能不能成功，除了要有责任感外，还要按照事物内在的客观规律去做。世界上的每件事物都有自身的特点和内在客观规律，譬如，水往低处流，这是"水"的特点和规律，我们在日常生产和生活中，要想把水利用好，就得根据水的特点和规律来办事。

《道德经》第一章"道可道，非常道"中的"道"有三层意思，其中的一层意思是世界上的万事万物都有自身内在的规律性。老子又提出了"道法自然"的命题。他认为，人间的一切规律都源于天，而天的规律则源于"道"，效法"道"的含义就是顺其自然，是要认识和掌握事物的规律，按规律做事，按一定的"道"来改造自然，做到人与自然和谐共生。在政治思想领域中，老子主张"无为而治"。"无为"是一种理性的积极的处世态度，"无为"就是要遵循自然规律，以淡然沉稳的态度循序渐进地行事，实际上老子提出的"无为"正是为了"无不为"，还是一种"有为"。《周易·豫卦》中《象》曰："天地以顺动，故日月不过，而四时不忒。圣人以顺动，则刑罚清而民服。"本卦以日月的运行、四季的循环为例，说明事物的规律，劝告古代圣王们效法此种精神，凡事预则立，不预则废，就是说首先要有预见性，事先做好预备工作，事情就能顺利进行而做成功，否则就可能失败。《论语·子路》中的"欲速则不达"是孔子非常著名的一句话，告诉我们，凡事要遵循它内在的发展规律，能快则快，不能急于求成。人要干点事业，常常面临许多不无遗憾的选择，所谓遗憾，就是二者不可兼得，想求快，就很难干成大事业；要干大事业，就得有非凡的耐心，在朝着大目标前进的过程中，绝没有康庄大道可走，而是荆棘密布，险象环生。不经过艰苦卓绝的努力，是不可能到达胜利彼岸的，而且常常是目标越宏大，要走的路就越长，遇到的困难就愈多。所以无论做什么事，都一定要考虑客观条件和事物的发展规律，绝不能蛮干、硬干；既然要干大事，就不能为蝇头小利所诱惑，应该眼光放远，勇往向前。"拔苗助长"的故事告诉我们欲速则不达的道理。"欲速则不达"的观点是对的，干什么事都要循序渐进。俗话说，磨刀不误砍柴工，只有多花点工夫把刀刃磨利，才能砍出更多的柴。

综上所述，圣贤们反复强调要遵循事物内在规律来做事，顺其自然，不要胡为、乱为、妄为，要循序渐进，不要违背自然规律而急于求成。只有按照事物的规律办事，事情、事业才能做成功，这是智慧的表现。

（3）做事要有恒心

恒心，讲的是做事的毅力。持之以恒，体现着做事者的一股韧劲。要想把事情做成功，恒心是必须具备的品质。《周易》中的"恒卦"就是讲的恒德，即恒道、恒心等。卦中以天地之道、恒久不已，日月得天而久照、四时变化而能久成为例，说明恒道既是一种天性，也是一种美德。这种"恒"使天地终则有始，周而复始，循环无穷。同样，圣人确立的道德准则长久不衰，使得人间生生不已，天地万物莫不如此。中国人在《周易》恒道思想的深刻影响下，历来就重视守恒道、树恒心，把持之以恒当作恒德高深、人格饱满、事业成功的标志。

《论语·泰伯》中："曾子曰：'士不可以不弘毅，任重而道远。仁以为已任，不亦重乎？死而后已，不亦远乎？'"这一章中，曾子说的"弘毅"绝非一般意义上的性格特征，在那个功利至上、沽名钓誉之风甚嚣尘上的时代，"弘毅"的豪气更是一种志存高远、自强不息的精神标识，一种有所不为却无所不为的人生智慧。所谓"世上无难事，只要肯登攀"，一个人不管做什么，只要肯坚持去做，不断耕耘，总会有所收获。相反，凡事太功利，还没有开步就问终点何在，利益何在，期望值太高、太迫切，往往会产生畏难情绪，结果很容易画地为牢，把自己限定在一个范围内，甚至裹足不前，打退堂鼓。许多人之所以事业没有结果，没有达到自己的目标，主要不是其力量不足，而是其努力不够。在道德修养上，孟子强调坚持不懈、持之以恒，并以凿井为喻，提出了做事浅尝辄止、半途而废，只会功亏一篑。所以我们无论做什么事，都应坚持不懈，有始有终。成功总是需要时间，所以持之以恒对于成功者来说显得极为重要。很多人之所以成功，只因为他比别人多坚持了一下；而很多人的失败，也恰恰是因为他没有能坚持到最后。应该知道，每个成功者前面都有很多的不如意，你只有抱着必胜的信心和决心，以锲而不舍的精神一个个去战胜它们，才能把握机会，实现心愿。所以，我们做事不要浅尝辄止、半途而废，这样才会收获到自己想要的结果。老子《道德经》第六十四章中说："合抱之木，生于毫末；九层之台，起于累土；千里之行，始如足下。"这一节启示我们，要想做大事、成大器，就必须学会从小事和基础做起，从现在做起。因为任何大事都起始于微小，任何事业的成功，也都源自于每一步的前进。成功没有捷径，只能是脚踏实地、一环扣一环、一步一个脚印地往前走。成功，是一个缓慢的学习摸索、积累过程。从搬运工到哲学家，从奴隶到将军，从凡人到伟人，这不是一天、一月、一年就可以达到的，它需要经过长期的努力、追求、积累、磨炼才能达到。不断地追求，才有不断的进步；不断地积累，才有不断的提高；不断地实行，才有不断的成就。积累，是一件又一件小事去积累，直到有一天，你会惊奇地发现，自己是一个多么了不起的人。比如雷锋，他并没有做出惊天动地的大事，但他珍惜每一件小事，把每件小事都当作一个新的出发点，当作一件大事来看待，倾注全部的生命和热情，谁又能怀疑他的伟大呢？——伟大的，其实也是平凡的。脚踏实地，持之以恒地去做些小事、细事，当这些小事、细事累积到一定程度，就会是大事，就会是成功。

综上所述，古圣贤人们是非常重视恒心、恒德的，做事有恒心，持之以恒，不仅体现着做事者的一种品质，而且是将事情、事业做成功所必须具备的条件。唯有那些有坚定的信念、恒心十足的人，才能创造一切，为他人所依赖。以一颗坚忍的恒心发挥自己的才干，便会获得成功，这是成功的秘诀，也是一种智慧。

（4）做事要有勇气

人生难免遇到困难、遭受挫折，做事的境界不在于永不失败，而在于永不言败，屡败屡战，屡仆屡起，只要站起来比倒下去多一次，就是成功。

勇气就像火车头，一直往前奔。易家以"坎"代表险阻，含坎坷不平之义，坎卦意味着身陷重重险难、身处逆境之中，前有险阻，前途坎坷，但是只要克服困难，胸怀诚信，坚守正道，勇于前进，就能履险而安，没有凶险。《论语》中的《子罕篇》《宪问篇》中提出了君子三达德，"知者不惑，仁者不忧，勇者不惧"。这里，孔子告诉人们，一个人要达到完美的人格修养，智、仁、勇三点，缺一不可。"仁者必有勇"说的是仁者勇于维护正义，奋不顾身，这里的"勇"是出于仁，源于仁，因此这种"勇"是仁者之勇，有正义感之勇。如果勇者没有仁德，那只是好勇斗狠，是匹夫之勇。《论语·礼仁》中："见义不为，无勇也。"意思是说本应挺身而出主持正义而没有做，这是怯懦。把这句话反过来，就是"见义勇为"。"勇"就是不问对方强弱，见到合乎道义的事就坚决去做。从这里，就明确了仁德与勇敢之间的关系，分清了仁者之勇与匹夫之勇的界限。《孟子·告子下》中："天将降大任于斯人也，必先苦其心志……"这段话告诉人们，艰苦的环境对人的磨炼具有深刻的意义，它折磨的是人的外在形态，影响的却是内在的心志、性情、能力。而事实也证明，只有经历了坎坷和苦难，人才能变得坚强和成熟。苦难不是阻碍你成功的绊脚石，而是上帝给你准确定位和锻炼自己的机会，是你人生的宝贵财富。要知道，你之所以能成就伟大的事业，是因为上帝赐予你超乎寻常的苦难，这种苦难磨炼你的意志，使你爆发出超人的力量，最终走向成功。没有苦难的经历，就不会有在苦难中奋发后的成功，更不会有成功后的喜悦。所以，要想有所作为，就必须经受住苦难。战胜苦难并非易事，要在苦难中崛起，除了要有坚忍不拔的毅力外，还必须具有百折不挠的勇气，而毅力和勇气则来自于对事业孜孜不倦的追求，这种追求和向往，能激发出无比巨大的力量，帮助人们战胜难以想象的苦难。

俗话说，失败乃成功之母。在做事的过程中，难免会有挫折、失败；但成功者和失败者的重要区别在于，失败者总是把挫折当成失败，每次挫折总是深深打击他胜利的勇气；成功者则是从不言败，在一次又一次的挫折面前，总是对自己说：我不是失败，而是还没有成功。一个暂时失利的人，如果继续努力，打算赢回来，那么他今天的失利，就不是真正失败。

相反，如果他失去了再战斗的信念，那就是真输了。在普通情形下，失败可能使人丧失勇气，严重者一蹶不振，这是从消极方面说的；积极方面，失败会催人奋进，会激起人的更大决心和潜能，从而实现更加辉煌的成就。成功者能成功，主要在于他把失败当作朋友，它可以告诉他，这样做是错误的，下一次需要换一种思路；失败能提供有价值的信息，它是对你很有帮助的向导，而不是要你退缩的警示。成功者充分认识到，成功之路只能慢慢攀登，而且要以多次错误为背景，踏着错误的肩膀向上爬，他们明白，犯错误是生活当中的正常因子，它会使人振作起来，调整自己的努力方向，使其朝着不同但更美好的方向前进。失败能焚烧成功者心中的垃圾，使他们经得住严峻的挑战，从失败中总结经验教训，调整思路，勇往直前，这是成功者对失败的态度，也是成功者获得成功的秘诀。

敢想敢干、表现自我最重要的是勇气。能够成就事业的，永远是那些信任自己见解的人，敢于想他人之不敢想、为他人之不敢为的人，有胆略、勇敢而有创造力并且勇于向旧规则、旧观念挑战的人。新的、理想的生存方式潜伏在现时的平常的生存方式之中，具备探险勇气的人就能发现它，有所作为的人，总是先例的破坏者。安于现状不思进取的人，从来不会破坏什么。什么是奇迹，就是一般人认为不可能的事、无法理解无法想象的事你把它做出来了，这就叫奇迹。成功不会从天而降，要想取得成功，就要勇敢地去争取，去创造。只有敢于探索、勇于尝试的人，才能享受真正激情的人生。

（5）做事要讲究方法

在做事中，总会遇到问题与困难需要解决。怎么解决，当然是用方法解决，只要找对了方法，再难的问题也是可以解决的。《周易》中有很丰富的做人做事的智慧和方法，这一点已在"国学之根——《周易》"中作了具体阐述。《论语·卫灵公》中的"人无远虑，必有近忧"是孔子的千古名言。远虑的意思很广泛，就办事而言，不论大事小事，都要事先确定目标，制订周详的规划或办法，还要对可能发生的意外想好对策；就为人而言，要不断地追求上进，不能只满足于眼前的成就，否则忧患就在眼前。做人、做事都要以此为根据，要随时随地有深虑远见，不要眼光短浅，否则很快就会有忧患到来。小而言之，个人是如此；大而言之，国家的前途也是如此。人的一生会发生很多事情，没有人知道自己将来会发生什么事情，要为自己的未来作一个长远的打算，才能安排协调各方面的关系，从容面对各种意想不到的突发情况。如果只是一味地陶醉于眼前的成功，被眼前利益所迷惑，就有可能被隐藏在成功后面的危险击倒，亲尝自酿的苦酒。因此，做任何事情都必须有长远打算，一定要有居安思危的危机感，才能防患于未然。所以，为了远的目标，你在选择眼前利益的时候，一定要三思而行，最理想的就是眼前利益和长远利益结合起来，不要为了眼前利益而放弃长远目标。《论语·卫灵公》中的"小不忍，则乱大谋"是孔子的又一名言。意思是说，小处不能忍就会败坏大事。这句话有两方面的意思，一方面是提倡"恕"道，凡事应当多忍让、包容，以大局为重，许多大事都是败在细节上，如果小处不能忍耐，便会扰乱大计；另一方面，做事应当坚忍、有决断，能够当机立断，不要在小事上纠缠不清。"忍"又是一种等待，为图大业等待时机成熟，忍之有道，这种"忍"，不是忍气吞声、含泪度日之举，而是高明人的一种谋略，是人的一大智慧，它有助于人们在攀登理想境界的征途中，消除情感世界中不可避免的潜在危机，因而对于成功者的开拓来说，它既是实现既定目标的保证，又是取得更大成功的起点。这个教诲不仅在涉及国家命运和身家性命的危急之事中用得到，就是在日常生活中对它也不可小觑。生活中，面对不同的环境、对手，有时候采用何种手段已不太关键，而如何保持好自己的情绪才至关重要，因为这关系到你能否在社会上游刃有余地生存。"小不忍，则乱大谋"，其中的"谋"指的就是人生理想、目标，要实现它们，有时候其核心就是一个"忍"字。勾践忍不得会稽之耻，怎能卧薪尝胆、兴越灭吴呢？韩信受不得胯下之辱，哪能做得了淮阴侯？所以，要成大器、大业，做事就得分清轻重缓急、大小远近，该舍的就得忍痛割爱，该忍的就得从长计议，从而实现宏愿、成就大事、创建大业。《道德经》第五十八章中的"祸兮福之所倚，福兮祸之所伏"，意思是说，灾祸中有幸运的事情包孕其中，幸运中有危机藏伏在它深处，谁能知道这究竟是祸是福呢，它们并没有固定的标准，正的随时可能变为邪的，善的随时可能转变为恶的。这句话体现了他的辩证法思想和他对人生的思考。历史上"塞翁失马"的故事就足以证明这一点。所以，我们在考虑问题时要冷静、全面，要善于发现其中所伏所倚的东西，而不是在遭遇不幸时，只知道抱怨、屈服和叹息；在幸福降临时，就骄傲自满，忽略了隐藏的祸患。遇好事的时光甭张狂，张狂过了头，后边就有祸事；遇到祸事的时候也甭乱套，忍着受着，忍过了，受过了，好事跟着就来了，上天不可能把所有的幸福都降临到一个人身上，也不可能把所有的灾祸都推给同一个人。一个在某一方面幸运的人往往同时要面临着另一方面的不幸，而遭受不幸的人往往会因祸得福。毛主席说过："在一定的条件下，坏的东西可以引起好的结果，好的东西也可以引起坏的结果。"事实也证明，人生的变数很多，生活中的很多人都是因祸得福，或者因福得祸的。所以，我们要调整好心态，懂得在受"祸"的磨难中振奋，把祸当作走向成功的垫脚石；在得"福"的喜悦中谨慎，时刻谨记祸福相依的道理。祸福本相依，要看到表象背后的东西，只有这样，才能让自己的人生多一些福气，少一些灾祸。

做事要讲究方法，而方法既有思想方法，又有工作方法。思想方法是人们在一定世界观指导下观察、研究事物和现象所遵循的规则和程序，是关于主观认识客观世界的方法。实事求是，一切从实际出发是马克思主义的根本思想方法。工作方法是指人们在实践的过程中为达到一定目的和效果的办法和手段。思想方法与工作方法总是互相联系、互相渗透的，不可截然分开。上面列举的古圣先贤们教导我们的做人做事的道理和方法都是极其宝贵的，具有深刻的意义，无论是从思想方法，还是从工作方法来讲，他们的教导直到今天对我们仍然有深刻的现实意义。

如何做事，上面列举了五种，当然还有很多，这里就不一一列举。上述五种做事的智慧，不是分开独立的，而是每一个人身上都具有的五种素质，之所以要分开来说，可以清楚每一种素质的具体内容、要求和意义，也可以清楚古圣先贤们重视、强调和教导人们如何去做人做事的道理、技巧和智慧。

综上所述，我们可以看出，"以德为本"的做人做事的方式是我国传统文化中的显著特点。今天，我们回顾、学习古圣先贤们的思想，是为了从中得到启迪，汲取智慧，将他们的思想传承下去，发扬光大，并且在他们思想的基础上，根据社会的发展、时代的进步，一脉相承地发展、丰富、充实其内容，使其更完善、更全面。今天是由昨天而来的，现在是由过去而来的，现代是由古代而来的，这是历史的传承；现代人的思想是由古代人的思想发展而来的，这是思想、智慧的传承。一代又一代地传承着，这是我们后代人的责任和使命，只能这样，别无选择。

四、"以整体变易为本"的思维方式

整体、变易是讲的整体思维与变易思维，这两者的概念和内涵，我已在上一章中作了比较详细的阐述。下面要讲的是整体思维的唯物主义性质与变易思维的辩证法思想。

1. 整体思维的唯物主义性质

什么是唯物主义？它是相对于唯心主义而言的，是哲学中的两个主要派别，两者的区别在于对物质与意识的态度。唯物主义认为物质是第一性的，而意识是第二性的，也就是说，世界是物质性的，而意识只不过是对物质世界的反映，物质是意识的基础；唯心主义则相反。马克思主义的哲学唯物主义有如下的特征：一、承认世界的物质性，承认世界是按照物质的运动规律而发展的；二、认为物质是第一性和意识是第二性的；三、承认物质世界及其规律性的可知性，承认科学知识的客观真理性。马克思主义哲学唯物主义认为，世界按其本质来说是物质的，世界上的现象，是运动着的物质的各种不同形态。自然界一切形形色色的物体——从极微小的原子到巨大的星球，从最小的细菌到高等动物，到人——都是不同形式和处在不同发展阶段上的物质。主观唯心主义认为，世界是"绝对概念""宇宙精神""意识"的体现，认为只有意识才是真实存在的，物质世界、存在、自然界仅仅存在于意识中，存在于感觉和概念中。在我们的思维能否认识现实世界的问题上，唯心主义否认认识世界及其规律性的可能性，否认我们知识的可靠性。而唯物主义却与此相反，认为世界及其规律性是完全可以认识的，并确认：人类的实践是我们知识之真理性的有决定意义的证据，世界上没有不可通过科学和实践的力量来认识的事物。在这里之所以要讲上述的唯物主义概念和内容，就是要使我们清楚什么是唯物主义。

我讲的整体思维就是建立在上述这样一种唯物主义基础上的，当然，在我国从古至今的几千年的历史长河中，体现出的唯物主义内容，不是现代意义上这样清晰的唯物主义概念，而是一些比较原始、朴素的唯物主义的观点思想，但就其实质而言，却是体现了上述唯物主义的思想。因此，整体思维的唯物主义性质，可以从中国几千年以来古圣先贤们的经典著作中得到证明。首先，从《周易》中来体悟分析。《易经·系辞传上》曰："易有太极，是生两仪，两仪生四象，四象生八卦。"这当中提出了：一、太极，二、两仪，三、八卦。现将三者简述如下：一、太极。在中国古代哲学中是用来表述宇宙本原及其无限性的一个概念。"太"有至的意思，"极"则为极限之义，"太极"就是至于极限，无有相匹，既包括了极至之量，也包括了至大的时空极限。北宋周敦颐在《太极图说》中又提出"无极而太极"的命题，太极也就理解成阐明宇宙从无极而太极，即从无到有，从无形无象的原始以至混沌初蒙，而再至万物化生的自然过程。太极在仪象之先又在仪象之内，所以用一个圆圈"○"代表太极。从中我们可以看出，这里的"太极"讲的就是从无到有的无边无际的宇宙，而这个宇宙是由万物组成，在无边无际宇宙中的万物又互相联系、互相依存形成一个整体。二、两仪。即为太极的天地阴阳两仪，其意指浩瀚宇宙间的一切事物和现象都有着对立而相依的阴和阳两个方面。"阴阳"是人们把握和描述事物的对立统一属性的哲学范畴，阴阳这一观念产生于人们对天象的观察，其最初含义是很朴素的，用来表示阳光的向背，向日为阳，背日为阴，后来则引申为气候的寒暖、方位的上下、状态的动静、性质的刚柔等范畴。中国古代的哲学家们认为自然界中的一切现象都存在着既相互对立而又相互依存的关系，于是就用阴阳这个概念来解释自然界两种相互对立同时又相互消长的物质势力。《易经·系辞传上》中曰："一阴一阳之谓道。"中医学《黄帝内经》中的《素问·阴阳应象大论》中曰："阴阳者，天地之道也，万物之纲纪，变化之父母，生杀之本始。"意思是说阴阳的这种对立统一的运动规律是自然界一切事物运动变化固有的规律，世界本身就是阴阳二气相互作用的结果。周敦颐的《太极图说》中有这样的表述："无极而太极。太极动而生阳，动极而静，静而生阴，静极复动，一动一静，互为其根。分阴分阳，两仪立焉。""（阴阳）二气交感，化生万物。万物生生，而变化无穷焉。"这是中国古代哲学中对于阴阳概念最为完备的阐述。阴阳学说，是中国古代朴素的唯物论和自发的辩证法思想的体现，这种学说对中国古代哲学思想的发展有着极为深远的影响，并且广泛体现于医学、数学、音乐、化学、天文学等多个领域的科学和文化知识体系建构之中。三、八卦。所谓八卦，就是远古人在地之八方对日影进行测量之结果的记录，通过这种长期的观察和测量，人们逐渐掌握了春夏秋冬的季节更替规律，从而用来指导农业生产和日常生活。后来八卦演化成为一套有象征意义的符号，其基本单位是"爻"，爻有阴阳两类，阳爻表示阳光，阴爻表示月亮，用"—"代表阳爻，用"--"代表阴爻。每卦有三爻，代表天地人三才。三才中的"天"，意指天体运行和气象变化，即星象之学，又称天文；"地"是指观测日影来计算年周期的方法，从而知晓地面事物的运行状况，即地理；"人"是指把天文、地理和人事相结合，以便按照这些规律来从事生产和生活，用三个这样的符号，组成八种形式，叫作八卦。八卦代表八种基本物象：乾天、坤地、震雷、巽风、艮山、兑泽、坎水、离火，总称为八经卦。八个经卦两两组合，重叠构成六十四卦。这样八卦就成为一种哲学上的概念，用来表示宇宙、社会与人生各种物象、事象的运行状况。八卦除了在远古的占卜和风水的迷信中占据一段时间外，到《易传》出现后，就成为了中国古代哲学思想的重要组成部分，广泛地影响到我国政治、经济、军事、医学、武术、天文、地理等诸多知识领域。从上述论述中，我们可以看出，太极、两仪、八卦体现出的都是唯物主义性质。

"五行"，是中国古代哲学中阴阳之外又一个重要的基本哲学概念。古典《尚书·洪范》中明确记载："五行：一曰水，二曰火，三曰木，四曰金，五曰土。"战国时期著名的阴阳家邹衍就是用五行相生相克的原理来阐释自然与人类社会的发展演变的。五行是用来表述宇宙和社会属性及其变化规律的范畴系统，同阴阳的概念一样，五行最初的含义是指五种具体的物质，即水、火、木、金、土，这五种在人们生活中占有重要位置的基本物质，并且人们认为宇宙间的万物都是由这五种基本物质构成的。这同古希腊恩培多克勒的"四元素说"（水、火、土、气）类似。中国的五行概念有着比古希腊的四元素更为深远的内涵，"五行"中的"五"代表着五种基本物质，而"行"则含有运行的意思，五行之间有着相生与相克的关系。具体说来，五行相生：木生火、火生土、土生金、金生水、水生木；五行相克：水克火、火克金、金克木、木克土、土克水。五行在哲学思想中不仅是指代表五种基本物质的属性，而且延伸至事物所具有的五种基本属性，广泛应用于各种思想学说和知识体系中。五行与阴阳结合而形成的阴阳五行学说，是贯彻中国古代哲学思想的基本原理。阴阳五行学说其具体内容会在本书后面的有关章节中作详细阐述。

"气"，在中国古代哲学中是一个特别重要而又非常复杂的概念，在各种不同典籍的不同阐述中有着各不相同的内涵。但从根本上来讲，"气"体现的是关于物质存在和运动的哲学范畴。具体说来，中国古代学者从以下几个意义上阐释"气"这一基本概念：首先，气是运行不息而且无形可见的一种极细微的物质，是构成宇宙万物的本原或本体，如《庄子·知北游》说："人之生，气之聚也。聚则为生，散则为死。"另见《列子·天瑞》："夫有形者生于无形，则天地安从生？故曰有太易，有太初，有太始，有太素。太易者，未见其气也；太初者，气之始也；太始者，形之始也；太素者，质之始也。气，形质具而未相离，故曰混沌。"其次，气分为阴阳二气或五行之气，各种气之间的交相运动，推动着宇宙万物的发展与变化。如老子在《道德经》中说："万物负阴而抱阳，中气以为和。"周敦颐在《太极图说》里讲："二气交感，化生万物，万物生生，而变化无穷焉。"气充塞于宇宙万物之间，与万物相互渗透，是万物之间相互感应的中界物质，令万物之间相互联系、相互影响，从而使万物处于和谐有序的运动之中，并且相互感应而构成一个有机的整体。"气"也同样存在于人体之内，是人体生命的体现，是推动和调控人体生命活动的动力源泉，人的生命状态与气密切相关，气的运动停止标志着人体生命活动的终结，如《管子·枢言》所说，"有气则生，无气则死，生者以其气"。人要保持健康的身体，就必须认真保养运行于人体中的气。唐朝哲学家刘禹锡的哲学著作《天论》中认为物质性的"气"是世界万物存在的基础，他主张"乘气而生"的自然观，并且用清气和浊气、阳气和阴气，以及它们的相互作用来说明世界万物的生成和变化。在刘禹锡看来，天空有日月星辰高悬着，它们是宇宙万物中最神奇、明亮的部分，然而它们本源于山川五行之气。天是清而轻的气，地是浊而重的气，浊而重的气是清而轻的气之根本。天地一经形成就相互发生作用，元气缓缓地运动形成了雨露，急剧的运动形成了风雷。万物凭借着元气的运动而产生，又按其不同的性质群分类聚，有植物，有动物，而人类是最灵敏有智慧的种类。西晋初年的思想家傅玄，在哲学上是倾向于朴素唯物主义的。他认为"元气"是构成宇宙万物的基本元素。他说："浩浩元气，遐载太清，五行流迈，日月伐征，随时变化，庶物乃成。"又说："昔在混成时，两仪尚未分，阳升垂静景，阴降兴浮云，中和合氛氲，万物各异群。"以"元气"始分阴阳说明自然宇宙的生成和演化，发展了汉以来元气一元论的宇宙论，开了魏晋南北朝神灭论的先河。上述论述都是从唯物主义性质来理解"气"的。

"道"，在中国古代哲学中是一个表达宇宙本原与自然规律的范畴。"道"的原义是指供人行走交通的路径，后来引申为一种抽象的含义，用来表达道理、道义，而作为一个哲学概念来表述，始于老子。《道德经》分为《道经》与《德经》两部分，上篇《道经》言宇宙本根，含天地变化之机，蕴阴阳变幻之妙。老子超越了纷纭变幻的凭人类感性所能觉知的经验范围，而将人事运行作形而上的思索和阐发。在其思想体系中，"道"是一个核心性的概念，其含义基本上有两种：一种是作为宇宙本原的"道"，一种是作为自然规律的"道"。《庄子·大宗师》中认为，得"道"者可以达到一种"天地与我并生，万物与我为一"的逍遥境界，成为宇宙人生的真谛，代表着人生所能达到的最高修化。后来，黄老之学改造了老子的"道"，把"道"看成客观存在的天地万物的总规律，指出"道"的根本性质是"虚同为一，恒一而止""人皆用之，莫见其形"，强调"道"的客观必然性，认为"道之行也，繇不得已"。《黄老帛书》中用"执道""循理"来概括对规律的理解。所谓执道，即认识和掌握事物的内在规律。《经法·道法》论执道的重要性，认为只有掌握规律的人才能明白天道"极而反"的法则，了解社会生活中君道与臣道的区分，周密观察各种事物的变化过程，而不抱先入为主的成见。这样就能做到认识精纯，思想开阔，成为天下是非的准绳。"执道"就必须从根本上着眼"执道循理，必从本始"。所谓循理，就是遵循客观规律处理好各种具体事物。法家思想集大成者韩非子的哲学思想的最高范畴是"道"，他反对天命思想，主张天道自然，对"道"的概念进行了改造，使其具有客观物质性的内容，他认为"道"是万物发生发展的根源，"道"先天地而存在，有了道才有万物。韩非子在中国哲学史上第一次提出了"理"这个哲学概念，并论述了它与"道"的关系。在韩非子看来，"理"就是事物的特殊规律，主张人们办事应该尊重客观规律。上述引证，都是从唯物主义的观点来理解"道"的。

我国历史上的一些思想家、哲学家直接认为世界是由物质构成的，否认鬼神存在。东汉杰出的思想家、唯物主义哲学家王充，他所写的《论衡》，是古代唯物主义、无神论的丰碑，其哲学思想可以概括为以下几点：一、天是自然之天，人是自然之人。王充认为：天是自然，而不是神。他说，天和地一样，是客观存在的平正无边的物质实体，它有自己的运行规律，日月星辰也都是自然物质，"系于天，随天四时转行"。天和人不一样，没有口眼，没有欲望，没有意识，人和万物都是天地释放出来的"恬淡无欲，无为无事"的"气"自然形成的，并没有什么东西在主宰他们。王充否定君权神授，他说："人，物也，虽贵为王侯，终不异于物。"王充指出帝王也是人生的，不是什么天神产生的后代。对于汉代唯心主义神学宣扬的天人感应说，他用大量篇幅一一驳斥，指出自然灾异和君主、官吏的政绩得失没有什么必然的联系，而且指出即使两者同时发生，也只是一种偶然的巧合，根本不是什么天神的警告。二、世间本无鬼，庸人自扰之。王充认为人有生即有死，人所以能生，是由于他有气精血脉，"人死血脉竭，竭而精气灭，灭而形体朽，朽而成灰土，何用为鬼？"他很风趣地说，从古到今，死者亿万，大大超过了现在活着的人，如果人死为鬼，那么道路上岂不一步一鬼吗？王充认为人是由阴阳之气构成的。"阴气主为骨肉，阳气主为精神""精神本以血气为主，血气常附形体"，两者不可分离。他精辟地指出："天下无独燃之火，世间安得有无体独知之精！"也就是说，精神不能离开人的形体而存在，世间根本不存在死人的灵魂。至于说有人声称见到了鬼，其实是人的恐惧心理造成的，所见的"鬼"只不过是一种幻觉。人们对鬼神的祭祀，有的是为了报答先人的功德，借以勉励后人；有的是对自然灾害无能为力，不得不乞灵于鬼神相助，以获丰收。但是，所有被祭祀的对象都是无知的，实际上并不能给人们带来什么祸福。三、圣人并非天神所生，为了适应封建专制主义中央集权的统治需要，汉代的唯心主义神学极力推崇古代的所谓圣人，说圣人是天神生的，能知"天地鬼神、人事成败、古往今来"。王充作为当时的知识分子虽然也承认孔子是圣人，并且也不反对孔子所提倡的伦理道德，但他批判圣人"前知千岁，后知万岁"的先见之明，不学自知的唯心主义先验论。他认为圣人只不过比一般人聪明一些，而聪明又来自于学习。"不学自知，不问自晓"的人是根本不存在的。四、今优于古，王充针对当时颂古非今的思潮，明确提出，古今无异，今优于古。他指斥"好褒古而毁今"的世俗之见，认为知古不知今就如同瞎子一样。他重视现实，主张在学习上不必拘泥于师法古义，他认为汉代比过去进步，在"百代之上"，是因为汉在"百代之后"。这种见解与"天不变道亦不变"的思想是完全对立的。三国时期的杨泉，所著的《物理论》反映了其哲理思想的代表作，在这部著作中，他表述了自己独特的天体学说，并由此构建了唯物主义的哲学思想体系，在观察、解释天地万物、自然现象和人类社会生活方面，发表了极为有价值的见解。一、水一元论。杨泉说："成天地者气也。"仅就此看，好像他讲的是气一元论，实际上并非如此。他说："所以立天地者，水也。"这句话，可以解释为天地立在水中。《物理论》的另一篇说："所以立天地者，水也。夫水，地之本也，吐元气，发日月，经星辰，皆由水而兴。"照这个说法，水是地之根本，天地元气以及日月星辰，都是从水产生出来的。照这些话看起来，杨泉的宇宙发生论，不是气一元论，而是水一元论。杨泉的水一元论大概是认为水是根本，水里的混浊部分，下沉成为土，水变为蒸气，就成为天。杨泉说："土气合庶类自生。"这个气就是天，土就是地，土气合和就是天地合和，庶类就是万物。在这种天地合和的情况下，万物皆自然发生。"自"字很重要，就是说这里用不着上帝造物者。二、形死神灭论。关于形、神问题，杨泉说："人含气而生，精尽而死，死犹渐也、灭也。譬如火焉，薪尽而火灭，则无光矣。故灭火之余，无遗焰矣；人死之后，无遗魂矣。"身体和精神的关系，就如燃料与火的关系，燃料烧完以后，不会有余光；身体死亡以后，也不会有余魂，这也是继承桓谭的形死神灭的唯物主义的理论。三、人力可胜天。关于人和自然的关系，杨泉宣扬人力可胜天。只要充分发挥人力，就能够充分利用土地的资源。在发挥人力方面，杨泉极力称赞机械的作用。他作有一篇《织机赋》称赞织布机。又有南朝齐、梁时期的思想家、无神论者范缜，曾专门写过一篇《神灭论》的文章，这篇文章的思想主要包含以下两点：一、形神相即。"神即形也，形即神也。"二、形质神用。"形者神之质，神者形之用。"

综上所述，人们可以清楚地看出整体思维的唯物主义性质，无论是阴阳五行学说，还是"气""道"的论述，还是"唯物论"的论述，都有力地证明了整体思维方式的唯物主义性质。当然，在我国几千年的历史发展中，有迷信的唯心主义成分，比如，《周易》在《易传》出现之前，是以占卜占筮吉凶祸福为主的迷信内容之书。中国的鬼神文化在殷商时期异常发达，人们普遍相信人死了之后会变成鬼，飞到天上，关注并保佑他们在世的子孙，而天地之间的种种自然现象以及人的命运都是由神掌控的，鬼神可以给世间带来好处或灾祸，因此商代的祭祀和巫史文化非常发达。西周时期，人们虽然继承了商朝的鬼神观念，仍然普遍相信鬼神是存在的，但已经开始用一种比较理性的态度对待鬼神。春秋战国之际，以孔子所提倡的对鬼神"存而不论""敬而远之"的态度为代表的人文主义，和老子天道的自然主义成为哲学思想的主流，尤其自秦汉以后，孔子和老子对鬼神的态度对人们的鬼神观念产生了深远的影响，在这种注重人事和自然的观念下，总体上，中国人对鬼神一直抱有姑妄信之同时心存怀疑的态度。总之，在中国几千年漫长历史的发展、演变中，鬼神的唯心主义在逐渐消退，唯物主义逐步产生形成、成长、提高、推广、融合在人们的生产与生活中。正因为如此，中国一直没有走向宗教，一直未能发展出一套完整的宗教理论，而中国人对于道教和佛教的信仰则更多是出于一种世俗的祈求保佑的心理，而并非严格意义上的宗教信仰。

2. 变易思维的辩证法思想

什么是辩证法？它是相对于形而上学而言的。在古代，辩证法就是在辩论中以揭露对方议论中的矛盾并克服这些矛盾来求得真理的方法。马克思主义的辩证法，是关于自然界、社会和思维发展的最一般规律的科学，或科学的认识方法。辩证法是从现象的发展、变化和相互联系来观察现象的方法。形而上学则是把自然现象看作单独的、彼此孤立的和不变的一种方法，它的特有观点就是自然界处在静止不动、停滞不变的状态中，他们认为发展过程是简单的增长过程，是量变不会引起质变的过程，否认事物的内部矛盾，认为发展的原因是外部对立力量的冲突。马克思主义辩证法的基本特征有如下几点：一是辩证法把自然界看作有联系的统一整体，其中各种事物和现象是相互依存和相互制约的，一切都处在联系和相互作用中——这是辩证法的论断。二是辩证法把自然界看作一个不断运动、不断变化和不断更新的状态，其中总是有某种东西在产生和发展着，又总是有某种东西在败坏和衰颓着，辩证法教导我们，一切都处在运动和变化中。三是辩证法把自然界的发展看作一个过程，在这个过程中由于不显著的和逐渐的量变的积累，微小的、隐蔽着的量变飞跃式地转化为显露的、根本的质变，由量变转化为质变——这是辩证法的重要原理之一。按照辩证法，发展并不是过去事物的简单重复，而是由低级发展到高级的前进运动，不只是循环不变的运动，还有上升的运动。四是辩证法所持的出发点是：自然界的各种事物和现象都含有内部矛盾，所有的事物和现象都有其反面和正面，都有其衰颓着的东西和发展着的东西，而这两种东西之间的斗争，就是发展过程的实在内容，矛盾的斗争引导一切前进——这是辩证法最重要的原理之一。"辩证法的核心是对立统一规律，其他范畴如质量互变、否定之否定、联系、发展等，都可以在核心规律中予以说明。盖所谓联系就是诸对立物间在时间和空间中互相联系，所谓发展就是诸对立物斗争的结果。至于质量互变、否定之否定、现象本质、形式内容等，在核心规律的指导下予以说明。"（《毛泽东著作选读·下册》）上述的内容，使我们清楚了什么是辩证法。

变易思维中的辩证法就体现在上述辩证法思想的内容中，当然，在我国几千年的哲学思想发展的历史中，体现出的辩证法的内容，不像现代意义上这样清晰，而是一些比较原始的、自发的、朴素的辩证法观点和思想，但就其实质而言，则是体现了上述辩证法的思想。因此，变易思维的辩证法，可以从中国几千年以来古圣先贤们的经典著作中得到证明。首先，我们还是从《周易》中来体悟证明。

《周易》虽然是古典，但其中蕴涵着深刻的理性思维和自发的辩证法思想。例如它承认事物存在着对立面，书中六十四卦是由三十二个对立卦组成，其卦的爻象和爻辞反映了自然界和社会生活中的阴和阳、吉和凶、得和失、益和损、泰和否、既济和未济、"大人"和"小人"等一系列对立统一的现象，它还承认对立事物的相互转化。如泰卦卦辞有"小往大来"之说，否卦卦辞有"大往小来"之说，这些都体现了物极必反的道理，反映出中国古代辩证法思想。不仅如此，《周易》也是中国哲学史上的重要一环，《周易》以阴阳二元一体的关系范畴建立了中国生命哲学的形态，把天地人一体的宇宙视为一个大生命系统，所谓"天地之大德曰生""生生之谓易"；它的终极关怀是"观我生"，就是对人生的高度关注；它引领我们去直观地领悟这个生命系统的"易道"——天道、地道，尤其是人道，指引人们将领悟到的"人道"运用于人事中，以求得人际的和谐、天人的和谐。

下面我们可以《周易》中的泰卦和否卦为例作一些分析和证明。

泰卦与否卦的比较与综合分析：

一、物极必反的道理（即对立统一）。泰卦的卦象是上坤下乾，坤为地，乾为天，天大地小，阴气从上往下降，阳气由下往上升，天地相交，所以"小往大来"。从卦象看，天在地下，地在天上，是天地错位，为什么还说是吉卦呢?《周易》所设六十四卦，凡阴阳交感的卦都是吉卦，否则为凶。泰卦三阴三阳，阴阳两两应合，阴气下行，阳气上升，阴阳交汇，所以既吉祥又亨通。从大自然的角度看，天下的温暖阳气逐渐上升，地上阴湿之气逐渐退缩，冷暖两气交融汇和，催化万物生长；从人类社会角度看，泰卦所示是泰德发扬、上下一心、同心同德、和气生财、安康和谐的时代。

其中的关键在于统治者效法天地化生万物的神妙机宜，修养泰德，这里的泰德，也就是万古称颂的尧舜之德，是一种高尚无私、求贤禅位、造福大众、万民景仰的美德。可以说，正因为尧舜修养了这种美德，才有了天人合一、社会和泰的局面。泰卦的下一卦是否卦，事物又从"泰"到"否"开始了一条曲线运动。在这里我们要注意两点：一是这条曲线是相连接的，从"屯"到"否"没有间断，说明事物的发展是相互联系、相辅相成的，不是孤立存在的；二是"泰"之后是"否"而不是"屯"，这说明，事物的发展不是一帆风顺的，而是在曲折中前进，螺旋式上升。否卦与泰卦相反，阐明事物闭塞不通的道理。否卦是泰卦的综卦，下坤上乾，天在地上，阳刚之气上行，阴柔之气下降，天地不交，这是违背常理的，并且是行不通的，所以本卦命名为"否"。否卦是接泰卦而来，其卦象为坤下乾上，恰与乾下坤上的泰卦相反，意义也互相对立，之所以如此排列二者的卦序，是因为易家认为：事物不可能永远和泰畅达，所以接着"泰"的就是表示阻滞不通的否卦，这就是说泰极否来。如果说，泰卦表示天地相交、万物相通、世道昌盛，那么否卦则表示天地不交、万物不通、世道衰落。泰极否来，否极泰来，是《易经》的重要哲学思想，其意为事物发展到一定程度后，最终将必然发生向对立方向的质的变化，如静变动、塞变通、坏变好、乱变治，等等。否泰相倾、盈缩递运、乾坤运转、否终泰来的自然变化和社会进化，绝非易家的空话臆想，而是有地球自然史和人类历史的发展事实作根据。从否的本义看，均有非议、贬斥、坏、恶、穷与不通诸义，内含都是否定之义。但从易家为君子谋、不为小人谋的出发点看，其所否定的只能是反面的东西。因此可以推出，易家的否之德，正是否非立正之德。正如"否"卦中的"上九，倾否，先否后喜"，上九已经无可往上，已经达到闭塞黑暗的极点，否道社会总不能长久，社会必然招致倾覆，起先犹有闭塞，最终通达欢喜，这就是否极泰来。泰极否来、否极泰来就是对立统一、相反相成的道理，体现出了对立统一的思想。

　　二、互相联系与变化。泰卦与否卦之间是对立统一之间的联系与变化，事物从泰到否的一条曲线运动而体现出的联系与变化，具体体现于泰卦的"小往大来"与否卦的"大往小来"。其中的"小"代表阴柔、小人，"大"

代表阳刚、君子。由于泰卦的卦象是下乾上坤，象征亨通太平，是因为乾天清阳在下趋上，地阴浑厚在上趋下，天地阴阳交合，犹如清阳之气蒸腾而上，阴雨之水绵绵而下，万物得以滋润化生而万物生养畅通。由于本卦卦象内阳刚而外阴柔，内刚健而外柔顺，内为君子而外是小人，这表明了君子之道渐长，小人之道渐消，故君臣上下交相沟通，志同道合。因此，泰卦体现了阴阳相互交流通达、阴阳平衡、天人合一、万事通泰、社会安康和谐的局面，即"小往大来"的局面。而否卦的卦象与泰卦相反，即下坤上乾，其卦象象征闭塞黑暗，此种世道小人甚多，不利于君子行动。否卦的卦象是乾刚向外走，阴柔往里来，就是说乾处在上方又往上行，地势处在下方而又下行，两者相反而行，愈去愈远，犹如天不下雨，地无蒸腾，万物被压抑不能生长。否卦内阴柔而外阳刚，内柔顺而外刚健，内为小人而外是君子，外乾内坤，犹如小人外刚强内阴暗，道貌岸然，柔爻在下生长，刚爻在上消退，说明了小人之道渐长、君子之道渐消。一个有序开放的社会有利于君子出世，而一个外表冠冕堂皇、内里闭塞、阴暗不堪的社会有利于小人的成长。因此，否卦所示即是天地阴阳互不交合，万物生养不畅通，君臣上下不能互相沟通，天下离异难成邦国，出现天地不交、万物不通、世道衰落的局面，即"大往小来"泰极否来的局面。从上述论述中，我们可以看出泰卦与否卦之间的"小往大来"与"大往小来"的联系与变化。

再从泰卦与否卦各自六爻的排列中来看，各爻居位不同，因此作用也不同，又每一爻与上下之间的爻互相联系，其中的变化也各异；但是，总的来说，却体现了泰卦与否卦两者对立统一的具体过程，泰卦中的六爻是由下往上地体现了"泰极否来"的经历过程，否卦中的六爻，是由下往上地体现了"否极泰来"的经历过程。

对立统一的辩证法思想，还可以从许多古圣先贤的经典著作中得到证明。下面作一些列举。《道德经》更是体现出了对立统一的辩证法思想，老子在观察中，发现天地间的万事万物总是存在着互相矛盾的两个对立面，如有与无、刚与柔、强与弱、祸与福、兴与废等，它们之间既是相互对立，又是互相依存、互相联系的。"贵以贱为本，高以下为基""祸兮福所倚，福兮祸所伏"，这都表明了对立面双方的统一性。而"正复为奇，善复为妖"等的论点则说明老子认识到对立面不是一成不变的，而是可以互相转化的。战国前期的思想家列子，继承了前代哲学中的辩证法思想，他认为宇宙万物都是不断运动变化的。《列子》说："常生常化者，无时不生，无时不化，阴阳尔。"万事万物的变化表现为有损有盈、有成有败、有生有死这样一种状况。《力命篇》中有"自短非所捐，自长非所增"，表明物质和运动可以由一种形态转化为另一种形态，但宇宙整体既不损也不增。"积于柔则刚，积于弱则强，观其所积，以知祸福之向。"任何相对的事物都可以互相转化，并且在事物量的积累中，便可以知其质变。这种观点，它突出了量变中的质变，这是十分可贵的。《管子·牧民》说："故知予之为取者，政之宝也。"这种"给予就是取得"的思想贯穿于管仲学派的政治、经济和军事思想中，它包含着对立面相互依存和转化的辩证法思想。在管仲看来，只有争取民心才能得到民众的拥护，这种辩证关系，就是"予之为取"，即统治者推行的政策越是能符合人民的心愿，就越是能从人民那里取得所需要的东西；同时还应当指出，这种"予之为取"的思想具有民主精华的政治思想，是民本思想的体现和发挥。中庸，是孔子哲学中的重要范畴，"过犹不及"的命题体现了"度"的重要性，这是孔子中庸思想的核心。"度"也是质和量对立统一的体现。任何事物一定的质所能容纳的量的活动范围都有其最高界限和最低界限。"度"就是界限范围内的幅度，在这个范围内事物质的规定性保持不变；一旦突破了这个界限，超出范围，事物质的规定性就会发生变化。但是，中庸并不是对事物质的规定性的简单要求，它追求的是事物的最佳状态，是质的最优，即内心之"中"与外在之"节"的准确契合，中庸思想以"和而不流、中立不倚"表达这种最佳状态。春秋后期的重要思想家、政治家晏婴提出了"和而不同"的辩证法思想。晏子所肯定的"和"是一种朴素的对立统一，也就是集合许多不同的对立面从而构成了一个新的统一体，如同厨师要用水、火、醋、酱、盐、梅等不同性味的佐料才能烹调出味道鲜美的羹汤。而晏子所谓的"同"，则是一种简单的同一或等同，具有排斥异端的特点，没有矛盾、没有差别，是一种是即是、否则否的绝对等同。晏子主张"和而不同"，也就是肯定具有对立统一性的"和"的意义，而否定没有差别矛盾、缺少丰富性的"同"，表明他已经在较为朴素的层面上把握对立统一规律的基本原则，代表了春秋后期辩证法思想发展的新高度。战国后期的思想家韩非子首次提出"矛盾之说"。韩非子用矛和盾的寓言，说明"不可陷之盾与无不陷之矛不可同世而立"的道理。他认为，所谓矛盾，是互相对立的两个方面，矛盾和对立是普遍存在的，但矛盾双方的地位不是固定不变的，而是可在一定条件下转化的。他认为在导致矛盾转化的条件中，内因固然有决定的作用，但外因的作用也不可忽视。韩非子又用历史发展的观点分析了人类历史，他把人类历史分为上古、中古、近古、当今几个阶段，进而说明不同时代有不同时代的问题和解决问题的方法，那种想用老一套办法治理当世之民的人都是"守株"之徒。韩非子的这种历史观，看到了人类历史的发展，并用这种发展的观点去分析人类社会的过去、现在和将来，这都体现了辩证法的思想。战国末期著名思想家、政治家吕不韦组织属下门客集体编纂《吕氏春秋》，认为历史是不断发展的，"今之于古也，犹古之于后世也。今之于后世，亦犹今之古也。故审知今，则可知古，知古则可知后，古今前后一也"。这就是说，历史的发展是一环扣一环的，今之视者，亦犹后之视今，无古不成今。了解过去，有助了解今天；但是，了解过去并不意味着拘泥不变，恰恰相反，当时代变化了，相应的法规、政策等也应该变化，以适应时代的需要。他还用"刻舟求剑"的寓言来说明这一道理。

综上所述，整体思维是建立在唯物主义基础上的，变异思维实际上是讲的辩证法思维：用建立在唯物主义基础上的整体观念来观察、研究、分析宇宙中的万事万物，这就是唯物主义的整体思维方式；用建立在辩证法基础上的变易理念来观察、研究、分析宇宙中的万事万物，就是辩证法的变易思维方式。万物的"变易"离不开宇宙这个整体，而整体又是处在"变易"中的；也就是说，宇宙是一个处在不断变易中的宇宙。这样我们就完整地清楚了整体思维和变易思维的概念。整体思维和变异思维两者结合起来就成为以"整体变易"为本的思维方式，这种思维方式成为了中国人的思维模式。正是得益于这种思维模式，中华民族灿烂、辉煌的伟大文化得以创生，闪烁着中国人智慧的光芒。

第六章
国学培育和造就了中华民族四大品质

中华民族在几千年的传统文化的不断创造、发展、丰富、传承的过程中，逐渐培育和造就出了中华民族的品质，培育和造就了哪些品质呢？我认为从本质上归纳起来，主要有以下四种品质，即勤劳、勇敢、有道德、有智慧。现分述如下。

一、勤劳品质

勤劳："勤"有经常的、做事尽力不偷懒的意思；"劳"是指劳动，包括体力劳动和脑力劳动。我们经常说，"勤俭治国、勤俭持家""勤能补拙""业精于勤而荒于嬉""书山有路勤为径"这类传统格言，成为匾额、楹联，悬之于梁、刻之于柱、书之于户、铭之于案头，朝夕诵读，世代共勉，以求潜移默化，身体力行。帝王宫殿大书"勤政"两字，褒扬人物莫不先言"勤劳""愚公移山""精卫填海""勤劳是进步的阶梯"，感人肺腑，动人心弦，这些都表明了中国人民对勤劳精神的无比崇尚和热爱，在人民心目中，勤劳是最基本的传统美德，也是家国兴旺、民族发展的最基本条件。

1. 勤劳品质的形成

我国是一个以农业为经济基础的国家，中国之所以成为一个农业国家：一、由地理环境决定，这一点从本书第二章中看得很清楚；二、农业生产是中国人民维持基本生存（吃、穿、住、用等）的根本保证。本来是讲"勤劳"的，为什么我们要讲中国是一个农业国家呢？表面看来这是两个不相干的概念，怎么能扯到一起呢？然而文章就在这里面，正是中国的农业经济、农耕文化，培育和造就了中国人勤劳的品质和精神，为什么这么说呢？我们先来了解有关农业生产方面的知识。

农业是栽培植物、养育动物及生产食品和提供工业原料的产业。农业属于第一产业，研究农业的科学是农学。农业的劳动对象是有生命的植物动物，获得的产品是植物动物本身。利用植物动物产生、生长、发育的规律，通过人工培育来获得产品的各部门，统称为农业。农业是支撑国民经济建设与发展的基础产业。因此，农业是国民经济中一个重要的产业部门，是以土地资源为生产对象的部门。利用土地资源进行种植生产的部门是种植业；利用土地上的水域空间进行水产养殖的是水产业，又叫渔业；利用土地资源培育、采伐林木的部门，是林业；利用土地资源培育或者直接利用草地发展畜牧的是畜牧业；对上述产品进行小规模加工或者制作的是副业。五者简称为"农、林、牧、渔、副"五业，它们都是农业的有机组成部分。广义的农业包括五种产业形式，狭义的农业是指种植业，包括生产粮食作物、经济作物、饲料作物和绿肥等农作物的生产活动。无论是广义的农业，还是狭义的农业，都内含着生产、制作、加工等活动，这里的"活动"就是指的劳动，这种劳动是必需的、经常的、不能偷懒地持续着的；因此，这种劳动叫作勤劳。俗话说：一分耕耘，一分收获，这是勤劳的结果。下面就以种植水稻为例，来作一些分析。

水稻生产是一个从耕地、整地、播种、定苗、中耕除草到收获的一个环节扣着一个环节的连续生产劳作过程，当中内蕴着大量的辛勤的劳动量。水稻是我国人民，特别是江南诸省人民的主粮，为了维持生存必须生产出稻谷，而要生产出稻谷，人就必须在田地里背靠青天面朝黄土，终年累月地辛勤劳作。当然，人们的生存还涉及许多方面，主要是吃、穿、住、用等。为了吃，人们除了种植水稻以外，还要种植小麦、大麦、玉米、粟、豆类等；栽种蔬菜、水果等；饲养猪、羊、牛、狗、鸡、鸭；水面养鱼类等。为了穿、戴，要种植棉花、麻类等。为了住，要植树造林。为了生产、生活，还要制造生产工具，如犁、耙、锹、锄头、刀类等，要制作生活中的用品，如家具（床铺、桌椅板凳等）、厨房用的各种炊具（锅、碗、盆、碟、勺等）、穿戴用的衣裤、鞋帽物类的制作，如此等等。这一切的一切都是要付出大量艰辛的劳动才能获得，中国人就是这样靠着辛勤的劳动，自力更生、自给自足。不付出辛勤的劳动，就不能获得维持自己生存所必需的物质资料，为了生存必须这样劳作，否则就无法生存。就这样长年累月、年长日久，一代又一代地传承着，于是逐渐地养成了勤劳的习惯，形成了勤劳的品质。

2. 勤劳品质的意义

我们清楚了勤劳品质形成的缘由，那么勤劳有什么意义呢？我认为主要有如下四点：第一，勤劳是创造之源。劳动创造了人类，创造了人类社会。马克思主义认为，劳动是整个人类生活的第一个基本条件，没有劳动就没有人类，也不会有人类社会。恩格斯指出："劳动创造了人本身。"劳动在从猿到人的转化过程中起了决定性作用，劳动使人有了手脚分工，产生了语言，又促进了人的大脑发展。劳动是人类得以生存的基础，延续的先决条件。正如马克思所指出的那样："任何一个民族，如果停止劳动，不用说一年，就是几个星期，也要灭亡，这是每一个小孩都知道的道理。"第二，勤劳是财富之母。劳动创造世界，创造物质和精神财富。万里长城、大运河、广阔的国土、丰饶的田野、巍峨的宫殿、稻谷粟帛、柴米油盐等一切物质财富，无不来自勤劳；同样，人类社会的一切精神财富也来自勤劳，在漫长的历史岁月中，劳动人民在辛勤劳动中交流了思想，创造了诗歌、音乐、绘画、舞蹈等，又创造了哲学、数学等抽象思维，勤劳出智慧，一切知识和智慧，归根结底，都来源于劳动人民的辛勤劳动。第三，勤劳是进步之路。马克思主义认为，人类社会的历史，就是一部劳动与劳动人民的历史，没有劳动和劳动人民，社会就不会发展，历史就不会前进。劳动人民是整个社会的主体，是社会发展的决定力量，从社会发展的历史规律看，人类从原始社会发展到奴隶社会、封建社会、资本主义社会又逐步到社会主义社会以及将来的共产主义社会；生产力和生产关系由低级到高级；交通运输由步行、牛车到汽车、火车、飞机；能源利用从点松树明子到如今广泛使用电能；等等。这一切发展变化无不都是人们辛勤劳动的结果，劳动改变了野蛮和愚昧，使人类变得文明、高雅，可见没有勤劳，就不会有历史的前进，也不会有今天，更不会有人类的明天与将来。第四，勤劳是道德之本。道德作为一种意识形态，从历史唯物主义观点来看，道德的根源仍然来自实践，勤劳实为道德之本，唯勤劳者最知劳动成果来之不易，"一粥一饭，常思耕夫之苦；一丝一缕，恒念织女维艰"。道德观念难道不是由此而生？因此，"勤劳"总是与"勤俭"相连。古语云：俭以养廉，廉则清正，清正无私，乃有大勇大仁。因勤劳而爱惜劳动果实，由此扩展，则爱学习、爱科学、爱人民、爱祖国等。以勤劳为生，崇尚勤劳者也必然反对欺诈奸诡、骄奢淫逸、损人利己、损公肥私、贪污腐化；因此，勤劳精神中往往蕴含着反剥削、反压迫等革命精神的因素。以上足以说明勤劳精神在民族优秀传统和民族发展中确实居于最基本的地位。总之，文明愈发展，愈要求勤劳，勤劳精神的水平，既是社会发展的尺度，也是人性发展的尺度，勤劳精神永远发扬，民族才能永葆青春，社会才会永远进步。

二、勇敢品质

勇敢，有勇气敢担当，是中华民族的优秀品质，是儒家思想的一个重要方面。勇出于仁，为仁爱挺身而出；勇出于义，为正义奋不顾身。

1. 勇敢品质的形成

中华民族勇敢品质形成的缘由，主要有两点：一、抗御自然灾害，二、战争苦难磨炼；也就是说勇敢的品质是在经受自然灾害和战争苦难的过程中造就、磨炼出来的，这与我国自古以来自然灾害与战争频多的特殊情势密切相关。

（1）中华民族抗御自然灾害的斗争是形成勇敢品质的缘由之一

中国自古以来自然灾害频发，灾荒多、范围广、灾情重，世界罕见。在唐虞时代，就有"洪水泛滥于天下"的传说。《尚书·尧典》中有"汤汤洪水方割，荡荡怀山襄陵，浩浩滔天，下民其咨"的记述；《孟子·滕文公上》中有"当尧之时，天下犹未平，洪水横流，泛滥于天下……兽蹄鸟迹之道，交于中国"的记载，反映了当时黄河中下游地区洪水横流，百姓被困在孤立的丘陵高地上。英国著名历史学家汤因比在谈到黄河下游古代中国文明的起源时说："人类在这里所要应付的自然环境的挑战要比两河流域和尼罗河流域的挑战严重得多，人们把它变成古代中国文明摇篮地方的这一片原野，除了有沼泽、丛林和洪水的灾难之外，还有更大的气候上的灾难，它不断地在夏季的酷热和冬季的严寒之间变换。"中国自古就是一个多灾之国。据不完全统计，从秦汉至明清，各种灾害和歉饥就有 5079 次。其中，水、旱灾最多，还有蝗、雹、风、疫、地震、霜雪奇寒等灾害。我国历史上最早的旱灾记载，是公元前 1809 年伊洛流域的大旱，即所谓"伊洛竭而夏亡"。据邓拓《中国救荒史》的统计结果，自公元前 1766 年至公元 1937 年，旱灾共 1074 次，平均约 3 年 4 个月便有 1 次；水灾共 1058 次，平均 3 年 5 个月 1 次。中国又是一个蝗灾频繁发生的国家，据不完全统计，自公元前 707 年至公元 1949 年，我国发生大小蝗灾 940 多次，唐、宋时期平均 2~3 年 1 次，明清和民国时期几乎连年发生。蝗灾不但对历代的农业生产造成了很大的危害，而且引发了众多的饥荒、疾疫乃至社会大动乱。中国还是世界上最大的地震区之一。公元前 780 年，陕西岐山发生地震，这是史书记载比较可靠的最早的大地震，估计震级达 7 级以上。地震时，"西周三川皆震是岁也，三川竭，岐山崩"。三川即今陕西的泾河、渭河、洛河。明代每 12 年发生 1 次 7 级以上大地震，其中有 2 次是 8 级以上。清代 7 级以上地震有 23 次，其中 8 级和 8 级以上大地震 9 次。从上述对各种自然灾害不完全的统计数字中可以看出中国是一个自然灾害频多之国。

然而中国人民与自然灾害的斗争是勇敢顽强的。中国人民虽然生活在这样一个多灾多难而又严酷的自然环境里，面对各种严酷的自然灾害，我国劳动人民并没有消极颓丧，而是选择勇于面对，凭借自己勤劳的双手和智慧，在这片灾难频发的大地上创造出了璀璨的中华文明。有史以来，中华民族就是在抗御和战胜自然灾害斗争中成长、发展起来的。从一定意义上说，中华文明史就是一部中华民族同自然灾害的斗争史。在与水旱等自然灾害的斗争中，中国人民积累了丰富的抗灾减灾救荒的实践经验。就抗御洪水灾害而言，相传四五千年前的原始社会末期，大禹治水，通河道、穿山洞，引流入海；与此同时，开垦良田、蓄水灌溉，为农业生产发展奠定基础。这个传说体现了中华民族坚毅勇敢、万众一心战胜灾难的民族精神。为了战胜水旱灾害，各朝代组织兴修了大量的水利工程，从而使洪水灾害、天干旱灾逐步得到缓解，农业生产也逐步发展，人民也基本能安居生活。

1976年发生于河北唐山的7.8级地震，顷刻之间，一个百万人口的城市化为一片瓦砾，唐山人民在不可想象的惨景下，勇于面对，把失去亲人的悲伤埋在心底，全身心地投入重建家园中，在中央政府的领导以及四面八方的支援下，唐山人民逐渐地在废墟上建起了一座崭新的城市。由此我们可以看出，中国人民勇敢的品质、执着的精神、坚定的信念、齐心协力战胜灾难的民族精神。

中国人民为了维持自己的生存，在各种严酷的自然灾害面前，没有采取消极、退缩、颓丧的态度，而是勇于面对、敢于斗争、不屈不挠、排除万难、战胜灾难。中国人民正是在长期与自然灾害作斗争的过程中，逐渐地形成了勇敢的品质，是自然灾害磨炼、锻造出了中华民族和中国人民勇敢的品质；所以说，抗御自然灾害的斗争是形成中华民族勇敢品质的缘由之一。

（2）中华民族频繁战争苦难的磨炼，是形成勇敢品质的又一缘由

中国历史上战争频发，范围广、苦难重，所经战乱之深，绝非世界其他国家所能比拟的。

从古代到近代的战争是人拿着武器，在战场上，短兵相接，生死决战，不是你死，就是我亡，没有选择。狭路相逢，勇者胜。为了求得自己的生存，必须英勇杀敌，消灭对方，才能保全自己。战争磨炼、锻造出了中国

人民勇敢的一不怕苦、二不怕死的品质和精神。因此说，战争苦难的磨炼是形成中华民族勇敢品质的又一缘由。

战争在中国历史上形成了一种特别现象。我们细看中国历史，就会发现，中国从原始社会特别是从奴隶社会到封建社会，一个朝代到另一个朝代，战争贯穿了中国的历史。战争一方面给社会造成动乱，使人民处在战火的苦难中；另一方面，战争使中国走向统一、发展和强大，同时又保护着中华民族的生存。中国人民就是在这样的历史环境中，创造出了璀璨的中华文明。

具体分析一下战争，我们会发现有三种不同类型的战争，即国家统一与分裂战争、农民起义战争、中华民族救亡图存战争。

其一，国家统一与分裂战争。这里讲的国家统一，是以秦始皇统一中国为界线的。秦始皇统一中国的标志有三：一是政治上的郡县制，加强了中央对地方的控制，从根本上杜绝诸侯割据的可能；二是统一了货币和度量衡，促进了经济的发展；三是统一了文字、语言，促进了文化交流。正是秦始皇的三个统一举措，奠定了国家统一的基石，使国家走向了统一，对后世影响深远。自秦以后，中国历史上虽多次分裂，但由于同文、同言，又在政治、经济领域有着极强的共性，由此产生了很强的民族凝聚力，奠定了统一的根基，所以最终还是走向统一。在人类历史上，世界上的一些大国，如罗马帝国、波斯帝国、拜占庭帝国等，由于境内文化、语言、文字的巨大差异，分裂之后就再也没有统一过，唯有我们中华民族缔造的这个古老统一的国家一直延续至今，这是一个伟大的奇迹，秦始皇功不可没。因此，将战争以秦朝为界线而分，秦朝以前的朝代如夏、商、周三个朝代，不是像秦朝这样统一的国家，而是一个以其中的某个诸侯国为主的、用道德的感召力或军事威慑力来和合其他诸侯国，以维持社会秩序的朝代。但是到了周朝的东周时期，周朝宗室衰微，无力驾驭诸侯，诸侯之间相互攻伐，天下大乱纷争四起，战争频繁不断。到了春秋战国时代（公元前770年至公元前221年），在500余年时间内，从整体而言，中国处在战乱之中。在春秋时代的242年中，有大小战事480多起，其间出现"春秋五霸"。到春秋末期，经连年吞并，140多个诸侯国只剩下20多家。在这期间中原四周的秦、楚、吴、越这些本来的蛮夷之邦也陆续地跃入华夏行列，汉族的基础在这一时期基本形成。然后出现了战国时代的七雄，即齐、楚、燕、韩、赵、魏、秦七个诸侯强国，七国连年争战，弱肉强食。据统计，在战国时期的 255 年中，有大小战争 230 多次。最后，秦国通过"远交近攻"的策略逐个灭掉六国以及周围其他小国，成为最后的赢家。公元前 221 年，秦始皇统一了中国，建立了中国第一个中央集权制的王朝——秦朝。可以看出，从整体趋势而言，从客观上讲，通过战争的形式，逐步合并诸侯国，中华民族逐步走向了国家的统一。从这个意义上说，春秋战国时期几百年的战争，是国家诞生"统一"之前的"阵痛"，只是这个"阵痛"的时间长了一点。秦朝统一中国之后，两千多年来，也是时有战争，合久必分，分久必合，合则为统一，分则为分裂、武装割据。从时间上来讲，统一的时间多，分裂的时间也不少。秦朝统一（合）只有十五六年，经过秦末陈胜、吴广农民起义战争和项羽、刘邦的灭秦之战，由刘邦建立了汉朝，统一（合）中国，经过西汉、东汉共约 420 多年（公元前 206 至公元 220 年），尔后则是"分"的时期，即魏、蜀、吴三国鼎立，武装割据，战争频繁，历经六十来年。之后便是西晋统一（合），却只有五十来年，又进入到了东晋十六国南北朝时期（分）的分裂，武装割据，建立割据政权，时常战争不断，历经 200 多年。而后是隋朝统一（合）37 年，尔后便是唐朝统一（合），290 多年。其后，便进入五代十国的分裂时期，将近 60 年。如此等等，分久必合，合久必分，和平与战乱交替着。出现这种现象的原因是多方面的，如朝代的家天下、帝位世袭制。皇家子孙出得强，继位的子孙德才兼备，有魄力、有胆识，自然就能驾驭群臣，治理好天下，如汉朝的汉文帝、景帝、武帝；清朝的康熙帝、雍正、乾隆帝等。皇家子孙出得弱，江山就守不住，如秦朝的秦二世胡亥、子婴，隋朝的隋炀帝等。从秦朝统一中国以后，反复出现的分久必合、合久必分的历史现象中，作为执政的中国共产党应从中得到什么启示或警示呢？这是需要认真思考、总结的。共产党的政权是人民的政权，不是过去各朝代家天下的政权，因此我想是能够找到防止合久必分的方略的。

其二，农民起义战争。农民为什么要起义造反？大都是因为统治者竭泽而渔的政策，朝廷官僚钩心斗角、结党营私、中饱私囊、贪婪腐败，地方官吏贪赃枉法，上下勾结、横征暴敛、鱼肉百姓，官员们不顾人民死活，人民没有生活出路，官逼民反。中国历史上，人民起义中失败者多，成功者少，但人民起义狠狠地打击或动摇了统治阶级的统治。得民心者，得天下；失民心者，失天下。中国共产党是领导人民起义获得胜利夺取政权的成功者，其之所以成功是因为得民心、顺民意。因此，共产党的执政者们应当时刻保持清醒的头脑，戒骄戒躁，牢记为人民服务宗旨，切实为人民服务；为人民服务做好了，自然就会得民心，当然天下就太平，人民就能安居乐业，谁还会去提着脑袋起义造反呢？现在，受国外反动派的操纵而进行的国内暴行、分裂活动是不识时务、逆历史潮流而动，是不得民心的，当然是注定要失败的，做民族败类、害群之马是没有去路的。在此也顺便真心诚意地劝告搞分裂活动的人，不要再受外国反动派的唆使，牢记过去帝国主义毫无人性地欺凌、残害中国人民的血淋淋的历史，回归到中华民族怀抱中来，这才是正道。过去走歪了路，现在改正过来，母亲（即中华民族）不会责怪自己的儿女，中华"仁和"文化血脉脐带把我们紧密联系在一起。血脉传承的一家人，是任何人也拆不散的，中华民族是全体中国人民遮风避雨的大港湾，这个港湾会使每个中国人有安全感、归属感，是坚强后盾。现在中华民族正走在伟大复兴大道上，每个中国人都要为自己民族的复兴而努力奋斗。

其三，近代中国人民救亡图存战争。从中英鸦片战争到抗日战争，都是外国侵略者侵略中国时中国人民奋起反抗、抗击侵略者、保家卫国救亡图存的战争。外国为什么要侵略中国？因为中国是一个地大物博、物产丰富、人口众多、市场巨大的国家。外国敢于侵略中国，是因为他们认为中国落后，国力空虚，软弱可欺。我国从 1840 年到 1949 年的百余年时间里，清政府衰落，走下坡路，也确实是经济落后、国力空虚的时期，外国侵略者乘虚而入，它们强盗般地、毫无人性地在中国这个大家园里烧、杀、抢、掠、奸淫，像凶恶的动物一样在中国的大地上横行霸道，无恶不作。自1840 年英国发动的第一次鸦片战争起，西方列强乘机用武力迫使清政府陆续签订了一个又一个屈辱不平等条约，如《南京条约》《北京条约》《天津条约》《中法新约》《马关条约》《辛丑条约》等。作为中华民族的子子孙孙要永远牢记这段耻辱的历史，作为执政的中国共产党，应该以此段中国人民遭受欺凌、残害的历史进行近代史教育，不忘国耻，从而使全国上下凝聚一心、同心协力、团结拼搏、奋发图强，把我国建设成为一个社会主义现代化文明强国。抗击侵略者、保家卫国是正义的救亡图存战争，这种战争是完全必要、必需的，而且要时刻准备打这样的战争，并且能打仗、打大仗、打胜仗。

2. 勇敢品质的意义

勇敢有什么意义呢？主要有如下四点：第一，勇敢品质是中华民族图生存的需要。无论是面临各种严酷的自然灾害，还是在面对外国侵略者的强暴行径的时候，中国人民都选择了勇于面对、敢于斗争，正是这种勇敢品质使中华民族和中国人民渡过了一个又一个生死难关；所以说，勇敢品质是中华民族图生存的需要，现在、将来仍然需要，要获得自己的生存，必须要有勇敢的品质。第二，勇敢品质是社会发展和进步的需要。例如我国历史上的商鞅变法，是战国时期一次较为彻底的改革运动，大大推动了社会进步和发展。商鞅在变法改革的过程中，遭到了以太子为首的既得利益集团的强烈反对，而商鞅并没有被这些有权有势的人所吓倒，在秦孝公的支持下，冲破阻力，实行新法，从而使秦国的势力继续发展，商鞅虽车裂刑死，但其新法继续实行，从而为后来秦灭六国，统一中国奠定了基础。正因为如此，商鞅的变法成为了我国历史上有名的变法或改革，成为我国封建社会更替奴隶社会的一次重大变革。商鞅变法，不仅表现出了商鞅的智慧，更表现出了他的勇气和敢为的品质与精神。从这里可以看出，勇敢的品质是社会发展和进步的需要。第三，勇敢品质是坚持正义敢于斗争的需要。从大的方面说，如在人类历史上，第二次世界大战中，德、日法西斯这些反人类的邪恶势力发动的侵略战争使全世界的人民（也包括本国内的民众）深受其害；而全世界的正义力量奋起反抗战胜了邪恶势力。中国共产党的军队，为什么能战胜国民党军队？因其是坚持、维护正义的力量，站在人民一边。正是共产党的正义事业，得民心、顺民意，从而获得了胜利，建立了新中国，使中国人民从此站起来了，结束了中华民族内忧外患历史。因此说，勇敢品质是坚持正义的需要。第四，勇敢是人生道路上必须具备的品质。古圣先贤们之所以看重勇敢品质，是因为在人们日常的生产与生活中，存在着太多的磨难、坎坷，要想跨过这些关卡就要用勇敢的精神去面对、去战胜。张海迪是一个在人生道路上用勇敢品质和精神战胜病魔痛苦、克服重重困难、珍惜生命、热爱事业的典型代表。她5岁时，一次突然跌倒，患上脊髓血管瘤，以后的4年里，动过4次大手术，成了一个高位截瘫病人，躺在病床上，承受着常人难以想象的痛苦。坚强的小海迪，积极勇敢地生活着。当她36岁的时候，不幸又降临到她头上，患上了鼻癌，在不使用麻药的情况下，经历了人生的第6次大手术。她小时候，由于生活不能自理，无法入学读书，但她从童年开始以顽强的毅力，勤奋自学完小学、中学的全部课程，攻读了大学课程，在她鼻癌手术后不久，一边化疗，一边考取了研究生。1993年，她靠自己的努力成为中国第一位坐在轮椅上拿到哲学硕士学位的人，并学会了英、日、德等多国语言。从1983年起，她开始从事文学创作，先后翻译过《海边诊所》等书籍。2002年，她的30万字的长篇小说《绝顶》问世。张海迪又以顽强的毅力，在战胜残疾和骨折的痛苦中，几易其稿，最终完成了一部长达30多万字的小说《天长地久》。张海迪的一生虽然充满着不幸，她却并不颓丧，而是勇敢面对，闯过人生艰难中的一关又一关。她的勇敢源于热爱生活、热爱生命、热爱事业、追求远大目标，她的品质和精神值得我们学习。

三、有道德的品质

重视道德是中国传统文化所独具的，是中华民族的独特性格，是世界其他文化所无法比拟的。道德的概念和含义，已在有关章节中说过，这里不重复。下面要讲述的是：一、中国道德的形成；二、中国道德的核心内容；三、中国道德的意义。

1. 中国道德的形成

中国道德的形成，还是从中国社会发展的历史来进行分析。

原始社会是人类社会发展的初始社会，人类从地球上出现，原始社会也随之产生。处于原始社会的人类生产力水平低下，生产资料公有制。自从旷野上古猿直立，"人"之初为人，"道德"这一人性中璀璨的一枝便开始萌芽。原始社会的道德，源自"人"这一物种的种内互助。人是群居的，相对于狮虎猛兽，人是脆弱的；相对于马、鹿、野牛等善奔跑的草食动物，人依旧是脆弱的。自然地谋求生存，让脆弱的自我能生存下去，就是原始社会中的人的第一要务。在以血缘关系为纽带的原始部落氏族中，生存和繁衍是作为种群与生俱来的本能追求，于是脆弱的祖先们，必须协同劳动互相帮助，为此，他们经年累月，在部族内达成了一些"共识"，这便是道德的萌生。一切为了生存，为了部族的延续，于是分工合作更加明确：男性打猎、制作工具，女性采集、加工、哺育后代。道德的第一步，就是有意识地承认并践行自己的职责，进而尊重其他个体的劳动，对内部产品和生产资料的分配绝对服从。如果对分配表现出强烈不满，那么整个部落大可"表决"后把稀缺的产品分给其他成员。在生产活动以及对外交往中，每个成员都会把部族的整体利益看作神圣不可侵犯的，并在观念、行动上都无条件地服从。然而，这样的道德意识毕竟是自发的，其自觉程度也有待提高。鉴于语言尚不发达，部族成员间的"共识"，往往只是感觉（感情）、习惯上的把握。他们的一切观念，都归结为"有利"与"有害"，并美化、倡导"有利"的行为。原始社会道德是在原始社会生产方式基础上形成的道德观念和道德规范，是人类道德发展史上第一个历史类型。由于生产力水平十分低下，生产资料公有，共同劳动，平均分配，没有剥削和压迫，由此，就决定了原始社会道德的基本特征：首先，维护氏族和部落的共同利益，是基本原则；其次，共同劳动、相互关心以及维护氏族内部的平等，是重要道德规范；再次，在同自然的顽强斗争中，原始人在个人品性上也形成了诸如勇敢、刚毅、诚实等美德。对原始社会的道德，既不能简单地看成是粗野、残暴的，也不能笼统地说成是理想、无限美好的，而应进行历史的具体分析。一方面，由于生产资料公有，没有剥削和压迫，形成了维护共同利益、热爱劳动、团结互助和平等民主的美德和风尚；另一方面，由于生产力水平低下，人们刚刚脱离动物界，文明尚未发展，在道德上也有它消极的方面，最突出的就是氏族复仇、血缘群婚和食人之风。虽然生产力水平很低，但是原始社会也存在道德教育。教育方法采用原始教化以及个体的自我教育，利用各个群体内部的宗教、礼仪、图腾、神话传说、歌舞等一代一代人的口耳相传，在生活实践中使个体成员形成维护群体存在、促进群体发展的公共意识和公共利益，完成其道德教育。其教育对于整个社会群体的生存与发展提供了精神力量，以维护群体的意识和集体利益。其教育是朴素直观的，方法有渗透性、民主性、平等性、手段单一性、参与性等几个特点。道德教育不管是长辈的言传身教还是个体本身的自我教育，无不渗透在日常的生产、生活实践中，从图腾崇拜中渗透禁忌与信仰、从礼仪制度中渗透权利与义务、从原始神话中渗透理想与勇气、从原始歌舞中渗透自由与团结。道德教育始终要经历一个由外化到内化再到外化的过程。老人的经验和长辈的言传身教只是一个外部灌输的过程，如果要形成自己的思想道德，就需要在实践中锻炼，将外部灌输的经验和知识转化为自身的行为规范。

大约到了尧舜时代，有讲到，大凡人的德行，有九种：态度豁达，毫不拘束，又能恭敬谨慎；性情温和而又有主见；行为谦逊而又严肃认真；虽有才干，但办事仍不马虎疏忽；能够接受别人意见，又不为纷杂的意见所迷惑，而能刚毅果断；行为正直而态度温和；从大处着眼又能从小处着手；刚正而不鲁莽；勇敢而心地善良。能够在自己的行为中表现出这九种德行来的人，往往被认为能够把事情办好。从这里可以看出，在那么古老的时候，人的德行有九种，并按德行安排官职，不任用不称职的人。

原始社会末期，随着石器的发展，金属工具的出现，生产力进一步发展，劳动生产率有了较大提高；社会产品除维持人们的生活必需以外，开始有了剩余。剩余劳动、剩余产品的出现，为私有制的产生准备了条件，随着私有制的产生，社会上出现了剥削阶级和被剥削阶级，原始社会开始解体，奴隶制度逐渐形成。我国的奴隶制大体是从夏朝开始的，约在公元前21世纪，禹的儿子启建立夏朝。夏、商、周、春秋、战国时期，基本上是奴隶制时期，从夏朝开始到公元前476年止，我国奴隶社会延续了约一千五六百年。公元前16世纪，商汤推翻了夏桀的统治，建立商朝。至公元前11世纪，周武王在牧野打败纣王，灭了商朝，建立周朝，定都镐京，史称西周。西周既是我国奴隶社会经济高度发展的时期，也是我国伦理道德理论成文并付诸实践的最重要的朝代。西周时期的道德理论与实践，以其广博的内容、形式多样的教化手段构建了先秦时期颇具规模的道德教育体系，为我国古代的社会道德教化和德政发展奠定了良好的基础。周人之德，源于配天，以德配天必须敬德、明德。周人视"德"为治天下之本，因而对其敬而有加。西周说的"德"，基本内涵除了"敬天""敬德"之外，还有"保民""孝祖"之意。尤其是"保民"思想，它是进行社会道德教化的理论前提。因为只有"保民"，百姓安居乐业，统治者才能获得崇高的德行，其政德才能"配天"，得到天的认可。这样，"保民"思想为"明德慎罚""以德化民"的德教政策奠定了坚实的基础。在中国伦理思想史上，西周时期初步形成了注重道德教化、施行德治的传统。道德教化以"以德配天""敬德保民"为理论前提，以"以德化民""明德慎罚"为宗旨。从内容上看，这一时期的道德教化主要包括政德教化、王室教化和民众教化，其教化内容、方式与体制也各具特色。

西周时期的政德、王室和民众教化，对我国此后数千年的政治、教育等产生了广泛而深远的影响。其中，对儒家德教思想、后世治国方略以及蒙以养正优良德育传统的形成和发展的影响尤为显著。儒家之道德思想秉承于周，就道德教化而言，西周统治者特别是周公对孔孟所代表的儒家思想的影响十分巨大。孔子赞曰"周公之才之美""郁郁乎文哉！吾从周"，甚至慨叹"甚矣吾衰也！久矣吾不复梦见周公！"足见孔子对周公思想景仰之甚。孔子一生都以复兴、弘扬周礼为己任，"克己复礼为仁"这样的思想在孔子和儒家其他代表人物的言论中都有体现，充分反映了儒家对西周时期民众教化的推崇和通过道德教化达到社会治理目的的重视。

儒学也发展了西周时期政德教化和统治者身教的思想，认为民众教化之效很大程度上取决于政德状况和教化主体的修养。到了汉武帝时期，董仲舒主张"罢黜百家，独尊儒术"，从此儒学成为了正统思想、主流文化。自汉以后，虽历经朝代更替，但两千多年来，儒学始终被奉为中国文化的主流思想。

儒学的思想体系，不仅代表着中国古代的正统观念，而且也是中华民族的文化精华，对于当今中国社会的发展乃至未来国际社会的构建都有重要的借鉴价值和意义。在我们看到儒家思想是正统思想的同时，还应该看到，道家思想、佛家思想在中华文化中的作用。如果我们把治国安邦分成德治与法治两个部分的话，那么，四大家中的儒、道、佛三家则可归于"德治"这一块，因为这三大家都侧重于伦理道德方面的；法家虽然不同意儒家的德治理念，但用"法"去制裁那些犯罪分子，而实际是起了维护正义、抑恶护善、推行良好道德风尚的作用。

综上所述，我们可以看出中国道德的形成经历了很长的历史发展过程，并在这个发展过程中又可以看出，春秋战国及以后，儒家、道家以及后来由印度传入中国的佛教起了主要的作用，尤其是儒家起了核心作用。儒家承先启后，继往开来，将中国的道德观念、道德规范、道德秩序不断进行丰富、充实，使其成为了一个完整的思想体系。

2. 中国传统道德的核心内容

从上述中国道德的形成过程中，我们清楚了儒家在中华文化中的正统、核心地位，而且儒家形成了以"仁"为核心的完整的伦理道德思想体系；因此，在讲述中国道德核心内容时，将着重介绍儒家的伦理道德内容。在儒家的伦理道德思想体系中，其核心是仁和礼。"仁"就是以"爱人"之心推行仁政，推行人际和谐关系，使社会成员都享有生存和幸福的权利；"礼"就是用"正名"的方法建立社会道德秩序，使社会成员对自身的社会地位都有稳定的道德认可和道德定位。儒家的"仁"是以爱为核心的人类各种美德的总称，各种美德以什么形式体现出来呢？根据儒家创始人孔子以及后来儒家的继承者们的发展，由孔子先提出"仁""义""礼"，后由孟子延伸为"仁""义""礼""智"，再由董仲舒扩充为"仁""义""礼""智""信"，称为"五常"，后来的人又在"五常"基础上增加"忠"

"孝"。另外，根据孔子提出的"君子道者三"，即"智""仁""勇"三种德性，我认为还应该加上"勇"。因此，总结儒家以仁为核心的伦理道德形式，从最根本、最核心上来说主要是：忠、孝、仁、义、礼、智、信、勇。几千年来，它们贯穿于中华民族伦理道德的发展中，成为中国价值体系中最核心的因素。其中，"忠""孝"是最基本的，"忠"是立国之本，"孝"是立家之本。"忠""孝""仁""义""礼""智""信""勇"像"柱子"一样，牢牢地支撑着这个由国家、民族、家庭组成的整个中华伦理道德"大厦"。因此，"忠""孝""仁""义""礼""智""信""勇"就成为中国伦理道德的核心内容。

忠：是中国传统社会中一项基本的道德要求。《说文解字》说："忠，敬也，尽心曰忠，从心。"从字形上看，是人对祭器鞠躬作礼。古代非常重视祭祀活动，因此从"忠"字的本义来说，就是人们祭祀时要保持肃穆恭敬的态度。后来"忠"则是指对别人尽心尽力的忠诚态度。《论语·述而》载："子以四教：文、行、忠、信。"忠，就是孔子的四项基本教育内容之一。在先秦时代，并没有后来那样的忠君观念。孔子说："君使臣以礼，臣事君以忠。"也就是说不是单方面地要求臣对君的忠诚，首先提到的是君要以礼待臣。孟子更说："贼仁者谓之贼，贼义者谓之残。残贼之人谓之一夫。闻诛一夫纣矣，未闻弑君也。"由此可见，在孟子这里，暴虐之君如纣者，实为民贼独夫，杀掉这样的暴君，是无所谓弑君的。这样的话完全没有死忠、愚忠的色彩。而要求臣下绝对忠于君主的"始作俑者"是法家的韩非子。韩非子认为，根本不存在所谓的共同的国家公利，君主和臣民之间的利害完全相反，因而绝无道义可言，彼此之间纯粹是相互利用的关系。但是韩非子是以君主来处理君臣关系的，他倡言："故人臣毋称尧舜之贤，毋誉汤武之伐，毋言烈士之高，尽力守法专心于事主者为忠臣。"这可以说是汉代大一统时期董仲舒的"君为臣纲"的理论渊源。自从"忠"被列入"三纲"之后，这一观念为封建统治者绝对化，皇帝作为万民之君，受命于天，受权于神，要求民众对皇帝无条件地履行忠诚，也就是所谓"君让臣死，臣不得不死"。另外，在帝制时代，皇帝往往是作为国家的代表看待的，臣民效忠于皇帝常常与尽忠于国家合在一起的，出于对国家的情感和职责，贤臣也要求自己尽到对皇帝的忠诚。"忠"的概念，从起初的人对祭器鞠躬作礼到对别人尽心尽力的忠诚态度，又演化到民众对皇帝无条件的忠诚，又因为皇帝是代表国家的象征，所以臣民把效忠于皇帝常常与尽忠于国家等同，是出于对国家的情感和职责。到了后来，随着社会、时代的变化，"忠"的内涵也在不断变化，根据社会、时代的需要，不断以新的内容丰富、充实它。到了现代，又提出了忠于祖国、忠于人民、忠于党、忠于事业、忠于信仰等。所以，"忠"作为中国传统道德的基本要求，作为一种传统美德是要传承和发扬下去的。

孝：原本指的是子女对父母所应当尽到的职责和义务，包括尊敬、顺从、赡养、送终、守制等内容。在动物界中也存在着"反哺"的现象，人类的孝在生物意义上来讲也是以这种"反哺"为基础的，但是人类作为一种具有道德种群的"反哺"，较之动物界的本能现象则有远为复杂的含义，并且将其升华为"孝"的概念。应当说"孝"是全人类所共有的伦理行为，但是在中国有着尤为重要的意义。早在上古时期，"孝"的理念在中国人的意识中就已经相当强烈。这种理念的产生，或与原始的宗教情感有关，先民们认为祖先的在天之灵可以福佑在世子孙，因而对祖先产生一种敬畏的心理。另外，在中国古代的宗法制社会中，家国同构，宗统与君统合二为一，孝与忠紧密相连，这也加重了中国人孝的意识。《孝经》是中国古代儒家的伦理学著作，该书以"孝"为中心，比较集中地阐发了儒家的伦理思想。它肯定"孝"是上天所定的规范，"夫孝，天之经也，地之义也，人之行也"。书中指出，"孝"是诸德之本，"人之行，莫大于孝"，国君可以用"孝"治理国家，臣民能够用"孝"立身理家，保持爵禄。《孝经》在中国伦理思想中，首次将孝亲与忠君联系起来，认为"忠"是"孝"的发展和扩大。《孝经》对实行"孝"的要求和方法也作了系统而具体的规定。它主张把"孝"贯穿于人的一切行为之中，"身体发肤，受之父母，不敢毁伤"，是孝之始；"立身行道，扬名于后世，以显父母"，是孝之终。它把维护宗法等级关系与为封建专制君主服务联系起来，主张"孝"要"始于事亲，中于事君，终于立身"，并按照父母的生老病死等生命过程，提出"孝"的具体要求，即"居则致其敬，养则致其乐，病则致其忧，丧则致其哀，祭则致其严"。该书还根据不同人的等级差别规定了行"孝"的不同内容。孔子认为孝是仁的基础，孝不仅限于对父母的赡养，而应着重对父母和长辈的尊敬，认为如缺乏孝敬之心，赡养父母也就视同于饲养犬，乃大逆不孝。孔子还认为父母可能有过失，儿女应该婉言规劝，力求其改正，并非对父母绝对服从。这些思想正是中国古代道德文明的体现。当然孔子论孝，还讲"父母在，不远游""三年无改于父之道，可谓孝矣"，表现了其时代的局限性。我们应当去其局限性，赋予"孝"的时代性，让"孝"文化永远发扬光大。

仁：我已在前文中对"仁"作了比较详细的阐述，这里就不重述。"仁"作为伦理道德中的核心美德是要永远继承和发扬下去的。

义：我在儒家特点的"义利观"中对"义"作了具体阐述，这里不重复。"义"是中华民族的一种美德，我们必须发扬下去。

礼：是中国传统价值的一个核心范畴。礼，最初是指祭神的宗教仪式，后来发展到人事方面，表示与人的身份地位相应的行为规范和制度。古代，礼是一系列程式化、仪文化规则，内容十分庞杂，既包括国家典章制度，也包括宗教仪式、社会习俗、礼仪规范。但儒家所重视的并不只是礼的外在形式，而是体现在礼的形式之中的社会道德功能和意义。这种功能和意义简单说来，主要有三个方面：一是"别嫌明微"，也就是明确不同社会身份和社会角色的人之间一些必要的区别，以避免出现嫌疑和尴尬的场面，从而维持稳定的社会秩序；二是表达"恭敬""辞让"之心，让人们有一种适当的形式，互相谦让，互相表达恭敬与尊重；三是"礼之用，和为贵"，通过在政治、社交、家庭、娱乐等不同场合人们必须遵循的各种礼节、仪式，来融洽不同身份、不同角色的社会成员之间的关系，使之和谐相处，促进社会和睦安定。"礼"之所以具有如此之重要的地位，是因为"礼"所反映的不仅仅是行为表面上的一套规矩，更是体现着规范背后所蕴含的严肃的道德伦理基础，其严格的形式性承载着重要的实质性。对于儒家文化中占据相当分量的高尚的东西，我们是要继承并发扬的。对于"礼"中的一些原则是应该清晰和明确的，如"尊重"原则、"适度"原则、"自律"原则等。要看到"礼"在维护社会秩序和稳定、促进人对人的恭敬与尊重、协调人际关系、倡导言谈举止文明礼貌的这些功能和作用，当代社会也仍然需要。一定形式的礼，无论对于社会还是对于个人，都是必不可少的。对古代的礼仪文化，应当继承其优秀和精华部分，"损"去其过时的糟粕，"益"之以符合现代文明的新内容，从而创造出当今时代所需要的新的礼仪文化，使"礼"无与伦比的魅力再度大放异彩，使我们这个号称礼仪之邦的古国放射出现代文明的光彩，中国的形象，将会因为"礼"而更加亮丽、清新。

智：是儒家的又一核心价值范畴之一。儒家思想中的"智"，指的并不是科学智慧，而是一种道德智慧，也就是辨别善恶、是非的能力，是孟子所言的人的与生俱来的"羞恶之心""是非之心"。《论语·雍也》记载："樊迟问知（即智）。子曰：'务民之义，敬鬼神而远之，可谓知也。'"孔子的解释是，致力于民众应当遵从义德，尊敬鬼神但并不亲近它，这就可以叫作"智"了。《论语·宪问》中："子曰：'君子道者三，我无能矣；仁者不忧，知者不惑，勇者不惧。'子贡曰：'夫子自道也。'"孔子在这里将"知者不惑"作为君子所具有的基本美德之一。其后孟子进一步指出，智，就是生而有之的"是非之心"，只要尽心将这种智慧来发扬，就能够做到知性，由知性而知天，知天则意味着达到超凡脱俗的人生之境，这是"智"的最高境界，也是儒家思想中作为一种道德智慧范畴"智"概念的本真之义。因此，"智"通常又写作"知"，是孔子的认识论和伦理学的基本范畴。既作动词指认知，又作名词指知识、智慧。所以，"知"是指知道、了解、见解、知识、聪明、智慧等，内涵主要涉及知的性质、来源、内容、效果等几方面。儒家把"智"列为"五常"之一，认为追求知识、增长智慧，也是人生一个重要的价值取向，体现了对于知识和智慧的尊重。人类通过不断实践，认识世界、认识自我、探究万物、掌握规律、创造文明，积累越来越丰富的科学文化知识。这些知识代代相传，不断发展，犹如漫漫长夜里永不熄灭的明灯、茫茫大海上永不沉没的航标，照耀着社会人生之正途，指引着通往真理的方向。今天，我们可以借助"五常"之"智"来提倡崇尚知识、追求真理的精神。掌握知识并善于思考的人，就可能成为"智者"。"智者"不仅知识丰富，而且聪明智慧，所以孔子说"知者不惑"。具有完善理想人格的君子，不仅应当是"仁者"，而且也应当是"智者"。"智"与"仁"是相辅相成的，好学求知也能促进仁德的自觉和生长，故子夏曰"博学而笃志，切问而近思，仁在其中矣"。古希腊哲人苏格拉底也说过："美德即知识"。若能将正确的人生观、道德观建立在科学知识和真理的基础之上，则人类安身立命的道德根基也许会更加坚实而深厚。崇尚知识与智慧，必然重视学习与教育。这都是儒家思想中的精华，即使在当代社会也仍然具有非常重要的意义。

信：是中国传统的核心价值范畴。信，即诚信，指待人处事的诚实不欺、言行一致的态度。"信"成为儒家的"五常"之一，更是确立了至高无上的地位和影响力。孔子将"信"作为"仁"的重要体现，是贤者必备的品德，凡在言论和行为上做到真实无妄，便能取得他人的信任。当权者讲信用，百姓也会以真情相待而不欺上。"信"不仅被奉为人际相处的起码准则，亦是治理国家的基本理念。孔子曾说："人而无信，不知其可也。"人没有诚信，就无法立足于世。孔子在回答子贡关于政事的提问时指出"足食""足兵"与"民信"这基本的三点，又言其中最为重要的是取信于民这一点，称"民无信不立"。与人交换要"言而有信"，治理国家要"敬事而信""信则人任焉"。只有当你被证明是一个值得信赖的人时，别人才会觉得你可靠，才会把大事托付给你。《大学》也以"正心诚意"作为"修身"的前提。法家的治国之术，尤其重视对人民的守信。中华民族有着悠久的诚实守信的优良道德传统，继承和发扬诚信这一优良传统，在当今社会显得尤为迫切。现在，诚信的缺失和信用危机，已经成为制约我国社会主义市场经济健康发展的瓶颈和隐患，有些企业信用之差已经使信用成为一种"稀缺资源"。实际上，完善的市场经济社会必须以建立在诚信道德原则基础上的社会信用和个人信用作为保障。中国传统儒学关于诚信的思想，也是我们今天建设社会信用体系时可以利用的重要道德价值资源，我们应当十分珍惜这一资源，回到诚信上来，继承和发扬中华民族诚实守信的美德。

勇：已在"勇敢品质"部分详细阐述过了，这里就不重述。

忠、孝、仁、义、礼、智、信、勇是中国传统道德中最根本、最核心的内容，当然除上述内容外，还有诸如勤、俭等，这里就不一一阐述。

3. 中国道德的意义

中国道德有什么意义呢？主要有三点：第一，中国道德是人类理性的需要。人类的道德意识虽然是从理性思维中衍生出来的，但理性思维离不开道德的主导。人类要组成社会需要规矩，而道德是其中最重要的自律规矩，有了这种规矩，社会才会有秩序，人们才能和平共处，日常的生产、生活就能正常进行，这是理性思维的体现。道德是人类社会属性的最基本要求，也是一种不成文的规范形式，综合了人们的价值观、世界观，体现了人与人之间的秩序化关系的要求。现实社会中可以看到人与人之间具有互相依赖又互相排斥的特性，这一特性隐含在群体生活之中。道德就是决定是排斥还是依赖的规则。在儒家思想体系中，人性被认为具有善与恶两个方面，针对这两个方面，提出了以"仁义"为核心的伦理道德思想体系，强调扬善抑恶。扬善，是提倡"善"的行为，如互相爱护、互相关心、互相帮助，这是解决人与人之间的互相依赖；抑恶，是要抑制"恶"的行为，如严以律己、互相监督、法规制约，这是解决人与人之间的相互排斥，不要太贪婪、损害别人，使个人的占有抑制在"义"的范围之内，这都体现了人类理性的要求，所以说，中国的道德是人类理性的需要。第二，中国道德是构建和谐社会的需要。要保证国家建设、社会发展、人民的生产生活顺利进行，必须要有一个安宁稳定有序的和谐社会环境；而要构建和谐社会，根本还是在于全面提高全民的道德素质。"人无德不立，国无德不兴"，中国古代就十分重视人的道德素质的社会作用，"德者，国家之基也""有才无德，其行不远"。这一切都表明道德素质在人的整体素质中的关键地位。充分发挥公民道德的调节作用、价值导向作用和教化作用，有助于调整各种社会利益关系、利益矛盾与冲突，以此来调动人们的积极性，激发社会活力，不仅对建设和谐社会有重大价值，而且会更好地促进社会的和谐发展。和谐社会的构建，需要社会每个成员的参与，公民道德进步能够促进社会和谐发展。所以说，中国道德是构建和谐社会的需要。第三，中国道德是人的立身之本。世间万事万物皆有根本，做人，当以什么为本？古往今来的共识唯有一个字："德"。从《左传》引古语"太上有立德，其次有立功，其次有立言"，到汉《中论》的"艺者，德之枝叶也；德者，人之根干也"，到陶行知"道德是做人的根本……没有道德的人，学问和本领愈大，就为非作恶愈大"，这些都明白无误地向世人传递一个亘古不变的公理：立身做人，以德为本。有了这个本，就能慎于思、慎于行、安住心、守住身、行得正、走得远。

四、有智慧的品质

智与慧是一体的，一个智力高强且道德高尚的人，才是真正有智慧的人。关于中国智慧这里讲三点：一、中华民族智慧的形成；二、中国智慧表现的特点；三、中国智慧的意义。现分述如下。

1. 中华民族智慧的形成

中华民族智慧的形成，离不开自己生存的环境，人们应该知道，智慧不过是人类为了更好适应各种环境而逐渐积累起来的。人类的智慧之所以得以不断向更高级阶段发展，主要是因为它能确保人类在特定的环境中生存延续。中华民族智慧的形成，依我看来，主要是三个方面的缘由：一、发展农业生产；二、战胜自然灾害；三、频多的战争经历。现简略分述如下。

（1）发展农业生产是中华民族智慧形成的缘由之一

由于中国是一个农业国家，所以对农业生产的研究，就成为了一个主题。中国是一个有着五千年以上历史，而且没有间断的，经过原始社会、奴隶社会、封建社会，一直到现代社会主义社会完整经历保留下来的国家，因此中国人民一直延续着对农业生产的研究、总结，从而使农业生产的经验不断积累，不断丰富。

从古代起，中国人民利用自己的地理环境，适时适地地开展了以种植业为中心的农业生产，自力更生、自给自足地解决衣、食、住、用的生存需要。中国人民在长期的农业生产实践中，不断地探索、观察、研究、总结，认识也不断地提高，经验也不断地丰富，这从《氾胜之书》《齐民要术》两书中可以看得很清楚。

下面以《氾胜之书》为例证明，本书是后世的通称。作者氾胜之，汉成帝时人，氾水（今山东曹县北）人，古代著名农学家。他所编著的《氾胜之书》是对西汉黄河流域的农业生产经验和操作技术的总结，主要内容包括耕作的基本原则、播种日期的选择、种子处理、个别作物的栽培、收获、留种和贮藏技术、区种法等。就现存文字来看，对个别作物的栽培技术的记载较为详细。这些作物有禾、黍、麦、稻、稗、大豆、小豆、枲、麻、瓜、瓠、芋、桑 13 种。区种法（即区田法）在该书中占有重要地位。此外，书中提到的溲种法、耕田法、种麦法、种瓜法、种瓠法、穗选法、调节稻田水温法、桑苗截乾法等，都不同程度地体现了科学的精神。《氾胜之书》所反映的农业生产技术包括以下几个方面：其一，应用综合栽培技术的西汉时期，人们已经认识到农作物的生产是多种因素的综合，是各种栽培技术的综合。在整个作物栽培过程中，要注意六个不可分割的基本环节：趣时、和土、务粪、泽、早锄、早获。趣时：即不误农时，栽培作物要不早不晚，与气候时令同步。和土：即使土壤疏松，有良好的结构，土壤好，庄稼就长得好，土壤不好，庄稼当然就长得差。务粪、泽：就是注意及时施肥和灌溉。早锄、早获：就是及时锄草，及时收获。其二，不同作物必须有不同的栽培方法，不能千篇一律。该书讲了粮食、衣着原料、饲料等 12 种作物的栽培方法，自整地、播种直到收获的各个环节，每种作物的栽培方法都不相同，甚至差别很大。这是因为作物生长期有长短，成熟有早晚；有的需要水多，有的耐旱；有的春种秋收，有的秋种夏收；有的抽穗结实，有的在地下结果。作物的生长方式不同，因此栽培技术自然也不同。比如冬小麦和水稻的栽培方法就不一样。首先是播种时间不同，在关中地区，冬小麦在夏至后 70 天播种，水稻是冬至后 110 天播种。其次是麦、稻的需水量相差很大，如果秋天有雨，地里墒（音 shāng，指土壤含有适合种子发芽和作物生长的湿度）量好，麦地就不用浇水，水稻则不同，从播种到成熟，都不可缺水。由于稻田里水的温度对水稻生产有很大的影响，因此需要采取措施控制水温。氾胜之的办法是在田埂的进、出水口上，当需要水温高一些时，就把进、出水口上下相对地开在一条直线上，使水局部地在这一直线上通过，就可以避免整块田的水温下降；当需要降低水温时，就把进、出水口错开，这样，新进来的低温水在流经整块稻田的过程中带走热量，使稻田里的水温降低。再次是麦、稻中耕除草的方法也不同。其三，区种法的发明。区种法是一种高产栽培方法，主要是依靠肥料的力量，不一定非要好田。即使在高山、丘陵上，在城郊的陡坡、土堆、城墙上都可以作成区田。《氾胜之书》依据不同的地形，采用了两种区田布置方法：一是带状区种法，二是方形区种法。两种布置方式都要求等距、密植、全苗、施肥充足、浇水及时，以及精细的田间管理。这样就为小麦的精耕细作、提高单位面积产量指明了方向。其四，整地改土技术，通过整地达到和土保墒、改良土壤的目的，这是氾胜之在继承前人经验的基础上做出的新贡献。整地要提前进行，春种地要进行秋耕和春耕，秋种地要进行夏耕，使整个耕作层有良好的土壤结构。为了防旱保墒，要特别注意选择耕地的时间，避免秋冬干耕，春冻未解就早耕，冬季要积雪保雪。氾胜之还提到耕完之后，要让耕地长草，然后再耕一次，将草埋在地下。这种做法正是应用绿肥的开端，既利用了有机质，又消灭了杂草，这是我国利用绿肥改良土壤的独特技术。其五，选种留种技术，他认识到母强子良、母弱子病的种苗关系。有好种才有好苗，有好苗才能高产。为了获得良种，必须选种，选种的标准是生长健壮、穗形相同、子粒饱满、成熟一致；选种的时间是在作物成熟后、收获以前，到田间去选；选好的种子不能跟非种子混杂，要单收、单打、单藏；收藏种子要防霉防虫、晒干扬净，特别是要保存好过夏天的麦种，更要用药防虫。其六，施肥技术。施肥技术在我国发展很早，据说殷商时已有施肥的记录；然而明确认识施肥是为了供给作物生长的养分，改善作物所需要的土壤条件，又将肥料分作基肥、种肥、追肥和特殊的溲种法等，这都是秦汉时才有，由氾胜之作了总结。其七，中耕除草与嫁接技术。氾胜之认为中耕除草有四个作用：间苗、防冻、保墒、增产。以小麦为例，当麦苗显出黄色时，表明太密了，要通过中耕除草把麦苗锄稀些；秋锄后，要用耙耧把土壅在麦根上，这样可以保墒、保温、防冻。麦苗返青时要锄一次；榆树结荚时，地面干成白色，又要锄一次。小麦经过三四次中耕除草，会使产量成倍增加。他又以种瓠（一种葫芦）为例，记述了西汉的嫁接技术。当瓠苗长到 2 尺多长时，便把 10 根茎蔓捆在一起，用布缠绕 5 寸长，外面用泥封固，不过 10 日，缠绕的地方便合为一茎，然后选出一根最强壮的茎蔓让它继续生长，把其余 9 根茎蔓掐去，这样结出的瓠又大又好。其八，他还记述了西汉农作物的轮作、间作与混作技术。如谷子收获以后种麦；瓜田里种韭菜、小豆；黍与桑混播，桑苗生长不受妨碍，还能多收一季黍。这些技术的采用，提高了土地利用率，达到了增产增收的目的。《氾胜之书》记载的农业科技成就，显示了秦、西汉时期的农业科学技术水平。我之所以将《氾胜之书》的内容作较多介绍，就是要使人们清楚地看到，中华民族的智慧如何在农业的发展中总结、积累起来，也可以看出中华民族智慧形成的特点。

（2）战胜自然灾害是形成中华民族智慧的又一缘由

中国自古以来，是一个自然灾害频多之国，这是我国的特殊情势。正是由于这种特殊情势，中华民族的智慧在其中总结、铸造、升华、丰富着。

中华民族自古以来就是从抗御自然灾害的环境中成长起来的。中国是一个多灾之国这一点已在有关章节中说过，从那些各种自然灾害的数字统计以及中国人民在与自然灾害的斗争中，一方面可以看出自然灾害的频多及严重灾难性后果，另一方面又能看出中国人民勇于面对灾难并在与灾害的斗争中积累了丰富的抗灾减灾救灾的实践经验。如为了抗御水旱灾害，在我国历史上，除大禹率领民众治水外，历朝历代自战国时代以来，兴修了大量的水利工程，其中的每个水利工程都是中国人民智慧的见证。下面以"都江堰"为例作具体证明。

"都江堰"建于公元前 256 年，是中国战国时期秦国蜀郡太守李冰及子率众修建的一座大型水利工程，是全世界至今为止，年代最久、唯一留存、以无坝引水为特征的宏大水利工程。工程充分利用当地西北高、东南低的地理条件，根据江河出山口处特殊的地形、水脉、水势，因势利导，无坝引水，自流灌溉，使堤防、分水、泄洪、排沙、控流相互依存，共为体系，保证了防洪、灌溉、水运和社会用水综合效益的充分发挥。都江堰渠首枢纽主要由鱼嘴、飞沙堰、宝瓶口三大主体工程构成，三者有机配合，相互制约，协调运行，引水灌田，分洪减灾，具有"分四六，平涝旱"的功效。①岷江鱼嘴分水工程。鱼嘴分水堤又称"鱼嘴"，是都江堰的分水工程，因其形如鱼嘴而得名，它昂头于岷江江心，包括百丈堤、杩槎、金刚堤等一整套相互配合的设施。其主要作用是把汹涌的岷江分成内外两江，西边叫外江，俗称"金马河"，是岷江正流，主要用于排洪；东边沿山脚的叫内江，是人工引水渠道，主要用于灌溉。在古代，鱼嘴是以竹笼装卵石垒砌，由于它建筑在岷江冲出山口呈弯道环流江心，冬春季江水较枯，水流经鱼嘴上面的弯道绕行，主流直冲内江，内江进水量约6成，外江进水量约4成；夏秋季水位升高，水势不再受弯道制约，主流直冲外江，内、外江江水的比例自动颠倒，内江进水量约4成，外江进水量约6成，这就完美地解决了内江灌区冬春季枯水期农田用水以及人民生活用水的需要和夏秋季洪水期的防涝问题。②飞沙堰溢洪排沙工程。飞沙堰溢洪道又称"泄洪道"，具有泄洪、排沙和调节水量的显著功能，故又叫它"飞沙堰"。飞沙堰是都江堰三大件之一，看上去十分平凡，其实它的功用非常之大，可以说是确保成都平原不受水灾的关键要害。飞沙堰的作用主要是当内江的水量超过宝瓶口流量上限时，多余的水便从飞沙堰自行溢出，如遇特大洪水的非常情况，它还会自行溃堤，让大量江水回归岷江正流。飞沙堰的另一作用是"飞沙"，岷江从万山丛中急驰而来，挟着大量泥沙、石块，如果让它们顺内江而下，就会淤塞宝瓶口和灌区。古时飞沙堰，是用竹笼卵石堆砌的临时工程，如今已改用混凝土浇铸，以保一劳永逸的功效。③宝瓶口引水工程。宝瓶口起"节制闸"作用，能自动控制内江进水量，是湔山（今名灌口山、玉垒山）伸向岷江的长脊上凿开的一个口子，它是人工凿成控制内江进水的咽喉，因它形似瓶口而功能奇特，故名宝瓶口。留在宝瓶口右边的山丘，因与其山体相离，故名离堆。离堆在开凿宝瓶口以前，是湔山虎头岩的一部分。都江堰，正确处理了鱼嘴分水堤、飞沙堰泄洪道、宝瓶口引水口等主体工程的关系，使其相互依赖、功能互补、巧妙配合、浑然一体，形成布局合理的系统工程，联合发挥分流分沙、泄洪排沙、引水疏沙的重要作用，使其枯水不缺，洪水不淹。都江堰的三大部分，科学地解决了江水自动分流、自动排沙、控制进水流量等问题，消除了水患，解决了灌溉和饮水。

都江堰的创建，以不破坏自然资源，充分利用自然资源为人类服务为前提，变害为利，使人、地、水三者高度统一。这一工程，历经 2260 年而不衰。都江堰水利工程，是中华文化划时代的杰作，是中国古代人民智慧的结晶。都江堰水利工程创建于两千多年前，从中可以看出，古代先人是何等的有智慧，见证着中华民族闪闪发光的智慧。这处工程，不仅现在还挺立着，而且还在为我们这些子孙后代继续发挥功用、谋福祉。我们应为自己的古代祖先有如此高超的智慧而感到自豪、骄傲；同时也可以从中看出古代祖先这种智慧的形成和体现，除了祖先们的天资以外，都是在抗御水、旱灾害的实践中历练、锻造出来的。所以说，抗御自然灾害是中华民族智慧形成的缘由之一。

（3）中国自古以来战争频繁的历史，是形成智慧品质的又一缘由

中国自古以来就是一个战争频多的国家，这一点已在"勇敢品质"部分讲过了。中华民族的历史，可以说，是在和平→战争→和平→战争→和平这样的交替中走过来的，正是中国的这种特殊情势，造就出了如《六韬》《三略》《孙子兵法》等兵家学说，学说中所体现出的古人智慧令我们这些后人都感到羡慕与自豪。《孙子兵法》就可见一斑。本书为春秋末年期齐国人孙武所作，内容博大精深，思想精邃富赡，逻辑缜密严谨。孙武将多年征战经验进行总结，将天时、地理、兵将等行军用兵的相关因素一一透彻分析，成为中国古典军事文化遗产中的璀璨瑰宝，成为中国传统优秀文化的重要组成部分。如果将书中的一些词句稍加变换，他的箴言就像是昨天刚写出来的，正是这古今的相通性，使得这部经典之作虽时隔千年，却依然光华永存。下面我们以摘录分析的方式来领略一下《孙子兵法》的智慧风采。

《孙子兵法》的战略大局思想：战略大局，讲的就是与战争息息相关的一系列因素的核心。在书中，孙子着力阐述了他的战略大局思想。本书开篇《始计》就指出："兵者，国之大事，死生之地，存亡之道，不可不察也。"意思是说，战争乃国家大事，它是维系百姓生死、国家存亡的关键所在，不可以不对其仔细考虑。孙武虽然不反对战争，但也从不主张滥用武

力，这正是其"慎战"思想的外在表现。孙武特别重视国计民生这一"大局"。孙武的这种战争的战略思想，与他所处的历史背景有着极为密切的关系。在战争频繁的春秋时期，诸侯之间为了获得利益而你争我夺，无论是打着"勤王"幌子的侵略战争，还是以扶危解困为借口援助一国反抗另一国的战争，在很大程度上都是由交战各方对利益的追逐而引起的，而真正意义的反抗侵略的正义战争并不多见，正如孟子所说的，"春秋无义战"。正是在这种历史背景之下，很多国家在战争当中被他国兼并，而各国人民也在连绵不断的战火中饱受苦难。孙武以其敏锐的眼光看到了这一点，并进而分析出战争对于一个国君、臣民的重要影响；因此，他认为战争乃"不可不察"的"国之大事"，大战当前，决策者须进行多方面考察，切不可贸然行动。对于决定自身生死存亡的战争，我们应该以审慎的态度来对待。这种思想延伸开去，对于现实生活中能够影响我们前途命运的各种事物，我们同样要慎重，因为我们在某个方面的疏漏极有可能成为日后失败的源头。所以，人们在处理任何问题的时候，都要考虑好前因后果，以此来减少失败的可能。孙武在《作战》篇中说："国之贫于师者远输，远输则百姓贫。"意思是说，国家由于战争而变得贫困的一个重要原因就是向外去作战的部队远途输送军需物资，而这种远途运输必会致使百姓贫困。孙武在《作战》的开篇就指出了战争对于国力的巨大损耗："凡用兵之法，驰车千驷，革车千乘，带甲十万，千里馈粮，则内外之费，宾客之用，胶漆之材，车甲之奉，日费千金，然后十万之师举矣。"可见，一旦用兵，军队的方方面面都需要雄厚的财力作保障，而国家财政的来源，就在于百姓上缴的赋税，因而战争一旦打响，百姓就要承担起巨大的经济负担。从古到今的战争都有一个共同点，那就是它总是与国家人力、物力、财力的消耗有着密切联系，战争的时间越长、规模越大、行程越远，相应的经济消耗也就越大。历代兵家之所以极力避免发生大规模、远距离的持久战，就是因为这样的战争会使国力大大受损，最终得不偿失。孙武在《谋攻》一篇中说："不战而屈人之兵，善之善者也。"意思是说，不动用武力就能使对手屈服，这才是高明之中最为高明的。孙武提出的"不战而屈人之兵"的战略思想，已成为了历代兵家所信奉的军事哲学。当然要想真正实现这一目标，必须凭借两个基本条件：第一，要有强大的国力；第二，在军事力量的对比上，自己要永远超过敌人。在这一基础上，采用适当的谋略以及外交手段，就可以使敌人在心理上对我方产生畏惧，从而不敢与我军动武，我军在没有任何损耗的情况下轻而易举地击败对手，这正是战争的最高境界。战争在于谋划，这对于任何一位合格的军事统帅来说，都是极其重要的用兵原则，因为只有谋划周密，才能使自己在战争中处于有利地位。而战前的谋划要想准确、成功，就必须凭借一个条件，那就是准确把握敌我双方的情况。因此，孙武在《谋攻》篇中写道："知己知彼者，百战不殆。"意思是说，既了解敌人的情况，又了解自己的情况，每次战斗都不会有危险。在战争打响之前，充分了解敌人的兵力、粮草、训练等情况，就会使我方对敌人的优势、弱势以及战略意图有一个清醒的认识；而对我方情况做到了如指掌，则可以看到自己的优势和不足，在此基础上，我方可以根据敌我方面的力量对比来部署攻敌、防敌的整体计划。如果敌人优势小于我方，我方就可以轻而易举地消灭敌人；而一旦敌人的力量大于我方，我方就要针对敌人的弱点想出对策，同样有机会取胜；即使敌人没有被我方击破的弱点，我方也可以根据敌我情况的对比做好防范，以确保自己不被敌人击败。因此，在"知己知彼"的情况下，虽然不一定能够实现百战百胜，但至少不会使自己陷入困境，故而可以达到"百战不殆"的境界。"知己知彼，百战不殆"作为孙武军事理论的核心思想之一，不但为后世兵家所称道，而且已经在社会的各个方面得到了应用。

《孙子兵法》的策略战术思想。在孙武的军事理论体系中，最具核心价值的就是他的战术思想。《孙子兵法》第一篇就提出"兵者，诡道也"的观点，意思是说，用兵打仗，实际上是一种诡诈之术。在这一思想引导下，他总结出多种方法，如"凡战者，以正合，以奇胜"，意思是说，大凡成功的战争，总是以常规战法与敌人交战，以特殊战法克敌制胜。孙武的这一军事思想的核心在"正"和"奇"两个字，他指出了古往今来成功战例的关键所在。其中"正"指的就是战场上经常使用的常规战法，而"奇"指的则是普通战法中并不多见的特殊战法，这种特殊战法恰恰是克敌制胜的关键。在两军交战刚开始，并不适宜采用特殊战法攻打敌人，因为这样就会使敌人产生防备之心，反而给战争增加难度。他认为，在战争中，我军与敌军在交战的过程中，首先应该使用常规战术去进行对抗，这样做一方面可以使敌人放松警惕，另一方面可以使我军得以迅速掌握敌人的战略部署、作战方法中的漏洞和弱点。但是，想要取得战争的胜利，单凭常规战术是远远不够的。以常规战法与敌人进行短兵相接之后，在敌人还继续沉浸在常规战术的思想当中时，我军应当迅速使用一套敌人根本想象不到的特殊战法对其进行攻击，敌方自然难以招架。在这一作战计策中，"正"是基础，"奇"是关键，二者密切配合，就会产生巨大的威力，从而将敌人一举击破。从哲学角度说，孙武所说的"正"是代表事物的普遍性，"奇"则是区别于一般事物的特殊性。事物的特殊性寓于普遍性之中，要想驾驭事物的特殊性，首先就应该掌握它的普遍性。在竞争中，常规的方法并不奏效，毕竟常规方法为多数人所掌握。因此，为了在竞争中取得胜利，我们还要有创新的思路，针对具体的对手制定恰当的竞争策略。又如他在《始计》一篇中写道："攻其无备，出其不意。"意思是说，在敌方没有准备的时候迅速进行攻击；在敌方预料不到的情况下采取军事行动。"出奇制胜"一直是兵家制敌的法宝之一。作战时要抓住敌方常规作战中的思想弱点，善于突破常规作战的方式、方法，在对方毫无戒备之时突然袭击，这种作战方式一定会使敌人措手不及。孙武"攻其无备，出其不意"的核心就在一个"奇"字上，只要想方设法创造出敌人想象不到的计策和谋略来攻击敌人，胜利就随手可得。又如《九地》一篇中写道："始如处女，敌人开户；后如脱兔，敌人不及拒。"意思是说，在战斗开始前，应该像少女一样娴静，丝毫不露声色，从而诱使敌人放松警惕，使其门户大开；战争开始之后，就要像逃脱的兔子一样迅速，令敌人来不及抵抗。在两军对战时，我方应该根据敌情的变化随时改变自己的作战计划和行动，这样做一方面可以使敌人对我军的举动捉摸不定，另一方面也便于我军将领做出适当的战略部署。通常情况下，开战前，我军应该静若如子；而开战后，则应动若脱兔。孙武认为，在开战前不露声色是为了使敌人放松警惕，从而减小作战难度；等到真正开战后，出其不意，在敌人还来不及反应的时候迅速攻击，从而使敌人无从抵抗。又如《虚实》一篇中孙武写道："守而必固者，守其所不攻也。"意思是说，进行防守必然十分牢固，是因为防守的是敌人无法攻击的地方。这句话是顺应"攻而必取者，攻其所不守也"而说的。兵不厌诈、出奇制胜实际上是孙武讨论兵法的精华所在，《始计》开篇就已经提到"兵者，诡道也"，后又在《兵势》中提出"凡战者，以正合，以奇胜"的观点。那么，究竟该如何用兵？诈从何来？奇出何处？孙武对此进行了比较详尽的阐述。进攻和防守历来是行军作战的两个重要环节。如果我军防守的是敌人根本无力攻击的地方，那么我军的防守自然牢不可破。要想坚固自己的防守，首先要选择一个有利的地理位置作为自己的防守阵地，"三里之城，七里之郭"，这样的环境就为成功防守奠定了坚实的地利基础。除此之外，还应该做好充足的物资和兵力准备，物资上的准备是指要有充足的粮草和精良的武器装备，这样才有和敌人对抗的物资基础，而兵力准备就是守城之人一定要精挑细选，并且由良将统率，使守城将士能够上下一心。经过这样的精心准备之后，我军防守必定固若金汤，敌人如若来犯，也一定是落荒而逃。人们常说，"有备无患"，无论是防守还是进攻，都要做好准备，发挥自己的有利条件，消除对自己不利的因素，这样才能立于不败之地。孙武的策略战术思想，非常丰富，这里就不一一列举。

《孙子兵法》是我国两千多年前的古作，古人高明的军事智慧，令我们羡慕不已。本书虽然讲的是军事思想，但它所蕴涵的智慧却永远超出了军事兵法，从而演变成为人们社会生活的各个方面的智慧，渗透到人们生活的各个角落，无论是商业竞争、企业管理、人际交往、社会生活、外交谈判等方面，随处可见其身影，并成为世人"无往而不利"的成功之道。所以说，中国经历的频多战争史是造就、历练出中华民族智慧的缘由之一。

2. 中华民族智慧表现的特点

中华民族文化，包括从古至今创造的所有文化，是全体中国人民智慧的结晶和表现，无论是物质文明方面，还是精神文明方面都是如此。当然，世界各国的文化，也是各国人民智慧的结晶和表现，只是表现的形式和内容各有不同的特点。那么，中华民族智慧的特点表现在哪些方面呢？回顾总结起来，我认为主要表现在以下三个方面：一、中华民族的哲学智慧；二、中华民族的治国智慧；三、做人做事的智慧。

（1）中华民族的哲学智慧

在中国古代，哲学智慧主要是以阴阳学说、五行学说的形式表现出来的，现将两者简述如下。

阴阳学说：阴阳是中国古代哲学的一对范畴。阴阳的最初涵义是很朴素的，表示阳光的向背，向日为阳，背日为阴，后来引申为气候的寒暖，方位的上下、左右、内外，运动状态的躁动和宁静等。中国古代的哲学家们体会到自然界中的一切现象都存在着相互对立而又互相联系的关系，就用阴阳这个概念来解释自然界两种对立、相互消长的物质势力，并认为阴阳的对立和消长是事物本身所固有的，进而认为是宇宙的基本规律。《易传·系辞》中说："一阴一阳之谓道。"道：指道理、规律，《灵枢·阴阳系日月》中说："夫阴阳者，有名而无形。"《素问·阴阳应象大论》中说："阴阳者，天地之道也，万物之纲纪，变化之父母，生杀之本始，神明之府也。"古人认为，凡是运动、外向、上升、温热、明亮、无形、兴奋、外延、主动、刚性、方的、山南水北都属于"阳"；凡是相对静止、内向、下降、寒冷、晦暗、有形、抑制、内收、被动、柔性、圆的、山北水南都属于"阴"。阴阳的相关性是指用阴阳所分析的事物或现象，它应该是在同一范畴、同一层次或同一交点的，即在相关基础上的，不相关的事物或现象不宜分阴阳。如：以天而言，则昼为阳，夜为阴。阴阳的普遍性是指凡属于相关的事物或现象，都可以用阴阳对其各自的属性加以概括分析。如：水与火、动与静。阴阳的相对性指各种事物或现象的阴阳属性不是一成不变的，在一定条件下可相互转化。如：中原十月份的气候较之七月份的炎夏，属阴；但较之十二月份的严冬，又属阳。阴阳的可分性指阴阳之中可再分阴阳。如：以天而言，昼为阳，夜为阴；白昼又可再分，上午为阳中之阳，下午为阳中之阴；黑夜亦可再分，前半夜为阴中之阴，后半夜为阴中之阳。阴阳的交感性：交感指阴阳的交互作用，相错则是指这种相互作用十分错综复杂。阴阳交感是万物得以产生和变化的前提条件。阴阳的相反性：阴阳的对立制约古人称之为阴阳相反：①指阴阳属性都是对立、矛盾的。如：上与下、水与火。②指在属性相对立的基础上，阴阳还存在着相互制约的特性，对立的阴阳双方相互抑制、约束，表现出阴强则阳弱、阳胜则阴退的错综复杂的动态联系。阴阳的相成性：阴阳的互根互用关系古人称之为阴阳相成：①指凡阴阳皆相互依存，即阴和阳任何一方都不能脱离对方而单独存在。如：上为阳，下为阴，如果没有上，也就没有下。②指在相互依存的基础上，某些范畴的阴阳还体现出相互资生、相互为用的关系特点。阴阳的平衡性：通过阴阳消长的形式实现平衡，指阴阳两者始终处于运动变化之中。所谓"消"，意为减少、消耗；"长"，意为增多、增长，它们指的是数量的变化。古代思想家以消长来概括阴阳的运动变化，其基本形式包括：①阴消阳长、阳消阴长，表现为阴阳双方的你强我弱、我强你弱，这种形式主要是和阴阳的对立制约关系相联系的；②阴阳皆长、阴阳皆消，表现为阴阳矛盾统一体的我弱你也弱，我强你也强，它主要是和阴阳的互根互用关系相联系。"平衡"指阴阳之间的消长运动，如果是在一定范围、程度、限度、时间内进行的这种消长运动往往不易察觉，或者变化不显著，事物在总体上仍旧呈现出相对的稳定，此时就称作"平衡"。阴阳的转化：是指在一定条件下阴阳可各自向其对立的属性转化，它主要是指事物的总的阴阳属性的改变。任何事物都存在阴阳两个方面，阴阳的孰主孰次就决定了这一事物当时的主要特性。事物内部阴阳的主次不是一成不变的，他们处于消长变化之中，一旦这种消长变化达到一定阈值，就可能导致阴阳属性的相互转化。阴阳的转化一般都出现在事物变化的"物极"阶段，即"物极必反"。如果说"阴阳消长"是一个量变过程的话，则阴阳转化往往表现为量变基础上的质变。阴阳转化必须具备一定的条件，即"物极必反"，这里的"极"是指事物发展到了极限、顶点，这是促进转化的条件。阴和阳是相关事物的相对属性，存在着无限可分性。阴阳的相互作用是事物发生、发展和变化的根本原因；阴阳的对立制约、互根互用和相互转化，就是阴阳之间相互关系和相互作用的具体形式；而阴阳之间的相互作用是在阴阳双方不断的消长运动中实现的。若各种形式的阴阳消长运动处于一定限度、范围、时间之内，表现为动态平衡，整个事物就处于正常状态；反之，就往往陷于异常状态。阴阳学说认为，世界是物质性的整体，自然界的任何事物都包含阴和阳相互对立的两个方面，而对立的双方又是相互统一的，阴阳的对立统一运动，是自然界一切事物发生、发展、变化及消亡的根本原因。所以说，阴阳的矛盾对立统一运动规律是自然界一切事物运动变化固有的规律，世界本身就是阴阳二气对立统一运动的结果。任何事物均可以阴阳的属性来划分，但必须是针对相互关联的一对事物，或是一个事物的两个方面，这种划分才有实际意义。如果被分析的两个事物互不关联，或不是统一体的两个对立方面，就不能用阴阳来区分其相对属性及其相互关系。事物的阴阳属性，并不是绝对的，而是相对的。这种相对性，一方面表现为在一定的条件下，阴和阳之间可以发生相互转化，即阴可以转化为阳，阳也可以转化为阴；另一方面体现于事物的无限可分性。阴阳学说的基本内容包括阴阳对立、互根、消长和转化四个方面。用这样的阴阳学说来指导各种学科的研究，并用这样的学说运用到各学科中，是古人的发明和智慧。譬如，将阴阳学说用于中医学理论体系中，则中医理论处处体现着阴阳学说的思想，贯穿在中医理论体系的各个方面，用来说明人体的组织结构、生理功能、疾病的发生发展规律，并指导着临床诊断和治疗。

五行学说：五行，讲的是世界上金、木、水、火、土五种物质及其运动。《尚书·洪范》在记述周武王与箕子的对话中谈到："五行：一曰水，二曰火，三曰木，四曰金，五曰土。水曰润下，火曰炎上，木曰曲直，金曰从革，土爰稼穑。润下作咸，炎上作苦，曲直作酸，从革作辛，稼穑作甘。"五行学说认为世界上的一切事物，都是由金、木、水、火、土五种基本物质之间的运动变化而生成的；同时，还以五行之间的生、克关系来阐释事物之间的相互联系，认为任何事物都不是孤立、静止的，而是在不断的相生、相克的运动中维持着协调平衡，这就是五行学说的基本涵义。五行的特性：木的特性：日出东方，与木相似。古人称"木曰曲直"。"曲直"，实际是指树木的生长形态，为枝干曲直，向上向外周舒展；因而引申为具有生长、升发、条达舒畅等作用或性质的事物，均归属于木。火的特性：南方炎热，与火相似。古人称"火曰炎上"。"炎上"，是指火具有温热、上升的特性；因而引申为具有温热、升腾作用的事物，均归属于火。

土的特性：中原肥沃，与土相似。古人称"土爱稼穑"，是指土有种植和收获农作物的作用；因而引申为具有生化、承载、受纳作用的事物，均归属于土，故有"土载四行"和"土为万物之母"之说。金的特性：日落于西，与金相似。古人称"金曰从革"。"从革"是指"变革"的意思，引申为具有清洁、肃降、收敛等作用的事物，均归属于金。水的特性：北方寒冷，与水相似。古人称"水曰润下"，是指水具有滋润和向下的特性；引申为具有寒凉、滋润、向下运行的事物，均归属于水。五行之间存在着相生相克的关系与规律，没有相生就没有事物的发生和成长，没有相克就不能维持事物在发展和变化中的平衡与协调，任何事物内部以及事物之间的关系都存在生和克不可分割的两个方面，并且生中有克，克中有生，互为因果，互相为用，推动和维持着事物的正常发生、发展与变化。五行相生的规律：木生火，火生土，土生金，金生水，水生木。五行相克的规律：木克土，土克水，水克火，火克金，金克木。五行之间既有相生相克，又有相乘相侮的关系。（1）相生与相克关系：相生，是指这一事物对另一事物具有促进、助长的作用；相克，是指这一事物对另一事物的生长和功能具有抑制和制约的作用。相生和相克，在五行学说中认为是自然界的正常现象，正因为事物之间存在着相生和相克的联系，才能使自然界维持生态平衡，故说"制则生化"。由于五行之间存在着相生和相克的关系，所以从五行中的任何"一行"来说，都存在着"生我""我生"和"克我""我克"四个方面的联系。"生我"和"我生"，在《难经》中比喻为"母"和"子"的关系。"生我"者为"母"，"我生"者为"子"，所以五行中的相生关系又可称作"母子"关系。如以火为例，由于木生火，"生我"者为木；由于火生土，故"我生"者为土。这样木为火之"母"，土为火之"子"；也就是木和火是"母子"，而火和土又是"母子"。"克我"和"我克"，在《内经》中称作"所不胜"和"所胜"。"克我"者是"所不胜"，"我克"者是"所胜"。以火为例，由于火克金，故"我克"者为金；由于水克火，故"克我"者为水。相生与相克是不可分割的两个方面。没有生，就没有事物的发生和成长；没有克，就不能维持其正常协调关系下的变化和发展。只有依次相生、相克，如环无端，才能生化不息，并维持着事物之间的动态平衡。（2）相乘与相侮关系：五行的相乘、相侮，是指五行之间正常的生克关系遭遇破坏后所出现的不正常相克现象。相乘：乘，即以强凌弱的意思。五行中的相乘，是指五行中某"一行"对被克的"一行"克制太过，从而引起一系列的过度克制反应。当五行中的某"一行"本身过于强盛，可造成被克的"五行"克制太过，促使被克的"一行"虚弱，从而引起五行之间的生克制化异常。例如：木过于强盛，则克土太过，造成土的不足，即称为"木乘土"；也可由五行中的某"一行"本身虚弱，因而对它"克我""一行"的相克就显得相对增强，而其本身就更衰弱。例如：木原本不过于强盛，其克制土的力量也仍属正常范围，但由于土本身不足，因而形成了木克土的力量相对增强，使土更加不足，即称为"土虚木乘"。相侮：侮，在这里是指"反侮"。五行中的相侮，是指由于五行的某"一行"过于强盛，对原来"克我"的"一行"进行反侮，所以反侮亦称反克。例如：木本受金克，但在木特别强盛时，不仅不受金的克制，反而对金进行反侮（即反克），称作"木侮金"，这是发生反侮的一个方面。另一方面，也可由金本身的十分虚弱，不仅不能对木进行克制，反而受到木的反侮，称作"金虚木侮"。相乘和相侮，都是不正常的相克现象，两者之间既有区别又有联系。相乘与相侮的主要区别是：前者是按五行的相克次序发生过强的克制，从而形成五行间相克关系的异常；后者则是与五行相克次序发生相反方向的克制现象，从而形成五行间相克关系的异常。两者之间的联系是在其发生相乘时，也可同时发生相侮；发生相侮时，也可以同时发生相乘。如：木过强时，既可以乘土，又可以侮金；金虚时，既可以受到木的反侮，又可以受到火乘。五行学说是中医学的重要理论基础，运用五行中的生克乘侮说明人体脏腑功能之间的关系，验之临床确能使人体功能处于平衡健康状态。在实际运用的过程中，阴阳五行学说，常常是相互联系、不可分割的。阴阳五行学说的结合，不仅可以说明事物矛盾双方的一般关系，而且可以说明事物间相互联系、相互制约的较为具体和复杂的关系，从而有利于解释复杂的生命现象和病理过程。

　　阴阳五行学说对古代哲学有着深远的影响，如古代的天文学、气象学、化学、算术学、音乐和医学等，都是在阴阳五行学说的基础上发展起来的。

从上述阐述中可以看出，阴阳五行学说，是中国古代朴素的唯物论和自发的辩证法思想的表现。这些思想学说经由几千年的不断发展与完善，形成了具有中国特色的思维模式，即唯物主义的整体思维与辩证法的变异思维紧密结合的思维模式。中华民族正是在这种思维模式的指引下，创造出了辉煌、灿烂的中华文化；所以说，阴阳五行学说是中华民族哲学智慧的特点和表现。

（2）中华民族的治国智慧

这一智慧是以自己的哲学智慧为基础，形成了具有中华民族特色的治国智慧。这个智慧可以体现在许多方面，如政治、经济、军事国防、工农业生产、科学技术、文化艺术等方面，都有着民族独特的智慧。但是这里不阐述这些方面的智慧，我是想从根本上找到最能体现中华民族智慧的东西来阐述，是什么呢？我认为主要是两个方面。

其一，用人类的三个特点，将人定位在人类，为治国安邦确定了正确方向。人类具有的三个特点既是与动物类区别开的标志特点，又是人类赖以生存的三大优势，这就使人类能朝着正确的方向生存和发展。如何充分发挥三大优势就成了治国安邦的根本大法，抓住了这个根本大法，就是抓住了纲，掌握了方向；因此，将人定位在人类，紧紧抓住人类所具有的三个特点治国安邦，最能体现中华民族的治国智慧。

其二，将人性定性为善与恶，为治国安邦奠定了理论根据。这一点我在"国学四大特点"的有关章节中作了比较详细的阐述。孟子的"性善论"为儒家的德治提供了理论根据；荀子的"性恶论"为法家的法治提供了理论根据。在人类三大优势的基础上，针对人性的善、恶而扬善抑恶，从而实现国泰民安。儒家提倡的德治仁政、道家的无为而治、佛家的众善奉行、法家的惩恶护善，如此则儒、道、佛、法四大家在治国安邦上起了殊途同归、异曲同工的作用。因此，针对人性的善恶，扬善抑恶，体现了中华民族治国安邦的独特智慧。

（3）中华民族做人做事的智慧

中国人做人做事的智慧体现在哪里呢？当然，可以表现在很多方面，但从根本上来说，就体现在一个"德"字上。这一点，我在"国学四大特点"的有关章节中阐述得比较详细,如"做什么样的人""如何做事"。从那些阐述中可以看出,智慧是如何从"德"中体现出来的。比如说,每个人的前途命运、生死存亡都与国家民族的前途命运紧密联系在一起,是什么使他们紧密联系在一起呢?是通过每个人做人做事中的"德"而体现出来的。

3. 中华民族智慧的意义

中华民族智慧的意义,体现在哪些呢?主要是三个方面。

其一,中华民族智慧是人类文化发展的需要。请注意,这里特别强调和突出了"人类文化"发展的需要,是人类的文化,是人类与动物类严格相区别的文化。中华民族的智慧既体现在人类与动物类严格区别的三个特点上,又体现在将人定位在人类、将人性定性为善与恶上,还体现在人类的三大优势上。要创造发展人类文化,就应该沿着这个思路去创造发展,发挥这方面的智慧。孔子是一位关怀人性、启迪智慧的卓越智者。他似一位棋艺高手,以一种大智慧将做人原则和治世理念、生存体验与生活智慧、精神境界和价值修养等摆在棋盘上,不断变幻出深奥的棋局。他感慨于春秋乱世给苍生带来的诸多磨难,以人性的目光关注纷繁复杂的社会人情。他重视道德修养,确立以"仁"为核心的伦理道德体系,形成以礼乐教化世人和治国安邦的总体思路,影响了中国几千年来的礼乐文化、政治文化、制度文化、伦理道德、思维方式、价值观念、风俗习惯,这些都是我们中华民族宝贵的精神财富。我们应该学习孔子的这种卓越的大智慧。孙武的《孙子兵法》是我国两千多年前的古作,体现了古人高明的军事智慧,本书虽然讲的是军事思想,但它所蕴涵的智慧却远超出了军事兵法,从而演变成为人们社会生活的各个方面的智慧,渗透到人们生活的方方面面,随处可见其身影。我国历史上的《氾胜之书》《齐民要术》总结了我国古代劳动人民的农牧业生产经验,记述了耕作原则和作物栽培技术,对促进我国农业生产的发展,产生了深远影响,其中的许多耕作原则和作物栽培技术,至今还在沿用着,为解决人们的生存条件(吃、穿、住、用等)做出了卓越的贡献。总之,中华民族的智慧是人类围绕生存和发展而创造物质文明及精神文明所需要的；所以说，中华民族的智慧是人类文化发展的需要。

其二，中华民族智慧是治国安邦的需要。如何实现国家安宁、社会稳定、天下太平，从而达到国强民富、百业兴旺、人民安居乐业的目的，中华民族有自己独特的智慧解答，这个智慧就体现在"国以民为本"的思想里。我国古代先哲们早就提出了"民惟邦本，本固邦宁"的思想，懂得民众对于国家政治统治的特殊作用，得民心者得天下，失民心者失天下。西周之周公提出的"敬德保民"思想，劝诫国君要体谅小民"稼穑之艰难"。先秦诸子几乎都把民心向背看作政治兴败的根本，尤其以儒家最为关注。孔子提出以"仁"为核心的政治主张，要求统治者实行"保民""惠民""富民"的政策。沿至孟子时期，提出"民贵君轻"，将民的地位、作用提到高于君主的程度，并得出了"得其民斯得天下"的结论。中华民族文化中的民本思想和德治主张不论是理论上，还是实践上都对过去的统治者治国安邦起过极大的作用，而且对当今社会，仍然具有重大的借鉴意义。

其三，中华民族的智慧是中国人做人做事的需要。如何做人、做事，中国人有自己独特的智慧，这个智慧就体现在"德"里面。这一点已在有关章节中讲得比较具体，这里不重复。做人做事不能离开"德"，如何做才是不离开"德"呢？这就需要智慧，这个智慧应该体现在"德"为主的德才兼备上，因为只有德才兼备，才能把人和事都做好。在中国传统文化中，做人做事强调扬善抑恶，做好事，不做坏事，中华民族的这种智慧，是中国人做人做事所必需的智慧。

五、四种品质的组合意义

从上述论述中，我们清楚了每一种品质的意义，如果将四种品质进行组合，我想其意义会显得更加突出。下面列举其中一个组合。

道德与智慧组合。两者组合则为德才兼备。"道德"突出"德"，"智慧"突出"才"，两者组合，就是德才兼备，指同时兼有优秀的品德和才能。司马光在《资治通鉴》中说："才者，德之资也；德者，才之帅也。"

这句话对我们今天正确理解"德"与"才"的关系有启示意义。"德"是"才"的方向和灵魂,是"才"发展的内部动力;"才"是人得以发展、成功的基本条件。两者之间,"德"是首要、第一位的,选拔人才必须"以德为先"。从政治角度讲,"德"是指政治素质,这种素质决定于世界观、人生观和价值观,在现实生活中通常表现为事业心、责任心、原则性、廉洁性、为人民服务的意识、团结合作的作风以及勇于克服困难、完成工作任务的精神等。才是指智能水平,包括理论知识、管理科学知识、本职专业知识、综合分析、解决问题的能力,包括实际工作中的谋划能力、决断能力、指挥协调能力和创新能力等。司马光又说:"取人之术,苟不得圣人、君子而与之,与其得小人,不若得愚人。"他认为将权力交给"德才兼备"的圣人固然很好,但如果没有圣人,君子也可以,如果圣人、君子都没有,宁愿选择庸人,也不把权力给小人。因为君子有德,其才可以用来为善,才越高,为善就越大;而小人无德,其才是为恶的工具,才越高,为恶就越大;庸人无德无才,就算想为恶,也非常有限。司马光的话,为"德才兼备,以德为先"作了很好的注脚。"德"和"才"绝非与生俱来,它需要后天培养。"德"的培养实际上是一个"善"进"恶"退的育德过程。有"德"的人,就是能够用自己的"善"去遏制内心的"恶",使"恶"被抑制不表现出来,用现代的话说就是改造主观世界,强调"德才兼备,以德为先",并不是求全责备,而是说一定要在"德"上具备较高的基本素质,要在"才"上具有履行岗位职责的基本能力。因此,在选拔任用人才时,"德"看主流,"才"看专长,用人所长。唐太宗李世民,不但文韬武略,而且德才兼备。他在位 23 年,唐朝国泰民安、经济发展、社会安定、政治清明,人民安居乐业、丰衣足食,出现了空前的繁荣景象,这离不开唐太宗的德才兼备。

这里列举了四种品质中的一个组合,从中可以更加清楚地看出四种品质的意义是何等的宝贵和深远。

第七章
国学性质——仁和

国学的性质是了解、认识"国学"中的一个根本性问题，这个问题不解决，就会影响对整个中国传统文化的了解和认识。本书在阐述了上述的一切以后，再来阐述国学的性质就方便多了，读者阅读起来也会比较容易理解。那么国学的性质是什么呢？到哪里去找答案呢？我在"国学四大支柱"中讲过，儒家、道家、法家、佛家四大家思想体系是构成中国传统文化的基本内核，是支撑中国传统文化大厦的四大支柱。因此，国学性质的答案，应该主要从儒、道、法、佛四大家的思想体系中去寻找。

一、国学是人类性质的文化

国学是什么性质的文化，当然首先要看它是不是属于人类性质的文化，这是一个前提。在中国历史上，从"罢黜百家，独尊儒术"开始，儒家思想始终被奉为中华文化的正统思想、主流文化，既成为官方思想，又成为一般民众的核心价值观，并且相继不绝。

所以，我们还是首先从儒家的思想体系中来寻找国学的性质。以孔子为代表的儒家思想所包含的内容，既广泛又深刻，从哪里说起呢？我认为，还是从儒家对人的定位和定性说起，只有对人的定位和定性有了明确的了解和认识以后，才能真正找到国学性质的方向。将人定位在人类、定性为善恶，我在"国学四大支柱""国学四大特点"的有关章节中作了明确而具体的阐述。我国的儒、道、法、佛四大家的思想体系，都是围绕人，以人为出发点，又以人的问题为归宿，都体现了"以人为本"的理念。中国的这种以人为本的文化既凸显出了人的特征，又凸显出了人的需要；所以说，我们的国学凸显出了人类文化的特点，国学是人类性质的文化。国学是"人类性质"的文化，应该说国学的性质就确定了。但我在不断深入的探讨研究中，总觉得还应该找到一个既能高度体现"国学是人类性质的文化"的形式、又能高度集中凸显出其中内涵的言简意赅的一个词语来表达，这个词语既能体现出形式与内容的高度统一，又能高度概括出国学是人类性质的文化。通过这个词语，人们能快捷地了解、认识和掌握国学是人类性质的文化。这个词语是什么呢？我思来想去把它叫作"仁和"，为什么呢？这是下面要讲的重点内容。

二、为什么说国学的性质是"仁和"

"仁和"是什么意思呢？用一句话概括，国学是以"仁"为核心的"和"文化，其中的"仁"代表道德，"和"代表理性，也就是说国学是以"道德"为核心的"理性"文化。这是对国学性质的结论。结论应该是通过充分的研究、论证以后的事，为什么要把结论放在前面呢？对我来说，没有倒置，是在作了充分研究、论证之后所得出的结论，之所以放在前面，是为了让读者知道结论以后，再看作者的分析研究、论证，随着作者的思路走，不要花多少心思琢磨，就很容易理解作者的用意。为什么要对国学作这样一个定性呢？下面就作一些具体阐述。

1. "仁和"的含义

"仁"与"和"是儒家思想中的核心和精髓，因此"仁和"的含义，还是从儒家思想中来寻求。《论语》中有两句经典名言，一是"克己复礼为仁"，二是"礼之用、和为贵"。一、克己复礼为仁。《论语·颜渊》中："颜渊问仁，子曰：'克己复礼为仁，一日克己复礼，天下归仁焉。'"这一章提出的"克己复礼为仁",是孔子关于什么是"仁"的主要解释。依礼而行是仁的根本要求,所以,礼以仁为基础,以仁来维护。仁是内在的,礼是外在的,两者紧密结合。孔子的学生向孔子问"仁"者很多,孔子论得最多的也是"仁",最有代表性的,就是这一次对颜渊的解答,他具体论证"仁"是以"礼"为主要内容的。孔子的"仁"即"克己复礼",就是通过人们的道德修养自觉地遵守礼的规定,这是孔子思想的核心内容。这里提出的"礼"是指道德秩序规定,孔子最崇拜的是西周周公所制定的礼法,言行举止、衣帽穿戴等都有规定,人们都遵守这些规定,社会才会有秩序,有了秩序,社会就能稳定安宁,人们就能安居乐业。那么,孔子为什么要提出"克己复礼为仁"呢? 这是针对当时春秋的社会环境提出的。那个时期,周室衰微,天下大乱,礼崩乐坏,社会长期处在战乱动荡中,人民生活困苦不堪,生活在那个时代的孔子,目睹、经历着这一切。他认为,社会不能再这样下去,于是就提出了"克己复礼为仁"的主张。对于"仁",在《论语》中,孔子从多种不同角度作了阐释,"仁"可以说是孔子心目中的道德极则。另外,从对"仁"的造字之义来说,"仁",左边一个"人"字旁,右边是个"二"字,我想造字之义,是在一个人的基础上,再加一个人,二人以上,就是一个群体、一个集体,个人的利益就在这个集体里,个人必须融合在这个集体里面。只有这样,才能保证个人有效而安全的生存;因此,这里的"仁"就体现了一种集体主义思想,个人的生存需要这种集体主义思想,是"仁"中"德"的基础。

二、礼之用,和为贵。《论语·学而》中:"有子曰:'礼之用,和为贵。先王之道,斯为美,小大由之。有所不行,知和而和,不以礼节之,亦不可行也。'"意思是,有子说:礼的运用,以遇事能做得恰到好处为可贵。以前的圣明君主治理国家,最可贵的地方也在于此,无论大事小事都按这个原则去做,都以做得恰到好处为目的。但是,倘若遇到行不通的时候,只为求恰当而求恰当,不用一定的制度规矩去加以制约,也是不可行的。这里的"礼"既是道德秩序的规定,也可以说是法律。在法律的原则下,治理国家乃至处理事情的细则,就是礼的作用。没有礼,社会秩序就无从谈起,所以,人与人之间要守"礼",事与事之间要讲"礼",而礼的作用"和为贵",就是调整均衡,起中和作用。在上述"克己复礼为仁"的前提下,恰到好处地理性处理事物为可贵。从这里可以看出,孔子的"克己复礼"不是要完全回归到夏、商、周的时代,而是要回到那种社会稳定安宁、人民安居乐业、有秩序的社会环境。一是"复礼",一是"用礼","礼"恢复了,而且又用得恰到好处,于是社会自然就会有秩序、稳定安宁,人民自然就能安居乐业,这才是孔子"克己复礼""礼之用,和为贵"的真实用意。"和为贵"是一种理性的表现,"和"被引申为哲学范畴。"和"的哲学思想,主要集中体现在儒家的经典《中庸》之中,这一点会在下面的"国学之'和'"中具体阐述。另外,从"和"的造字之义来说,"和",左边是一个"禾"字旁,右边是一个"口"字。"禾"字可以看作以禾粮为代表的一切食物,食物具有多样性,且既有温热寒凉之性又有酸、甜、苦、辛、咸之味,这样的多种食物入"口",进入胃,虽然食物的性与味各不相同,但它们和合在一起,就能起中和、均衡作用,以满足人体的各种需要。因此,这里的"和"就体现出了"和而不同"的理性思想。

"仁"属于伦理道德范畴,讲的是道德意识;"和"引申为哲学概念,成为哲学的理性思维范畴。道德意识与理性思维是人类三个特点中的本质内容,它们的地位和意义已在本书的"引言"中讲得很清楚,因此"仁"与"和"的含义体现了人类文化的特点。另外,本书的有关章节中强调了人类的三个特点是一个整体,缺一不可,理性思维不能离开道德意识、道德规范,离开了,理性思维就有可能走到邪路、岔路上去。由此可以看出,"仁和"不仅体现了人类文化的特点,而且符合人类文化发展的需要;所以说,"仁和"文化是真正人类性质的文化。国学性质是"仁和",把"仁"放在前面,是要特别突出道德规范的主导作用;把"和"放在后面,是强调理性思维不能离开道德规范的主导和约束。所以,国学的性质是以"仁"为核心为主导的"和"文化,这一点是要明确的。

2. 国学之"仁"

儒家思想重视伦理道德这一块,那么儒家用什么学问来高度概括道德意识呢?孔子取用了古代"民罔常怀,怀于有仁"中的"仁"的理念,认为唯有仁德才是民心的常归之所。孔子又将"仁"这一为世人所崇尚的理念发展为一种至高的人生境界，"仁"成了儒家思想体系的核心理念，用"忠恕"的方法，由己及人，扩大延伸至爱宇宙中的一切生命。孔子认为，人所以为人，在于人有仁心。"仁"通过忠、孝、义、礼、智、勇等形式体现出来。从上述论述中我们可以看出，"仁"是以爱为核心的人类各种美德的总称。用"仁"的这样一种伦理道德思想来看道家、佛家、法家，就会发现，原来四家是能够紧密融合在一起的。

首先，看道家，道家的祖师爷老子，著有《道德经》，其思想体现在此书里。"道"与"德"是老子全书中重点阐述的核心内容。两者之间的关系及作用和意义详见本书第三章中的道家中的特点"道"与"德"，从那里可以看出，老子关于"道德"的思想，与儒家以仁为核心的伦理思想，从本质上来说，是能够密切融合在一起的。

其次，来看佛家。释迦牟尼抛弃太子不做，无数金银财宝不要，却来从事宣讲佛陀的教育，用佛家的思想教导人们学习慈悲为怀精神，以善良、仁慈回报社会，以利他为正法指归，以此来实现人性的价值。佛家奉行慈悲为怀，劝人"独作诸善，不为众恶"，启迪人们忘掉外在的嗜欲，消解心灵上的偏执，明心见性。"诸恶莫作，众善奉行，自净其意"是佛家最根本的纲领，也是一切戒律的根本原则。一切坏事都不应该做，一切好事都应该认真去做，去除自己心里的各种妄念，劝人行十善、戒三毒。总之，佛家思想的核心就是修炼心灵、扬善抑恶、行善举、不做坏事。因此，佛家的思想与儒家的伦理思想从整体上说，是能够紧密融合为一体的。

再次，来看法家。法家集大成者韩非子，以荀子的"性恶论"为理论根据，总结法家前人的法、术、势，从而创立了法家的思想体系，其思想虽然是为帝王的统治出谋献策，为巩固帝王的统治服务，但"以法治国"则是法家思想的核心。法家主张以法律为手段，鼓励人们自觉地耕、战、告奸，凡耕种有劳、作战有功、揭发犯罪的，都能封赏晋爵，不论个人出身，只要守法、努力，就能得到自己所渴望的财富和地位；主张奖赏和惩罚要谨慎守信，奖赏那些确实耕、战有功的人，惩罚那些作恶奸诈之人；并主张任用德才兼备的人，依法择人，量功受官。法家虽然批驳儒家的德治做法，但法家以法律为手段，鼓励有功的人，惩罚作恶的坏人，来维持社会秩序，这实际上是保护人们的善行，使人们不作恶，作恶就要受到法律惩罚，实际上是抑恶护善。如此看来，法家的思想与儒家思想，殊途同归、异曲同工；因此，儒、法两家的思想也是能够融合在一起的。

可以看出，中国传统文化中，在儒家"仁"的思想旗帜下，道家、佛家、法家是能够紧密融合在一起，从而共同体现出国学性质之"仁"。

3. 国学之"和"

讲到"和"，人们自然就会联想到和平、和睦、和气、和谐、和合等词语，其实这些词语只是"和"的外在形式，其内涵则是一种哲学思想。国学之"和"不仅要把"和"的哲学思想搞清楚，而且还要把它在中国传统文化中的意义和应用等问题也搞清楚。

（1）"和"的哲学思想

"和"的哲学思想主要集中体现在经典《中庸》之中。《中庸》探析了人类怎样在万物的演化中实现和谐——人与己、人与人、人与社会、人与自然的和谐，也就是推行中庸的原则。在儒家看来，中庸之道是最高、最完美的道德，人道的正直、天道的真理都包含其中，其思想体现了儒家的宇宙观、认识论和方法论。按照朱熹的解释，中庸即不偏不倚、无过无不及的平常之理。《中庸》以"允执厥中"为基本原则，以"过犹不及"为重点内容，并将"中庸"看成是人类最高道德水准，而要达到这个道德标准，必须掌握好"度"，使事物的平衡得以保持"和而不流""中立不倚"的境界。《论语》中，孔子不仅把"中庸"看成是最高的道德标准，也是他解决一切问题的最高智慧。其含义大致有三：一是执中守正，就是坚持原则、不偏不倚、无过无不及；二是致中和，就是执两用中、和而不同；三是因时制宜、与时俱进、通权达变、随机应变。综合起来，中庸就是恪守中道、坚持原则、不偏不倚、无过无不及，在处理矛盾时善于执两用中，致中和，追求中正、中和、稳定、和谐，并且随时以处中、因时制宜、与时俱进。"致中和"的"中"与"和"是什么意思呢？《中庸》第一章中说："喜怒哀乐之未发，谓之中；发而皆中节，谓之和。中也者，天下之大本也；和也者，天下之达道也。致中和，天地位焉，万物育也。"意思是说，喜怒哀乐没有表现出来的时候叫作"中"，表现出来以后，符合节度，叫作"和"；"中"是天下最大的根本，"和"是天下普遍的法则。那么，天地各得其所，万物就得到滋润，不断生长发育。也就是说，人都有喜怒哀乐的情绪，当这些情绪未发泄时，人的情绪就处于心平气静，中庸平稳；但有时因发生了异常的变故，人就会有情绪的变化和波动，只要是适当、有节制、不过度与不激烈的发泄，就是温和平和。这意思是说，人与人相处，包容共济、相互谦让、文明处世、礼貌待人，这样人们就会减少摩擦与争斗，实现和谐相处。行中庸之道，不但人与人之间可以和谐相处，而且还能使天与地处于融洽的位置，阴阳平和，天下万物才能正常生长发育。人与自然和谐相处，整个社会才能协调和可持续发展。"中和"要求人们能够保持一颗平稳安常的心，不狂妄自大，也不妄自菲薄，给自己恰当定位；在处理人与人之间的关系时，保持一颗中和的心，不倚强凌弱，坦坦荡荡，虚怀若谷，自然受人尊重；在处理人与自然的关系时，走人与自然和谐发展的道路，对自然取之有节、用之有度，不能竭泽而渔、杀鸡取卵，破坏生态平衡，如果人与自然关系打破了"中和"的局面，那么势必两败俱伤。因此，"中和"作为一种处世哲学，是多么难能可贵。"中和"的"中"是讲的本原，"和"是讲的状态，如何保持状态，关键在于把握"度"。"中"与"和"结合起来，便能经常永恒地维持统一、均衡、一致的局面；如此，社会就能够繁荣，天下就能够太平。当然，"和"的哲学思想除了体现在《中庸》外，还体现在如《周易》《论语》《道德经》《孟子》等很多的经典著作中，这里就不一一列举阐述。

（2）"和"在国学中的意义

中华民族，远在四五千年以前就已经转入农业社会，农耕生活的平实性、协和性，促使中华民族爱好和平，并且重视和合。"和"的意义，在中国传统文化中，既是社会存在的基础，又是社会运行的秩序，也是社会协调的保障，还是社会发展的尺度。

中国传统文化认为，"和实生物"——"和"是社会存在的基础，认为大到宇宙世界，小到万事万物，包括人类社会和人自身，无不由"和"而产生；"和"的前提，是物质世界的差异性和多样性。西周太史史伯提出"和"与"同"两个不同的范畴。他为郑桓公分析天下大势时论道："夫和实生物，同则不继。以他平他谓之和，故能丰长而物归之；若以同裨同，尽乃弃矣。故先王以土与金木水火杂，以成百物。是以和五味以调口，刚四支以卫体，和六律以聪耳，正七体以役心，平八索以成人，建九纪以立纯德，合十数以训百体……声一无听，物一无文，味一无果，物一不讲。王将弃是类也而与同。天夺之明，欲无弊，得乎？"（《国语·郑语》）史伯从正反两个方面立论，提出了"和实生物、同则不继"的观点：一方面，金木水火土相配合能生成万物，五种滋味相调和能满足口味，六种音律相协和能悦耳……这就是"和实生物"；另一方面，一种声音谈不上动听的音乐，一种颜色构不成五彩缤纷，一种味道称不上美味，一种物体无法进行优劣的比较……这就是"同则不继"。此处的"和"，是作为与"同"相对立的范畴提出的，它是一个包含了差异性和多样性的存在，是在差异性和多样性基础上的平衡、协调与统一。人类社会亦是如此，构建社会主义和谐社会，既是一个价值目标，又是一个现实的社会历史过程，与社会主义初级阶段的基本国情和经济社会发展的现实阶段相适应。社会主义社会不可能是无差别、无矛盾的社会，要承认我们的社会是由有着不同利益关系与利益诉求的人构成的，要承认这种差异性与多样性，承认有矛盾甚至有冲突。随着我国社会主义市场经济的不断发展，随着公有制为主体、多种所有制经济共同发展的基本经济制度和按劳分配为主体、多种分配方式并存的分配制度的不断完善，随着我国工业化、城镇化和经济结构调整的加速，随着我国社会组织形式、就业结构、社会结构变革加快，我们正面临着并将长期面临一些亟待解决的矛盾和问题，我国经济社会发展也出现了一些必须认真把握的新趋势、新特点。同时，我们更要看到，经过新中国成立以来以及改革开放以来的不断发展，我国社会生产力水平不断提高，综合国力显著增强，人民生活总体上实现了由温饱向小康的历史性跨越，可以为缩小社会差距、促进社会公平、完善社会保障、发展社会事业、加强社会建设和管理等，提供更加充分的物质基础；加上我们有中国共产党的正确领导和社会主义制度的优越性，可以为社会的发展和进步提供一种不断解决矛盾和化解冲突的机制，通过建立社会流动机制、利益协调机制、社会保障机制、矛盾疏导机制和价值整合机制，逐步解决各种矛盾，化解各种冲突，使全社会逐步实现总体和动态的和谐。

中国传统文化又认为，"相成相济"——"和"是社会运行的秩序。在中国传统文化中，"和"既是多样性的存在，又是多元统一的整体，本质上是一种关系与秩序。春秋战国时期，齐相晏婴进一步发挥了史伯关于"和"的观点，将"和"引入君臣关系和国家政治生活领域，使之由自然哲学的层面上升到政治哲学和社会哲学的层面，具有了更强的针对性。他在回答齐侯"和与同异乎"时指出："和如羹焉。水火醯醢盐梅，以烹鱼肉，燀之以薪，宰夫和之，齐之以味，济其不及，以泄其过，君子食之，以平其心。君臣亦然，君所谓可，而有否焉，臣献其否，以成其可，君所谓否，而有可焉，臣献其可，以去其否……声亦如味，一气，二体，三类，四物，五声，六律，七音，八风，九歌，以相成也；清浊大小，短长疾徐，哀乐刚柔，迟速高下，出入周疏，以相济也……若以水济水，谁能食之？若琴瑟之专一，谁能听之？"（《左传·昭公二十年》）晏婴强调，倘若没有水火、醯醢、盐梅、鱼肉等不同成分，没有清浊、短长、疾徐、刚柔等不同要素，没有这些成分与要素的相互配合、相互协调、相辅相成、相得益彰，就不会有美味之羹与美妙之乐。这里，晏婴将"和"比作"羹""乐"，形象地说明了"和"不可缺失的基础性作用，并提出了"以水济水，谁能食之""琴瑟专一，谁能听之""济其不及，以泄其过"以及"相成相济"等朴素的辩证观点，强调君主治理国家应善于倾听各种意见，君臣之间相互补充、相互启发，从而在一个更高层次上实现和谐。为了达到"致和"的秩序，中国传统文化认为，首先，要"各明其位"，各种要素、成分、局部都要明确各自在统一整体中所处的位置；其次，要"各得其所"，各种要素、成分、局部要在统一的整体中构成一定的关系，相成相济，共生共长；再次，要"各尽所能"，各种要素、成分、局部要在统一的整体中发挥各自的作用，从而使这一整体呈现和谐、稳定、有序的状态。整体思维是《周易》中的一个显著特点，可以用"和合"两个字来描述。"和"指和而不同，表示同中有异，必须互相尊重，不能强求其一同；"合"指的是合中有分，如全球化应该尊重本土化，以保持世界的多样化，符合生态发展的需要。和为贵、合为先，是世界大同的总原则。

中国传统文化又认为，"以和为贵"——"和"是社会协调的保障。儒家学说提出了一系列旨在实现人际和谐与社会和谐的道德原则，把构建和睦、和平、和谐的人际关系与社会关系，作为君子人格修养的重要方面，作为社会协调的价值尺度。中国传统文化认为，实现"人和"，一是要"与人为善""君子成人之美，不成人之恶。""君子贵人而贱己，先人而后己"（《礼记·坊记》）；二是要"讲信修睦，尚辞让，去争夺"（《礼记·礼运》）；三是要"求同存异"，辨异同，致中和，承认差异性和多样性，在此基础上寻求互补和统一。在孔子倡导"和为贵"，在史伯和晏婴论述的基础上，进一步区分了"和"与"同"的不同含义，并将二者提升为衡量君子与小人的标准："君子和而不同，小人同而不和"（《论语·子路》）。孔子和史伯、晏婴的"和同之辨"，其原始意义后来得到不断扩展，被赋予了更丰富、也更重要的涵义，在中国哲学和文化史上产生了极其深远的影响。和谐而又不千篇一律，不同而又不相互冲突；"和谐"以共生共长，"不同"以相辅相成。"和而不同"是社会事物和社会关系发展的一条重要规律，也是人们处世行事应该遵循的准则，是人类各种文明协调发展的真谛。社会主义和谐社会是公平正义、诚信友爱、安定有序的社会，要使社会各方面的利益关系得到妥善协调，人民内部矛盾和其他社会矛盾得到正确处理，社会公平和正义得到切实维护和实现；要实现全社会互帮互助、诚实守信、全体人民平等友爱、融洽相处；要做到社会组织机构健全、社会管理完善、社会秩序良好、人民群众安居乐业、社会保持安定团结，都必须构建社会主义的新型人际关系，以"和为贵"的价值取向仍然有着重要的现实意义。

中国传统文化还认为，"无过无不及"——"和"是社会发展的尺度。在中国传统文化中，"和"又多表述为"中"以及"中庸""中和""中道"等概念，"和"与"中"密不可分。实现"和"的理想，最根本的途径是"持中"。"中"在孔子之前，有两重含义：一是《尧曰》的政治哲学之义，一是《左传》的哲学本体论之义。前者指的是政治措施的恰当适度，无过无不及；后者指的是天地之间的本根之物，即人与万物的生命之源。孔子将"中"衍化为"中庸",上升为儒家的最高道德准则,使之成为一个道德哲学范畴,"中庸之为德也,其至矣乎!民鲜久矣"。(《论语·雍也》)孔子又说:"不得中行而与之,必也狂狷乎!"(《论语·子路》)"中"的主要内涵是"度",朱熹《论语集注》注云:"中者,无过、无不及之名也。"就是说,在事物的发展过程中,对于实现一定的目的来说,有一定的标准,没有达到这个标准叫"不及",超过了这个标准叫"过",只有"无过无不及",才能实现原有的目的。把握事物发展的"度",处理好社会发展中方方面面的关系,同样是构建社会主义和谐社会的重大课题。社会主义和谐社会的重要特征,是要切实维护和实现社会的公平与正义,这是我们党立党为公、执政为民的先进性要求和社会主义制度优越性的集中体现。维护和实现社会的公平与正义,就是要在促进发展的同时,把维护社会公平放到更加突出的位置,综合运用多种手段,依法逐步建立以权利公平、机会公平、规则公平、分配公平为主要内容的社会公平保障体系,使全体人民共享改革发展成果,朝着共同富裕的方向稳步前进。这就要求在坚持全国人民根本利益一致的基础上,妥善协调和处理各种具体的利益关系和内部矛盾,正确处理个人利益和集体利益、局部利益和整体利益、当前利益和长远利益的关系,更好地处理按劳分配为主体和实行多种分配方式的关系,坚持一部分地区、一部分人通过诚实劳动和合法经营先富起来,并推动先富带未富、先富帮后富;同时,通过改革税收制度、增加公共支出、加大转移支付等措施,合理调整国民收入分配格局,逐步解决地区之间和部分社会成员之间收入差距过大的问题;通过进一步完善社会保障体系,逐步扩大社会保障的覆盖面,切实保障各方面困难群众的基本生活,并从法律、制度、政策上营造公平的社会环境。因此,"无过无不及"仍然有着重要的现实意义。

(3)"和"在实际中的应用

在"和"的思想中,"和谐"是其中最基本的内容,是中国传统文化的精髓,贯穿于中国各个时期和各家各派的思想发展中,积淀为中国文化的基本精神。传统和谐思想重视人自身、人与社会、人与自然的和谐,几乎涵盖了自然与社会的所有重大关系。儒家和谐思想作为积淀于中国传统文化中的主流思想，对中华民族的形成、发展和凝聚，起到了积极、主导的促进作用。下面就以儒家的和谐思想来讲"和"在实际中的应用。

①人自身的和谐

它讲的是"为仁由己""正心修身"以寻求人内在的身心和谐。儒家倡导"修身齐家治国平天下"，认为"天下之本在国，国之本在家，家之本在身"。只有身修才能家齐、国治、天下平，即构建和谐的大同世界。可见，人自身的修养是儒家和谐思想的出发点。按照儒家的思维方式，人处于各种关系的核心，是"致和"的起点，也是"为和"的主体，因此，要"外王"须先"内圣"，要实现社会大同、天人合一，必须以个体的自身修养为基础，即"以修身为本"。内在地完善自己是拥有外在的正确行为的前提。因此，修己成"圣"就成为儒家优先思考的问题。修己的主要途径就是"正心修身"。在儒家思想中，"心"主要是指心性、良心，认为身心可以相互促进，修身能够养性，心的境界提高同样也利于修身。"富润屋，德润身；心广，体胖"，促进体内肮脏功能相生相克协调，人体心身和谐就可以呈现出健康状态。可见儒家提出的人的身心和谐是以心为主导的，所谓"心正而后身修"，只有"诚于中"，才能"形于外"。修身养性的过程就是个人道德的完善、人格的确立及精神境界的升华过程。儒家认为通过自我道德修养，人人可以成就圣贤人格。修身养性的实质，就是解决自我的意识、思想、情感、行为是否恰当、应当如何的问题，通过格物、致知、诚意、正心、修身的方式，来陶冶情感、磨炼意志、增进理性、澄明德性、完善人格，其目的就是把自己培养成有仁德的人，成为志士仁人。在儒家看来，身心和谐之所以重要，是因为它关系到一个人做人的根本，通过修身养性而实现人内在的身心和谐，是实现人际和谐、群己和谐，最后达到天人和谐的必要前提。只有"成己"才能"成人""成物"，出发点都是"成己"，就是自我内在的身心和谐。

②人与人的和谐

它是讲的"明德行仁""成己成人"以寻求人与人之间的人际和谐。在儒家看来，自我修身养性的目的在于明德，明德的目的在于行仁，行仁的目的在于建立和谐的人际关系，即"修己以安人""成己成人"。孔子说：

"修身以道，修道以仁。仁者，人也。"在孔子那里，"仁"是众多道德规范的综合，包括"恭""宽""信""敏""惠"等。那么"仁"的核心是什么？孔子认为就是"爱人"，孟子也说"仁者爱人"。从主体角度来说，"仁"就是从情感上爱他人，与他人共命运，甚至肯为他人做出牺牲。从客体角度来说，所爱之人始于亲但不止于亲，而是由亲及众，直至把四海之内的人都当作兄弟来亲近。孔子说："孝弟也者，其为仁之本与！"每个人从"入则孝，出则弟"做起，进而"泛爱众"，最终达到"四海之内，皆兄弟也"，则人与人之间的关系自然就臻于和谐。有了仁爱之心，就能推己及人，自觉践行"忠恕"之道。"忠道"即自己要想成功，也要帮助别人一同成功；自己要行得通，同时也要使别人行得通。所谓"恕道"即自己不想要的，也不要强加给别人，"己所不欲，勿施于人"。孔子的"忠恕"之道，体现的是一种推己之心以爱人的精神。"忠"者，有诚恳为人之心；"恕"者，无丝毫害人之意，即"君子成人之美，不成人之恶"，既要不害人，又要利于人，体现的是一种大我精神，是化解矛盾、消除恩怨、实现人际关系和谐的重要保证。要实现人与人之间的和谐，还要做到人人守"信"。信，就是信义。儒家认为，讲究信用、遵守诺言、待人以信是人与人交往保持和谐的精神支撑。孔子强调"与朋友交，言而有信""言必信，行必果"，他告诫人们："人而无信，不知其可也。"一个人如果不讲信用，就无法与之相处，就会影响人与人之间正常的交往秩序。孔子特别强调父子、兄弟、夫妇、朋友之间的互爱互信，认为这些关系处理好了，就会父慈子孝、兄友弟恭、夫妇和顺、朋友信义，从而实现全方位的人际和谐。

③人与社会的和谐

它讲的是"齐之以礼""和之以义"，以寻求人与社会之间的群己和谐。由人与人之间的人际和谐推而广之，就是人与社会之间的"群己和谐"。在人与社会的关系上，儒家强调和谐有序、公平正义，重视整体和谐的价值功能。儒家认为，人是一种"群"的存在，只有实现群体和谐，才能做到万众一心、强盛有力。孔子的弟子有子指出"礼之用，和为贵"，荀子则提出"群居和一"，孟子提出"与民同乐"，认为人之所以比禽兽强胜，是因为"人能群，彼不能群也"，并强调群体和谐的重要性在于"和则一，一则多力，多力则强，强则胜物"，只有群体和谐才能"万物皆得其宜"，即人的群体和谐是万物和谐的保证。儒家认为，要达到人与社会的和谐，每个社会成员都要做到各居其位、各符其名、各行其职，而为了做到上下长幼尊卑有序，就要靠制度化的"礼"来约束规范。儒家将"君君、臣臣、父父、子子"确立为规范人们行为的基本准则，并经过权威化、制度化而成为"礼"的核心内容，进而成为治国安邦的根本。"礼"作为一种制度性规范，对人有强制的约束作用；而要使外在之"礼"行之有效，关键是把它与主体内心的认可与接受统一起来。因此，儒家认为"礼"离不开"仁"的支持，所谓"人而不仁，如礼何？"即人若没有仁爱之心，"礼"就会无所依凭，形同虚设。只有建立在"仁"的基础上，"礼"才能稳固持久。因此，孔子指出："道之以德，齐之以礼，有耻且格。"认为只有把"仁德"和"礼"结合来约束民众，民众才能自觉地遵规守矩。此外，儒家还十分重视情感在守礼、行礼中的作用，主张把"礼"与"乐"结合起来，因为"乐"能激发人的情感，调和人的性情，通过陶冶性情来促进"礼"在维持社会秩序中的作用。要从根本上实现人与社会的和谐，还要使社会成员不仅能各行其职，而且能各得其安，而这离不开"义"的支持。孟子说："人何以能群？曰：分。分何以能行？曰：义。故义以分则和。"即人之所以能合群，是因为人能以道义来确定职分，明确了各自的职分，人们就会各守职分而彼此和谐。为了正确处理社会中的利益关系，儒家把重义作为基本的价值取向，提出"义然后取"，主张见利思义、以义取利。为了维护社会的安定，儒家还十分注重社会的公平正义，强调"不患寡而患不均，不患贫而患不安。盖均无贫，和无寡，安无倾"，认为社会公平才能安定，主张"大道之行也，天下为公"，认为只有公平正义、均调天下，人们才能和睦相处、相互扶持、各尽其力，从而达到"老有所终，壮有所用，幼有所长，矜、寡、孤独、废疾者皆有所养。……是故谋闭而不兴，盗窃乱贼而不作"的和谐、安定、有序的"大同"社会。

④人与自然的和谐

它讲的是"知命畏天""爱物节用"以寻求人与自然之间的天人和谐。从自我的修身成仁出发，到推己及人，再到成己成物，儒家从仁者"爱人"

而生发出仁者"爱物"，即爱护自然万物。儒家强调人应当认识自然、尊重自然、保护自然，反对破坏自然，一味地向自然索取，反对片面地利用自然与征服自然。"天人合一"是儒家处理人与自然关系的根本法则。"知命畏天""循道不贰"体现了儒家尊重自然、顺应自然的生态自然观。孔子说："五十而知天命。"又说："君子有三畏：畏天命，畏大人，畏圣人之言。"这里的"知天命"是畏天命的前提。孔子把"知命畏天"看作君子具备的美德，"唯天唯大，唯尧则之"。他认为，四时运行和万物生长都有自身的规律，人不能违背"四时行焉，百物生焉"的自然规律。荀子也强调："天行有常，不为尧存，不为桀亡。应之以治则吉，应之以乱则凶。强本而节用，则天不能穷；养备而动时，则天不能病；循道而不贰，则天不能祸。"认为自然规律是不以人的意志为转移的，只有"循道不贰"，即遵循自然规律，才不会受到自然规律的惩罚。"仁民爱物""弋不射宿"体现了儒家爱护自然、节约资源的生态节用观。由爱人生发出来的对万物之爱，是儒家生态伦理的思想基础。孔子提出"知者乐水，仁者乐山"；孟子提出"亲亲而仁民，仁民而爱物"；董仲舒指出"质（同'挚'）于爱民以下，至于鸟兽昆虫莫不爱"……都是推己及物，由爱人而爱惜自然万物。在爱护自然的深厚情感的基础上，儒家主张"节用而爱人，使民以时""钓而不纲，弋不射宿""君子惠而不费"；"不违农时""斧斤以时入山林"；"谨其时禁""不失其时""不夭其生，不绝其长"等，都反映了儒家主张对自然资源实行保护性利用，反对掠夺式开发的生态节用爱护，"赞天地之化育"体现了儒家突出人的主体地位、强调人对自然责任意识的生态实践观。儒家认为："天地之精所以生物者，莫贵于人。人受命乎天地，故超然有以倚。……唯人独能为仁义；……唯人独能偶天地。"就是说，在天地精华所生成的万物中，没有比人类更高贵的，因为只有人能施行仁义。因此，人就应当超然万物之上，代表万物与天地共行仁义。这里突出了天人关系中人的主体地位，意在增强人对自然的责任意识。正是基于对人的主体性的认识，儒家认为人可以"赞天地之化育"，可以"与天地参"；可以成就自然界的"生生之德"或"生生之道"；可以通过"致中和"，而使"天地位焉，万物育焉"，从而实现天、地、人的和谐发展，达到人与自然的"天人合一"。

⑤世界国与国的和谐

它讲的是"天下为公""大同世界"以寻求国与国之间的和平共处的和谐。从自我修身成仁出发，到成己成物，又由"仁"的"四海之内皆兄弟"生发出爱人类，与世界各国和睦友好、和平共处，以实现天下为公、大同世界的理想。一同居住在地球村的人类，犹如天下人民一家，虽然有国际之分，但不是隔世、隔阂、隔离，更不是敌对，而是互相联系、学习、支持、合作、帮助，因为全球人类生产、生活、生命息息相关，只有和平共处，才是人类繁衍生息的唯一出路。世界组织"联合国"可以看作处理、协调世界各国关系的首脑机构，世界各国犹如兄弟一般，生活在一个大家庭中，有什么问题以兄弟般的关系来"为仁由己"商量解决。中国，无论是过去，还是现在将来，都会以以"仁"为核心的和平共处原则，来处理同各国的关系。在中国历史上，通过丝绸之路、郑和下西洋的互通有无、友好往来来发展同各国的关系，就是最好的证明。公元5世纪以后的千余年，中国科学技术一直向前发展。唐宋元明期间领先世界先进的航海技术和发达的造船技术，为郑和下西洋创造了条件。1405年之后的28年间，郑和7次奉旨率船队远航西洋，航线从西太平洋穿越印度洋，直达西亚和非洲东岸，途经30多个国家和地区。他的航行比哥伦布发现美洲大陆早87年，比达·伽玛早92年，比麦哲伦早114年。在世界航海史上，他开辟了贯通太平洋西部与印度洋等大洋的直达航线。据英国著名历史学家李约瑟博士估计，1420年间中国明朝拥有的船舶，应不少于3800艘，超过当时欧洲船只的总和。今天的西方学者专家们也承认，对于当时的世界各国来说，郑和所率领的船队，从规模到实力，都是无可比拟的。600年前，从公元1405年开始，在28年间，郑和率领中国大明皇朝的200多艘船航行在世界海域上，造访各国，经贸往来，建立友好关系。郑和在"爪哇事件"的处理中，不但不动用武力，而且不要赔偿（当时，爪哇岛国西王误杀我将士170人，十分惧怕，派使者谢罪，要赔偿六万两黄金以赎罪，郑和从和平大局出发，没有要赔偿），充分体现了郑和是传播和平的使者。谁有如此豁达之量，唯中国也。中国丝绸织品技术在当时也是领先于欧洲，曾被中国垄断数百年，由于丝绸业的快速发展令丝绸文化不断地从地理、社会上渗透进入中华文化，于是，便有了丝绸之路。丝绸之路，是西汉时，由张骞出使西域开辟的从中国通往欧、非大陆的陆路通道。张骞两次通西域，开辟了陆路中外交流的新纪元，是中国、印度、希腊三种主要文化的交汇桥梁。丝绸之路是横贯欧亚大陆的贸易交通线，在历史上促进了欧亚非各国与中国的经贸交换和友好往来。丝绸之路，经过几个世纪的不断努力，向西伸展到了地中海。广义上丝绸之路的东段已经到达了韩国、日本，西段至法国、荷兰，通过海路还可达意大利、埃及，成为亚洲和欧洲、非洲各国经济文化交流的友谊之路。因此，中国历史上无论是郑和下西洋，还是丝绸之路，传播的都是"和为贵""四海一家""天下为公""世界大同"的中华文明。由"仁"而生发出的"和"的思想，使中国在五千多年的历史中，即使处在科学技术水平领先欧洲千余年期间，船舶超过当时欧洲船只总和之时，也从来没有想到要去侵略、欺侮别国，也从来没有想到要去压迫、殖民、蹂躏别国人民，更没有想到要在世界上称王称霸，搞殖民主义、霸权主义。

综上所述，我们清楚了"仁"与"和"各自的含义和内容，从中可以看出，"仁"与"和"不仅是国学中最精华、最根本、最核心、最精髓的内容，而且在国学中具有最根本、最核心的地位。"仁"与"和"虽然是儒家思想的核心和精髓，但是，道家、佛家、法家在"仁"与"和"的问题上是相辅相成、相反相成的，是能够紧密融合在一起，成为国学的一个不可分割的整体，共同体现出"仁""和"是国学中最根本的精华。由此，可以推论出，国学的性质就是"仁和"。

三、"仁和"的意义

在明确了"仁和"是国学的性质以后，有必要再来认识一下它的意义，通过对其意义的认识，我们可以更清楚、更深刻地认识国学。

1. "仁和"揭示和反映了人类文化的本质属性

我在"国学四大特点"的有关章节中提出了人类所具有的三个显著特

点，即理性思维、道德意识、制造使用工具，此三个特点既符合人类生存的需要，又与动物类作了区别，还是人类赖以生存的三大优势，它既反映了人类的本质特点，又揭示了人类的本质属性。由于"仁和"揭示和反映了人类的本质属性，而且通过中国几千年来的历史实践证明，"仁和"也确实符合人类生存的需要；所以，用"仁和"创造的文化，自然是人类性质的文化。

2. "仁和"明确了人类文化发展的方向

在清楚了"仁和"揭示和反映了人类文化本质属性的基础上，再来看人类文化的发展方向，就顺理成章了。要发展人类文化，首先，要摆脱过去那种人与动物相等同相混淆的社会达尔文主义理论，真正脱离动物界的那种自私、贪婪、凶恶、残暴的野蛮本性，不摆脱、克服动物的这些本性，人类就永远不能摆脱自己给自己造成的灾难与毁灭。地球是人类生存的共同家园，在这个家园里，只有仁爱、和谐、和平共处，人类才有生存的去路，而要实现这个目标，只有从中华"仁和"文化中去寻找。我想，当中华民族的"仁和"文化，为世界各国和人民所真正了解、认识以后，我确信他们一定会认为中国的"仁和"文化是人类生存所需要的真正人类文化，是人类未来文化发展的方向。人类文化只有沿着"仁和"的方向发展，才能步入正常轨道。中国向全世界宣传自己的"仁和"文化，只是想让各国人民了解中国文化，了解以后，他们自行判断，然后做出自己的选择。是真理人们会自觉服从，不需要强迫，需要强迫的那不是真理，是政治，是霸道，不是人类文化发展的方向。因为人类文化的发展需要真理，而不是霸道。

3. "仁和"为人类文化发展提供了切实可行的思路

这一点可以从本书的"国学四大特点"一章中看得很清楚。第一个特点中，将人定位在人类，并以人类所具有的三个显著特点为依据，一方面与动物类严格区别开，另一方面，三个特点也是人类赖以生存的三大优势。与动物类严格区别开，充分发挥人类的三大优势，这就为人类文化的发展方向提供了思路基础；第二个特点中，将人性定性为善、恶，这就为国家的德治与法治提供了理论根据，扬善抑恶为国家的治理提供了思路基础；第三个特点中，做人做事突出"德"，人人都用道德规范自己的言行，扬善抑恶，这样就为每个人做人做事提供了思路基础；第四个特点中，突出了人类的思维方式，即整体思维和变异思维，两者结合而形成的思维模式，实际上体现了辩证唯物主义的世界观、认识论、方法论，用这样的思维模式去认识世界、改造世界，就为人类提供了思维方式的思路基础。我相信沿着这样的思路去发展人类文化，会是切实可行的。

4. "仁和"文化是中华民族复兴、发展的需要

中国要实现现代化，应该从自己本民族的传统出发，否则现代化便成为无源之水、无本之木。事实证明，从孔夫子到孙中山，中国传统文化有许许多多珍贵的思想文化，有许多具有普世性的思想内容，概括起来，就体现在"仁和"里。长久以来，以"仁"为核心的"和"文化，对个人、家庭、民族、国家都起到了巨大的维系与调节作用。优秀的"仁和"文化引领我们这个民族从远古走到现在，还要走向未来，成为中华民族精神的核心，将是推动我国社会主义现代化建设的强大动力。以"仁和"为核心的民族精神是一个民族的自尊心和自信心的力量源泉，可以激发民族成员的归属意识、进取意识和奋斗意识，凝聚社会各方面的力量，从而形成推动社会前进的强大动力，是中华民族生存和发展的强大精神支柱。综合国力，是以经济实力、科学技术实力为物质基础，但也离不开民族精神、民族凝聚力，精神力量也是综合国力的重要组成部分。强大的精神力量能够创造出丰厚的物质基础，创造出雄厚的经济势力，两者相辅相成，相互促进。以"仁和"文化为主导，以科学技术为基础，充分发挥全国各族人民团结奋斗、锐意进取的民族精神，那么中国的现代化建设，就会大踏步前进，强大的社会主义现代化中国将指日可待，它将会像钢铁长城般那样牢不可破、坚不可摧；所以说，"仁和"文化是中华民族复兴、发展的需要。

第八章
国学的继承与发扬

　　从古至今几千年来，中国人一代又一代地创造、发展、丰富、传承着国学这一传统文化。既然是传统文化，当然就存在要继续传承，不光是继承，还要发扬发展。我们学习、研究国学的目的，就是为了继承与发扬和发展，怎么继承与发扬发展，这是我们现代中国人要做的功课。首先就应该确定一个方针，有了方针就有了方向，这个方针是什么呢？我认为是八个字：古为今用、创新发扬。"古为今用"是继续传承，"创新发扬"意味着为了发扬就应该有创新。社会是不断发展，时代是不断进步的，国学也应该随之不断发展进步、创新发扬。因此，"古为今用、创新发扬"是我们继承和发扬中国传统文化的方针。方针确定后，就是探索研究如何继承与发扬的问题，现分四个方面阐述如下。

一、正确认识国学的意义

　　传统文化，是指一个民族由历史沿袭而来的观念思想的综合体，它具体体现在人们的思维方式、行为方式、风俗习惯、心理特征和价值观念上，内化积淀于每个社会成员的心灵深处，既是民族精神的重要内容，也是民族文化的主要载体，具有极大的相对稳定性，它往往反映和代表了一个民族的社会整体意识和行为倾向，并使得传统文化得以积累和传播。一个民族传统文化之所以得到传承和延续，是这个民族中的成员社会观念自觉认同的结果，而绝不是以强制性得以延续和发展的，这是我们应该首先认识到的一点，只有这样，才能正确地认识传统文化的意义。

如何正确认识中国传统文化的意义，这取决于现代中国人的智慧，其智慧应该体现在本书第一章中所讲的四个哲学观点里，通过这些观点寻找出中国传统文化中最精华、最优秀、最根本的东西，其意义自然就会显现出来。这些东西能够寻找到吗？我认为本书中提到的"国学四大特点""中华民族四大品质""国学性质——仁和"中的内容基本上讲的就是这些东西。国学四大特点中，第一个特点凸显出了国学是与动物类严格区别开的真正人类文化，这是与西方文化最本质的区别，也是国学中最突出的意义。后三个特点是第一个特点的具体表现，这些都是国学中最精华、最根本的内容。通过这些内容就可以看出，博大精深的中国传统文化既是中华民族长久以来繁衍生息、不断发展、枝繁叶茂的根本，又将是全人类文化发展的方向和榜样，其意义是深远的。

传统文化对现代文化具有导向性，这种导向性是通过现代化与民族性的统一而实现的。中国要实现现代化，只能从自己本民族的传统出发，否则现代化便成为无源之水、无本之木。现代化只有通过民族的形式才能实现，传统文化只有经过现代化的检验才能清楚其强大的生命力和青春活力，才能继承发展。须知传统文化与现代化是一脉相承的，现代化是传统文化的一部分及延续。对一个民族来说，历史发展的精神动力首推民族精神，一个民族、一个国家，有没有高昂的民族精神，是衡量一个国家综合国力强弱的一个重要尺度。中华民族在五千多年的历史发展中，培育和造就了以爱国主义为核心的团结统一、艰苦奋斗、锐意进取的伟大民族精神，而民族精神又促进民族文化的发展，两者相辅相成，相互促进。对于我们来说，只有寻找到了自己民族的文化之源，才能辨清今后的发展方向；只有寻找到了自己民族的文化之脉，才能泽惠中华民族的子孙万代；只有寻找到了自己民族的文化之根，才能切实把握中华民族的命运，才能真正实现中华民族的伟大复兴。现代世界，人类面临着五大冲突：人与自然、人与社会、人与人、人的自我心灵以及不同文明之间的冲突，这五大冲突又造成生态、社会、道德、精神及价值的五大危机。五大冲突、危机时时刻刻困扰着我们的社会、社会的每一个人，要解决这些矛盾冲突和危机，我们很难从西方文化中寻找到答案，而中国传统文化恰恰可以在这方面为我们提供宝贵经验和帮助。中国传统文化所关注的是人与自然、人与社会、人与人、人的自我心灵世界的和谐关系，而和谐是中国传统文化的目标和境界。因此，我们说传统文化是天人合一之学、人际和谐之学、身心平衡之学。中国传统文化所追求的是一种真、善、美的人生境界，它所注重的是生命的存在、个人的德行、人生的价值和意义；因此，它是生命存在之学、道德践履之学、理想人格之学、内圣外王之学、安身立命之学、人生智慧之学。对待物质利益的态度，儒家肯定人们对物质利益的正当追求，但是不可放纵欲念、没有节制，要做到"欲而不贪"，要掌握中和适度的原则，不能把物质利益作为人生的全部追求，更不能见利忘义、损人利己。中国传统文化给我们提供的是一种大思想、大智慧，主张道德自律、修身养性、慎独，它要在纷繁多变的世界中寻找一处属于自己的精神家园和心灵港湾，要在功名利禄、醉生梦死的世界中寻找属于自己的"孔颜乐处"。传统文化追求的不是一种有限的、狭隘的功利之用，而是一种人生之妙用、人生之大用，它对于慰藉人的心灵、变化人的气质、涵养人的德性、纯洁人的情感、提升人的精神、开阔人的视野，都有极大的帮助，这一切都体现出中国传统文化无与伦比的意义。

二、端正对待国学的态度

对待中国传统文化，不同的态度会有不同的看法与结论。如何正确对待中国传统文化，目前社会上有两种观点值得注意。一种是民族虚无论，持这种观点的人把传统文化视为"沉重的包袱""历史的惰力"，将中华文化的民族性贬斥得一无是处。他们明确地主张"摆脱中国文化的传统形态"，"根本改变和彻底重建中国文化"，"要反传统，要全力动摇、瓦解、涤荡和清除旧传统"。另一种是儒学复兴论，持这种观点的人看不到中国传统文化中的局限性和消极的内容，看不到传统文化中最精华、最优秀、最根本的精神和精髓，因此，到底要复兴什么心中没有底，当然也就没有明确的方向和目标，于是认为中国传统文化的复兴就是儒学的复兴。上述两种观点，也可以说是两种态度，第一种态度是错误的，第二种态度是不可取的，其后果则是一样，即断送我国传统文化，影响我国的发展步伐，导致我们走上错误的道路。

如何正确对待中国传统文化，这是现在必须要解决的问题。从哪里着手呢？我认为首先应该有一个正确的态度，没有正确的态度，一切都无从谈起。正确态度从哪里来呢？来自于明确学习、研究中国传统文化的目的，目的是什么呢？是为了向前看而不是鸡蛋里挑骨头。回顾、总结过去前人所创造的文化，是为了在前人智慧的基础上，不断创新、发展、进步。要知道，中国社会发展到今天是很不容易的，是我们的前人（包括古代人、近代人、现代人）一代又一代、努力奋斗而创造来的，没有他们的辛勤耕耘，或许我们还处在原始时代，就像鳄鱼一样，它早于人类，可是它们直到现在仍然跟它的祖先那样生存，没有多少变化。中国传统文化从原始社会起，从古代、近代到现代是一个连续、漫长的认识过程的知识积累，在这漫长的认识过程中，随着社会发展、时代进步，又经历了从无到有、从少到多、由浅入深、由低级到高级的不断总结修正，改变其局限性，摒弃其糟粕，不断总结经验、升发精华，使其朝着成长、成熟的方向逐步发展。我们要知道，影响中国文化未来发展方向的因素主要有两个：一、作为主导方面，它将吸收容纳五千多年来传统文化中的精华，是中华民族内聚力的象征，是联结全民族的精神纽带；二、中国现代文化将尽可能地吸收外国的先进科学技术和优秀思想文化成果，为我所用，为现代化服务，将其融合在中华文化大系统中。对于中华文化，我们在尊重传统的基础上，要有选择性地吸收和创造性地综合，用历史和科学的观点来考察、审视中国传统文化，切实把握和深入理解传统文化的本质内容，弘扬优秀的传统文化，并在新的历史条件下，根据现代的基本精神理念，进行有选择性的合理的整理总结、吸收、改造、发展和创新。为此，我们必须要有一个正确的态度，这个正确态度是什么呢？作者认为应该是积极的、正面的、实事求是的态度，用这样的态度来看待中国传统文化。过去的历史教训，就是只从消极的、反面的、主观片面的、歪曲事实的态度来看待传统文化，思想上没有一点辩证法，搞"反面"的一点论。所谓积极的态度，就是要多看到积极的方面、因素、成分，而这些积极的东西，从现代的理念看来，是有价值、有用、合理、有积极意义的。所谓正面的态度，就是要多从正面的意义、作用、含义来理解、分析、研究、看待传统文化。所谓实事求是的态度，就是要以事实为根据、以时间地点条件为转移，来看待传统文化中的每一种学术思想、理论见解和历史人物的贡献、是非功过以及历史现象等。每一种学术思想、理论见解，都是在当时环境条件下，围绕解决当时社会课题而提出来的。譬如，春秋战国时期的"百家争鸣"是针对当时长期战乱动荡情形下而出现的历史现象，是为解决如何治理国家而展开的，于是就有了儒家的"德治"、道家的"无为而治"、法家的"法治"，而且这三家的治国安邦的思想理念，两千多年一直延续下来，从中可以看出古人高明的智慧。当然，处在当时的古人，受时代的局限，其学术思想、理论见解也难免有其局限性，但这种局限性，不能成为我们今天的后人批评古人的借口或根据，抓住古人在当时的言论，从现代理念看来的缺点、片面性、局限性甚至错误而断章取义大做文章、大肆攻伐，这难道是现代人对待古人的智慧和水平吗？我认为恰恰相反，这不仅是无知，而且是愚蠢的做法，因为这不仅是对古人做出的文化贡献的否定，而且是对中华文化、对自己的否定。如今，现代科学这么发达，对世间万事万物又认识了多少，可以说少得可怜，微乎其微，更何况是无论在科研中经常出现的失误、失败，还是在平时的生产、生活中的过错都伴随在我们身旁。那么我们有什么理由苛求在那样一个时代的先人呢？相反，我们应该抱着崇敬的心情感谢他们为我们这些子孙后代无私奉献所创造的一切。我在上面说过，现代中国人的智慧应该体现在从博大精深的中国传统文化中，寻找出最精华、最根本的东西，当然，最精华、最根本的东西远不只我所写的这些内容，就当作是一个示范而已。如果没有一个正确的态度，这些东西是无法寻找、总结出来的。我可以大胆地说，这个"示范"为人们提供了一个对待中国传统文化的正确态度。

三、明确继承和发扬国学的思想方法

有了正确的态度以后，如何实行"古为今用、创新发扬"的方针，还得有一个正确的思想方法，这个思想方法是什么呢？我把它归纳为两点：一、变通方法；二、民主集中方法。现分述如下。

其一，变通方法。所谓变通，顾名思义，就是通过变化，而实现通达。这一方法是《周易》教给我们的。《周易·系辞下传》中曰："《易》穷则变，变则通，通则久。"意思是说，《周易》的道理是穷极之时发生变化，变化就能通达，通达就能保持长久。我这里讲的"变通方法"其真正内涵是：领悟精神，变通理解，联系实际，变通应用。四句话中，关键是"变通"两字，所以叫作变通方法。领悟精神讲的是在学习各种经典著作中，应该领悟其中的精神，不要钻牛角尖、咬文嚼字、机械理解，而要变通理解。什么是"变通"呢？这里以"水"作比喻以说明：水往低处流，是水的流动规律，哪里低洼水就往哪里流去。譬如我国的黄河、长江由西往东，由高到低这是总的流向，但在具体流向东方的过程中，低洼处并不是直通东方，当水遇到阻挡物时，总是选择最低洼的地方流去，于是就出现了弯弯曲曲地流动，时而向南、向北、向东，是低洼处决定了它的流向，这个流向总是保持着畅通状态，这个"畅通"就是"通达"之向，"通"到哪里水就"达"到哪里，总是变化而通，保持"通"的状态，总的方向是流向东方，通达入海。用水作比喻，它能够启迪人们用更广阔的思路思考、解决问题，这条思路行不通，就另辟路径，天高任鸟飞，水深任鱼游，由于思路广阔，给了"变化"很大的空间。人的某项事业，或某项工作，或某项任务在完成、实践中遇到问题或困难时，可以采取灵活多变的方法来解决，这样不断地解决问题克服困难，工作的过程就会通达，最终使事业成功。这当中，一是思路广阔，一是灵活多变，两条结合起来，就是变化通达，通过变化而实现通达，这就是"变通"的意思。在中国传统文化中，阴阳五行学说，属于哲学思想的范畴，也是"变通"的哲学基础。阴阳学说讲的是阴阳对立统一中的变化，五行学说讲的是五行之间的生克、乘侮中的变化，都是讲变化，世间一切事和物都处在变化中，这就是"变"的理论根据。下面以儒家经典《周易》为例来说明其"变通"。《易传》的出现使《周易》产生了"质"的改变，《易传》是后人利用《周易》中的六十四卦的卦象、卦辞、爻辞的形式，以时代进步的新内容代替了占筮的旧内容，通过"十翼"途径实现了"质"的改变，形式不变，内容全变，使《周易》由原来的巫史文化演变成为理性文化，这是社会发展、时代进步的必然结果，这个转变的方法，就是"变通"方法，为我们"变通理解""变通应用"树立了榜样，作了示范。我们可以借用这种变通方法，推广用来理解、应用中国传统文化，其意义和作用可就大了。譬如，儒家的三纲。有人作了如下的解释："纲"具有"模范"的意义，在社会伦理道德体系中，"君为臣纲"可以理解为上级是下级的模范，"父为子纲"是说父母是孩子的模范，"夫为妻纲"是说丈夫是妻子的模范。模范具有带头和示范的作用，是主导的方面。赋予"三纲"以"模范"和"示范"的意义，说明在"三纲"的伦理关系中，主导方应该承担起更多的道德责任和社会义务，"当家做主"既是一种权利更是一种责任。在这个体系中，"三纲"体现了整体性、主导性和有效性，如果没有这个"纲"，就难免出现互相推诿、彼此扯皮、责任纠缠不清的问题。有了"三纲"，复杂的社会、家庭关系就会有一个简单有效的处理方法，纲举目张，事半功倍。这样一来，"三纲"的外表形式不变，而内容有质的改变。"三纲"这样一变通理解、变通应用，不就很好了嘛！在中国传统文化中，都可以用"变通"的方法来理解、应用。于是"变通"就成为了学习理解和应用传统文化的一把钥匙，传统文化中的所有问题，都可以用这把钥匙去打开、解决，这是现代人智慧的体现。现代文化是由传统文化发展而来，传统文化是现代文化发展的基础，传统文化到现代文化是一个历史发展的连续过程，是一个由低级逐步到高级到成熟的漫长岁月的发展过程。中华民族五千多年的历史文化，就是在这样的"变通"中通达而来的，把"不通"灵活变化一下，就可以通达，这叫变而通，这是中华民族智慧的表现、逐步走向成熟的表现、是辩证法在实际中运用的表现。如何使传统文化与现代文化相结合呢？关键是要找到一种方法，这个方法就是"变通方法"。西方资产阶级文化，是从文艺复兴中发展而来的，而文艺复兴则是从古希腊文化中吸收其营养，将古希腊文明赋予新的内涵而来，归根结底，是从古希腊的文化中"变通"发展而来的。

其二，民主集中方法。这个方法在这里怎么理解呢？把我国过去几千年的历史看成一个大民主过程，把百家争鸣、百花齐放看作民主的方法，把各种学说、理论、思想见解，看作各抒己见，然后以史为鉴，见证各自的效果。几千年来民主的内容涉及方方面面，政治、经济、军事、文化、伦理道德等，但归纳起来，无非是修身做人做事、齐家治国平天下几个方面，这就为我们今天的集中提供了极为丰富的内容和广阔的选择余地。各抒己见的学术思想作者们，处在不同的社会和时代，由于不同的社会、时代、地理、生活、文化环境，以及不同的生活经历、不同的所见所闻、不同的思想学说的接触面及其影响等，从而逐步形成各自的看法、见解、思想和理论，当然他们的思想理论和见解，都是围绕着当时要解决的社会课题而提出来的。不断地解决社会课题，是人类社会发展的需要。我们现代人的智慧，应该表现在如何将先人们的智慧，正确地集中起来，为我们今天所用，即"古为今用"。如何集中呢？我的想法是在上述"变通"方法的指导下，用现代的理念衡量，凡是正确、科学、合理、有用、有益的思想、理论、观点和见解等内容都是集中的对象。诸子百家中，不管是哪家、哪派、哪个人的，只要是正确、合理、有益、有用的东西，都是集中的内容，有一点就集中一点。就像辩证唯物主义哲学的形成，采纳费尔巴哈哲学中的唯物主义部分和黑格尔哲学中的辩证法部分而形成的一样，只要是正确、科学的就吸收、集中起来为我所用。我在本书中，所写的"国学的性质——仁和""国学四大特点""国学培育和造就了中华民族的四大品质"等内容，可以看作对中国几千年来传统文化"民主集中"探索的示范。对中国五千多年的传统文化进行"民主集中"，应该有一个大胸怀、大智慧，站得高、看得远，绝不能求全责备、苛求古人，不管是哪一家、哪一个人的思想理论见解，只要其中有正确、合理、科学的成分，就把它集中起来，这就是大胸怀、大智慧。所以，用"民主集中"的方法来学习、研究中国传统文化，是一个可行且好的思想方法。

四、继承和发扬国学之精华

"精华"是与"糟粕"相比较而言，是中华民族文化中所特别具有的精髓。中华文化的"精华"体现在哪里呢？当然可以体现在很多方面，本书中主要讲了三个方面：一是国学的性质——仁和，二是国学四大特点，三是中华民族四大品质。三者中，前者是纲，后两者为目，是前者内涵的具体体现。下面分别作一些阐述。

1. 继承和发扬国学之精华——"仁和"

国学性质可以说是中华民族文化中的一面旗帜，上面嵌着金灿灿的"仁和"二字。这是贯穿在整个中华民族历史发展长河中的总旗帜，其他某个历史阶段、某个时代提出的旗帜是总旗帜下的分旗帜，分旗帜应该体现出总旗帜的精神内涵，否则分旗帜就成了无源之水、无本之木。以"仁"为核心的"和"文化（即以"道德"为核心的"理性"文化），是与动物类严格区别开的真正人类文化，它与西方的"我利"文化（将人与动物相等同相混淆的社会达尔文主义文化）有着本质的区别。中华"仁和"文化，是世界上绝无仅有的，而且是中华民族五千多年来一直持续着的文化。这个文化，正是中华民族渡过一个又一个难关，长久地繁衍发展、枝繁叶茂的根本缘由。

（1）为什么要强调继承和发扬"仁和"之精华？

俗话云：牵牛要牵牛鼻子。因为牵住了牛鼻子就能驾驭整头牛的一切行动，而"仁和"正是传统文化中的牛鼻子，掌握了"仁和"就能驾驭整个传统文化。我在本书的有关章节中曾将中国传统文化中的伦理道德这一块的内容归属于"仁"的范畴，其他一切内容则归属于理性"和"的范畴。将"仁和"定为中华文化的性质，就可以看出它在中国传统文化中的核心、主导地位，也可以看出它在整个中国传统文化内容中是最优秀、最根本、最核心、最精髓的内容，是中华文化的灵魂，也可以称为整个中国传统文化之纲。学习、研究中国传统文化，掌握了"仁和"这个纲就能登堂入室、势如破竹，就像一盏明灯能引领人们进入无边无际的书海又能达到彼岸。继承和发扬中国传统文化，如果掌握了"仁和"就像船上有了指南针一样，能指引人们朝着正确的方向行驶，不走弯路而直达目的地。

近现代几百年来，西方文化主导这个世界，结果怎样呢？由于西方文化是以"我"为核心的"利"文化，是社会达尔文主义的"竞争"文化，是缺少伦理道德这一块突出个人主义的文化，因此这种文化自然导致为"我的利"在这个世界上到处"争"得不可开交，到处"斗"得你死我活，从而使整个世界到处动荡不安、鸡犬不宁，使整个人类越来越处于重重的生存危机中。人们会想，为什么会这样呢？问题出在哪里呢？我认为问题就出在西方文化只讲"利"，而不讲"义"，不讲道德，不受义理道德的约束。其实，这一幕早在我国春秋战国时期就已经历过了。公元前770年到公元前221年，东周时期开始，周室衰微走下坡路，天下大乱，乱的根源就是为了一个"利"，为了"利"，诸侯们"争"得不可开交，为了"利"，战争频繁，"打"得你死我活，这样的局面持续了五百多年，面对这样的局面，该怎么办？伴随其中的便是"百家争鸣"，争论的焦点是如何治国，从而就出现了儒家的"以德治国"、法家的"以法治国"、道家的"无为而治"。儒家针对当时春秋战国时期的"争利""夺利"的乱象形成了以"仁义"为核心的思想理论体系。儒家不是不要"利"，而是主张"见利思义""义然后取"，反对为了"利"，不择手段、不顾一切、胡作非为，不受义理道德约束的行为。正是如此，儒家便脱颖而出。儒家之术，重视"仁义道德"这一块，主张"为政以德""保民""泽民""惠民"，因此自汉以后便成为了中国的正统思想、主流文化。正是中华民族经历了春秋战国时期"争利""夺利"几百年的历史教训，才在中国传统文化中强调思想道德这一块。唐太宗李世民，不仅重视发展生产，关心人民生活，使人民丰衣足食，而且又特别重视伦理道德教育，从而政治清明，贪官少之又少，是基本上没有贪污的"贞观"王朝，社会治安出奇的好，夜不闭户，道不拾遗，"仁义积，物自归；诚信立，德礼形；风俗简，民心安"，显示出了仁义道德教育的作用。

（2）如何继承和发扬"仁和"文化？

西方文化是"我利"文化，突出的是"我的利益"，其标准就是，如何对我有利，就如何去做，突出的是个人主义思想，正是这种思想，只为个人着想，不讲道义道德；因此，现在西方社会中存在的许多矛盾和问题，是"我利"文化无法解决的。中国的"仁和"文化，突出的是仁义道德、国家集体利益，个人利益就在国家集体利益中，个人利益服从国家集体利益，突出的是集体主义思想。正是这种思想，当共产主义理论一经传播到中国，就很快被接收，是因为共产主义理论在实行上，需要每个人有高度的集体主义思想。本节是讲如何继承和发扬"仁和"文化，为什么要将西方文化和中国的"仁和文化"作对比呢？因为这样一对比，人们很快就能看出中华文化的优势、特点在哪里，从而快捷地明确继承和发扬"仁和"文化的方向和思路。

①继承和发扬"仁和"文化之纲

我们要继承和发扬传统文化，当然首先要抓住"仁和"这个纲，重点突出两点：第一点，以爱为核心的集体主义思想；第二点，传统的理性思维。现分述如下。

第一点，继承和发扬以"爱"为核心的集体主义思想。一个是爱，一个是集体主义。"仁和"中的"仁"其实质是突出"爱"，"仁者爱人"；"和"的本质是理性思维，有了"和"，就为形成集体奠定基础、创造条件，因为集体是中国人赖以生存的需要，是维持生存的根本因素之一，人的利益都在集体里面，所以大家都要依靠集体，奉行集体主义，这是由农耕文化所决定的。有了"爱"，这个集体就会牢不可破，这就是对以爱为核心的集体主义思想的总描述。

这里的"爱"是"仁"中之爱，"泛爱众"之"爱"，由爱亲人扩大延伸至爱宇宙中的一切生命。孟子将人性确定为"善"，并以四端加以证明，即恻隐之心、羞恶之心、辞让之心、是非之心。四端就成了"善"性表现的内容和形式，而爱心正是通过人的善性表现出来的。在人人献出、表现、传递爱心的过程中，每个人又是受爱者、被爱者、得爱者，从而人人都有一个良好的生产、生活的社会环境和自然环境，善有善报，这是对献出爱心的回报。所以，《周易》中说，"积善之家必有余庆"，就是说，修积善行的人家，必定有很多吉庆。对于"爱"，我在"做一个有爱心的人"部分作了一些具体阐述，这里就不重复。当然，有"爱"就有"恨"，恨那些破坏"爱"、危害"爱"的人和势力，反对这样的人和势力，就是维护"爱"、发扬"爱"。儒家的另一位思想家荀子将人性确定为"恶"，并且以私欲放纵、妒忌憎恨、争抢掠夺加以说明。行恶的人，只能给自己造成越来越不利的生存环境，作恶多端，恶贯满盈，必自毙，这是作恶的必然下场。所以，《周易》中说，"积不善之家必有余殃"，意思是说，累积恶行的人家，必然会有很多祸殃。由于人性具有善、恶两个方面，从而就提出了"扬善抑恶"。爱所应该爱的一切，恨所应该恨的一切，只有这种"爱"和"恨"才能使人类的生存有一个良好的生存环境。

国家、民族、团体、组织、单位、家庭等都可以看作一个集体，每个人都生活在这样的集体中，没有人例外。在这些集体的名称中，国家是大集体，其他相对而言是小集体，每个人的利益、前途、命运、人格尊严等都与这些集体息息相关。俗话说：一荣俱荣，一损俱损；国破家亡，家破人亡。从这里就可以看出，人与国家集体的关系是何等的密切。

中国自古以来是一个以农耕文化为基础的国家。一方面农业靠天吃饭，为了抗御自然灾害如水、旱灾必须通力合作应对；另一方面，土地是农业的命根子，为了土地的安全不受侵略，需要齐心协力。从这些实践中，人们逐渐意识到维持生存离不开集体力量，于是集体主义思想自然形成，因此奉行集体主义是从农耕文化中衍生出来的。

"爱"是集体主义的核心、灵魂，集体主义行为是表现"爱"的形式，互相关心、互相帮助、互相爱护等，既是体现"爱"的形式，又是体现集体主义的行为方式。从上述论述中，我们可以看出，以爱为核心的集体主义思想，是中华"仁和"文化中最精华、最根本的东西，是我们必须要下大力气继承和发扬的内容。

第二点，继承和发扬传统的理性思维。上面说过，"仁和"中的"和"属理性思维。理性思维在中国经典中是以整体思维和变异思维的形式表现出来的，这一点已在书中的有关章节中作了比较详细的阐述，是我在学习《周易》经典中，经过抽象而总结出来的，整体思维的唯物主义性质和变异思维的辩证法思想是从许多经典著作中抽象总结出来的。整体思维和变异思维相结合而成的整体变异思维，就成为中国人的思维模式，正是这种思维模式，孕育了中华民族灿烂、辉煌的伟大文化，闪烁着中国人民智慧的光芒。这种思维模式，体现在中华文化的各个方面、各个领域、各门学科中。当用这种思维模式来审视中国传统文化时，我高兴地发现，中华文化是多么伟大的文化。正是从这里我得到启示，于是把"端正世界观，正确审视国学"放在本书的第一章。要学习、研究、继承和发扬好中国传统文化，必须要有一个正确的世界观，只有这样才会少走弯路。用这样的方法论来学习传统文化，就会发现，人类之所以成为这个世界上力量最强大者，是因为人类具有一种永远超出动物的人的理性，正是这种理性，使人有能力自觉地克制自己的自然属性，去追求自己因理性而预知到的长远或更大的利益，自觉去追求更加适宜的生存方式，提高生存质量。理性的整体思维与变异思维，可以看作以爱为核心的集体主义思想的哲学基础，正是这个哲学基础，才使中华民族的集体主义思想和精神一直延续下来。因此，传统的理性思维、以爱为核心的集体主义思想是中国传统文化中的精髓、精华、根本，也是"仁和"中的根本内涵之纲。

继承和发扬中国"仁和"文化，不仅是每个中国人的责任和义务，也是中华民族复兴、崛起、繁荣昌盛、文明富强的需要，更是中国社会主义现代化建设成功的决定性因素。

2. 继承和发扬国学四大特点之精华

国学四大特点，就是书中所讲的第五章内容，既是"仁和"文化的具体体现，又是"仁和"文化内涵中最根本、最精华、最优秀的具体内容。因此，国学的四大特点，是我们要继承和发扬的重点。由于四大特点的内容已经具体阐述过了，下面只作一些重点提示。

（1）继承和发扬国学的第一大特点："以人为本"的文化内涵。这个特点中，重点提示"以人为本"中的"人"。这里所提的"以人为本"与我们现在社会上所讲的"以人为本"是有区别的。前者的"人"讲的是对"人"的定位、定性，并以人类所具有的三个特点将人与动物类严格区别开为其内涵的，正是这个内涵明确了"人"之本的概念，这个概念的意义是深远的。人们应该知道，社会达尔文主义将人与动物相等同的理论使人类遭受了巨大的灾难，第一、二次世界大战就是明证。现在，全世界所面临的十大难题越来越难以化解，这都是由于社会达尔文主义"竞争"理论所造成的后果，这个理论极大地误导了人类的生存和文化发展，这一点是人类必须要深刻认识到的；否则，人类的生存就会越来越不幸、危险。因此，人类只有从社会达尔文主义的错误理论中解脱出来，按照人类所具有的三个特点以及中国"仁和"文化的方向发展，人类生存才能步入正常轨道。

（2）继承和发扬国学的第二大特点："以民为本"的德治与法治相结合的治国理念。这个特点里重点提示，在"德治与法治"中应该以德治为主。"德治"是通过伦理道德教化来规范约束人的思想言行，是人的自律，自觉履行其义务和责任。"法治"是对不能约束自己的人实行外力管理，是人的他律。因此，要突出德治，应该从扬善抑恶上下工夫。"善"为德中之美，把人的善性充分发挥出来，这是我们最要下工夫的地方，善德、善举遍地发扬，正义、正气上扬，则歪风邪气自然被抑制，社会犯罪率自然就会迅速下降，社会治安、社会风气自然就会迅速好转，人们的精神面貌也随之会有一个大的改变和提升。

（3）继承和发扬国学的第三大特点："以德为本"的做人做事的方式，这个特点中重点提示"德"。做人、做事离不开"德"，这里的"德"重点提示两条：一是爱，二是诚信，这两条都是人的立身之本。一、"爱"是伦理道德中的实质、核心，能使人与人和睦相处、社会和谐、国家安定、国与国和平共处、人与自然和谐相处发展，人人献爱心，又享受爱，社会就会变得美好，人类就会有一个良好的社会、自然生存环境，人人都能过上好日子。因此，在"德"中强调"爱"。二、诚信，是立身之本，个人如此，企业、国家也是如此。要使全社会具有诚信，只有通过德化教育，把人的羞耻之心唤回来，人有了羞耻之心，诚信则自然而立。所以，在做人做事中，要强调诚信。

（4）继承和发扬国学的第四大特点："以整体变异为本"的思维方式。这个特点中重点提示整体思维、变异思维中的内涵，基本上讲的是辩证唯物主义的世界观、认识论、方法论，这是一方面。另一方面，整体变异思维为人类提供了一种认识社会、世界、万事万物的科学思想方法，这种方法突出和强调整体性、变异性，整体处于变异中，变异处在整体中。

3. 继承和发扬中华民族四大品质之精华

四大品质，即勤劳、勇敢、有道德、有智慧，这里重点提示，在四大品质中，"有道德"的品质是灵魂、统帅、核心，起主导作用的，而"道德"主要讲的是儒家的以"仁义"为核心的道德观念及规范。在勤劳、勇敢、智慧的品质中，必须蕴含、体现出"德"的品质内涵，失去了"德"就失去了方向，其他三个品质就会变味，勤劳可以变为谋私的工具；勇敢可以变为鲁莽，胡作非为；智慧可以变为谋取私利、损害他人的伎俩，而且智商越高危害越大，这一些是我们必须明确的，这是一方面。另一方面，以"道德"为灵魂的四大品质是中华民族的优秀品质，正是这些优秀品质，使中华民族五千多年来渡过一个又一个生死难关、繁衍不止、自强不息，因此，四大品质是我们必须要继承和发扬的。再一方面，还要明确，四种品质就像四种元素，流淌在每个中国人的血液中，是古代祖先通过遗传因子一代又一代传承下来的，每个中国人都具备这种潜在的品质元素，只要你去认真觉悟、努力挖掘，潜藏在你身体中的四大品质就会逐步体现出来，人人都可以成为具有德才兼备、智勇双全等品质的人。

五、教育在继承和发扬国学中的作用

中国传统文化是我们的老祖宗、先民们一代又一代创造而来的，将其一代又一代的子孙哺育成人，我们本应该尽孝道，可是近现代100多年以来，我们这些子孙又做了什么呢？尽诋毁、践踏之能事，将本来属于真正人类文化的中华文化作践得伤痕累累、血迹斑斑，不堪回首。它无口不能言，无手不能文，有冤无法表达，只好我来为它鸣冤叫屈，也呼吁中华儿女都来为它申冤，还其清白。国家政府也应该果断地为它"正名"，平反昭雪、拨乱反正、正本清源，为传统文化的回归、复兴扫清障碍，为传统文化教育的顺利进行创造条件，使人们对中国传统文化的了解和认识回归到正常的理性轨道上来。传统文化的回归与复兴从哪里着手呢？当然要靠教育，因为教育可以起到承先启后、继往开来的作用。而教育又该从哪里着手呢？作者认为应该从两个大的方面进行：一是对现在全体社会成员的传统文化教育，二是要特别重视孩童、学校的传统文化教育。

一方面，对现在全体社会成员的传统文化教育，实际上是传统文化的补课，耽误了100多年的补课，要补多代人的课，这一课是需要补上的。现在，国内外掀起的"国学热"为传统文化教育提供了好的时机和平台，我们的教育要把握当前大好形势，全面考虑、全盘布局、有计划有步骤、不失时机地因势利导，充分发动全体社会成员积极投入到"国学热"中来，使"国学热"成为声势浩大的全民化举动热，成为中华民族全民族举动热，在全国掀起学习传统文化热潮，这是全体中国人民文化认同及文化回归必然之势，教育顺势为之。现在的教育，先要解决对传统文化的认识，有一个正确态度，然后教人们如何学习传统文化，有条不紊地一步一步地深入开展。教育不仅使人们正确地认识传统文化的意义及如何学习传统文化，更重要的任务是在认识、学习的基础上继承和发扬、创新发展传统文化，用现代文化的内容不断地丰富、充实传统文化，将传统文化与现代文化紧密结合相衔接形成一脉相承完整的传承文化，这是全体中华儿女的历史使命。

另一方面，要特别重视孩童、学校的传统文化教育，从根本抓起，不能再耽误，使孩子在学习传统文化为主的基础上结合学习现代科学文化知识的环境中成长起来。要做到这一点，目前有几个问题是亟须明确和解决的。

第一个问题，要迅速、坚决、彻底地纠正"全盘西化"教育的错误做法，从根本上解决问题。其实这一点，毛泽东主席早在1940年写的《新民主主义论》中就明确提出："所谓'全盘西化'的主张，乃是一种错误的观点。形式主义地吸收外国的东西，在中国过去是吃过大亏的。"

第二个问题，要重新明确"德智体全面发展"的教育方针。这里首先要正确地理解德、智、体三者之间的关系，"德"是统帅、核心、灵魂、起主导作用的。教育是教人做人做事、健康成长的知识，而教做人是首要的。人性具有善、恶两个方面，教育就要首先教人知晓人性具有善与恶，从而发扬"善"性的一面，行善举，抑制"恶"性的一面，诸"恶"莫作。虽然"德"的内容很多，但是，抓住了"善"与"恶"，扬善抑恶，就抓住了根本。在这种"德育"的主导下，教人如何做事，增长知识，开发智力，为培养德才兼备、智勇双全的人才奠定基础。同时，在上述"德育"的主导下，教人身心健康知识，从而强身健体，使人有一个强健的体魄。以"德"为主导的"德、智、体全面发展"的教育方针，这是要十分明确的。其次，"德智体全面发展"的方针，已经很全面了，没有必要把其他的东西如"音、美"塞进去。人们应该知道，"音、美"只是"德与智"融合的产物，"音、美"艺术的高低，是属"智"的范畴，"音、美"中所蕴含的情感、意境是属于"德"的范畴。所以说，再把"音、美"加进去是多余的，根本没有必要。

第三个问题，要重视孩童传统文化的启蒙教育。人的孩童时代，就像一张白纸，全在于塑造，基础的塑造，就像要做好一件大事，先要开好局、起好步，有一个好的开端。启蒙教育，首先要选好教材，应该选择三本基础教材，即《弟子规》《三字经》《千字文》。《弟子规》初名《训蒙文》，由清代康熙年间山西学者李毓秀根据朱熹《童蒙须知》改编而成，后经山西平阳儒生贾存仁修订而更名。该文语出《论语·学而》："弟子入则孝，出则悌，谨而信，泛爱众，而亲仁，行有余力，则以学文。"主要阐述为人处事之道，同时又对待人接物、侍奉父母、尊重师长以及生活起居等均有明确的要求，是教人如何做人的伦理道德好教材。是"人"就要学做人，因此，《弟子规》应该是人生接受教育的第一堂课。由于该书文字通俗，故在历史上不仅作为旧时学童的启蒙读物，同时又被视为旧时青少年应当遵循的行为规范。作为孩童的父母及幼儿园老师，应该以最初选的教材，作为儿童的启蒙读物，这是对孩童进行传统文化教育的良好开端，孩子的父母和老师应该督促孩子熟读、背诵《弟子规》，让孩子们在不知不觉中形成一些良好的习惯。《三字经》是我国知名度极高的儿童读物，现已被联合国教科文组织列入《世界儿童道德教育丛书》。《三字经》的成书年代和作者目前难以确定。清代多认为《三字经》是宋儒王应麟所作，不管《三字经》作者是谁，都不影响这部书的价值。本书有着丰富的内容，分为六个部分。第一部分，从"人之初，性本善"到"人不学，不知义"，讲述的是教育和学习对儿童成长的重要性，后天教育及时、方法正确，可以使儿童成长为有用之才。在这一部分里，"人之初，性本善"，我建议将"性本善"改为"性善恶"，连句为"人之初，性善恶"。为什么呢？儒家孟子主张"人之初，性本善"，荀子主张"人之初，性本恶"。我认为，人一生下来，其人的本性就具有善、恶两个方面，这样一来，将"性本善"改为"性善恶"，就全面地体现了人性善、恶的两个方面，使人从孩童时候起，就知道人性具有善、恶两个方面，从而知道要扬善抑恶。这也可以看作是后人对前人《三字经》的补充，使其认识更全面。《三字经》的第二部分：从"为人学，方少时"至"首孝悌，次见闻"，强调儿童要懂礼仪孝敬父母、尊敬兄长，并举了黄香和孔融的例子。第三部分：从"知某数，识某文"到"此十义，人抽同"，介绍的是生活中的一些基本常识，有数学、四时、四方、五行、六谷、六畜、七情、八音、九族、十义，方方面面，一应俱全，而且简单明了。第四部分：从"凡训蒙，须讲究"到"文中子，及老庄"，介绍中国古代的重要典籍和儿童读书的程序，这部分列举的书籍有四书、六经、三易、四诗、三传、五子，基本包括了儒家的典籍和部分先秦诸子的著作。第五个部分：从"经子通，读诸史"到"通古今，若亲目"，讲述的是从伏羲神农到清代的朝代变革，一部中国史的基本面貌尽在其中。第六部分：从"口而诵，心而维"至"戒之哉，宜勉力"，强调学习要勤奋刻苦、孜孜不倦，只有从小打下好的学习基础，长大才能有所作为。《三字经》虽然重在传道，但也结合大量的历史人物和故事，如孟母三迁、孔融让梨、黄香孝父、孔子拜师、赵普读《论语》、公孙弘抄书、孙敬头悬梁读书、苏秦锥刺股读书、孙康映雪读书等，这些能为读者理解为人、处事、求学、交友等道理提供更为直观的体验。《千字文》为南朝周兴嗣撰，本文以儒学理论为纲、穿插诸多常识，用四字韵语写出，全文共二百五十句，每四字一句，字不重复，句句押韵，前后贯通，在内容上熔各种知识于一炉，有条不紊地介绍了天文、自然、修身养性、人伦道德、地理、历史、农耕、祭祀、园艺、饮食起居等各个方面。《千字文》精思巧构、知识丰赡、对仗工整、条理清晰、文采斐然、音韵谐美、语句平白如话、易诵易记、宜蒙童记诵，便于儿童认字、丰富知识的读物，所以，《千字文》成为了千百年来蒙学教科书。在学习上述三本读物时，应先读《弟子规》，后读《三字经》《千字文》。《弟子规》中说"有余力，则学文"，又因为《三字经》《千字文》较《弟子规》更进了一步，内容较深得多，广得多，应依这个秩序循序渐进，不要颠倒。

第四个问题，要重视学习中国的文字、语言（即母文、母语），与学习外国文字、语言比较，应该把学习"中文"放在首要、最主体的地位，先要把自己的文字、语言学好，有余力再学习外文，这要明确，绝对不能颠倒。过去的做法，实在太荒谬，现在外国人想方设法学习中文，而我们自己却没有时不待我的感觉。我觉得要从现在起，学校的教育，要切实地从幼儿起抓好母文、母语的教学，而且这里要特别强调抓好古文的教学，人们应该知道，中国传统文化中的经典著作不仅内容博大精深，而且文字古奥，不看译文，基本看不懂，只有学会和掌握了古文的要领，才能更好地学习古人的经典著作，方能更好地领会和继承古人高尚的品质和高明的智慧，以致古为今用，为现代服务。

第五个问题，在传统文化的教学中，应突出重点内容。在中华民族五千多年的文化中，诸子百家内容极其广泛、丰富，我们应该善于从中找出重点，抓住重点。在传统文化思想体系中，儒家、道家、法家、佛家四大家的思想体系是整个中国传统文化中的基本内核，因此四大家的思想体系是我们要抓住的重点。而四大家中的每一大家的思想内容又很广博、丰富，当然，也要找出重点，抓住重点。如儒家的四书五经、道家的《道德经》、法家的《韩非子》、佛家的《金刚经》《心经》《六祖坛经》等。当然又不能拘于四大家，还有如农家、医家、兵家等体系中的突出而精彩的内容。

总之，我们一定要特别重视教育在学习、继承和弘扬中国传统文化中的特殊作用，并且我认为国家应该设立专门的机构，从全局考虑来全面谋划，深入研究如何学习、继承和弘扬中国传统文化，针对成人与孩童、学校的不同情况，明确传统文化教育的重点内容，学校从小学到中学到大学，由浅入深、由易到难，一步一步有条不紊地进行。如此坚持，十年、二十年成效就会逐步显现出来，人的素质也会相应提升，中国社会主义现代化建设的步伐就会顺利并大踏步向前迈进，中国将会变得无与伦比的繁荣昌盛、文明强大，中国共产党的千秋伟业即领导全国人民沿着社会主义道路使中国走向文明富强的根基将更为深厚坚实。

第九章
学习外国文化

　　如何学习外国文化，这是我们长久以来一直没有处理好的问题，而这个问题的处理，直接关系到中华民族文化的复兴和发展。如何学习呢？我们不妨先将毛泽东主席早在 1940 年写的《新民主主义论》一文中"民族的科学的大众的文化"中的一段话抄写摘录如下："中国应该大量吸收外国的进步文化，作为自己文化食粮的原料，这种工作过去还做得很不够。这不但是当前的社会主义文化和新民主主义文化，还有外国的古代文化，例如各资本主义国家启蒙的文化，凡属我们今天用得着的东西，都应该吸收。但是一切外国的东西，如同我们对于食物一样，必须经过自己的口腔咀嚼和胃肠运动，送进唾液胃液肠液，把它分解为精华和糟粕两部分，然后排泄其糟粕，吸收其精华，才能对我们身体有益，决不能生吞活剥地毫无批判地吸收。所谓'全盘西化'的主张，乃是一种错误的观点。形式主义地吸收外国的东西，在中国过去是吃过大亏的。中国共产主义者对于马克思主义在中国的应用也是这样，必须将马克思主义的普遍真理和中国革命的具体实践完全地恰当地统一起来，就是说，和民族的特点相结合，经过一定的民族形式，才有用处，决不能主观地公式应用它。公式的马克思主义者，只是对于马克思主义和中国革命开玩笑，在中国革命队伍中是没有它们的位置的。中国文化应有自己的形式，这就是民族形式。民族的形式，新民主主义的内容——这就是我们今天的新文化。"新中国成立以后，他又提出了"洋为中用"的主张。毛泽东主席的话为我们今天学习外国文化，明确了学习的态度、目的和方法。下面作一些具体阐述。

一、明确学习外国文化的态度

自 1840 年鸦片战争以后，中国就逐渐沦为半封建半殖民地社会，封建主义、帝国主义、官僚资本主义文化的交错、碰撞，对于原来一个封闭自锁国来说，是一个从来没有遇到过的局面；社会的变迁，外来文化如自由、民主、科学的传播，搞得人们眼花缭乱，无所适从。文化是人类的财富，人类的交往，提供了不同文化间的接触与交流的机会，因此文化交流是不可避免的。在各种文化的接触中，人们根据自己所处的社会状况而产生的心理以及社会的各种需要，决定如何去对待外来文化。民族文化受到冲击，更严重的是受到别人的轻视，于是就出现了三种态度：第一种态度，是更爱自己的文化。中国近代史上出现的强烈的"民族主义"情绪，和外来文化的压力有关。民族国家处于衰败时期，以文化认同为武器来维护自己的民族，并将外来文化和国家存亡联系起来，导致封闭排外；或者认为外来文化的任何优点，都是自己的文化里早已具备的，梁启超所说的"清季承学之士，喜言西学为中国所固有"，也是在这样的环境之下的产物。第二种态度，是崇拜外来文化，认为一切都不如人，这是过分崇洋。不少人尽管不同意或者嘲笑"假洋鬼子"，但内心却难免多少认为自己不如人，尤其在鸦片战争以后的一大段日子里，中国被迫接受西方文化之后，中华民族多少都存在这种心理。这充分表现在各种社会行为、学术行为、文化行为和语言行为上。在中英双语社会里，社会语言学者研究语码转换或语码混用，都发现华人用中文时杂用英语的现象，非常普遍，而说英语时杂用中文的非常少见。造成这种现象的原因，除了一时找不到适当的词语之外，也和把说"英语"认为是受过高深教育、代表高社会阶层有关。在这种心理的压力下，主张各个领域里全盘西化，但对于传统的价值根源也有人认为不能完全放弃，因此出现了民族主义情绪与文化自卑感之间的矛盾，这种矛盾成为近代中国知识分子的特征。但"抛弃黄土文化，接受蓝色文化"的崇洋现象，却是这个特征里的主导倾向。我们开放了，国门打开了，面对外国的东西，我们最怕的是良莠不辨，外国的好东西不用或视而不见或干脆当垃圾，倒是一些类似毒品、色情的糟粕，我们却不断引进，并甘之如饴。我们的生活中密布了各式各样的洋玩意儿，夹克、西装、运动鞋、皮鞋、皮带、眼镜、肯德基等，很难看见我们自己的东西了。看看如今的年轻人吧，他们所喜欢的，他们谈吐、吟诵的，还有我们自己的东西吗？越来越多的是"香蕉人"——黄色皮肤白色内心，已然是被外化了的华夏后代了。有人不停地加大"红色教育"力度，来加以抗衡，但这真的是对症下药吗？我们缺乏的是民族自信心的培养。我们民族的"自信心"的"心"一直是游离的，它找不到它植根的属于它自己的那片肥沃的土壤。第三种态度，是以自己的文化为本、为主体，客观地审视外来文化，接受外来文化里有益于自己的成分，应该学习外国文化的长处和优秀成果，自觉地充分吸收外来文化不仅不会使自己原有的文化传统中断，而且会大大促进自身文化传统更快更健康地发展，外国文化不是洪水猛兽，外国的文化性格也产生了无数个对人类文明有着重大贡献的人物。没有深厚的民族文化传统也就不可能充分吸收外来的先进文化，当今文化的发展，必定是全球意识和民族意识的结合，这种态度，通常只有在自己的民族自信心建立以后，才有可能出现。当民族国家处于兴盛时期，文化认同不仅强烈，而且也易于接受外来文化，从外来文化中吸收有益于自己发展的东西，这个时期的文化态度通常比较开放、宽容。现在是一个日趋多元的时代，各种价值观、各种文化形态以及各种各样的信息，都在改变着我们。我们不再像一百年前的中国人那样闭关自守，妄自尊大，我们开始具有睁眼看世界的能力，我们变得开放而包容，积极而正视一个文化多元时代应有的文化性格，也正是绝不同于以往那种文化性格之所在。从上述的三种态度中，我们应取第三种态度，这种态度是一种正确的、积极的、理性的、客观的态度。这种态度符合中华民族的"仁和"文化。当全国人民真正全面而深刻地认识和了解了中华民族"仁和"文化的时候，民族自信心自然就有了，那颗游离的"心"就找到了它植根的属于它自己的这片肥沃的土壤。外国文化是植根于别的国家或民族土壤的异域文化，它是别的国家或民族人们精神生活的一种表征。因此，在如何对待外来文化的问题上，国粹主义和崇洋媚外都是不可取的，我们的态度应该是既不盲目崇拜，也不一概排斥，而是应该本着实事求是的精神加以分析和判断，从而做出合理的选择、取舍。坚持马克思主义一分为二的方法和实事求是的精神来对待外来文化，是我们今天开放的中国对待外来文化所必须遵循的基本原则，也是我们学习外国文化的正确态度。

二、明确学习外国文化的目的

1. 洋为中用

何谓"洋为中用"？"洋"是泛指外国文化，将外国文化为中国所用。换句话说，是学习对中国有用、有益的外来文化，用来丰富、充实中国文化。如何实现"洋为中用"呢？首先，要克服两种错误倾向，即"守旧主义"和"历史虚无主义"。"守旧主义"一味固守民族的传统文化，拒绝接受任何新文化和外来文化。"历史虚无主义"一味推崇外来文化，根本否定传统文化。这两种错误倾向不仅不利于中华文化的继承、创新和发展，而且也不利于学习外来文化，必须予以克服，只有这样才能使学习外来文化有一个正确的方向。其次，要明确学习外国文化的指导思想，就是学习对中国有用、有益的东西。我们学习西方文化，首先要明确西方文化与中华文化是两种价值观和内涵完全不同的文化。西方文化的价值取向是一个"利"，即经济利益；中华文化的价值取向是一个"义"，即道德义理。因此，中华文化的"义理"价值取向就决定了"洋为中用"的方向。"洋为中用"中主要是对"用"字的理解和运用，有两个方面：一是"用"什么，二是怎么"用"。"用"什么呢？"用"对我们有用、有益的东西。以西医为例，由于西医确实能治病救人、救死扶伤，也是中国医学所需要的，对我们有用，我们当然要取长补短，应该学习西医，但我们所学习的是西医的医疗技术，用西医的医药技术来救治病人。那么怎么"用"呢？由于中国传统文化的价值取向是重"义"，作为中国传统文化中的医学——中医，其宗旨，是把"治病救人、救死扶伤"放在首位，把赚钱放在其次；也就是说，用"义"的价值取向来运用西医的医疗技术，但决不能把西医以"利"为先的价值取向学过来，这就是洋为中用的真实含义。正是因为中国传统文化"义"的价值取向，在中国历史上没有通过中医技术成为大富翁的，并不是他们没有能力成为大富翁，而是由中华文化的价值取向"义"所决定的。电视剧《大国医》就是对中医及中医人的真实写照。剧中的主人公张先生（夫）、乔先生（妻）不仅医术高明，而且医德高尚，看病治病不收钱，病人治好了病，或者从家里捉一只鸡，拿几个鸡蛋，提几棵青菜等放在张家门前，或者帮张家做点家务，以表示对张家的感谢。张家从祖父起到张先生三代都是这样一代传一代，不仅传授医术，而且同时传授医德。这种传承，可以说是整个中医的缩影。将仁心仁术、医德医术一起传承，不仅体现了中华民族传统美德，而且也体现了中华民族优秀文化的一面。我国文化的发展，不能离开人类文明的共同成果，我们在大力提倡弘扬中华民族优秀传统文化的同时，还要强调学习外来文化，积极吸收人类所创造的一切对我有用、有益的优秀文化成果。我们不仅要虚心学习外国的现代文化，还要学习外国的古代、近代文化，凡是对中国有益、有用的东西我们都应该虚心学习，为我所用。因此，"洋为中用"是我们学习外国文化的目的。

2. 中华文化的包容性。中华民族文化是五千多年文化的淀积，从而形成了具有巨大容量的中华文化主体；换句话说，中华文化具有巨大的包容性，无论外国文化有多少对中华文化有用、有益的东西都能够容纳、包容，可以用中国的海纳百川、虚怀若谷来形容，对印度佛教的容纳就是明证。佛教从汉代传入中国以后，到了南北朝时期，佛教大盛，南朝宋、齐、梁、陈的帝王大都崇信佛教，使佛教得到了极大的发展。佛教之所以得到中华文化的认可、接收，并且能得到迅速传播，是由中国本土文化的价值取向所决定的。中国本土文化是以儒家思想为基本价值取向的，就是上面所说的道德义理；而佛教理论的纲领是"诸恶莫作，众善奉行"，其核心是教人行善弃恶，这与儒家思想的"仁义"价值取向是一致的。正因为如此，佛教一传入中国，就逐渐被中国本土文化所接收，并在传播的过程中，又不断地得到发展，从而形成了具有中国特点的佛家思想，并融合在中国传统文化中，成为中国传统文化中儒、道、法、佛四大家思想中的一家。

三、明确学习外国文化的方法

以中华民族文化为主体、继承和发扬中华民族优秀文化传统、汲取世界各民族文化的长处和优秀成果，在内容和形式上随着社会的发展、时代的进步积极创新，努力铸造中华文化的新辉煌，这是我们的目标。为了实现这个目标，我们不能局限在本民族的文化中，还应该积极吸收人类所创造的一切优秀文化成果，取长补短，为我所用。别人的优秀成果是不是对我有益、有用，这里面就有一个学习方法问题。这个方法，毛泽东主席曾用食物通过胃肠的消化吸收，排泄糟粕吸收其精华的比喻，作了形象的解说，并且告诫我们，决不能生吞活剥地毫无批判地吸收，不能囫囵吞枣，并且又批评了"全盘西化"的错误观点，又告诉我们形式主义地吸收外国的东西，在中国过去是吃过大亏的。因此，学习的方法非常重要，既不能生吞活剥，又不能囫囵吞枣，而是要经过自己的消化，选择出对自己有益、有用的东西。方法是什么呢？有三个：一、价值取向辨别方法；二、变通方法；三、民主集中方法。

价值取向辨别方法，是用中国传统文化的基本价值观来辨别的方法，准确地说，是以儒家思想的基本价值"仁义"为取向来辨别的方法。变通方法和民主集中方法，也就是本书第八章中所说的"继承和发扬中国传统文化的思想方法"，这两个方法虽然是针对中国传统文化的继承和发扬的思想方法而言的，但它们同样适用于学习外国文化的思想方法，这里就不作具体阐述，沿着那个思路去发挥就可以了。上面所列举的学习西医的方法，实际上就是"变通方法"的运用。

在三个方法中，第一个方法是前提，是基本方法。要将上述的学习方法运用于实际中，要有大胸怀、大智慧，要站在全人类文化发展的高度来学习、总结、集中人类优秀文化成果和长处。大胸怀、大智慧来自哪里呢？应该来自于人类从低级逐渐到高级、从必然王国向自由王国发展的不断深化的认识过程。人类的历史，就是一个从必然王国向自由王国发展的历史，这个历史永远不会完结。人类总是不断发展的，自然界也是不断发展的，永远不会停止在一个水平上。因此，人类总是不断地通过实践总结经验，有所发现、有所发明、有所创造、有所前进，又将经验不断地升华为理论，由感性认识到理性认识循环螺旋往复，随着人们认识的不断深化、理论的升华，又随着人类多元文化的接触、交流，人们的视野不断开阔，思想不断丰富，从而人的胸怀由局限到全面而广大起来，形成大胸怀；智慧也由小到大、由低到高不断地高明，形成大智慧。人们有了这种站在人类文化发展高度的大胸怀、大智慧，不仅能虚心学习全人类文化，而且还会善于学习外国文化，为我所用。当前，我们要真正做到努力吸取人类文明的一切优秀成果，就要正确认识和看待近代资本主义文化成果。西方资本主义在长达数百年的发展过程中，在创造工业文明的同时，也创造了丰富的文化艺术，在某些领域、某些方面处于世界领先地位。我们的文化建设要"面向现代、面向世界、面向未来"，就要以博大的胸襟和开阔的视野，大胆吸收资本主义的一切优秀文化成果，包括科学技术、文化教育、文学艺术、思想理论。凡是符合于我国价值取向而且又有助于我们的社会主义现代化建设、丰富我们的文化生活、提高人们的精神境界、加强各国人民相互了解的新思想、新科学、新文化，我们都要博采众长，融会贯通，为我所用。在学习、吸收资本主义优秀文化成果的同时，还要坚决抵制资本主义社会那些消极腐朽东西对我们的侵蚀。现在社会上，一切向钱看、拜金主义、见利忘义、唯利是图、享乐主义等的侵蚀，导致极端个人主义滋长，致使假冒伪劣、欺诈拐骗、损公肥私等行为时有发生，价值取向扭曲、国家意识淡漠、社会责任感缺乏，一些领域道德滑坡失范，是非、善恶、美丑界限混淆，滋生黄赌毒等丑恶现象……腐朽思想文化在现实生活中的影响是显而易见的，对此我们必须保持清醒头脑，充分认识其危害性。腐朽思想文化是民族精神的腐蚀剂，具有消解民族精神的腐蚀作用，如果对其听之任之、放任自流，就会摧毁全国各族人民团结奋斗的精神基础，对中华民族的安全构成巨大威胁。因此，我们在学习外国文化时，一方面要虚心学习、善于学习；另一方面，对于那些腐朽的思想文化要坚决抵制，决不能让它来腐蚀、消解中华民族的以爱国主义为核心的民族精神。

附
国学名目列举

★诸子百家：正文中查阅

★农业文化：著名农业著作，如《氾胜之书》《齐民要术》，内容如农林牧渔副

★中国朝代：如夏、商、周、秦、汉、三国、西晋、东晋十六国、南北朝、隋、唐、五代十国、宋、元、明、清

★古代科技：如十部算书、四大发明

★琴棋书画

1. 琴：如古筝、古琴、琵琶、二胡

2. 棋：如中国象棋、围棋

3. 书：如篆书、隶书、楷书、行书、草书

4. 画：如《八骏图》《清明上河图》《富春山居图》

★十二生肖：鼠、牛、虎、兔、龙、蛇、马、羊、猴、鸡、狗、猪

★传统文学：如《诗经》《汉赋》《唐诗》《宋词》《元曲》，四大名著

★传统节日：如汉民族传统节日近50个，主要节日15个，如春节、上元节（元宵节）、花朝节（花神节）、上巳节（女儿节）、寒食节、清明节、端午节、七夕节、中元节（鬼节）、中秋节、重阳节、冬至节、腊八节、祭灶日（小年）、除夕

★中国戏剧：如昆曲、京剧、皮影戏、黄梅戏、粤剧、花鼓戏

★中国建筑：如宫殿、牌坊、园林、寺院、桥梁、钟、塔、庙宇

★汉语系：如汉字、汉语、对联、谜语（灯谜）、成语

★中国哲学：如阴阳、五行、八卦、太极图

★民间工艺：如剪纸、风筝、织绣、刺绣

★中华武术：如太极拳、咏春拳、南拳北腿、少林、武当

★地域文化：如江南文化、巴陵文化

★民风民俗：如婚嫁、祭祀、年画、鞭炮

★衣冠服饰：如汉服、唐装、藏袍、蒙古袍、苗服、维服

★四大雅戏：如花鸟虫鱼、鸟笼、盆景、斗蛐蛐

★动植物：动物如龙、凤、鹤、龟、大熊猫，植物如梅、兰、竹、菊、松、柏

★中国茶文化：十大名茶如西湖龙井、碧螺春

★中国酒文化：名酒如五粮液、泸州老窖

★器物：如玉器、瓷器

★饮食厨艺：如八大菜系、饺子、团圆饭

★神话传说：如女娲补天、盘古开天地、后羿射日

★神妖鬼怪：如玉帝、阎罗王、神仙、妖怪

★中国少数民族：蒙古族、回族、藏族、维吾尔族、苗族、彝族、壮族、布依族、朝鲜族、满族、侗族、瑶族、白族、土家族、哈尼族、哈萨克族、傣族、黎族、傈僳族、佤族、畲族、高山族、拉祜族、水族、东乡族、纳西族、景颇族、柯尔克孜族、土族、达斡尔族、仫佬族、羌族、布朗族、撒拉族、毛南族、仡佬族、锡伯族、阿昌族、普米族、塔吉克族、怒族、乌孜别克族、俄罗斯族、鄂温克族、德昂族、保安族、裕固族、京族、塔塔尔族、独龙族、鄂伦春族、赫哲族、门巴族、珞巴族、基诺族

将"国学名目列举"作为本书正文的附件，对于全面了解中国传统文化具有不可替代的重要辅助作用，可直观地对传统文化有一个整体的、框架式的、一目了然的感觉或印象。它可以使人们知道"中国传统文化"不是一个虚幻的名称，"博大精深"也不是一个空虚的形容词，它们是具有实实在在项目及具体内容的名称和形容词。在这里还需要说明一点的是，上述"国学名目列举"中除了"中国少数民族"名目是概全之外，其他名目

都不是概全的，其中所列举的具体项目都只是象征性地列举、示范性地提示，如"中国戏剧"名目中只列举了几种戏剧作象征性代表，全国各省各地都有各自的特色戏剧，可以说种类繁多、丰富多彩，不可能概全。唯有"中国少数民族"名目是概全的，因为它们都是中国传统文化的创造者，以各自的特色丰富传统文化，并为其增光添彩，全国 56 个民族，每个民族都是中华民族大家庭中的一员，如同兄弟姐妹，互相尊重、亲密无间、和衷共济、和睦相处。"国学名目列举"中的"名目"也不可能概全，也只是示范性的列举，特此说明。

后 语

本书写到这里终于快要结束了，如释重负，总算写成了这部书。回顾写作过程，真是很不容易。在写本书之前，我是学习、研究中医的，在研究中医中发现，中医与国学密切相关，想要彻底解决中医的问题，还得解决国学问题，因为中医是从国学中衍生出来的一门医学，它们是母子关系，同呼吸、共命运，因此，在研究中医中就有学习研究国学的念头。所以，当我将中医研究基本告一段落，写作完《中医是科学医学》之后，紧接着就进入学习、研究国学，这就是我学习研究国学的最初动机。这时我已经六十多岁，国学像一个无边无际的海洋，我能游上岸吗？抱着试试看、游到哪里算哪里的想法，进入中国传统文化之海。首先是收集资料，主要到新华书店购买国学经典。当我阅读经典时，总觉得吃力，对于一个只有中专文化又没有古文、文言文功底的人来说，其困难是可想而知的。首先阅读《论语》，通过译文还能勉强读下去，但当阅读《周易》时，总觉得云里雾里、迷迷糊糊，这时我怀疑自己的能力水平，心想全国那么多硕士、博士、国学大师都没有搞出来的东西（即对国学的整体了解、认识的东西），我能搞得出来吗？可是我又不甘心、不信邪，想到孔子无师自通，除了他天资聪慧外，主要还是靠勤奋自学，从而成为中国历史上最有学问的人。世上无难事，只要肯登攀。于是下定决心仍将《周易》看下去，用了比较长的时间连续认真阅读了三遍，终于功夫不负有心人，看出了门道，原来是由于《易传》出现以后，使《周易》的内容出现了质的改变，《易传》只是利用《周易》中的卦名、卦辞和爻辞的形式，而将其内容作了质的改变，从而使《周易》由原来预测吉凶祸福的"巫史文化"之书脱胎换骨为哲理、伦理之书，使中华文化进入到了"理性文化"的历史。这一发现对我是一个极大鼓舞，从此坚持不懈地学习下去。集中了比较长的时间，我专门阅读国学经典，主要是儒家、道家、法家、佛家的经典，一边阅读一边笔记，一边思考整体构架，抓重点、拟提纲，以研究中医的经验和方法，寻找出国学中最精华、最根本的内容，并将其记录、归类、整理，心中慢慢逐渐形成了一个梳理中国传统文化的清晰思路，然后沿着这个思路走下去直至写成这部书，虽对本书质量不甚满意，但我已尽力了。

　　我在未专心学习、研究国学之前，也总是跟着人们说中国传统文化是如何的封建、落后、守旧，还说得头头是道。现在回想起来，觉得自己是多么的幼稚、不懂事，总觉得过去的说法就像不懂事的孩子数落母亲的"不是"，专找母亲的"茬"说，觉得无地自容，是中华民族的不肖子孙。从中我悟出了一个道理：要想对某个事物发表意见、评论，就应该对某个事物深入、全面了解，才有权去评说，否则就是不负责任的胡说八道。因此，我下决心要写一本书，用通俗的现代语言把中国传统文化中最精华、最根本的内涵表述出来，希望对国人了解、认识国学有所裨益，于是就有了《我之国学观》这本书。

　　本书用一个前所未有的新思路，站在前人（包括古代人、近代人、现代人）智慧的肩上，将中华民族从古至今、几千年来传统文化中我认为最精华、最根本的内容抽象出来，博采众长，通过自己的悟性、灵活思路熔于一炉完成的。本书也可以说是我学习研究国学的心得体会的整理总结，其目的有二：一、为复兴、弘扬中华文化尽一点绵薄之力；二、配合"国学热"，为国人了解、认识、学习中国传统文化提供参考。

　　本书能写作成书，是因为有前人所提供的丰富宝贵资料，如许多的古代经典著作，无数的古、近、现代作者之书籍以及网络上的丰富资料，正是从古至今无数前人的辛勤耕耘和无私奉献，使本书的写作有了丰富的资料基础，在此，我怀着崇高的敬意，诚挚地感谢他们为中华文化所做的无私奉献，中国人民也应该永远铭记他们为中华文化所做的贡献。

　　我已年入古稀，需做的尽力而为了，现在，身体状况不允许我继续支撑下去，只能到此为止。由于本人水平有限，加之所涉及的内容、时空既广又多且久远，因此书中可能会有不少缺点，甚至错误，敬请广大读者批评指教，谢谢。

在本书写作成书过程中，儿子刘刚、儿媳周彦参与了修改定稿，为了帮助读者了解、阅读本书，又由刘刚写了"献给读者感言"，在此，谢谢他们在繁忙的工作和家务中挤出时间为本书所做的工作。

本书在这里应该结束了，可是有三个问题书中一直没有适当机会提及，只好在此论及如下。

一、中国优秀传统文化，其"优秀"体现在哪里？在此，简要提示如下：（一）"优秀"体现在"仁和"里，这里的"仁"代表道德，"和"代表理性，也就是说中国传统文化是具有"道德"的"理性"文化，详见本书第七章：国学性质——仁和。（二）"仁和"具体而言，突出表现在：1. 国学四大特点，详见本书第五章；2. 中华民族四大品质，详见本书第六章。（三）"仁和"虽源于诸子百家之学，特别是儒家、道家、法家、佛家四大家之学，但实际上是对整个中国传统文化中的最精华、最根本、最核心、最精髓内容的高度概括，将传统文化中的伦理道德这一块内容归属于"仁"的范畴，其他一切内容则归属于理性"和"的范畴；正因如此，又将中国传统文化称为"仁和"文化。（四）"仁和"文化最适合人类生存的需要，具有深远意义，历史事实可以证明这一点，如我国历史上汉朝西汉的"文景之治"、唐朝的"贞观之治"，它们的共同点是：从君到臣到吏，上下一致，励精图治，国家安定统一，社会和谐，生产发展，人民安居乐业，道德礼仪风兴，社会风清气正，举国上下呈现出欣欣向荣、蒸蒸日上、精神焕发、生机勃勃之象，这一切都是"仁和"文化的典型体现，也是人类生存所需要的良好环境和条件。

二、中华文化与西方文化有何区别？在此，我想用极简短的语言、从根本上概而言之的方式，高度概括如下：（一）中华文化指的是从古至今几千年来，中国人一代又一代地创造、发展、丰富、传承的传统文化，这种文化是将人与动物严格区别开的中国独特人类文化，它注重伦理道德教育，突出人们之间的互助、友爱关系，强调个人利益服从国家、集体利益，奉行的是集体主义。由此可以看出，其价值观是互助友爱的集体主义，因此，我将这种文化称为"仁和"文化，即以"仁"为核心的"和"文化，也即以"道德"为核心的"理性"文化。（二）西方文化，现在所说的西方文化，实际上指的是资产阶级文化占统治地位、起主导作用的文化，这种文化是将人与动物相等同的社会达尔文主义文化，它信仰宗教，突出个人的自由、民主权利，强调个人的物质经济利益，奉行的是个人主义。由此可以看出，其价值观是自私自利的个人主义，因此，我将这种文化称为"我利"文化，即以"我"为核心的"利"文化，也即以"个人"为核心的"利益"文化。从上述论述中，我们就知道了两种文化的区别，并通过这种区别，又清楚了中华文化与西方文化是两种价值观和内涵完全不同的文化。中华文化是中国中华民族的灵魂和象征，西方文化是西方国家民族的灵魂和象征。基于上述观点，本人在本书中涉及两种文化时，既无意抬高、浮夸中华文化，也无意贬低、伤害西方文化，全凭事实为依据，实事求是地分辨两种文化的区别和差异，其目的是为了使两种文化能够相互尊重、互相学习、取长补短、共同发展；同时也表明，把西方文化强加在中国人民头上是不能接受的。人们应该知道，是真理人们会自觉服从，不需要强迫，需要强迫的那不是真理而是政治、是霸道，人类需要的是真理而不是霸道，是不是真理只有通过实践检验才知道，因为实践是检验真理的唯一标准。中华文化是中华民族和中国人民的根基所在、尊严所在，因此作为中国人应该首先学习好自己的文化——中华文化。目前，摆在中国人民面前一项长期而又艰巨的任务就是要认真而努力地学习好中华文化，并用"仁和"文化去取代原已灌注于每个中国人心中的"我利"文化（即西方文化），将那游离漂泊多年之"魂"（中华民族之魂）唤回来，重新回归到每个中国人心中，真正将中华民族子孙这个称号做实做回来，到那时，中华民族的复兴和崛起将如虎添翼。

三、人类文化应往哪个方向发展，这是全人类需要认真思考和解决的问题。在此，作者发表如下看法。人类作为自然界生物中的一类，应该具有自身的特点，有什么特点呢？总结人类近几千年的文明历程，从根本上概而言之，主要有三点：一是理性思维，二是道德意识，三是制造使用工具。此三个特点既是人类与其他动物互相区别的标志性特点，也是人类赖以生存的三大优势。三个特点中，理性思维（即人类理性认识世界的能力或水平）是基础；道德意识是核心，为主导，是从理性思维中衍生出的、人类社会属性的最基本要求和最高表现；制造使用工具是理性思维在人类智力上的表现，是衡量生产力发展水平高低、人类生存状况和生存质量高低的标志。三者是一个整体，缺一不可，只有完整体现出此三个特点的文化才是真正的人类文化。

在这种文化中，须要明确指出一点的是，"竞争"是动物类的生存法则，而人类的生存法则应该是"互助"。社会达尔文主义将人类的生存法则与动物类的生存法则相等同相混淆，从而对人类的生存和文化发展产生了极大的误导作用。正是这种"竞争"理论的误导，使人类在很长的历史中遭受了种种人为造成的灾难，如残暴的侵略战争、为争"利"而互相残杀的战争，由此而引发大量人口死亡、建筑财产毁灭、饥荒、流离失所等，以及现在全人类所面临的种种人为造成的生存危机，人类为此付出的代价是惨重的，得到的教训是惨痛的。目前，全球残酷的现实正在告诉人类，"竞争"只能给人类带来不幸，造成灾难，导致人类走向毁灭，而现代军事方面的武力滥用正在加重加剧加速这一切，使"竞争"更加残酷。制造那么多"核武器"使地球成为"火药桶"，如果某一天出现像希特勒、东条英机那样的"战争狂人"引爆"火药桶"，人类命运是可想而知的，只能是同归于尽。与此同时，人类又用"征服"将一个原本好好的星球——地球折磨得千疮百孔、遍体鳞伤，由于人类长期不理性的违反自然规律的行为，严重破坏了自然界的生态平衡，从而"老天爷"以频繁的洪涝、干旱、风灾、极寒、酷热、冰雹、泥石流等种种严酷的自然灾害既惩罚又警告人类，如果再继续这样只顾眼前、无遏制地胡作非为下去，将是自毁家园，要不了多长时间，地球将会成为人类的坟墓，人类将从地球上消失。

面对上述生存危机局面，人类要挽救自身免遭灾难与毁灭怎么办呢？我认为，人类必须尽快醒悟，寻找到新的适宜的生存之路，那么未来的生存之路在哪里呢？在于从"竞争""征服"的枷锁中解脱出来，用"互助"代替"竞争"，"和谐"代替"征服"，回归自然，遵循"天人合一""人类命运共同体"之理。由此可以总结为：人类互助、人与自然和谐，才是人类未来生存的法则、方向、康庄大道。正因为如此，作者将"道德意识"放在人类三个特点中的核心、主导地位，突出和强调人类的社会属性，这一点对于人类的未来生存和文化发展具有特别重要而又深远的意义，也是中国两千多年前的圣人——孔子聪明睿智留下的精彩宝贵遗产，着重"德政"治国，"德教"育人，将"道德意识"具体化、明确化，落到实处，这是孔子对人类文化发展的特别贡献。

道德力量可以使人类远离邪恶、残暴、争斗、战争，而生存在和平正义、和睦相处、互助友爱、同舟共济、快乐幸福的社会环境中，则可与自然和谐相处、和谐发展。事实可以证明这一点，如中央电视台播放的百集大型纪录片《记住乡愁》，片中每一集都会以令人信服的事实给予肯定而又明白的答案。纪录片中的那些地方，长久以来坚持从孩童起用中国传统文化中的忠、孝、仁、义、诚信、和、善等内容教育一代又一代的子孙，使其具有好的道德品行，于是乎，那里的人们和睦相处，学习和传承先辈们的美德和精神，重教育人，遵守规矩，诚信做人，忠效国家，孝敬老人，关爱后代，勤俭持家创业，团结合作，互助友爱，同舟共济，同甘共苦，为后人、为他人、为集体、为国家着想，讲风格，献爱心，行善举做好事，利人利己，不损人利己，远离家乡在外工作或久居外地的游子们心系家乡仍尽着自己的义务和责任。正因为如此，他们那里，古朴建筑与传统氛围、古朴传统文化与秀美自然环境和现代文明气息融为一体，道德风尚洋溢，民风淳朴，人才辈出，社会风清气正，遇到矛盾或问题，内部调解"和"中求，互相体谅。那里的人们，珍爱自然万物，保护绿水青山优美自然环境不受破坏，与自然和谐相处、和谐发展；因此，在他们那里，无论是人与人之间、不同姓氏家族之间、不同民族之间，古代文化与现代文化之间，还是人与自然之间，呈现出的都是一派"天人合一"，人类命运共同体、古朴传统文化与现代文明气息相交融的祥和气象的缩影。那些地方的人们就这样一代又一代，默默地传承、坚守、弘扬着中华文化传统，享受着人生的快乐和幸福。我看了此片后既感到惊喜又感到欣慰，因为他们在传统文化遭受劫难以及"全盘西化"教育甚嚣尘上的岁月里，仍坚守和延续着中国传统文化之香火不懈怠，其意义不仅为"德政"治国、"德教"育人提供了典范和宝贵经验，而且还为全人类的未来生存和文化发展提供了明确的方向，使中国人民和全人类真实地看到了自身未来的美好前景。道德力量神奇也！中国传统文化神奇也！饮水思源，我们应该怀着崇高的敬意诚挚地感谢圣人——孔子留给后人"德政"治国、"德教"育人的教诲，使人们能享受到人生的"真味"。这个"真味"不光是物质生活方面的满足，更是以道德为支柱的精神层面的快乐和幸福，《记住乡愁》为此作了诠释。"德政"治国、"德教"育人是孔子智慧中最根本、最核心的内容，是人类要从孔子智慧中所要寻找的最主要的"法宝"。

当今世界经济与安全全球一体化，将人类命运紧密联系在一起，成为人类命运共同体，一荣俱荣，一损俱损，继续沿着"竞争"理论误导走下去，人类最终将毁灭在自己愚蠢的恶性自私中，用"互助"代替"竞争"，"和谐"代替"征服"才是聪明睿智之举，它将引领人类走向美好未来，这就是结论。因此，人类发展到今天，不能再在"竞争"理论误导下重复过去"付出惨重代价、得到惨痛教训"的老路。现在，是人类应该超越过去有所进步的时候了，进步的起点在于从总结人类文明历程中清醒地看到人类所具有的三个显著特点，即理性思维、道德意识、制造使用工具，并从中寻找、引申出人类未来适宜的生存之路（即人类未来新的生存法则），又从人类文化智慧中寻找到能实现人类未来生存之路的途径和方法。就目前看，作者认为，人类应该在新的生存法则"人类互助、人与自然和谐"引领下，在大力进行物质文明建设的同时，特别强调要大力加强以伦理道德为核心的精神文明建设，突出道德文明主导、统帅物质文明，真心诚意地遵循孔子"德政"治国、"德教"育人的教诲，遵循"德主刑辅"的治国方略，如此一步一步地踏实走下去，人类就一定能够摆脱社会达尔文主义"竞争"理论的误导，一定能够渡过生存危机免遭灾难与毁灭，一定能够开创人类美好未来，这就是人类要在二十一世纪生存下去的康庄大道。

中华文化是什么文化？是"仁和"文化，是以"仁"为核心的"和"文化，即以"道德"为核心的"理性"文化，是完整体现出了人类三个特点的真正人类文化，是历经连续五千多年发展、底蕴博大精深丰富多彩、世界上独树一帜的优秀传统文化，中国人民应该为此而感到光荣和自豪，并以此为动力，在"仁和"引领下，乘势前进，再创辉煌，使中华文化更加光辉灿烂，为人类文化发展做出更大贡献。回首历史，展望未来，可以预言，优秀的中国传统文化与先进的社会主义制度相结合，中国人民将创造更加辉煌的中华文明。